Die Traumpfade der Indianerin

Das Buch
Die Cherokee Jamie Sams steht in der Tradition der uralten indianischen Weisheit des Kristallschädels und der Traumgesellschaften des Weißen Büffels, die jahrhundertelang im verborgenen existierten. In diesem Buch verbindet sie Informationen über geheime Einweihungen mit persönlichen Erfahrungen, die sie während ihres eigenen Einweihungsprozesses gemacht hat. Sie erschließt die Traumwelt als Kraft- und Inspirationsquelle für ein bewußtes Leben und lehrt, wie die sieben spirituellen Pfade beschritten werden können, um zu einer bewußteren Wahrnehmung des eigenen Selbst und der Umwelt zu gelangen.

Die Autorin
Jamie Sams ist eine der anerkanntesten Vermittlerinnen uralter indianischer Weisheit. Sie ist selbst die sieben Pfade der Einweihung gegangen und in die Zeremonien der Traumgesellschaften eingeführt worden. Jamie Sams ist Autorin zahlreicher Bücher.

Jamie Sams

Die Traumpfade der Indianerin

Sieben Schritte zu einem bewußten Leben

Aus dem Amerikanischen von Viola Löbig

Econ Taschenbuch

Diese Ausgabe entstand durch die Vermittlung von
Jürgen P. Lipp und Jürgen Mellmann.

Econ Taschenbücher erscheinen im Ullstein Taschenbuchverlag,
einem Unternehmen der
Econ Ullstein List Verlag GmbH & Co. KG, München
1. Auflage 2001
© 1999 für die deutsche Ausgabe by Heinrich Hugendubel Verlag,
Kreuzlingen/München
© 1998 by Jamie Sams
Titel der amerikanischen Originalausgabe:
Dancing the Dream – Seven sacred paths of human transformation
(Harper, San Francisco)
Übersetzung: Viola Löbig
Umschlagkonzept: HildenDesign, München – Stefan Hilden
Umschlaggestaltung: HildenDesign, München – Eva Groschke
Titelabbildung: Martin Wolf, Koblenz
Druck und Bindearbeiten: Ebner Ulm
Printed in Germany
ISBN 3-548-74016-2

Inhalt

Anmerkungen der Autorin	7
1. Jedes Leben ist ein heiliger Pfad	9
2. Die Erinnerung an unser Einssein	37
3. Der erste Pfad der Einweihung Der östliche Teil des Medizinrads	57
4. Der zweite Pfad der Einweihung Der südliche Teil des Medizinrads	83
5. Der dritte Pfad der Einweihung Der westliche Teil des Medizinrads	113
6. Der vierte Pfad der Einweihung Der nördliche Teil des Medizinrads	161
7. Der fünfte Pfad der Einweihung Der obere Teil des Medizinrads	205
8. Der sechste Pfad der Einweihung Der untere Teil des Medizinrads	251
9. Der siebte Pfad der Einweihung Der innere Teil oder das JETZT des Medizinrads	291
Glossar	317
Register	328
Danksagung	330

Anmerkungen der Autorin

Die uralte indianische Weisheit des Kristallschädels und der Traumgesellschaften des Weißen Büffels, denen ich angehöre, existierten jahrhundertelang im verborgenen. Die Traumgesellschaften setzen sich zusammen aus Träumern, Sehern, Heilern, vielen Angehörigen mexikanischer Stämme und einigen Mitgliedern der im Süden der Vereinigten Staaten von Amerika beheimateten Stämme. Unsere Lehren sind heilig, und durch unsere jahrtausendealten Prophezeiungen wußten wir, daß die Informationen zu den sieben Pfaden der Einweihung und der Wandlung nicht vor Ablauf der neun Höllen im Kalender der Maya enthüllt würden. Mit Ankunft der spanischen Eroberer gegen Ende des 16. Jahrhunderts wurde die Ausübung des Glaubens unserer Vorfahren mit dem Tode bestraft. Die Indianer nördlich und südlich der Grenze zwischen den Vereinigten Staaten von Amerika und Mexiko waren zur Geheimhaltung ihrer spirituellen Zeremonien gezwungen, und sie mußten ihr uraltes Wissen von jenen fernhalten, die Mißbrauch damit treiben würden. In den Vereinigten Staaten waren die Zeremonien der Indianer mehr als 100 Jahre lang offiziell verboten. In Mexiko dauerten die Schikanen durch offizielle kirchliche Stellen und politische Regime bis 1989 an. In diesem Jahr fand die erste öffentliche und stammesübergreifende indianische Zeremonie statt. Im Januar 1997 schließlich endeten die neun Höllen. Jetzt ist es an der Zeit, das mir von meinen Lehrern übermittelte Wissen mitzuteilen. In diesem Buch verbinde ich Informationen über meine geheimen Einweihungen mit persönlichen Erfahrungen, die ich während des Einweihungsprozesses gesammelt habe. Einzelheiten über die Zeremonien, die den Traumgesellschaften heilig sind, werde ich nicht preisgeben. Diese gelten lediglich für Menschen, die in der Tradition der Seher des Südens stehen. Ich habe mich bemüht, eine für alle Menschen auf allen Pfaden zutreffende Landkarte des Bewußtseins zu zeichnen. Nie hat man mir gesagt, welche Auswirkung die Öffnung der Bewußtseinstore während meiner Einweihung auf mein Leben haben würde. Während dieser Zeit habe ich aber weit mehr erlebt, als ich erwartet hatte. Ich bin zutiefst dankbar für die mir erteilte strenge Unterweisung, durch die ich mich an jede Einzelheit der Reise zu erinnern vermag und in der Lage bin, das Wissen meiner Lehrer an Sie alle weiterzugeben. Einen kleinen Hinweis halte ich für meine Leser und Freunde bereit, denen viele Informationen meiner früheren Bücher deshalb entgingen, weil sie die Einführungen nicht gelesen haben. Diese liebevollen, aber ungeduldigen Freunde erzählten mir, daß sie über die Einführungen hinweggeblättert hätten, weil sie »die interessanten Sachen« lesen wollten. In diesem Buch gibt es nun keine Einführungen, denn ich habe alle notwendigen Informationen in den einzelnen Kapiteln untergebracht und dadurch Schritt für Schritt eine Basis aufgebaut. Wenn Sie das ganze Enchilada verstehen wollen, dann legen Sie sich bitte nicht selbst Steine in den Weg, es sei denn, sie wollen den steinigen Pfad gehen, den ich genommen habe!

Jamie
Die Helferin des Schelmengottes

1

*Phantasie und Eingebung speisen die silbernen Fäden
des Traumgeflechtes. Sie bilden die Pfade, die uns sicher
in das Herz der im physischen Leben allgegenwärtigen
unsichtbaren Wunder geleiten.*

BERTA BROKEN BOW

Den Traum tanzen

Wo sind die Tänze des Einsseins,
Die ich vor meiner Geburt kannte?
Gab ich meinen Frieden auf,
Um auf Erden zu wandeln?

Zog ich es vor zu vergessen,
Um das Leben greifbar werden zu lassen?
Nahm ich einen menschlichen Körper an,
Damit ich das Empfinden lernte?

Ich bin hier, um den Traum zu tanzen,
In meiner heiligen menschlichen Gestalt.
Um meine Einzigartigkeit zu feiern
Und um von niemandem Unterwerfung zu fordern.

Durch die Lektionen des Lebens tanzend,
Werde mich graziös bewegen lernen,
Während ich davon träume,
Mich an die Fähigkeiten der menschlichen Rasse zu erinnern.

JAMIE SAMS

Jedes Leben ist ein heiliger Pfad

Jedes menschliche Wesen folgt, solange es auf der Mutter Erde wandelt, einem individuellen Lebenspfad. Dieser heilige Pfad wird durch die Verflechtung vieler greifbarer und nicht greifbarer Fäden geschaffen, die all unsere Emotionen, Träume, Gedanken und Erfahrungen miteinander verbinden. Die unsichtbaren Fäden aus Lebenskraft entfalten sich mit der Geburt. Sie tragen uns durch die Höhen und Tiefen, die wir im Laufe unseres Erwachsenwerdens und unseres Lernprozesses auf den Pfaden der Erde erleben. Wenn wir durch unsere Erfahrungen zu Wachstum aufgefordert werden, ändern wir jedesmal die Richtung unseres Pfades. Jede von uns getroffene Entscheidung und jede Veränderung unserer Wahrnehmung kann den Verlauf unseres Lebenspfades ändern und neue Erfahrungen oder eine Erweiterung des Horizontes mit sich bringen. Immer, wenn wir unsere Prioritäten neu setzen, verändern wir auch unseren Pfad. Jedesmal, wenn wir unserer Phantasie freien Lauf lassen, betrachten wir die Realität mit anderen Augen. Und wenn wir uns zu einem Richtungswechsel entschließen, überdenken wir immer wieder unsere Art zu leben und legen unsere Gewohnheiten, Werte, persönliche Bedürfnisse und Ziele neu fest.

Ihr ganzes Leben über befinden Sie sich auf einem heiligen Pfad. Im Lauf Ihres Lebens folgten Sie einer Vielzahl in verschiedene Richtungen abzweigender Pfade, und doch gehen alle ineinander über. Sie bilden den einen Lebenspfad, der für Ihre unverwechselbare Reise durch die physische Welt steht. Am Anfang dieses Prozesses des Erwachens, der sich über alle sieben Pfade der menschlichen Einweihung erstreckt, steht die Erkenntnis, daß jeder von uns auf einem nicht greifbaren oder spirituellen Pfad reist.

Manche Menschen sind ihr ganzes Leben lang der Ansicht, daß in den Abläufen des Universums weder Sinn noch Ziel walte und kein Plan existiere. Sie sehen so lange keine Verbindung zwischen sich selbst, anderen Lebensformen und dem Schöpfer, bis sie ein Ereignis dazu zwingt, ihren unbewußten Zustand zu überwinden. Wie und wann der einzelne Mensch vom Leben zur Veränderung aufgefordert wird, ist von Mensch zu Mensch unterschiedlich. Viele wachsen und reifen, ertragen Leid, haben Erfolgserlebnisse und folgen dennoch nicht bewußt den Pfaden der Wandlung.

Die sieben Pfade der Wandlung beginnen

Die sieben Pfade der Wandlung werden uns niemals aufgezwungen. Sie begegnen uns vielmehr als Möglichkeiten. Vielleicht haben wir das Gefühl, den Ereignissen im Leben auf Gedeih und Verderb ausgeliefert zu sein. Aber selbst angesichts von Tragödien, Ängsten oder Verlusten stehen wir vor der Wahl und haben die Gelegenheit zu erwachen. Wir können das Vorhandensein dieser anderen Pfade des Verstehens leugnen, in der Sicherheit des nicht Bewußten verharren, wir können aber auch einen tieferen Einblick wagen. Wenn die Dämmerung anbricht und wir dem Weg des Erwachens folgen, beginnen wir uns an all jene Dinge zu erinnern, die unser Geist immer schon wußte.

Wird unser Bewußtsein klarer, erkennen wir auch unsere Rolle im göttlichen Plan oder den in unserem Inneren existierenden göttlichen Willen. Wir öffnen uns und fangen an, den Geist oder die Lebenskraft wahrzunehmen, die unser Universum mit Leben erfüllen. Erst dann erwachen wir und erkennen genau, wie kompliziert unser Leben in das Ganze eingeflochten ist. Durch diesen Prozeß des Erwachens wird uns die Wahrnehmung eines größeren Bildausschnittes möglich. Auf jeder Teilstrecke der sieben heiligen Pfade der menschlichen Wandlung wird uns ein breiterer Blickwinkel möglich, als unsere Scheuklappen es bislang zuließen. Es gibt keine Pfade durch das Leben, die bedeutender oder unbedeutender sind als andere. Wir verfügen über einen freien Willen und können entweder über die uns vertrauten Horizonte hinausschauen oder auf einem unserer Vorstellung von der Realität entsprechenden Lebenspfad verharren. Sichtbaren und unsichtbaren Reichen kommt die gleiche Bedeutung zu.

Werden wir uns der nicht greifbaren Kräfte bewußt, aus denen menschliche Erfahrungen geschaffen sind, erweitern wir unsere Lebenserfahrungen um zahllose Möglichkeiten. Wenn wir uns dazu entschließen, das zu erforschen, was meine Lehrer als »Traumgeflecht« bezeichneten, also das nicht greifbare Reich des Bewußtseins, entdecken wir neue Schichten aus geistigem Bewußtsein, aus Gedanken, Emotionen, Träumen, Gefühlen, Wünschen, aus Kreativität und Konzentration. Unser Bewußtsein für die nicht faßbaren Aspekte des menschlichen Lebens erwacht und erlaubt uns den Zugang zu einer neuen Dimension des Verstehens und des Wissens. Somit können wir zu der Erkenntnis gelangen, wie das göttliche Bewußtsein mit jedem Aspekt unseres körperlichen Lebens verbunden ist. Wenn Sie den Entschluß fassen, diesen Pfaden zu folgen, dann erinnern Sie sich daran, daß es der Schöpfer war, das Große Geheimnis, Gott, der vor Ihrer Geburt Ihren Lebensfunken ausgeatmet hat. Dieser Lebensfunke entsprang dem Schöpfungsfeuer des Großen Geheimnisses. Er war mit einem unsichtbaren Faden aus geistiger Energie verbunden. Auf diese Weise wurden Sie in das Universum hinausgeschickt, und dort belebt dieser nun den physischen Körper, in dem Sie wohnen. Folgen Sie diesen Pfaden, so werden Sie sich an den Grund Ihres Daseins erinnern, an die Rolle, die Sie im Leben spielen, und daran, wie Sie jede Facette menschlicher Erfahrung umwandeln können, die Sie an der Nutzung Ihrer Möglichkeiten hindert. Sowohl die Herausforderungen als auch die Wandlungen, denen Sie im Verlauf Ihres Erwachens begegnen, stehen für Ihre eigene Einweihung und kennzeichnen Ihre Verwandlungsreise.

Auf dem ersten Pfad, der östlichen Richtung des Medizinrades, fangen wir an zu erkennen und klar zu begreifen, daß unser Leben einen Sinn hat. Wir fühlen eine neue Gewißheit, die über unsern bisherigen Horizont des Anspruchsdenkens hinausgeht. Auf dem zweiten Pfad, der südlichen Richtung, lernen wir unsere unreifen menschlichen Reaktionen, unsere Zwänge und unsere ungesunden Emotionen zu überwinden. Der dritte Pfad, die westliche Richtung, lehrt uns die Heilung unserer Vergangenheit, unserer Körper und unserer Selbstachtung. Auf dem vierten Pfad, der nördlichen Richtung, lernen wir, die von uns gewonnenen Erkenntnisse zu teilen und mit liebevollem, unvoreingenommenem und offenem Herzen zu leben. Der fünfte Pfad steht für das Oben. Hier nehmen wir die unsichtbaren Welten des Geistes, der himmlischen Reiche, der unbekannten Bereiche des Universums und der nicht greifbaren Kräfte der Schöpfung wahr. Der sechste Pfad steht für das Unten. Hier lernen wir, die unsichtbaren Kräfte der natürlichen Welt und die Verbindung zum in allen Lebewesen existierenden Geist wahrzunehmen und unseren eigenen Geist vollständig in unsere eigenen menschlichen Körper einzubinden. Auf dem siebten Pfad, dem Inneren oder Richtung des JETZT, lernen wir, innerhalb unseres eigenen menschlichen Körpers Zugang zu allem Leben in unserem Universum zu erhalten und im Zustand völliger geistiger Bewußtheit ohne jegliche Trennung oder Voreingenommenheit durch das Leben zu gehen.

Die Wahrheiten des Universums gelten für uns alle

Andere Kulturen und Philosophien kennen die gleichen sieben Pfade der menschlichen Einweihung. Die Karte, nach der ich ausgebildet wurde, entstammt der indianischen Sichtweise. Sie wird als Tradition der Seherinnen und Seher des Südens bezeichnet, aber alle Kulturen und Religionen spiegeln aus ihren individuellen Sichtweisen viele der gleichen Wahrheiten wider.

Um seiner Gläubigkeit Ausdruck zu verleihen und um die Werte der Barmherzigkeit des christlichen Glaubens zu verdeutlichen, bedient man sich im katholischen Glauben der sieben heiligen Sakramente. Im Glauben der Hindu und Buddhisten erlauben es die sieben Energiezentren des Körpers, die Chakren, daß Lebenskraft und geistigen Energie durch einen Menschen strömen und ihm dadurch erleuchtete Bewußtheitszustände zuteil werden. Der Glaube der Hindu und der Buddhisten umfaßt andere Praktiken und geistige Sinnvorstellungen, beide aber kennen die persönliche Reise des Geistes, durch die Menschen zum Verständnis der Ganzheit geführt werden.

In den Überlieferungen der Moslems heißt es, daß Abrahams Nebenfrau Hagar zusammen mit ihrem Sohn Ismael in die Wüste verbannt wurde, nachdem Abrahams Frau Sarah eifersüchtig auf sie geworden war. Während sie unter den Stämmen Israels lebte, hatte Hagar den Glauben an Abrahams Gott Jehova übernommen. Als ihr nun in der Wüste das Wasser ausging und Ismael dem Tode nahe war, rief Hagar Jehova an. Gott erschien und sprach zu ihr. Er sagte, daß sie und das Kind gerettet würden, wenn sie dem Glauben treu bliebe. Gott wies Hagar an, siebenmal zwischen zwei Hügeln in der Wüste hin- und herzueilen und dadurch ihren Glauben an den einen Gott zu beweisen. Nach Vollendung des siebten Pfades sprudelte an der Stelle, an der ihr Sohn im Sande lag, zwischen seinen Beinen eine Quelle, und es entstand eine Oase. Dort lebte Hagar mit ihrem Sohn und erzählte den wegen des Wassers vorbeikommenden und rastenden Karawanen vom Wunder ihres Glaubens. Die Geschichte von den sieben Pfaden des Glaubens der Hagar bildet den Grundstein der islamischen Religion und vermittelt einen Überblick über die sieben Pfade, denen die Moslems folgen, um Allah oder Gott näherzukommen.

Im jüdischen Glauben mißt man der Zahl sieben eine große Bedeutung zu. Im hebräischen heißt sieben »Shiva«. Jehova oder Gott schuf die Welt in sechs Tagen, und am siebten Tag ruhte er. Der siebte Tag ist der jüdische Schabbat, dessen Wurzel im Wort »Sieben« steckt. Der Schabbat beginnt mit Sonnenuntergang am Freitagabend, den die Juden als den Beginn des Samstags betrachten. Während dieses Sonnenunterganges wird den Menschen die weibliche Seite Gottes vor Augen geführt. Von diesem Augenblick bis zum darauf folgenden Sonnenuntergang nehmen die Menschen am Gottesdienst teil, beten, ruhen und tun nichts, was sie davon abhalten könnte, die weibliche Seite Gottes wahrzunehmen, die sie als den Geist betrachten. Stirbt ein Mensch, wird sieben Tage lang getrauert. Man nennt das Shiva-Sitzung, was ebenfalls auf das Wort sieben zurückgeht. Diese Zeit endet damit, daß die Familie zum Friedhof geht und die Seele des geliebten Menschen freiläßt. Die erste Ernte einer jeden Frucht oder eines Gemüses wird mit einem Fest namens Shavuoth gefeiert, dies ist im Hebräischen der Plural für die aus sieben Tagen bestehende Woche. Der heilige Feiertag des Passah fällt stets in den siebenten Monat des jüdischen Kalenders.

In den spirituellen Traditionen der Seneca und der Cherokee stellen die sieben heiligen Richtungen auf dem Medizinrad die sieben Pfade der menschlichen Einweihung dar. Die ersten sechs Pfade sind: der Pfad der Erde, der südliche Pfad, der westliche Pfad, der nördliche Pfad, der obere Pfad und der untere Pfad. Bei den Seneca nennt man den siebten Pfad den inneren Pfad, und in der Tradition der Cherokee wird er als das JETZT bezeichnet. Jeder der sieben Pfade hat besondere Brennpunkte und Lebenslektionen zum Inhalt. Der menschliche Reifeprozeß verläuft nicht geradlinig, weil das Leben ein Kreis oder ein Rad ist. Wo immer wir auch hingehen und was auch immer wir erleben, stets werden wir daran erinnert, daß das Selbst auch bei unserer Ankunft immer noch vorhanden ist und wir somit zu uns und zu allem zurückkommen, was wir im Verlaufe unseres Lernprozesses geworden sind.

Diese unterschiedlichen Auslegungen des Lebenskreises und der spirituellen Heiligkeit bieten der Menschheit viele Möglichkeiten, die Landkarte des menschlichen Wachstums und des geistigen Potentials zu verstehen. Bildlich gesprochen wurden uns die sieben Pfade gegeben, damit wir alle Teile dieser wunderbaren mannigfaltigen Schöpfung und den Platz des Menschen im Ganzen entdecken. Bedingt durch verschiedene spirituelle Ansatzpunkte reagieren Menschen auf Fragen des Glaubens unterschiedlich, und so bedient sich jede spirituelle Tradition anderer Methoden, mit der sie die sieben Einweihungsprozesse, die Stufen des Wachstums und des menschlichen Entdeckens verdeutlicht.

Das Nebeneinander der Wandlungspfade

Die sieben Pfade der menschlichen Wandlung sind Räder der Erfahrung. Sie spiegeln die Art und Weise wider, auf die menschliche Wesen es lernen, ihre Lebenskraft zu nutzen. Diese Pfade existieren gleichzeitig nebeneinander. Sie verlaufen nicht geradlinig, und jedes Individuum lernt seine Lektionen auf mehreren Pfaden gleichzeitig.

Stellen Sie sich einen Menschen vor, der an einem Schreibtisch sitzt und versucht, einen Scheck auszustellen, drei Telefonate gleichzeitig anzunehmen und sich Notizen zu diesen Telefonaten zu machen. Währenddessen steht ein Kollege vor seinem Schreibtisch und sucht eine Akte: In etwa so können Sie sich menschliche Wesen vorstellen, die auf vielen Ebenen gleichzeitig funktionieren. Wir nutzen einen bestimmten Teil unserer Aufmerksamkeit und unserer Lebenskraft, um viele Dinge gleichzeitig zu erledigen. Ja, wenn wir uns auf den Weg der Einweihung des Lebens begeben, können wir es lernen, viele Dinge zur selben Zeit zu tun. Es wird möglich, zugleich aktiv an unserem Familienleben, unserem Beruf, unseren Träumen und unserem Wachstumsprozeß teilzunehmen. Wir können unsere Lebenskraft dafür nutzen, die Widrigkeiten des Alltagstrotts zu meistern, unsere persönlichen Themenkreise zu erforschen, zu heilen und an einer Beziehung zu arbeiten. Zur selben Zeit können wir aber flüchtige Augenblicke unerklärlicher Einsichten oder übernatürlicher Phänomene erleben.

Wenn wir die Herausforderungen des Lebens bewältigen und die Themen unserer Vergangenheit heilen, steht uns ein erhöhtes Maß an

Lebenskraft zur Verfügung. Diese zusätzliche Lebenskraft gibt uns die Kraft zur Erforschung neuer Bereiche, und so wird das Leben zum Abenteuer. Das soll aber nicht heißen, daß das Abenteuer nicht gelegentlich auch seine Schattenseiten hat. Das Leben kann sowohl nervenaufreibend als auch unbeschreiblich befriedigend sein. Wie wir es lernen, die uns zur Verfügung stehende Lebenskraft zu nutzen, hängt davon ab, auf wie vielen verschiedenen Einweihungspfaden wir gleichzeitig gehen können. Geistige Entwicklung ist ein individueller Wachstumsprozeß.

Das natürliche Fortschreiten der menschlichen Entwicklung erfordert normalerweise, zunächst die Fähigkeit zu lernen. Damit wir auf einem bestimmten Gebiet zu Experten werden können, konzentrieren wir uns danach auf die Beherrschung der nächsten Fähigkeit. Haben wir jedoch nichts zu essen, dann scheren uns unsere Träume herzlich wenig. Versuchen wir, die durch sexuellen oder körperlichen Mißbrauch verursachten Wunden zu heilen, müssen wir mehr Entschlossenheit, Konzentration und Energie an den Tag legen. Eventuell steht uns dann nicht genügend zusätzliche Lebenskraft zur Verfügung, um das Leben über unseren Überlebenstrieb hinaus erkunden zu können. Während wir uns auf diesen Pfaden der Einweihung befinden und unsere Fähigkeiten entwickeln, folgen wir noch dem natürlichen Entwicklungsprozeß. Die Art und Weise jedoch, wie wir unsere persönlichen Lektionen erleben müssen, bestimmt darüber, welche Lektionen oder Fähigkeiten wir gleichzeitig erlernen.

In diesem Szenario verschiedener Pfade gibt es eine Ausnahme. Während unser Augenmerk noch auf die Entwicklung der Fähigkeiten des ersten bis vierten Pfades gerichtet ist, kann es möglich sein, Zugang zu bestimmten Abschnitten des fünften bis siebten Pfades zu bekommen. Wir können die letztgenannten Pfade aber so lange nicht gänzlich zum Abschluß bringen, bis wir über genügend Energie zur bewußten Erforschung der unsichtbaren Welten des Traumgeflechts verfügen. Damit diese Arten der geistigen Fähigkeiten möglich werden, müssen bestimmte physiologische Veränderungen innerhalb des menschlichen Körpers stattfinden. In den meisten Fällen treten diese Veränderungen erst dann ein, wenn wir die Fähigkeiten des ersten bis dritten Pfades vollständig beherrschen und den überwiegenden Teil der Fähigkeiten des vierten Pfades entwickelt haben. Zu vielen Erfahrungen des fünften bis siebten Pfades erlangen wir normalerweise erst dann Zugang, wenn wir über die Lebenskraft verfügen, die notwendig ist, um sich diesen Bewußtseinsebenen zu nähern.

Muß ich allen sieben Pfaden folgen?

Ich möchte betonen, daß nicht jeder Mensch alle sieben Pfade vollenden muß. Die Verwandlung stellt eine persönliche Reise dar und wird vom Wunsch eines einzelnen bestimmt, die verschiedenen Pfade zu erforschen. Nicht jeder hat das Bedürfnis, Zugang zum unsichtbaren Reich des Bewußtseins innerhalb des Universums zu erlangen, und es gibt keinen Grund, warum jemand jemals einem Pfad folgen sollte, der nicht seinen persönlichen Bedürfnissen entspricht. Wenn Sie mit Ihrem Leben auf den drei ersten Pfaden der Einweihung zufrieden sind, dann ist das gut so. Entschließen Sie sich zur Erkundung der unsichtbaren Welten und wollen sie alle Fähigkeiten entwickeln, die Ihnen auf den sieben Pfaden aufgezeigt werden, dann ist das fabelhaft. In beiden Fällen stehen Ihre Lebenslektionen im Einklang mit der in Ihrem individuellen Geist oder in Ihrer Seele wohnenden Willen Gottes.

Es gibt keine besseren oder schlechteren menschlichen Seelen. Jede Seele kommt vom Schöpfer und weiß schon lange, bevor sie einen menschlichen Körper belebt, welche Erfahrungen sie machen will. Erst während der Geburt setzt das Vergessen ein. Im Laufe unseres Lebens erinnern wir uns des verborgenen Wissens unserer Seele und integrieren dieses schlummernde Wissen in unsere physischen Körper. Kein menschliches Wesen kann sich anmaßen, jeden Sinn oder alle Lektionen eines anderen Menschen zu kennen, derentwegen eine andere Seele hierhergekommen ist und einen menschlichen Körper angenommen hat. Wir selbst können den Entschluß fassen, uns daran zu erinnern, was wir über den Pfad unserer Seele durch die menschliche Existenz wissen wollen. Wir werden uns bis zu dem Grade an den jeweiligen Pfad erinnern, zu dem wir über den Wunsch und die erforderliche Zähigkeit zu dessen Verfolgung verfügen.

Entschließen wir uns, diese Pfade nicht in Angriff zu nehmen, so ist nichts verloren, und nichts bleibt unvollendet. Verläßt unser Geist unsere menschliche Hülle und stirbt unser physischer Körper, geht das Lernen über diese unsichtbaren Reiche dennoch weiter. Das Rad der Lebenskraft und die Zyklen der Verwandlung sind ewig. Der menschliche Geist kann nicht zerstört werden. Er ist Teil des Großen Geheimnisses. Unsere Seelen und unser Geist bestehen aus reiner Energie. Wir können die Gestalt verändern, die die Energie annimmt, doch Energie selbst kann nicht zerstört werden. Letztendlich wird jede Seele alle sieben Pfade der Einweihung beschreiten. Wie und wann diese Pfade jedoch in Erfahrung gebracht werden, wird immer von der jeweiligen Seele bestimmt.

Einer meiner Lehrer sagte einst zu mir: »Wisse, daß du nicht mehr dieselbe sein wirst, wenn du erst diesen Pfaden folgst.« Ich möchte es jedem Leser sagen: Wenn Sie sich dazu entschließen, den Ihnen gereichten Fehdehandschuh aufzuheben, werden Sie im Bewußtsein aufwachen, daß das menschliche Leben selbst die eigentliche Einweihung ist und daß durch die Aufhebung der Trennung die Menschen ihren Platz innerhalb der unendlichen Ganzheit entdecken, welche in unserem Universum durch das Große Geheimnis verkörpert wird. Es sind mutige Krieger, die sich auf die Reise zu den sieben heiligen Pfaden begeben. Sie erforschen die Geheimnisse des Unbekannten, der nicht gesprochenen Sprachen der Tiere, der Heilwirkung der Pflanzen, der geistigen Botschaften der Natur, der miteinander verbundenen Sternenmuster, der Glückseligkeit im Reiche der Engel, der Lebendigkeit des Universums, des Zustandekommens göttlicher Fügung, des inneren Seelenfriedens und der unendlichen Ganzheit, die dann entsteht, wenn sie die eingrenzende menschliche Vorstellung der Teilung überwinden.

Begeben wir uns auf die Reise des Kriegers, so wird uns die Erkenntnis zuteil, daß wir weder Tod noch Trennung oder Einsamkeit mehr fürchten müssen, und wir erkennen, daß nichts im Universum außerhalb von uns selbst geschieht. In vollständigem Ganzsein kehren wir von den sieben Pfaden zurück und wandeln als erwachte menschliche Wesen weiter durch unsere physischen Leben. Wir können das Wesen des Lebens, der Verwandlung, des Todes und der Wiedergeburt als eine sich ewig drehende Spirale verstehen. Der Geist ist ewig, und wenn wir auf den sieben Pfaden wandeln, strömt die Lebendigkeit des Geistes in unsere menschlichen Körper hinein. Wir füllen jeden Bereich des menschlichen Lebens mit der göttlichen Gnade, die wir gesammelt haben, indem wir eine weitere Umdrehung zurückgelegt und es gelernt haben, uns dem Leben durch die vielfältigen Perspektiven zu nähern, die wir während unserer Verwandlung erlebt haben.

Das Traumgeflecht

Stellen Sie sich das Traumgeflecht als eine alle Dinge verbindende Straßenkarte oder als einen Entwurf aus Energiebahnen vor. Farben und Strukturen sich kreuzender Energiebahnen stellen sich jedem Betrachter verschieden dar, weil jeder Mensch eine andere Lebensanschauung besitzt. Seit Jahrhunderten sind sich die Meister unserer indianischen Träumer und Seher dieses Netzes aus Energie bewußt, das alles miteinander verbindet: Materie, Energie, Raum und Zeit. Physiker haben diese Elementarteilchen oder die verbindende Energie zwischen den Atomen Gluonen genannt. Für die Seher des Südens bilden diese Elementarteilchen ein Netz aus Energie, das die sichtbaren und unsichtbaren Welten unseres Universums miteinander verbindet. Unsere uralten Legenden besagen, daß einst die Große Mutter Spinne das Netz des Universums spann, in dem sie alle Kreativität und alles Leben verband, und daß sie das kreative Prinzip des Großen Geheimnisses in alle Dinge hineinwebte. Die Seher und Träumer unter den indianischen Vorfahren glaubten, daß die Große Mutter Spinne das Netz des Universums gewoben hat, um uns die Verbundenheit aller Dinge zu zeigen. Nach den Sehern des Südens besteht das Energienetz aus Geist oder göttlicher Lebenskraft. Wenn wir unsere Ängste heilen, alte Verletzungen loslassen und die Trennungsschleier heben, die sich durch unsere bisherigen Lebensansichten gebildet haben, beginnen wir, das Energienetz des Universums zu sehen und zu spüren.

Das Traumgeflecht besteht aus göttlichen Bewußtseinsströmungen, Lebenskraft und nicht greifbaren Dingen, die der Mensch erzeugt, wie Gefühle, Gedanken, Inspiration, Ansichten, Urteile, Vorstellungen Träume, Bestrebungen, Absichten und reine Kreativität. All diese Elemente enthalten Energie, wir aber halten sie nicht für physische Objekte. Wenn wir sie in uns selbst erleben können, sind sie für uns auch real. Jedoch erkennen nur wenige von uns, daß die von Menschen gesteuerten unsichtbaren Energien seelische, emotionale und geistige Netze aus interagierender Lebenskraft geschaffen haben, die alles beeinflussen, was wir im Reich des Greifbaren kennen.

Das Traumgeflecht ist ein Netz aus unserer gemeinsamen menschlichen kreativen Energie. Es steht in Wechselwirkung mit der jedem Atom der Schöpfung innewohnenden Lebenskraft und umspannt unser gesamtes Universum. Bevor dieses Energienetz körperliche Merkmale oder Formen annimmt, wird es durch unsere Gefühle, Gedanken und Ansichten geschaffen, die Energie enthalten. Immer wenn wir agieren, und jedesmal, wenn wir auf etwas, das uns geschieht, reagieren, ist ein Gedanke, ein Gefühl, ein Standpunkt oder ein Urteil gegenwärtig. Diese Gedanken üben einen direkten Einfluß auf die Art und Weise, wie wir leben, aus. Verändern wir unsere Gedanken, Gefühle oder unsere Ansichten, dann verändert sich auch unsere Wahrnehmung. Das Traumgeflecht reagiert auf Veränderungen, die wir in uns selbst vornehmen, und bietet uns jedesmal neue Chancen, wenn wir unserer Wahrnehmung neue Wege eröffnen und Gewohnheiten ändern, die uns möglicherweise im alten Trott festgehalten hätten.

Zur Verwirklichung eines jeden Lebenszieles ist Energie notwendig; doch nur wenige Menschen begreifen, daß sie Energie immer dann falsch einsetzen, wenn sie sie für Sorgen, Negativität oder Klatsch verschwenden. Den Menschen wurde nicht beigebracht, daß sie Energie bewegen können oder die Energie, die sie brauchen, von der Großen Mutter Erde, dem Schöpfer und dem Universum empfangen können. Jedes körperliche Objekt enthält Energie. Jeder unsichtbare Gedanke und jedes Gefühl enthalten Energie in Gestalt von Emotion. Indem wir die Energien erkennen, die wir durch unser Verhalten richtig oder falsch nutzen, lernen wir, auf den Pfaden der Wandlung zu gehen. Konzentrieren wir diese Energie auf positive Weise neu, wachsen wir über unsere stumpfen Verhaltensweisen hinaus, durch die wir wertvolle Energiereserven verlieren, und erreichen neue, verwandelte Ebenen des Erlebens. Um diese universelle Lebenskraft oder Energie zu entdecken und richtig anzuwenden, müssen wir verstehen, wie das Traumgeflecht funktioniert.

Die meisten Menschen merken nicht, daß sie ihre Gedanken und Gefühle in die Welt hinaus richten. Der klassische Cartoon über eine Person, die mit einer schwarzen Wolke über dem Kopf herumläuft, verdeutlicht, wieso wir einen Menschen meiden, der Ärger oder Negativität ausstrahlt. Obwohl sie nicht physisch greifbar ist, spüren andere diese Wut. Der Mensch, der die schwarze Wolke mit sich trägt, mag sich wundern, warum andere ihn meiden. Richtet diese Person Neid, Eifersucht oder Wut auf andere, kann die Wirkung so stark sein, als ob man einen Schlag in die Magengrube bekäme. Aus der Sicht des Traumgeflechtes implodiert die negative Energie dieser ausgesendeten Emotionen beim Absender und dringt in den Heiligen Raum oder in das Energiefeld des Empfängers ein. Die Folgen sind in den sichtbaren und unsichtbaren Welten gleich. So wie Bilder einer Nachrichtensendung, die Szenen von Katastrophen und Berichte über Gewalt einen Einfluß auf das Bewußtsein haben und das Wohlbefinden herabzusetzen vermögen, können auch böse Absichten oder schlechte Gedanken dazu führen, daß ein Mensch einen Mangel an Lebensfreude, Energieverlust, Ziellosigkeit oder einen Leistungsabfall verspürt.

Obwohl wir uns dessen bewußt sind, was wir über bestimmte Dinge denken oder fühlen, sind wir uns normalerweise nicht darüber im klaren, daß unsere Meinungen Muster erzeugen, die uns umgeben und Einfluß auf unser Leben nehmen. Wir tragen unsichtbare Lastkörbe mit uns herum, die unsere Begrenzungen, negativen Gedanken und emotionalen Wunden enthalten. Manchmal können wir in unseren Träumen die Muster unserer Angst entschlüsseln oder die Fäden unserer Begrenzungen entwirren. Viele Menschen glauben, sich ihrer Träume nicht erinnern zu können. Diese Leute entsinnen sich nicht der unterbewußten Schöpfung, oder sie verstehen es nicht, deren Rätsel zu lösen, sie träumen aber trotzdem. Wir verarbeiten viele unserer Probleme während des Schlafes.

Die Entscheidungen, die wir in unserem Leben treffen, werden durch die Möglichkeiten beeinflußt, die wir uns während des Schlafes im Traum aussuchen. Eine Sache, die uns am Abend Kopfzerbrechen bereitete, kann am Morgen scheinbar leicht aus der Welt geschafft werden. Nach einem schweren Tag, an dem wir uns bewußt dazu entschließen, einmal nicht das letzte Wort haben zu müssen, entdecken wir in der Frühe, daß wir anderen auf halbem Wege entgegenkommen können und nicht mehr streiten müssen. Durch unsere bewußte Entscheidung haben wir das Traumgeflecht verändert und unsere Absichten neu bestimmt.

Wenn Menschen zum Beispiel niemals sehr weit über die Region, in der sie geboren wurden, hinausgekommen sind, hegen sie vielleicht verborgene Ängste oder Vorurteile gegen alle, die anders denken, einer anderen Religion angehören oder andere Bräuche pflegen. Werden diese Ängste nicht geheilt, dann wachsen mit der Zeit die Vorurteile, Ansichten, verhärten sich und schränken so die Fähigkeit ein, neue Horizonte zu erreichen. Wenn wir unsere Ängste vor fremden Kulturen oder fremden Ländern überwinden, können wir die Schönheit anderer kultureller Gebräuche erkennen. Indem wir neue Erfahrungen machen, können wir mit der Zeit eine Art des menschlichen Teilens erleben, die uns einen Panorama-Überblick über unser Menschsein gibt, durch den wir in der Lage sind, uns als planetarische Bürger des Universums zu betrachten.

Jedesmal, wenn wir eine feste Meinung loslassen, die durch unsere Angst vor dem Unbekannten entstanden ist, durchbrechen wir eine Barriere aus blockierter Energie. Unsere falschen vorgefaßten Ansichten und unser Widerstand gegenüber Veränderungen werden dann losgelassen. Wenn wir uns jenseits unserer selbst auferlegten Grenzen begeben, erleben wir ein tiefes Gefühl der Befreiung, das Hand in Hand mit einer Fülle neuer Lebenskraft geht. Wenn wir uns gegen die Wahrnehmung unserer Gefühle sträuben, müssen wir ein hohes Maß an Energie aufbringen, um so den Strom der Lebenskraft einzudämmen. Dies erzeugt eine Art von Wall, der ein mögliches Wachstum nicht zuläßt. Weil Gefühle und Gedanken nicht greifbar sind, existieren sie jenseits unserer normalen Wahrnehmung im Traumgeflecht. Vielleicht merken wir nicht, wenn falsche Vorstellungen dadurch verschwinden, daß wir sie ausmerzen. Wir spüren jedoch die Auswirkungen, wenn sich die Schleusentore der Lebenskraft öffnen und die Energie wieder durch unsere Körper strömt.

Normalerweise sind wir uns der Muster, die wir in den unsichtbaren Welten weben, oder auch der Bewußtseinszustände, die wir im Traum erleben, so lange nicht bewußt, bis uns das Leben einen Weckruf erteilt. Die meisten von uns sehen keinen Zusammenhang zwischen unseren persönlichen Gedanken und unserem Verhalten sowie der Reaktion anderer darauf. Tatsächlich aber sind menschliche Wesen die aus Energie bestehende Summe all dessen, was wir an jedem gegebenen Zeitpunkt träumen, uns vorstellen, denken, wahrnehmen und fühlen. Unser inneres Bild von der Person, die wir zu sein glauben, beeinflußt unmittelbar unsere Wahrnehmung der Welt und unserer persönlichen Erfahrungen. In meinem Glauben bezeichnet man diese völlig individuelle Wahrnehmung des Lebens als den »Heiligen Standpunkt«. Realität wird dann geschaffen und verändert, wenn wir unsere Heilige Gesinnung wandeln und neue Möglichkeiten sowie erweiterte Vorstellung einbeziehen.

Wir besitzen die Fähigkeit, unser Verhalten zu ändern und unsere Herangehensweise an die Dinge und unsere Ansichten zu korrigieren.

Diese Fähigkeit entsteht nicht allein durch einen persönlichen Entschluß oder den freien Willen, sondern auch dadurch, daß wir alle Erfahrungen des Lebens als Einweihungen sehen, die uns dazu führen, daß wir vollkommene menschliche Wesen werden. Wir alle wachsen und verändern uns in individuellen Schritten und in unserem eigenen Tempo. Jeder Mensch ist einzigartig, und deswegen werden die Pfade, denen wir im Leben folgen, durch unsere individuellen Verstandesebenen bestimmt. Von unseren persönlichen Aussichtspunkten aus basteln wir im Geiste unsere Ansichten vom Leben zusammen, indem wir eine Information nach der anderen hinzufügen. Unsere persönliche Realität basiert auf diesen gedanklichen Weltanschauungen, und das Leben reagiert darauf, indem es uns die positiven oder negativen Haltungen aufzeigt, die wir in unseren Bauplan eingearbeitet haben.

Zu Beginn besaßen wir vielleicht die Perspektive einer winzigen Feldmaus, der kleine Grashalme wie riesige Wälder vorkamen, in denen sie nach Futter suchen mußte. Mit der Zeit nehmen wir unsere Umgebung anders wahr: wie ein Reh, dessen Blick über die Wiesen hinweg bis zum Horizont streift, wo sanfte Hügel von steinigen Klippen überragt werden. Nachdem wir die Wandlung durchlaufen haben, erwerben wir uns das Anrecht auf den großen Überblick, in dessen Besitz der Adler ist, der aus der Höhe alles erspäht, was sich unter ihm ereignet. Alle diese Perspektiven sind real, und in jeder sind viele Lektionen über das Leben enthalten. Wenn wir aus der Perspektive des Adlers sehen können, müssen wir ebenso die Detailtreue der Maus beibehalten, mittels der sie ihre Aufmerksamkeit auf kleine Dinge zu lenken vermag. Jeder Standpunkt hat seine Berechtigung und ist wichtig. Keiner ist besser oder schlechter als die anderen. Während unseres Wachstums lernen wir, jede Perspektive, die wir erlebt haben, zu nutzen, und eignen uns neue Ansichten an, ohne vorhandene Fähigkeiten zu vernachlässigen. Wir gelangen zu einem erweiterten, vielschichtigen Blick auf die Realität, der uns den Nutzen unzähliger neuer Möglichkeiten bietet.

Bis zu dem Augenblick, an dem wir den Weg der Einweihung auf den sieben Pfaden beschreiten, sind unsere Wahrnehmung der Realität und unser Verständnis der Schöpfung naturgemäß eingeschränkt. Wie stark diese Einschränkung im einzelnen ist, hängt davon ab, wie oft wir uns seit unserer Geburt verschlossen haben. Wir neigen dazu, uns bei traumatischen Ereignissen, emotionalem und psychischem

Leid, körperlichen Mißhandlungen oder fehlender Geborgenheit zu verschließen. Diese unangenehmen Situationen können Trennungsschleier erzeugen, die auch das Vergessen und Verdrängen umfassen. Diese Trennungsschleier verhüllen den Geist oder die Energie, die alle physischen Lebensformen umgibt, und erzeugen bei uns die feste Meinung, daß nur das real existiert, was wir denken oder glauben.

Könnten wir zum Beispiel die mit verletzenden Worten verbundene Energie sehen und wahrnehmen, wie diese unser eigenes Energiefeld zerreißt, oder beobachten, wie sich unsere Lebensenergie verringert, sobald wir diesen verbalen Schlag abbekommen, wir würden nie mehr einen anderen Menschen anschreien oder verspotten. Harte oder grausame Worte können den gleichen Schaden anrichten wie die Anwendung einer Waffe. Die verletzten oder miesen Gefühle, die wir verspüren, wenn andere uns verletzen, sollten uns eine Lehre sein. Aber viele unter uns erkennen dies nicht. Menschliche Rachegelüste werden normalerweise nicht vor der Vollendung des dritten Pfades der Einweihung geheilt. Vorher reagieren wir normalerweise impulsiv aus dem Bauch heraus, und der Teufelskreis beginnt von vorne.

Was bringt es, wenn ich die Anstrengung auf mich nehme?

Die großen Ziele aller Einweihungsprozesse im Leben eines Menschen sind: (a) zu lernen, die Vergangenheit und alle Schuldgefühle zu heilen; (b) keine Angst vor der Zukunft zu haben und (c) sich darauf zu konzentrieren, jederzeit vollständig gegenwärtig zu sein. Haben wir die ersten vier Pfade der Einweihung erfolgreich hinter uns gebracht, können wir wieder zu jener Empfindsamkeit zurückkehren, die wir als Kinder besaßen. Dadurch wird es uns möglich, unser Bewußtsein und unsere Wahrnehmung zu schärfen. Auf den letzten drei Pfaden der Einweihung erweitern wir unser universelles Bewußtsein, beseitigen Schritt um Schritt die Schichten des Unbewußten und werden der unermeßlichen Ebenen von Welten innerhalb der Welten gewahr, die in der Natur, unserem Planeten und unserem Universum existieren.

Schließlich erkennen wir, daß alles Leben untereinander verbunden und voneinander abhängig ist. Keine Antwort findet sich außerhalb von uns selbst, sie alle existieren in unserem Inneren, denn indem wir mit den im Traumgeflecht vorhandenen universellen Energiefäden unseren individuellen Pfad weben, sind wir mit allen Wahrheiten verbunden. Wenn wir uns nicht mehr als Opfer sehen und glauben, daß wir vom Universum abgetrennt sind, lernen wir, uns ohne Angst dem Traumgeflecht anzuschließen. Wenn wir den Traum tanzen, entwickeln wir einige Fähigkeiten, nämlich die der Auswahl eines Pfades, der klaren Definition unseres Zieles, dessen nachdrückliches Verfolgen, der Inanspruchnahme des von uns im unsichtbaren Netz des Traumgeflechtes vorgefundenen Wissens sowie dessen Anwendung. Wenn wir in unserem Alltag diesen Weisheiten gemäß leben, stellen wir fest, daß wir den Traum tanzen.

Mein Lehrer Joaquin Muriel Espinosa drückte ein tiefes Verständnis der menschlichen Verfassung aus und lehrte mich, warum wir sowohl aus unserer Verzweiflung als auch aus unserer Freude lernen. Er sagte: »Wenn es der Menschheit möglich wird, durch Freude zu wachsen, wird es keine Notwendigkeit mehr für menschliche Verzweiflung geben. So wie die Dinge heute stehen, lernen die Herzen der Menschheit selten, Mut und Mitgefühl zu zeigen, wenn sie nicht mit Konflikten, Schmerz oder persönlichen Tragödien konfrontiert werden. Eines Tages werden sich die Menschen gegenseitig unterstützen, und es wird kein Leid mehr geben.«

Joaquin erinnerte mich daran, daß die allgemeinen Lektionen des Lebens auf jedem menschlichen Lebensweg zu finden sind und von uns allen erlebt werden, gleich welchem Glauben, welcher Tradition, welcher geistigen Schule oder religiösen Überzeugung wir angehören. In unserer spirituellen Tradition, der der Seher des Südens, haben wir beobachtet, daß alle von uns Leid, Wünsche, Prüfungen, Freude und Kummer erleben, die unser Durchhaltevermögen stärken und uns dazu antreiben, nach weiteren Erkenntnissen zu streben. Diese Ereignisse haben eine Eigendynamik und widerfahren allen von uns zu einem unterschiedlichen Zeitpunkt. Die sich daraus ergebenden Lektionen des Lebens sind Einweihungsprozesse und kennzeichnen den Reifeprozeß. Diese Reise in das Ungewisse oder in das Chaos schenkt uns einzigartige Möglichkeiten, unseren Mut und unsere Stärke zu finden. Die duale Welt tarnt diese Ereignisse und gibt uns das Gefühl, eine Katastrophe sei über uns hereingebrochen. Diese Lektionen sind aber auch Segnungen, die uns dazu zwingen, die uns selbst auferlegten Grenzen zu überwinden.

Da jeder Mensch über einen individuellen Heiligen Standpunkt verfügt, lernen wir alle die Lektionen auf den sieben Pfaden auf unsere eigene Art und Weise. Vom Standpunkt der Energie oder des Geistes aus gesehen sind alle Lektionen und alle menschliche Last gleich. Weder kann ein Mensch ermessen, wieviel Freude oder Leid einem anderen widerfährt, noch können wir unsere Lektionen mit denen anderer vergleichen. Das Bedürfnis, sich der persönlichen Verhaltensweisen und Gedanken bewußter zu werden, von denen unsere Lebenserfahrungen gesteuert werden, sieht von Mensch zu Mensch unterschiedlich aus.

Selten vollendet ein einzelner Mensch alle Lektionen, die ihm auf allen sieben Pfaden im Verlaufe eines einzigen Lebens begegnen. In der Tat sind bis zu unserer heutigen Zeit die meisten Menschen nie über den dritten Pfad der Einweihung, das ist der Pfad der Heilung, hinausgewachsen. Gegenwärtig, am Ende des Jahrtausends, haben sich dem menschlichen Bewußtsein viele Türen geöffnet. Neue Pfade durch das Traumgeflecht wurden von denjenigen geschaffen, die über die Bereitschaft und Entschlossenheit verfügten, unbekannte Bereiche des Bewußtseins zu erkunden, und die diese Bahnen abgesichert haben, damit andere nachfolgen konnten. In den vergangenen Jahrhunderten, als die Pfade schlecht ausgeschildert waren, mögen viele Reisende in verschiedenen Treibsandlöchern verschwunden sein, aber Sie alle, die dieses Buch lesen, bekommen eine sichere Landkarte des Bewußtseins und der Evolution des menschlichen Geistes geschenkt. Dazu gehören auch Wegweiser, die vor Treibsand warnen und die Ihnen dabei helfen können, Ihre Entscheidung zu treffen.

Unserer persönlicher Fortschritt ist eine freiwillige Entscheidung. Letztendlich hängt die Tiefe des von uns erreichten Verständnisses von unserer Bereitschaft und unserem Verlangen ab, ein Entdeckungsreisender zu werden. Wir können uns als Opfer begreifen, die zwischen Glückseligkeit und Verzweiflung hin- und hergeworfen werden. Wir können auch einen tieferen Einblick wagen und Verantwortung für unsere Gedanken, Gefühle und unsere Taten übernehmen. Wenn wir uns zur Veränderung entschließen und uns weigern, zum Opfer zu werden, sind wir zum Entschluß gekommen, das Leben mit den Augen des Adlers zu betrachten. Derjenige, der die Bereitschaft aufbringt, sein Leben den Pfaden der Einweihung zu widmen, spürt die Kraft der persönlichen Verbindung zum Schöpfer und zum Glauben in sich. Wenn wir erkennen, daß wir als menschliche Wesen die Bereitschaft aufbringen, in Schützengräben zu liegen, für die Stärkung der menschlichen Fähigkeiten zu kämpfen, und wenn es uns darauf ankommt, unsere persönliche Integrität zu wahren, haben wir den Entschluß zu einer Überprüfung unseres Selbst gefaßt. Wir beschreiten den Pfad der menschlichen Einweihung, der zu authentischem Ganzsein führt.

Sobald wir uns zum Traumgeflecht bekennen, erscheint unser Pfad

Jeder Mensch kann lernen, mit dem Traumgeflecht Verbindung aufzunehmen. Um das Geflecht aus Energie wahrnehmen zu können, aus dem das Medizintuch oder die dreidimensionale Realität besteht, müssen wir uns unserer Gedanken, Ansichten und Emotionen bewußt werden. Wenn wir uns dieser nicht physischen Elemente in unserem Innern gewahr werden, staunen wir über die Art und Weise, wie unsere jeweiligen Fäden durch das Universum tanzen und sich mit jedem unserer Gedanken und jeder von uns getroffenen Entscheidung verändern. Wenn wir das Muster der Ereignisse wahrnehmen, das sich entfaltet, sobald wir das nicht Greifbare zur Kenntnis nehmen, tauchen plötzlich unsere Pfade auf. Dann müssen wir den Mut zur Erkundung eines Gebietes aufbringen, das zwar unerforscht, unserer geistigen Natur jedoch überaus vertraut ist.

Manche Menschen nehmen während des Schlafes und im Traum mit dem Traumgeflecht Verbindung auf, während andere die gleichen Wahrheiten durch Meditation oder *Tiyoweh*, »den Eintritt in die Stille«, erkennen. Wieder andere Personen kommen mittels anderer geistiger Disziplinen oder durch persönliche Entdeckungen zu diesen Erkenntnissen. Wie auch immer die Methode aussehen mag, das Endergebnis bleibt gleich: Wir entwickeln uns zu einer Spezies, die Energie in ihrer nicht physischen Form erkennen und nutzen kann, und wir lernen, daß die von uns selbst in das Universum ausgestrahlte Energie Einfluß auf die Erfahrungen nimmt, denen wir im Leben begegnen.

Indem wir inmitten von Mustern und göttlichen Entwürfen der Schöpfung nach unseren persönlichen Pfaden suchen, stellen wir uns dem Abenteuer. Die Einweihungen treten dann in Erscheinung, wenn wir diese Wahrheiten akzeptieren und sie im physischen Leben anwenden. Die Art, wie wir die Weisheit, die wir vorfinden, nutzen, beschreibt den Prozeß der unendlichen Einweihung. Die Ernsthaftigkeit unserer Absichten und der scharfe Blick unserer geistigen Klarheit erzeugen eine bewußte Basis für unsere persönliche physische Realität. Wie genau wir beim Erzielen dieser Ergebnisse sein werden, hängt von unserer Bereitschaft ab, die Anstrengungen auf uns zu nehmen. Jedesmal, wenn wir unseren Heiligen Standpunkt ändern, reagiert das Leben, und unsere Realität verändert sich. Die nicht physischen Eindrücke unserer seelischen, emotionalen und geistigen Entscheidungen bilden die nicht greifbaren Aspekte, aus denen unser Weg besteht. Wir schaffen und gestalten die Handlungsmuster, die wir während unseres Lebens anwenden. Unsere täglichen Erfahrungen und unser Interagieren mit anderen sind untereinander verwoben und schaffen so die Materie, aus der unser Leben aufgebaut ist, im übertragenen Sinne also die Medizindecke, aus der unsere Realität besteht.

Dunkle Nächte der Seele

Wenn wir uns weigern, die feinen Fingerzeige wahrzunehmen, die uns daran erinnern, daß unser Leben eine Veränderung nötig hätte, zwingen uns vier große Wandlungen in menschliches Chaos und Verzweiflung, zu einem Richtungswechsel. Die Seher des Südens bezeichnen dies als »Schwarze Nacht des Geistes«, man kann es auch »die Dunkle Nacht der Seele« nennen. Im menschlichen Dasein erleben wir diese vier Übergänge in das Dunkel auf der spirituellen, emotionalen, psychologischen und physischen Ebene. Während dieser Zeiten fühlen wir uns, als ob das Licht im Fenster, das für die Sicherheit des Heimes steht, verschwunden ist, und wir denken, es gäbe keinen Ausweg oder wir hätten unsere Verbindung zum Großen Geheimnis, zu Gott, dem Schöpfer, verloren. Wir fühlen uns verlassen und einsam. Wir glauben vielleicht, daß niemand unsere Schwierigkeiten versteht und daß unsichtbare Kräfte gegen uns arbeiten. Die meisten Menschen erkennen die Wesenszüge der Dunklen Nächte, weil sie eine oder mehrere dieser Übergänge in Zeiten des Schmerzes, der Verunsicherung oder des Verlustes erlebt haben.

In unserer indianischen Tradition sehen wir die Dunklen Nächte der Seele als Prüfungsprozesse an, als Einweihungen, die uns dazu aufrufen, auf eine bestimmte Art und Weise zu reagieren, die letztendlich die in der menschlichen Seele verborgene Kriegernatur zum Vorschein bringt und uns stärkt. Jede Frau, jeder Mann und jedes Kind auf der Erde kann diese Tapferkeit in sich selbst wahrnehmen, einen »Coup landen« oder einen Sieg über die Dunkle Nacht der Seele erringen, indem sie einfach nur überleben im Wissen, das Bestmögliche getan zu haben, was zu diesem Zeitpunkt machbar war. Durch das Akzeptieren dieser schwierigen Einweihungsprozesse wächst in uns der Mut zur furchtlosen Annahme der Kriegernatur unseres geistigen Wesens heran. Der erwachende menschliche Geist schreitet beharrlich und anmutig auf den Pfaden der Wandlung. Er hat bereits darauf gewartet, daß wir die in unserem Inneren vorhandene Kraft des Kriegers entdecken. Wenn wir durch den Einsatz unserer Kriegernatur die Dinge sofort angehen und handeln, anstatt uns in schweren Zeiten abzuschotten, müssen wir schwierige Lektionen nicht wiederholen, durch die uns das Leben mit unerfreulichen Themen konfrontiert. Schließlich erkennen wir langsam die verborgenen Stärken unserer persönlichen Medizin.

Wenn wir weiter das Geschehen verdrängen und uns weigern, in diesen Situationen verantwortlich zu handeln, dann geht es während der Dunklen Nacht der Seele womöglich jahrelang zu wie auf einer Achterbahn. So kann zum Beispiel die Sucht Leben zerstören und eine Dunkle Nacht der Seele für ganze Familien verursachen. Lang andauernde Krankheiten sind ein weiteres Beispiel, das sowohl den Patienten als auch diejenigen, die ihn pflegen, in Mitleidenschaft zieht. Der Verlust der eigenen vier Wände durch einen Brand oder eine Katastrophe kann jede dort lebende Person in Mitleidenschaft ziehen. Besteht für diese Menschen keine Möglichkeit zum Wiederaufbau, so geben sie möglicherweise auf, und eine weitere Familie findet sich im Heer der Obdachlosen wieder. Es kann auf tausenderlei Art und Weise in unserem Leben ein Chaos angerichtet werden. Es hängt von unserer Einstellung ab, ob wir entweder den Scherbenhaufen sortieren und neu anfangen oder ob wir es vorziehen aufzugeben. Jede von uns getroffene Entscheidung erzeugt einen neuen Handlungsablauf, ordnet die Muster unseres Lebens neu und nimmt in gewisser Hinsicht Einfluß auf alle zukünftigen Ereignisse.

Es ist sehr schwer, die vier Dunklen Nächte der Seele auseinanderzuhalten. Weil unsere physische, psychische, emotionale und geistige

Wesensart so eng miteinander verwoben sind, können wir oftmals die Art der Dunklen Nacht nicht bestimmen, die uns gerade widerfährt. Manche Menschen erleben die *geistige* oder *psychische* Dunkle Nacht der Seele in ihrer Teenagerzeit oder mit Anfang Zwanzig, wenn sie versuchen, sich ihre eigene Meinung zu bilden und eine Identität zu formen, die es ihnen ermöglicht, zu erkennen, wer sie sind, wo sie hingehören und wie sie bei ihren Freunden Anerkennung und Bewunderung finden. Viele schwierige Lektionen müssen erlernt werden, und junge Menschen finden durch Versuch und Irrtum das für sie Passende heraus. In unserer heutigen Zeit können die Folgen impulsiven Verhaltens verheerend sein. Für andere, die anscheinend mühelos durch die wunderbaren Tage der Jugend schweben, kommt die psychische Dunkle Nacht der Seele im mittleren Lebensabschnitt, wenn sie feststellen, daß das Leben ihnen nicht weiterhin das erwartete Glück beschert. In der Mitte ihres Lebens finden sie keinen Zugang zu sich selbst, weil sie stets das taten, von dem sie glaubten, andere erwarteten es von ihnen. Unter Umständen rutschen sie in einen Abgrund aus Hoffnungslosigkeit und Verzweiflung.

Letztlich lehren uns alle Dunklen Nächte der Seele, uns von Feigheit zu befreien. Um Cormac McCarthy, den Autor von *All die schönen Pferde*, sinngemäß zu zitieren: Der Feigling läßt zuerst sich selbst im Stich, und aus dieser Feigheit heraus wird jeder weitere Verrat leicht. Jeder Mensch, der eine Dunkle Seelennacht überstanden hat, entwickelt die Fähigkeit, Belastungen zu ertragen, innere Kraft zu schöpfen, sowohl aus Fehlern zu lernen als auch sie einzugestehen, die Scherben zusammenzukehren und als besserer Mensch noch einmal von vorne anzufangen. Wenn wir erkennen, wieviel Tapferkeit zum Menschsein nötig ist, erscheinen uns die Dinge in einem anderen Licht. Es zeugt von Mut, heutzutage auf dieser Welt zu leben. Deshalb müssen wir stolz auf uns und auf die Tapferkeit sein, die wir aufbringen müssen, um das menschliche Dasein anzunehmen, ohne dabei unsere Integrität und den Sinn unseres Daseins aus den Augen zu verlieren.

Eine *emotionale* Dunkle Nacht der Seele kann durch den Tod eines geliebten Menschen, durch das Scheitern einer Ehe, durch Betrug, den Kummer über ein Kind und viele andere Situationen verursacht werden. Es mag Jahre dauern, bis der tiefe Schmerz oder die Lähmung heilen, die mit dieser Dunklen Nacht der Gefühle einhergehen. Emotionale Verluste können uns im Innersten treffen und uns anscheinend unseres Durchhaltewillens berauben. Während dieser Dunklen Nächte erkennen wir den Wert von Ausdauer. Wir lernen, aus der uns entgegengebrachten Aufmerksamkeit Kraft zu schöpfen, und finden Halt im Glauben daran, daß wir wieder Heilung finden können. Durch die Dunkle Nacht können wir lernen, die Hoffnung wiederzuentdecken und unseren individuellen Schmerz loszulassen. Wir können lernen, Bereiche zu erkennen, in denen wir unsere Gefühle verdrängen oder zum Spielball unserer Emotionen werden. Wir können lernen, darauf zu bauen, jeden Tag stärker zu werden. Mit der Zeit erkennen wir, daß alle Menschen, denen ein schweres Schicksal zuteil wurde und die damit fertig geworden sind, Mut und innere Stärke entwickelt haben, über die jene nicht verfügen, denen noch kein Leid widerfuhr.

Die *körperliche* Dunkle Nacht der Seele ist ein Durchgangsritus, der uns davor bewahrt, unsere Gesundheit als selbstverständlich anzusehen. Dieser Weckruf gestaltet sich von Mensch zu Mensch unterschiedlich. Wenn uns ein Arzt darüber in Kenntnis setzt, daß Unregelmäßigkeiten vorhanden sind oder daß wir uns in einem bedenklichen Gesundheitszustand befinden, ist das im Regelfall das Endergebnis der Vernachlässigung unserer körperlichen Bedürfnisse. Wir können alles ignorieren oder aber anfangen, unserer Gesundheit mehr Aufmerksamkeit zu schenken und die Gewohnheiten zu ändern, die sich negativ auf unsere körperliche Verfassung ausgewirkt haben. Durch Krankheiten können wir dazu gezwungen werden, unser Augenmerk auf all das zu richten, was nicht den Grundbedürfnissen unseres Körpers dient.

Wenn ein Sturz oder ein Autounfall den Verlust der Gesundheit oder der körperlichen Bewegungsfreiheit nach sich zieht, stehen wir neuen Herausforderungen gegenüber, die uns Lektionen zu unserer eigenen Bestimmung erteilen und darüber, wie wir unsere Fähigkeiten zur Überwindung von Hindernissen nutzen. Das Ergebnis der Bemühungen sieht von Mensch zu Mensch anders aus, die Einweihung selbst besteht aber im Erleben des Geschehens. Wir können uns dazu entschließen aufzugeben oder unser Leben dazu nutzen, anderen ein Vorbild zu sein. Wir können uns dazu entschließen, uns unseren Platz im Leben zu erkämpfen und unsere Freude wiederherzustellen, oder wir können in den vor uns liegenden überwältigenden Herausforderungen schwelgen.

Die physischen Dunklen Nächte können uns gegenseitige Unterstützung lehren. Darüber hinaus können wir beispiellose Lektionen zur Widerstandskraft erlernen, indem wir uns unseren Ängsten vor Verlust und Schmerz stellen. Wir lernen, mit persönlichen Opfern umzugehen und für andere zu sorgen. Wir erlernen eine Vielzahl von Lektionen, die unseren Charakter auf eine positive Art und Weise zu formen vermögen. Wir können es aber auch zulassen, daß unsere Erfahrungen als weitere Ausrede dienen, wir seien zu schwach. Die *spirituellen* Dunklen Nächte der Seele können dadurch verursacht werden, daß wir unseren Glauben der falschen Person anstatt dem Schöpfer geschenkt haben. So kann zum Beispiel ein sehr menschlicher spiritueller Lehrer von dem Podest kippen, auf das wir ihn gestellt hatten, weil wir ihm in unserem Leben einen zu großen Platz eingeräumt hatten. Werfen wir allen Glauben über Bord, fallen wir insgesamt von dem Glauben ab, der uns einmal heilig war? Oder nehmen wir diese Prüfung als Einweihungsprozeß an? In solchen Fällen wird uns die Gelegenheit gegeben zu erkennen, daß wir unsere wirkliche geistige Quelle mißverstanden haben, weil wir sie in menschliche Hände gelegt haben, anstatt auf das Große Geheimnis oder Gott zu vertrauen. Wir sind immer auf dem Holzweg, wenn wir glauben, ein menschliches Wesen sei gottgleich und perfekt.

Wenn wir unserem eigenen direkten Draht zum Schöpfer, dem Großen Geheimnis, Gott, vertrauen, nehmen wir Kontakt auf mit unserem eigenen Quell der Lebenskraft und unserem seelischem Wohlergehen. Schwere Verluste wie der Tod eines geliebten Menschen können unser Glück zerstören und den Beginn einer Dunklen Nacht der Seele kennzeichnen. Weil wir nicht verstehen können, wie der Schöpfer »das geschehen lassen konnte«, sind wir wütend auf Gott. Oftmals geben wir ihm die Schuld an Verlusten in unserem Leben und stellen die Basis unseres bisherigen Glaubens und Vertrauens in Frage. Viel Mut ist notwendig, um zu akzeptieren, daß unsere Erfahrungen etwas sind, was wir zum Zeitpunkt ihres Geschehens nicht verstehen können, und daß es einen göttlichen Plan gibt, der sich uns nicht enthüllt. Mit der Zeit ändert sich unser Blickwinkel, und unser Leben geht weiter. Ob wir aber weiterhin glauben und vertrauen, hängt von unserer Fähigkeit ab, das Bedürfnis abzulegen, Gott, anderen oder uns selbst die Schuld zuzuschieben. Und wieder stehen wir vor der Entscheidung.

Den eigenen Glauben zu bewahren ist eine der Wahlmöglichkeiten, mit der wir in jeder Dunklen Nacht der Seele konfrontiert werden. Während unserer Reise befindet sich der Schlüssel zu unseren verschlossenen Türen im Gebet und in der Bitte um Führung auf den rechten Weg. Die Antwort wird nicht unbedingt in Form einer strahlenden Vision oder durch das Erscheinen von Engeln auftauchen. Persönliche Offenbarungen können als Flüstern im Herzen, flüchtiger Gedanke oder Gefühl zu uns kommen. Wir können sie überhören, aber sobald wir um Hilfe bitten und dafür offen sind, ist die Lenkung oder die geistige Erleuchtung da. Synchronistische Ereignisse wie das freundliche Wort eines wildfremden Menschen oder eine liebevolle Hand, die uns voller Mitgefühl berührt, können unser Leben verändern. Vielleicht finden wir unsere Antworten in der Beobachtung, wenn eine andere Person ein tragisches Ereignis überlebt. Alles, was uns im Leben widerfährt, kann eine Einweihung darstellen, und jede unserer Vorstellungen von der Art, wie wir überleben und wachsen sollen, kann diesen Prozeß unterstützen oder hemmen.

Die Rolle der Dankbarkeit

Eine einfache und dankbare Haltung schenkt uns die Kraft, die uns immer dann zur Verfügung steht, wenn wir in einer Krise stecken. Wenn uns das Leben eine Reihe von Bogenflanken zuschießt, kann es unbeschreiblich schwierig sein, Dinge zu finden, für die man dankbar sein kann. Ich habe die Dankbarkeit von meiner Großmama Sams gelernt. Sie ließ keinen Tag verstreichen, an dem sie nicht Notleidende, Bettlägerige oder Kranke besuchte oder einen Weg fand, anderen zu helfen. Eines Tages befragte ich sie zu ihren täglichen Gepflogenheiten, und sie antwortete: »Als deine Tante Mary zwei Jahre alt war, stellten wir fest, daß sie zerebrale Kinderlähmung hatte, und ich mußte mit meinem Kummer und meiner Scham fertig werden, denn ich glaubte, bei ihrer Geburt einen Fehler gemacht zu haben. Fünf Stunden am Tag arbeitete ich mit ihr und war oft so enttäuscht und aufgerieben, daß ich nur dasaß und weinte. Dann riß ich mich zusammen und ging zum Krankenhaus für gelähmte Kinder und arbeitete dort drei Stunden lang als Freiwillige. Dann kam ich nach Hause und bereitete das Abendessen für die Familie zu. Die freiwillige Arbeit lehrte mich, Dankbarkeit für meine Segnungen aufzubringen. Mary konnte durch Operationen geholfen werden, und sie war ein sehr kluges Köpfchen. Als ich mit all diesen Kindern arbeitete, die gelähmte Glieder besaßen oder durch Kinderlähmung für immer behindert waren, wurde mir bewußt, wieviel Glück ich gehabt hatte, das ich nicht wahrgenommen hatte«.

Es mag ein schwieriges Unterfangen sein, eine dankbare Haltung zu entwickeln, aber je mehr wir Dank erwidern, um so mehr Raum schaffen wir, in dem neue und unerwartete Segnungen in unserem Leben auftauchen können. Wir kommen nicht umhin, letzten Endes für die von uns für selbstverständlich gehaltenen Segnungen dankbar zu sein. Während dieses Prozesses entdecken wir die Magie und das Wunder in den einfachsten Geschenken. Müssen wir erst am Emphysem leiden, ehe wir dankbar sein können für den Atem des Lebens? Müssen wir unser Heim verlieren, ehe wir unserem Dank für ein Obdach Ausdruck verleihen können? Wenn wir mit Gesundheit oder einer liebevollen Familie gesegnet waren und dies für selbstverständlich hielten, müssen wir dann erst durch eine Tragödie, die beinahe geschehen wäre, oder einen tatsächlichen Verlust an die Dankbarkeit erinnert werden?

Jedesmal, wenn wir für die uns tagtäglich begegnenden tausendfachen Segnungen dankbar sind, schicken wir unsere Energien hinaus in die unsichtbare Welt des Traumgeflechts. Diese Fäden der Dankbarkeit stärken dann wieder unsere geistigen Verbindungen. Das so entstehende Gewebe aus Vertrauen und Glauben bildet das Sicherheitsnetz, das uns auffängt, wenn wir durch eine Dunkle Seelennacht hindurchgehen, und es schützt uns gegen den Feind in unserem Inneren: die Opferhaltung. Das Letzte, das uns während einer Krise in den Sinn kommt, ist die Chance. Sie ist aber das einzige Geschenk, das uns immer gegeben wird. Wir erhalten die Chance zum Wachstum, können lernen, wie stark wir wirklich sind, und den Wert liebevoller Unterstützung erkennen, indem wir einfühlsamer auf das Leid anderer reagieren und unsere Last mit anderen teilen, anstatt immer nur zu glauben, wir seien alleine. Am Ende bauen wir darauf, daß wir nach unserer momentanen dunklen Reise durch das Leben bessere Menschen sein werden.

Wenn ich gefragt werde, ob diese Dunklen Nächte der Seele notwendig sind, gebe ich zwei Antworten. Die eine ist, daß die Menschen durch Freude und durch Leid lernen können. Die zweite Antwort lautet: Ich persönlich habe niemals ein menschliches Wesen kennengelernt, das ohne das Erleben einer Dunklen Seelennacht seine Fähigkeiten weiterentwickelt hätte. Diejenigen, bei denen es den Anschein hat, als lebten sie ein perfektes Leben, verdrängen wahrscheinlich etwas. Aus meiner Erfahrung muß ich sagen, daß wir Ausgewogenheit und ein echtes Wachstum erreichen, wenn wir sowohl Freude als auch Leid als Segnungen betrachten.

Wenn wir diese Einweihungsprozesse durchmachen, können wir wählen, wie wir mit unseren Erfahrungen umgehen. Wir können annehmen, daß alle Dinge zu unserem geistigen Wachstum und unserer Entwicklung beitragen. Unter diesem Gesichtspunkt können wir lernen, Mut zur Trauer aufzubringen, und unsere Vergangenheit hinter uns lassen. Dann lernen wir, vollständig in der Gegenwart zu leben und einen Neuanfang zu machen. Nebenbei finden wir Humor und lachen über unsere alten Ängste, die unsere Herzen nicht mehr in Schrecken versetzen können. Wir verfolgen neue Ziele und haben neue Träume, wir ändern unsere Ansichten, reinigen unsere Gedanken und Gefühle und öffnen uns gegenüber allem, was uns das Leben bietet. Dadurch können wir wieder den Traum tanzen, der einst unser Herz und unsern Geist erfüllte.

Jede Dunkle Nacht bringt eine Vielzahl von Weckrufen mit sich. Diese Dunklen Nächte der Seele können zum Beispiel das Bedürfnis nach einer radikalen Veränderung unserer Lebensweise auslösen. Die anstrengenden Lebenslektionen tauchen immer wieder auf, aber die Art und Weise, wie wir auf diese Lektionen reagieren, wird sich weiterentwickeln und verändern. Entschließen wir uns erst einmal, nachzusehen und die echte Wahrheit in den Herausforderungen des Lebens zu sehen, erkennen wir, daß es ein Licht am Ende des Tunnels gibt. Wir können in der Tat dieses Licht dadurch selbst finden, indem wir uns von der Vorstellung lösen, es käme nur von außerhalb. Fassen wir jedoch den Entschluß, unsere Reise durch den Tunnel von Chaos und Verzweiflung als eine Chance zu begreifen, fordern wir unser individuelles geistiges Wesen dazu auf, uns den Weg in die Dunkelheit zu zeigen und wieder aus ihr heraus zu geleiten. Es werden uns wunderbare Augenblicke der Erkenntnis geschenkt, in denen wir sehen, daß die Klarheit, die wir erlebt haben, unsere Wahrnehmung und unser Leben für immer verändern kann.

Zuerst müssen wir aber darauf vertrauen, daß wir tatsächlich wunderbare Elemente im Großen Geheimnis des Universums sind. Sehen wir uns statt dessen aber als Spielball der Geheimnisse des Lebens, vergessen wir unsere geistigen Verbindungen. Alle indianischen Traditionen ehren das in jedem lebendigen Ding enthaltene spirituelle Wesen. Wir können die ewige Flamme der Liebe erleben, die der Schöpfer jedem Bereich der Schöpfung verlieh: den Felsen, den Planeten, den Wolken, den Tieren und den Menschen. Wir alle tragen die Flamme des Lichts. Verleugnen wir unser spirituelles Wesen, verlieren wir uns in Dunklen Nächten der Seele. Indem wir diese durchstehen, können wir das uns zuteil gewordene innere Licht wieder entdecken. Es zeigt uns, wie wir unseren Pfad durch alle Dunkelheit auf dem Weg des Lebens finden.

2

Wenn wir die Bruchstücke unserer Träume wieder zusammenfügen, beleben wir den Geist und versetzen die Phantasie in die Lage, über die menschlichen Grundbedürfnisse und den Überlebenstrieb hinauszuwachsen. Indem wir uns eine bessere Welt vorstellen, können wir aktiv an der Gestaltung unserer Träume teilnehmen. Und wenn wir diese Verantwortung übernehmen, nehmen wir die Erinnerung in uns auf.

JOAQUIN MURIEL ESPINOOSA

Die Einheit träumen

Nimm mich behutsam in die Morgenröte,
Wo mein Traum zu Licht wird,
Sich mit dem Leuchten der Sonne vereint,
Beleuchtet meines Geistes Fluges Indigo.

Bring mich zurück in die wache Welt,
Strahlende Bilder eingeprägt in mein Herz,
Mit festem Griff die Landkarten neugeborener Wege festhaltend,
Die mein Leben zu lebendiger Kunst werden lassen.

JAMIE SAMS

Die Erinnerung an unser Einssein

Gemäß den Lehren meiner Vorfahren vom Stamm der Seneca, Großvater Moses Shongo und seiner Enkelin Twylah Nitsch, erlebten wir während der letzten 60.000 oder 70.000 Jahre die Vierte Welt der Trennung. Unsere Welt hat heilige Kriege erlebt, eine Vielzahl an Religionen, die Atombombe, Rassenhaß und zahllose andere schreckliche Begebenheiten, die das Gefühl des menschlichen Einsseins, unser Zusammengehörigkeitsgefühl sowie die Verbundenheit mit der Natur und allem Leben zunichte gemacht haben. Es erstaunt daher nicht, daß wir derart gespalten sind, so daß wir keinen Zugang zum göttlichen Potential in uns erlangen oder die wahre Aufgabe unseres Geistes nicht erkennen können. Die sieben heiligen Pfade bieten uns eine Vielzahl von Möglichkeiten, Mißtrauen, Angst und die durch die Unmenschlichkeit der Menschheit vernichteten Teile unseres Ganzseins wieder zurückzugewinnen. Um uns an unser Einssein erinnern zu können, sind wir zur Überwindung der durch Generationen des Vergessens geschaffenen Schleier aufgefordert. Wenn wir das Reich des Selbst erkunden und es zulassen, daß unsere Träume die Absicht unseres Geistes widerspiegeln, streifen wir immer wieder das Potential unseres Ganzseins. Wir lassen es zu, daß unser Geist erwacht, und erinnern uns bewußt. Mit jedem der sieben Pfade verwurzelt sich das von uns vergessene Einssein tiefer in unserem Alltag.

Unseren Träumen Beachtung schenken

Jeder Wandlungspfad beginnt mit der menschlichen Erfahrung und – wie wir das Leben als solches wahrnehmen. In wachen Stunden sind unsere Erfahrungen vollgepackt mit Empfindungen, Wahrnehmungen, Farben, Formen und unseren Reaktionen auf alle diese. Diese Eindrücke zu verarbeiten ist nicht einfach, weil die vielen Wahrnehmungen in die wenigen Stunden unseres Wachseins hineingepackt sind.

Da die meisten von uns im Laufe des Tages nicht vollständig gegenwärtig sind, sortieren wir diese Überbelastung der Sinne später, wenn unser Körper und unser Geist ruhen. Das geschäftige Treiben führt zu einem ständigen Plappern unseres inneren geistigen Dialoges. Die Gedanken an das, was wir als nächstes tun sollten oder was wir hätten tun sollen, halten uns in der Vergangenheit oder in der Zukunft fest, anstatt uns in der Gegenwart sein zu lassen. Folglich müssen unser Gehirn und unser Körper abwarten, bis der Geist sich beruhigt. Dann können sie all das verarbeiten und verdauen, was wir gesehen, gefühlt, gehört und erlebt haben.

Wenn wir den Weg der sieben heiligen Pfade der Verwandlung beschreiten, entwickeln wir neue Fähigkeiten und Fertigkeiten, die uns neue Ebenen der Bewußtheit in Geist, Körper, Emotionen und Wahrnehmung eröffnen. Disziplin versetzt uns in die Lage, den inneren Dialog des Geistes zum Schweigen zu bringen. Sogar während unserer wachen Stunden können wir uns neue Ebenen der Wahrnehmung erschließen und dadurch eine stärkere Beobachtungsgabe und Präsenz entwickeln. Wenn wir dies beherrschen, ändern sich unsere Träume dramatisch, und der Inhalt des Traumes wird zum Spiegelbild des von uns durch die Einweihung erreichten Wachstums.

In den frühen siebziger Jahren lebte ich in San Luis Potósi in Mexiko und lernte bei drei indianischen Lehrern und Stammesältesten. JOAQUIN ESPINOSA, CISI LAUGHING CROW und BERTA BROKEN BOW bereiteten mich darauf vor, eine Seherin und Träumerin zu werden. Ein Seher ist eine Person, die im Wachzustand Zugang zu den unsichtbaren Welten des Geistes und der Energie herstellen kann. Er kann die Energiebahnen jener Reiche verfolgen, um Informationen zu erhalten und diejenigen Bereiche, in denen sich die sich diese Energien in unserer physischen Welt manifestieren, zu finden. Ein Träumer ist eine Person, die sich im Schlaf auf ihre persönlichen Ziele konzentrieren kann. In ihren Träumen nehmen diese Menschen Kontakt mit den unsichtbaren Energiewelten auf, um Informationen zu sammeln, durch die sie in diesen Träumen enthaltene Metaphern entschlüsseln, und andere, die sie auf das physische Leben übertragen. Die Seher und Träumer haben gleichermaßen Zugang zu den Energienwelten, die alles in unserem Universum umspannen. Es sind dies Welten, die für die meisten Menschen so lange unsichtbar sind, bis sie mit den Lektionen des vierten Pfades beginnen.

Wie ich schon erklärt habe, handelt es sich bei dem Begriff »Traumgeflecht« um die von meinen Lehrern benutzte Bezeichnung. Sie beschreiben damit die unsichtbaren Welten des Geistes, der Gedanken, der Emotionen und der nicht greifbaren Energie, die ein Teil unserer physischen Realität darstellt. Der gemeinsame Nenner, der diese beiden Welten aus Körperlichkeit und nicht greifbaren Energien verbindet, ist ein Flechtwerk aus Energiebahnen, die wie eine Radiowelle oder eine Frequenz ohne sichtbare Form funktioniert. Um Zugang zur unsichtbaren Welt des Traumgeflechts zu erhalten, müssen wir das Plappern unseres menschlichen Geistes überwinden und in die unendliche, erhabene Stille, Tiyoweh, eintreten. So, wie wir auf dem Radioapparat unseren Lieblingssender einstellen können, müssen wir unsere persönlichen Gedanken und Gefühle zum Schweigen bringen, um die ruhige Frequenz finden zu können, die mit dem erhabenen universellen Bewußtsein des Großen Geheimnisses übereinstimmt. Nur dann können wir die Botschaften empfangen, die von unserem geistigen Wesen verstanden werden. Das geistige Wesen eines jeden Menschen kennt weder Chaos, Verwirrung noch Angst, die das ständige Plappern des menschlichen Geistes hauptsächlich ausmachen.

Wenn Sie besorgt sind, das verbindende Gewebe des Traumgeflechts nicht zu finden und keinen Zugang zum Universum zu bekommen, kann ich Sie beruhigen. Alle Menschen, nicht nur die Seher und Träumer, können es lernen, Kontakt mit dem Traumgeflecht aufzunehmen. So, wie Träumer ihre Körper zur Ruhe betten und dadurch diesen Bewußtseinszustand erreichen, meditieren andere, einige folgen dem Ruf der Trommel und verlassen ihren Körper, einige fasten und beten, und wieder andere bedienen sich Tanzritualen. Durch jede ernsthaft betriebene geistige Disziplin kann ein Mensch die Fähigkeit erlangen, einen gelassenen, ruhigen Zustand zu erreichen. Diese Praktiken sind der Schlüssel, der die Tür dazu öffnet. Es gibt nicht den einzig wahren Weg, sich dem universellen Bewußtsein anzuschließen. Alle Wege und Methoden sind richtig und führen uns zum gleichen Ziel: zu den ruhenden Zentren unseres geistigen Wesens.

Die Tradition der Seher des Südens lehrt uns einige Methoden, durch die wir in die Stille gelangen können. Jeder Mensch schläft, also können wir alle lernen, uns dem Traumgeflecht anzuschließen, denn wenn der physische Körper ruht, ruht auch das Geschwätz des Geistes. Viele Menschen fragen jedoch: »Und was ist mit mir? Ich erinnere mich nicht an meine Träume.« Es gibt viele Gründe, weshalb sich jemand nicht an seine Träume erinnert, und doch hat die Wissenschaft bewiesen, daß wir alle träumen. Ohne Träume oder den REM-Schlaf (REM = rapid eye movement) können wir krank werden. Einer der Hauptgründe, warum wir unsere Träume vergessen, ist, daß uns laute Wecker aus dem Traum in den Wachzustand aufschrecken und den träumenden Körper mit Gewalt in den physischen Körper zurückkatapultieren. Jedes laute Geräusch, jede plötzliche Bewegung zerschmettern unsere Träume und lassen sie uns vergessen. Wenn wir uns fühlen, als ob wir mit dem falschen Fuß aufgestanden seien, dann liegt das normalerweise daran, daß wir mitten im Traum unterbrochen wurden, als wir Probleme lösten oder wichtige Information übermittelt bekamen. Dieser unerledigte Vorgang erzeugt einen Riß in der Energie des träumenden Körpers und macht unser emotionales Wohlbefinden zunichte.

Als Kind war ich oft krank. Erst als ich mit 22 Jahren bei meinen Lehrern in Mexiko studierte, wurde mir bewußt, warum. Mein Vater hatte die Angewohnheit, meine Schwester und mich aufzuwecken, indem er rief: »Guten Morgen, liebe Sonne ... Steh auf und scheine!« Obwohl mein Vater es gut meinte, donnerte seine abrupte Art, mich aufzuwecken, meinen träumenden in meinen physischen Körper hinein, und ich war so sensibel, daß ich körperlich krank wurde. Wenn er nicht mit Respekt behandelt wird, kann der träumende Körper zerbrechen und kaputtgehen. Als ich bei Cisi, Berta und Joaquin lernte, war das oberste Gebot, mich nie zu wecken, bevor sich mein Körper zum Aufwachen entschloß.

Ich erfuhr, daß mein Traumkörper dann erwacht, wenn mein physischer Körper schläft. Der Traumkörper ist unser aus Energie bestehender Zwilling, die Antenne unseres geistigen Wesens. Als menschliches Wesen sind Sie geistiges Bewußtsein, das zufällig über einen physischen Körper verfügt. Dieses geistige Wesen verbindet sich tagtäglich wieder mit den unsichtbaren Welten, weil alle Bewußtseinsebenen innerhalb dieses Universums im Traumgeflecht verbunden sind. Dieser leuchtende, strahlende Teil Ihres Selbst gleitet in andere Realitäten und in unsichtbare Welten aus Gedanken und Gefühlen, die lediglich aus Energie bestehende oder nicht physische Spiegelbilder dessen sind, was Sie während ihrer wachen Stunden als Realität wahrgenommen haben.

Durch das Erkunden unserer eigenen Erfahrungen treten wir im Schlaf mit dem Traumgeflecht in Kontakt. Dies entspricht unserem Wesen, denn Träume spiegeln all unsere Gedanken, Gefühle, Ängste, Ziele, unsere schöpferischen Fähigkeiten, unausgesprochenen Gedanken und Energien der Lebenskraft wieder, die wir im täglichen Leben unser eigen nennen. Mit konzentriertem Willen und entfalteten Talenten können wir das Ich überwinden und die universellen Anteile des Traumgeflechts erreichen. Wenn wir jeden der Pfade der Einweihung erforschen, öffnen wir uns den Bereichen der unsichtbaren Welten des Geistes. So werden uns die Scheuklappen des eigenen Ego genommen.

Einige der anspruchsvollsten Teile in der Erforschung des Traumgeflechts finden sich auf dem fünften und sechsten Pfad. Hier lernen wir es, durch unseren Willen die unsichtbaren Welten zu erreichen. Wir lernen, uns in den verschiedenen Bewußtseinswelten so zu bewegen, als gingen wir eine Straße hinunter. Wir lernen es, alle Bewußtseinsebenen ausfindig zu machen, die wir erforschen wollen, und wenden dazu bewußt die Lebenskraft an, die wir uns erarbeitet haben und die wir entsprechend unserem Willen verkörpern. Einige Menschen finden diese Fähigkeiten phantastisch, unglaublich oder beängstigend und unerwünscht, aber niemand wird dazu gezwungen, irgendeinem Einweihungspfad zu folgen. Sogar Menschen, die die Fähigkeiten der letzten drei Pfade entwickeln wollen, müssen erkennen, daß sie für die zu leistende Arbeit mehr Energie und Entschlossenheit aufbringen müssen, als die meisten menschlichen Wesen aufzubringen bereit sind.

Das Erinnern

Meine Lehrer benutzten den Begriff »Erinnern«, wenn sie sich auf das Wiederzusammenfügen der Bruchteile des menschlichen Bewußtseins bezogen. Das Erinnern erzeugt authentisches Ganzsein und einen erwachten Geist, der fest im physischen Körper verankert ist. Während wir uns die in Vergessenheit geratenen Anteile unserer menschlichen Fähigkeiten wieder aneignen und diese Begabungen, Talente und Fähigkeiten entwickeln, werden wir klüger und stärker, bis wir uns schließlich völlig der nebeneinander existierenden greifbaren und nicht greifbaren Welten bewußt werden. Die Erinnerung kann nicht erzwungen werden, sie beginnt dann, wenn wir erkennen, daß wir den Entschluß zu Wachstum und Entwicklung gefaßt haben. Werden wir bewußter, dann entwickeln wir ein genaueres Erinnerungsvermögen an Ereignisse des täglichen Lebens, und unsere Träume bleiben uns in lebhafter Erinnerung.

Wenn Sie sich dazu entschlossen haben, bewußte Verbindung mit dem Traumgeflecht aufzunehmen, wäre es gut, wenn Sie ein paar einfache Dinge korrigieren würden, durch die Sie vom Träumen abgehalten werden könnten und die verhindern, daß sie sich an die Träume erinnern. Tauschen Sie Ihren Wecker gegen einen aus, der Sie durch sehr sanfte Musik weckt. Trinken Sie vor dem Zubettgehen ein großes Glas Wasser, und wenn Sie im Laufe der Nacht aufstehen müssen, notieren Sie Schlüsselwörter oder Eindrücke auf einem neben ihrem Bett liegenden Schreibblock. Nehmen Sie sich bewußt vor, sich Ihrer Träume erinnern zu wollen. Wenn Sie einen Menschen wecken wollen, dann schreien Sie ihn nie an, und respektieren Sie den Traumbereich dieser Person. Respektieren Sie Ihren Traumbereich genauso, und achten Sie ihn als den Ort, an dem Sie symbolische Schlüssel bekommen, durch die Sie sich und Ihre Fähigkeiten besser verstehen können. Halten Sie sich jeden Tag eine halbe Stunde bis eine Stunde frei für Stille und Meditation. Lernen Sie, Ihren Geist zu beruhigen, damit Sie sein Plappern nicht mehr vom Empfang der vielen Bilder und Botschaften ablenkt, die sich dann einstellen, wenn sie vollständig gegenwärtig sind. Wenn Sie diese Dinge mit ganzem Herzen anstreben, werden Sie sich an Ihre Träume erinnern. Sobald sie für eine weitere Stufe des Verstehens bereit sind, wird sich Ihnen das Traumgeflecht Stück um Stück enthüllen.

Die sieben Trennungsschleier

Wir können die unsichtbaren Reiche, von denen unsere physische Realität beeinflußt wird, erst dann sehen, wenn wir die falsche Vorstellung ablegen, die aus Energie bestehende Welt sei kein Teil des vom Schöpfer der Menschheit angebotenen Ganzen. Die Trennungsschleier entstehen durch die Geburt in menschliche Körper und dadurch, daß wir es lernen, auf das Leben mittels unserer Sinne, Emotionen und Gedanken zu reagieren. Unsere Seele und unser Geist nehmen physische Körper an, beleben das Fleisch, die Knochen, das Blut und die Organe mit göttlicher Lebenskraft. Vor unserer Geburt ist unsere Seele oder unser Geist mit Gott, dem Schöpfer, dem Großen Geheimnis, verbunden und besitzt eine klare Vorstellung von der Einheit des universellen Bewußtseins und der Lebenskraft. Nach unserer Geburt erzeugt jeder Gedanke und jede Emotion einen Energiefaden, der alles mit allem anderen verbindet, und webt dadurch die unsichtbaren Trennungsschleier, die verhindern, daß wir uns unseres authentischen Einsseins erinnern, in dem keine Dualität existiert. Und das ist gut so: Die Dualität erfüllt einen göttlichen Sinn und ist für den menschlichen Wachstumsprozeß notwendig. Wenn wir beginnen, den sieben heiligen Pfaden der menschlichen Verwandlung zu folgen, erkennen wir allmählich, daß im Wachsen an Gegensätzen ein Sinn liegt.

Die Trennungsschleier bestehen aus den an jedem Zugangspunkt zum Traumgeflecht existierenden polarisierten Energiebarrieren. Bevor wir nicht anfangen, uns von den zwiespältigen Gedanken innerhalb der Schleier zu lösen, können wir uns kein Bild von den zu unserer physischen Welt gehörenden authentischen Wahrheiten, dem in unserem Wesen schlummernden Potential oder der unermeßlichen Größe des Traumgeflechts machen. Wenn wir die Trennungsschleier heben, erleben und bereichern uns mit der Zeit kurze Einblicke in verschiedene Wahrheiten.

Unser Verständnis wird durch die geringe Bandbreite, die der menschlichen Wahrnehmung durch Augen, Ohren, Nase, Mund, Gedanken und Gefühle zur Verfügung steht, eingeschränkt. Die Schleier setzen sich zusammen aus den Informationen, die wir während unseres Lebens aufnehmen, sowie aus Einstellungen, Entscheidungen und Meinungen, die wir über die Funktionsweisen des Lebens haben. Sie sind wie viele übereinandergeschichtete Kontaktlinsen aus dünnem, membranähnlichem Material, durch das wir helle und dunkle Umrisse zu sehen vermögen, die Einzelheiten des ganzen Bildes jedoch nicht wahrnehmen können.

Diese Schichten aus trüben Illusionen fallen von uns ab, sobald wir die Lektionen des Lebens und die Erkenntnisse der sieben Pfade der Wandlungen erfolgreich hinter uns bringen. Die Schleier lüften sich nicht im Handumdrehen und nicht mit einem großen Schlag. Jeder der sieben Pfade ermöglicht uns das Aufziehen einiger Fäden – bis hin zur allmählichen Auftrennung der Illusionsschleier. Wenn wir mit der authentischen Wahrnehmung der vielen Wahrheiten in unserem Universum beginnen und unser Bewußtsein des in der Schöpfung Existierenden erweitern, fühlen wir die Veränderung. Es gibt keine bestimmte Reihenfolge oder Art und Weise, in der die Schleier verschwinden. Wir erleben unsere Durchbrüche ganz individuell und in unterschiedlichen Lebensabschnitten. Wenn die letzten Spuren des siebten Schleiers auf dem sechsten Pfad sich aufzulösen beginnen, entdecken wir die authentische Identität unseres geistigen Wesens und unseres Körpers, des heiligen Gefäßes, das dieses Wesen enthält, wieder. Dann können wir damit beginnen, bewußten Zugang zu allen Ebenen des universellen Bewußtseins zu suchen. Die Trennung zwischen uns, allen anderen Lebensformen und dem Großen Geheimnis wird für immer beseitigt, weil wir wahrnehmen können, daß der Geist in allem wohnt und alles von der göttlichen Lebenskraft durchströmt wird.

Jeder der sieben Schleier besitzt spezielle Eigenschaften. Der erste Schleier verhindert, daß wir uns des Einsseins im Universum erinnern. Wir vergessen, daß alles, was in der Schöpfung existiert, sich inmitten des Großen Geheimnisses oder Gottes befindet. Wir vergessen, daß alles in der Schöpfung Lebenskraft und Lebensgeist enthält und daß alle diese universellen Elemente energetisch verbunden sind. Wir vergessen, daß jedes Atom, aus dem das Leben und alle Form in der Schöpfung besteht, die ewige Flamme der Liebe enthält und daß alles einen Sinn hat. Wir vergessen, daß alles Leben in absoluter Perfektion geschaffen wurde und daß wir ein Teil dieses perfekten Planes sind. Während wir uns dieser Wahrheiten erinnern, löst sich der Schleier auf, oder seine Lagen heben sich Schicht um Schicht.

Den zweiten Schleier der Trennung erzeugen wir, indem wir die wahre Identität unseres geistigen Wesens, die Verbindung zum Schöpfer und der übrigen Schöpfung vergessen. Vergessen wir unsere geistige Identität, dann vergessen wir auch, warum wir uns hier in physischen Körpern befinden. Wenn wir vergessen, warum wir hier auf der Erde sind, dann vergessen wir auch den eigentlichen Sinn unserer Menschwerdung. Bevor wir in diese Welt geboren wurden, hatten wir alle das Versprechen abgegeben, uns unserer göttlichen Identität und daran, daß wir während unseres menschlichen Lebens bestimmte Aufträge oder Aufgaben erledigen wollten, zu erinnern. Dieser Schleier hebt sich immer dann, wenn wir einem anderen Aspekt unseres geistigen Wesens begegnen und wenn wir uns an den Grund unseres Daseins und unseres eigentlichen Zieles im Plan Gottes erinnern.

Der dritte Trennungsschleier wird durch unsere begrenzte Wahrnehmung geschaffen. Durch die Entfaltung unserer menschlichen Wahrnehmungen beginnen wir, das Leben durch die körperlichen Sinne zu entdecken: durch den Geschmackssinn, den Geruchssinn, den Tastsinn, das Gehör und das Sehen. In unserer frühen Kindheit sind wir offen für andere Wahrnehmungen, diese beginnen aber dann zu verschwinden, wenn man uns lehrt, keine *zusätzlichen* Sinne zu gebrauchen. Man lehrt uns, nur konkrete, von den Erwachsenen als »real« bezeichnete Gegenstände wahrzunehmen. Alles andere wird entweder als Schwindelei oder als das Ergebnis einer lebhaften kindlichen Phantasie abgetan. Daher nutzen wir unsere Fähigkeit, Energie wahrzunehmen, nicht mehr. Ratsch! Der dritte Schleier ist gefallen, und wir können ihn nicht heben, wenn wir von sexuellen Freuden oder anderen Arten körperlichen Empfindungen abhängig geworden sind. Dieser Schleier kann auch nicht ohne die Anwendung geistiger Disziplinen entfernt werden.

Mit der Beherrschung unserer Gefühle erzeugen wir den vierten Schleier. Ein Kleinkind ist physisch hilflos, sich jedoch seiner Gefühle völlig bewußt. Sie können die Fülle an Emotionen beobachten, die sich innerhalb von fünf Minuten in einem Kindergesicht widerspiegeln. Im Laufe unserer Entwicklung lernen wir es, unsere Gefühle zu beherrschen oder zu verdrängen. Der so erzeugte Schleier wird durch unausgesprochene Gefühle und nicht geheilte oder freigesetzte Emotionen geschaffen und überdeckt unseren authentischen Willen. Nur wenn dieser Schleier gehoben wird, können wir Zugang zum göttlichen Willen des Schöpfers erlangen, der als Teil unseres geistigen Wesens und unseres eigenen freien Willens existiert.

Der fünfte Schleier ist zusammengesetzt aus Weltanschauung, Gedanken, seelischen Strategien, Entscheidungen, Theorien, Auffassungen und Hypothesen. Während unserer Kindheit übernehmen wir die Ansichten, die uns von unseren Familien vermittelt werden. Im Teenageralter beginnen wir, unsere angelernte Meinung zu ändern, und übernehmen neue Ansichten, die auf unseren persönlichen Erfahrungen beruhen und nicht auf dem, was Mutter und Vater für richtig befinden. Gedanken und Überzeugungen basieren auf unserem Urteilsvermögen darüber, was wir für richtig oder falsch, für gut oder schlecht, für möglich oder unmöglich halten. Diese Art geistiger Berechnung hat ihre Wurzeln im Vergleichen und in der Dualität. Polarisierendes Denken und eingeschränkte Weltanschauungen erzeugen einen Schleier geistiger Trennung. Wenn wir Schicht um Schicht unserer dualistischen Ansichten ablegen, hebt sich dieser Schleier schrittweise. Manchmal kommt es vor, daß – wenn wir uns einer ausreichenden Reihe von Ansichten entledigt haben – der Rest des Schleiers plötzlich weggerissen wird. Hierdurch kommt es zu einem Zusammenbrechen aller unserer noch vorhandenen unrichtigen Schlußfolgerungen oder Gedanken.

Den sechsten Trennungsschleier erzeugen wir durch das Verschließen unserer Wahrnehmungen gegenüber allem nicht Greifbaren. Wie beim dritten Schleier, wo wir nicht die Farben, die Energie oder den Geist erkennen, der mit der Materie oder greifbaren Formen verbunden ist, nehmen wir das Leben lediglich mit den fünf physischen Sinnen wahr. Der sechste Schleier ist insofern anders, als er unseren Zugang zu anderen Welten, Realitäten, Zeitaltern und Bewußtseinsdimensionen blockiert. Individuell wird der Schleier zu verschiedenen Zeiten geschaffen. Bei einigen Menschen senkt sich der Schleier mit der Geburt herab, andere verlieren die außersinnliche Wahrnehmung im Kindesalter, und für einige wenige Individuen existiert dieser Schleier nicht. Diese begnadeten Menschen, bei denen der sechste Schleier nicht massiv die greifbaren und nicht greifbaren Teile des Lebens durchtrennt, sind mit außersinnlicher Wahrnehmung gesegnet, sie können sich aber auch mißverstanden fühlen, weil sie in vergangene oder zukünftige Zeiten hinübergleiten können und Dinge wahrnehmen, die andere nicht sehen. Bei manchen Menschen sind diese außersinnlichen Begabungen teilweise unzugänglich, können aber wieder erweckt werden. Andere können sich nicht daran erinnern, irgendwelche dieser Fähigkeiten benutzt zu haben. Sie müssen ihre Intuition wieder entwickeln und es zulassen, daß die anderen Schleier sich heben und sie wieder mit ihren zusätzlichen Sinnen in Verbindung treten können.

Während wir auf den ersten fünf Pfaden der Einweihung lernen, unsere Ansichten zu ändern, hebt sich der sechste Schleier stufenweise. Mit der Zeit zerfetzen oder zerreißen wir die verschiedenen falschen Wahrnehmungen, die durch feste Vorstellungen und begrenzte Horizonte, Wunden sowie festsitzende oder verdrängte Emotionen erzeugt wurden. Jedesmal, wenn wir einen Teil unseres Lebens heilen, erleben wir einen Sieg oder haben ein Erfolgserlebnis, durch das Lebenskraft freigesetzt wird und das die Wahrnehmung mit ungezügelter Lebensfreude speist. Diese gerade befreite Energie aktiviert die Eingebungen unseres intuitiven inneren Wissens und gibt uns die notwendige Kraft zur Erforschung der unendlichen Weiten des universellen menschlichen Bewußtseins. Während wir unsere Ansichten über die Wirklichkeit und das Leben auf dem Planeten Erde neu strukturieren, tauchen Schritt für Schritt neue Wahrnehmungen und Fähigkeiten auf. Unsere Träume können transzendente Bilder enthalten, wir können eine Vision haben oder die Gegenwart von Engeln spüren. Bei einigen Menschen kann die Fähigkeit zum Heilen entstehen, während wieder andere anfangen, ihre Energie und den mit allen Lebensformen verbundenen Geist neu zu erleben.

Der siebte Trennungsschleier wird durch unser ureigenes Verständnis von uns selbst und den starren Vorstellungen geschaffen, die unsere menschliche Identität kennzeichnen. Wir entsinnen uns nicht mehr an die Wahrheiten, die wir verstanden, ehe wir unsere menschlichen Körper angenommen haben, als wir uns der Verbindung zum Großen Geheimnis vollständig bewußt waren. Wir sind noch immer damit verbunden, jedoch kommen wir nur schrittweise zu einem vollständigen Bewußtsein dieser Gnade, indem wir die Schleier Faden um Faden auftrennen. Durch Offenbarungen, mittels deren wir uns ein Bild von unserer Verbindung zu Gott machen können, durchtrennen wir die Fäden, die unser persönliches Wachstum verhindern. Der menschliche Geist nimmt schließlich seinen Platz als grenzenlose und ewige Erweiterung des Schöpfers, des Großen Geheimnisses, Gottes, ein. Schließlich erkennen wir, daß wir unser Leben führen und gleichzeitig die Verbindung zu allen Ebenen des Traumgeflechtes aufrechterhalten können.

Während wir den sieben Pfaden der Wandlung folgen, lernen wir, uns zu erinnern und die Fäden der Illusion zu zerstören, aus denen die Trennungsschleier bestehen, die uns hindern, das ganze Bild zu sehen, und uns die Illusion vorgaukeln, daß wir verlassen und allein seien. Auf allen sieben Pfaden der Wandlung erzeugen jede zurückeroberte Facette der Wahrheit und jeder Bewußtseinsanteil, dessen wir uns erinnern, ein neues Verständnis unserer menschlichen Identität und der

Art und Weise, wie wir mit der Schöpfung in Wechselbeziehung stehen. Die sieben heiligen Pfade sind nichts weniger als die Heimreise zu unserer authentischen geistigen Identität und unserer göttlichen Verbindung zum Großen Geheimnis. Wenn wir die letzten Illusionen überwinden, die der siebte Trennungsschleier darstellt, leben wir im authentischen Verständnis unserer geistigen Natur unseres menschlichen Körpers. Einige Religionen bezeichnen diesen Zustand als »Himmel auf Erden«.

Die Einweihungen

Wenn wir die Pfade der Erinnerung beschreiten, unterziehen wir uns vielen Einweihungen, die alles umfassen können, was uns prüft und uns zwingt, zu sehen, ob der Pfad, dem wir folgen, zu uns paßt oder ob wir etwas ändern wollen. Das Leben überprüft unsere Schwachstellen und zeigt uns, was wir ablegen müssen und welche Stärken wir beibehalten müssen. Je nach Erfolg oder Mißerfolg schenkt uns die Einweihung einen neuen Anlauf oder fordert uns zur Überwindung unserer bisherigen Grenzen auf. In dieser physischen Welt ist das Leben selbst die eigentliche Einweihung. Um ein spirituelles Leben führen zu können, müssen wir keine klösterlichen Verhältnisse mehr anstreben. In vielen anderen Traditionen, wie dem Buddhismus, den Katholiken, den Hindu, den Sufi, den alten Griechen und den Ägyptern war das Leben in Schulen oder Klöstern notwendig, um die äußere Welt hinter sich zu lassen und es so den Eleven zu ermöglichen, sich vollkommen auf ihren spirituellen Pfad und ihre Entwicklung zu konzentrieren. Jahrhundertelang fanden die Indianer Ruhe und persönliche Spiritualität in der Natur, während sie ihre Zeit losgelöst von Stammespflichten oder dem Alltag verbrachten. Unsere Einweihungen erfolgten bei den Männern in Gestalt der Visionssuche, des Sonnentanzes, der Medizinkunde und der Ausbildung zum Krieger. Für die Frauen waren dies die Suche nach Heilung, die Unterweisung in den Lehren der Mondhütte, der Medizin oder der Heilverfahren sowie der Ausbildung zur Träumerin und Seherin. Aber heute ist die Menschheit in aller Welt und in allen geistigen Traditionen dazu aufgefordert, die Welten der geistigen Entwicklung und des Alltagslebens miteinander zu verbinden und somit eine neue Art des Einweihungsprozesses zu schaffen, die uns zeigt, wie wir die Prozesse in unserem Inneren und den Erfahrungsprozeß im Äußeren während unseres Alltagslebens auf dem Planeten Erde miteinander verbinden.

Auf jedem der sieben Pfade begegnen wir vielen Hunderten von Einweihungen, von denen jede für einen persönlichen und individuellen Einweihungsprozeß steht, durch den eine Veränderung und ein Wachstum möglich wird. Vielleicht fragen Sie: »Was soll das heißen?« Nun, jedesmal, wenn wir im Leben eine Erfahrung machen, stehen wir vor der Entscheidung, wie wir auf dieses Ereignis reagieren wollen. Wenn wir uns dazu entschließen, uns selbst oder jemand anderem gegenüber unehrlich zu sein, verursachen wir einen Energieverlust in unseren geistigen Wesen und schränken die Fähigkeit zur Wandlung unserer Leben beträchtlich ein. Sicher, wir haben solche Entscheidungen getroffen und diese Augenblicke überlebt, wir kamen aber nicht ungeschoren davon. So hätte zum Beispiel unsere Einweihung in diesem Falle erfolgreich verlaufen können, wenn wir bereit gewesen wären, ehrlich für unsere Worte und Taten einzustehen. In unserer indianischen Tradition bedeutet Reaktionsfähigkeit das, was in anderen Kulturen als Verantwortung bezeichnet wird.

Die meisten spirituellen Wege lehren uns, gute Menschen zu sein, andere zu lieben, zu dienen und zu helfen, wo immer es uns möglich ist. Nicht aus Angst vor Vergeltung, sondern weil wir ein Teil der Segnungen der Menschheit sein wollen. Der innere Antrieb und die Freude, die unseren Wunsch entfachen, zum Wohlergehen der menschlichen Rasse beizutragen, werden durch unseren inneren Lebensfunken gespeist und sind Geschenke des Schöpfers. Schwächen wir unsere geistige Energie, indem wir lieblos oder unehrlich sind, verlieren wir Energie. Die Folgen liegen auf der Hand, weil andere spüren, daß wir nicht vertrauenswürdig sind, und auch weil wir uns selbst verwundet haben. Wir schwächen die Lebenskraft, die unseren individuellen Lebensfunken aktiviert, und am Ende vergessen wir zu leuchten.

Wenn wir betrügen oder versuchen, uns selbst zum Narren zu halten, berauben wir uns jener Energie, die uns über unseren eingeschränkten Blick auf den Lebenshorizont hinauskatapultieren kann. Wir stumpfen bis zu dem Grad ab, an dem wir mittelmäßig werden und kein Verlangen mehr haben, verantwortlich zu handeln, wodurch wir das uns zur Heilung unserer Leben zur Verfügung stehende Maß an Energie oder Lebenskraft einschränken.

Weil wir alle uns mit der Zeit unser eigenes Glaubensbekenntnis aufbauen, passen mit dem Älterwerden ein paar Dinge nicht mehr ins Bild, die in unseren Jugendjahren offensichtlich gut funktionierten. Der Reifeprozeß wird nicht nur durch Jahre der Einsicht und der Erfahrung bestimmt, sondern auch durch die Erweiterung des menschlichen Geistes. Entschließen wir uns dazu, den Pfaden der menschlichen Wandlung zu folgen, so enden die Arbeit und die Freude am Lernen nie, denn in unserem Universum existieren unermeßliche Ebenen des Bewußtseins.

Wenn wir gegenüber anderen und uns selbst nicht offen und ehrlich sind, können wir uns nicht mehr daran erinnern, warum wir hier sind, was wir erreichen wollten, welchen Platz wir im Leben einnehmen, welchen Beitrag wir leisten können oder wie wir unser Leben im Gleichgewicht halten können. Wenn wir die Bereitschaft für ein Leben nach dem von uns geschaffenen Glaubensbekenntnis aufbringen, stellt sich das Erinnern ein. Dieses Glaubensbekenntnis kann die Form eines uns selbst gegebenen Versprechens haben, das zum Beispiel lauten könnte: »Ich werde gut zu meinem Körper sein. Ich werde gegenüber anderen und mir selbst ehrlich sein. Ich werde alle Lebewesen mit Respekt behandeln. Ich werde die Persönlichkeitsrechte aller Menschen mit ihren eigenen heiligen Standpunkten in Ehren halten. Ich werde meinem Glauben treu sein. Ich werde auf die göttliche Führung durch den Schöpfer vertrauen. Ich werde all meine Lebenserfahrungen als Wachstumsmöglichkeit betrachten, ich werde mich bemühen, mein Bestes zu geben, und meinen Weg nicht mit dem anderer vergleichen.« Ob Sie es glauben oder nicht, die Einhaltung dieses einfachen persönlichen Glaubensbekenntnisses erfordert viel Energie, Konzentration und Makellosigkeit.

Durch die Befolgung eines Glaubensbekenntnisses eröffnet sich uns ein neues Bewußtsein dafür, wann wir einen Fehler machen und wie wir ihn wieder richtigstellen. Der Prozeß der Erinnerung eröffnet uns Lösungsmöglichkeiten. Wenn wir zögern oder ein Versprechen nicht einhalten, ist es wichtig, uns zu vergeben und einzugestehen, daß wir auch nur Menschen sind. Alles im Leben lernen wir durch die Entfaltung von Fähigkeiten, und diese können nicht über Nacht perfekt sein. Wir lernen, indem wir herausfinden, was möglich und was nicht möglich ist. So hat die Menschheit die Gelegenheit und kann selbst entscheiden, ob sie durch Freude oder durch Leid lernen will.

Wenn wir uns selber heilen, erinnern wir uns der Anteile unseres geistigen Wesens und der während der Reise vergessenen Teile unseres Potentials. Dies geschieht durch Einweihungen, ob wir uns nun bewußt sind, daß wir sie erleben, oder nicht. Manche Menschen wissen so lange nichts von ihrem Entschluß, den Pfaden des Wachstums zu folgen, bis sie eine Wandlung erleben, die ihre Wirklichkeit verändert und ihre Aufmerksamkeit auf das JETZT lenkt.

Die Veränderungen, die sich im eigenen Leben ergeben, können vage von jedem Menschen verstanden werden, der seine Vergangenheit rückblickend überschaut und wahrnimmt, wann er gegenwärtig gewesen ist. Je stärker ein Mensch gegenwärtig und bewußt ist, um so deutlicher tritt die Wahrheit hervor: Das Leben selbst ist die Einweihung. Jede von uns getroffene Entscheidung zählt, jeder unserer Gedanken webt das Muster unseres Lebens, und jede Situation, in der wir uns befinden, wirkt sich auf unser mögliches Wachstum oder unseren Stillstand aus.

Das große Geheimnis

Erinnern wir uns unserer Einheit, rufen wir uns auch unsere Verbindung zum Großen Geheimnis ins Gedächtnis. In der Tradition der Seher des Südens betrachten wir das Universum als den sich ständig entwickelnden und verändernden Körper des Großen Geheimnisses. Wir nennen es das Große Geheimnis, weil es nicht eingegrenzt oder verstanden werden kann. Alles ist lebendig und besteht aus Energie. Einige Teile sind auch an Materie gebunden und verfügen über Körper oder Masse. Alles in unserem Universum stellt eine Zelle im Körper des Großen Geheimnisses dar, und alle Erfahrungen eines jeden Menschen, einer Pflanze, eines Tieres, eines Steines, eines Planetoiden, eines Planeten, eines Sonnensystems, einer Galaxie und des Kosmos wird im Inneren dieses riesigen allmächtigen Bewußtseins wahrgenommen.

Alle großen Religionen sprechen von der Allmacht Gottes, die auf folgendem Prinzip beruht: Alles, was in diesem Universum existiert, nährt mittels des verbindenden Bewußtseinsgeflechts das aus Energie bestehende Große Geheimnis. Die meisten Menschen können diese Energie nicht sehen und müssen normalerweise warten, bis ihre Körper eingeschlafen sind. Erst dann kann eine Wechselwirkung erfolgen, ohne daß der Geist dazwischenfunkt. Diese Verbindung zum Göttlichen kann jedoch auch immer dann entstehen, wenn Menschen in die Stille eintreten und den inneren geistigen Dialog vollständig zum Schweigen bringen. Der kreisförmige Strom aus Senden und Empfangen göttlicher Botschaften kann zustande kommen, wenn wir den Entschluß zur Beruhigung unseres Geistes fassen oder wenn wir schlafen. Die Verbindung zum Bewußtsein des Universums entsteht, ob wir uns nun darüber im klaren sind oder nicht. Wir können uns dazu entschließen, bewußt in die Stille einzutreten, oder wir können während des Schlafs im Traum in die Stille gleiten.

Unsere Lebenskraft entstammt dem Großen Geheimnis, sie strömt zu uns und durch uns hindurch. Dieser Energiestrom kann ein Rinnsal oder ein gewaltiger Strom sein. Seine Stärke hängt von unserer Bereitschaft ab, uns zu öffnen und das Geschenk anzunehmen. Wenn wir die Existenz dieses Stromes verleugnen, leugnen wir auch die Quelle unserer Lebenskraft und bestreiten, daß wir Ausdruck jener Herrlichkeit sind, die der Schöpfer seiner Schöpfung verlieh. Hier beginnen alle Wege der spirituellen Entwicklung. Meine Lehrer brachten mir bei, daß es ein Gesetz gibt, das auf alle sichtbaren und unsichtbaren Welten, auf alle Lebensformen und alle Bewußtseinszustände zutrifft. Das Große Geheimnis sprach zu allem, was lebte, und sagte: »Du sollst dich entwickeln.« Wie sich alle Formen des Lebens entfalten, ist das heilige Geheimnis, das sich stets weiter enthüllt. Bei uns Menschen ist die Art und Weise, wie wir wachsen und uns entwickeln, durch unsere Entscheidungen und durch unsere Bereitschaft geprägt, die Energie und das göttliche Potential zu werden und zu verkörpern, die uns vom Schöpfer aller Dinge, dem Großen Geheimnis, Gott, gegeben wurden.

Es gibt im Leben nichts Großartigeres als das unmittelbare Erleben der allumfassenden Einheit mit dem Großen Geheimnis. Diese Erfahrung kann nicht künstlich hervorgerufen, nicht beeinflußt und nicht gesteuert werden. Wir haben uns die Erkenntnis des universellen Tanzes des Lebens verdient. In diesem Augenblick des Staunens gibt es keine Trennung mehr, und wir wissen, daß wir wie auch alle anderen Lebewesen ein herrlicher Teil des Ganzen sind. Die zu diesem Wendepunkt führenden Schritte sind so unterschiedlich wie jeder einzelne Mensch.

Keine Religion, keine Kultur, keine Rasse oder Philosophie kennt den einzig wahren Weg dorthin. Ein Trugschluß, durch den eine weitere Spaltung und Leid unter den Menschen gefördert werden, besteht in der Ansicht, es gäbe nur einen Weg und alle anderen seien zum Scheitern verurteilt. In vielen Fällen übernehmen wir unsere Ansichten von anderen oder aus Vorstellungen, die wir unser ganzes Leben lang gehört und nie hinterfragt haben. In dem englischen Wort für Glauben *belief* ist der Begriff *be lie*, also »täuschen« oder auch »im Widerspruch stehen«, enthalten. Inneres Wissen basiert auf etwas, was wir in Frage gestellt, aus erster Hand erfahren haben und für richtig und akzeptabel befunden haben. Wenn wir uns selbst ins Bockshorn jagen wollen, können wir auch künftig einen Hochseilakt vollführen, der unsere Fähigkeit zum Wachstum dadurch unterdrückt, daß er unser Leben zu einem geradlinigen, immer gleichbleibenden Einheitsbrei reduziert.

Unsere indianische Tradition lehrt uns, niemals die Beziehung eines anderen Menschen zum Schöpfer in Frage zu stellen. Diese persönliche Erfahrung ist sehr subjektiv, sehr individuell und sehr heilig. Wie ein Mensch den Schöpfer oder Gott erlebt, geht niemanden sonst etwas an. Wenn Menschen durch Träume oder geistige Eingebungen belehrt werden, einem bestimmten Weg auf ihre eigene Art und Weise zu folgen, muß diese Botschaft respektiert werden. Wenn dieser Weg der Erfahrung von den Traditionen oder den Gebräuchen des Stammes abweicht, jedoch kein anderes Lebewesen dadurch verletzt wird, ist es in Ordnung. Jedes menschliche Wesen muß auf jeder Speiche des Medizinrades des Lebens stehen, und alle bekommen die Möglichkeit, die ihnen angebotene Medizin abzulehnen oder anzunehmen.

Haben wir erst einmal etwas gefunden, das unserem Wachstum dient, könnten wir in Versuchung geraten, von anderen zu verlangen, unserem persönlichen Weg zu folgen. Diese Haltung läßt keine Freiräume für weiteres Wachstum zu. Einer unserer Vorfahren unter den Cherokee fragte einmal: »Wie zerstört man einen rechtschaffenen Menschen? Gib dieser Person einen, der ihr folgt.« Das Streben nach Macht über andere ist tödlich. Indem wir drauf bestehen, daß andere »meinem oder keinem« Weg folgen, hemmen wir unser eigenes Wachstumspotential.

Vom Weltall aus gesehen ist die Erde eine wunderschöne, sich in unserer Milchstraße um die Sonne drehende, blaue Kugel. Die Umlaufbahn unseres Planeten ist eine andere als die anderer Planeten, die ebenfalls unsere Sonne umkreisen. Keinem Wissenschaftler käme in den Sinn, jemals die verschiedenen Umlaufbahnen in Frage zu stellen. Es gibt sie einfach. Und dennoch sträuben sich die meisten Menschen gegen die Vorstellung, daß es aufgrund des göttlichen Willens verschiedene Umlaufbahnen gibt. Genauso wie sich Orbit, Planetenkonstellationen und Universen entwickeln, entfalten sich auch Menschen. Unser Sonnensystem spiegelt ein Modell wider, in dem die Wege aller Planeten unterschiedlich sind und die dennoch alle das Licht der gleichen Sonne in ihrer Mitte umkreisen. Ist es denn so schwer, sich vorzustellen, daß auch alle Menschen auf verschiedenen Bahnen um das Sonnenlicht kreisen, das unsere Körper am Leben erhält, und um das Licht des Schöpfers, das unsere Seelen speist?

Egal, wie weit wir während unseres Lebens reisen, eines steht fest: Wir kommen immer zu uns selbst zurück. Wir können andere nicht ändern, aber wir können uns selbst und unsere Einstellung zum Leben ändern. Wir werden unseren individuellen Weg finden. Immer wieder wird sich der Kreis schließen, und wir werden zu unseren eigenen Wahrheiten zurückkehren, sogar dann, wenn sich diese Wahrheiten mit der Erweiterung unseres Verständnisses veränderten. Wir werden in unsere Körper geboren, um die Kreisläufe und Abschnitte menschlicher Erfahrung zu erleben, und wenn unsere Körper sterben, wechseln wir in einen anderen Kreis aus nicht körperlicher Erfahrung. Wenn wir uns dem Traumgeflecht anschließen, erkennen wir die nicht sichtbaren Energiekreise, die unsere Erfahrungen im Wachzustand beeinflussen und bestimmen. Sie zeigen uns, wie wir wieder zum Ursprung zurückkehren und den Tanz auf der nächsten Ebene unseres persönlichen Wachstumszyklus weiterführen.

Die einzigartige Art und Weise, in der wir uns die Ausdrucksweise unserer persönlichen Medizin oder unserer Stärken ausgesucht haben, legt fest, wie wir durch unser Leben tanzen. Eine Tatsache bleibt aber bestehen: Wir tanzen den Traum, ob wir uns nun dazu bekennen oder nicht. Der Rhythmus wechselt ständig, die Bewegungen sind unterschiedlich, und wir haben die Wahl, ob wir leichtfüßig durch das Leben schweben oder mit schweren Stiefeln hindurchstapfen. Meine Lehrerin CISI LAUGHING CROW sagte, »Leuchtkäfer tanzen im Zwielicht wie menschliche Wesen zwischen Gut und Böse. Die Menschen haben vergessen, daß sie in der Erkenntnis, wie Leuchtkäfer zu sein, Frieden und Harmonie finden können. Sogar im Dunkeln besitzt jeder ein Licht, aber jeder Mensch muß sich dazu entschließen, es aufleuchten zu lassen«.

3

Der Geist greift ein, verändert unseren Tanz mit dem Schicksal und drängt das Herz behutsam, sich zu öffnen und zu dienen.

BERTA BROKEN BOW

Der Erste Pfad der Initiation

Heilige Dämmerung meines Seelenfeuers,
Ich lege meine eigennützigen Wünsche ab.

Ich entschließe mich zum Dienen,
Möchte allen ein strahlendes Beispiel sein.

Ich achte den Geist in allen lebendigen Dingen.
Ich verpflichte mich zu einem Leben in Ehrlichkeit.

Ich suche nach der Wahrheit, die in mir lebt.
Ich respektiere die Wahrheit, in der andere leben.

Ich gebe anderen mit frohem Herzen,
Erwarte keinen Ausgleich für die Geschenke, die ich gebe.

Ich öffne mein Herz anderen in Not,
Säe Liebe und folge meinem Pfad.

JAMIE SAMS

Der erste Pfad der Einweihung
Der östliche Teil
des Medizinrads

In der indianischen Tradition stellte der erste Pfad der Einweihung ursprünglich den Übergangsritus zum Erwachsenenalter dar. Für Jungen und Mädchen gab es unterschiedliche rituelle Prüfungen, die das Ende der Kindheit kennzeichneten. Bei den Mädchen fand dieser Übergangsritus normalerweise zum Zeitpunkt ihrer ersten Monatsblutung statt, bei den jungen Männern ungefähr im Alter von dreizehn Jahren. Die Zeremonien unterschieden sich je nach Stamm, bestanden jedoch meist aus einer Tapferkeitsprüfung für die Jungen und einer Einführung in die Geheimnisse der Frauenmedizin für die Mädchen. Nach diesen Zeremonien wurden die Jungen zum Rat der Männer und die Mädchen zum Rat der Frauen zugelassen. Sie konnten dann ihren Stammesältesten zuhören und die Aufgabe der Erwachsenen erlernen, dem Stamm zu dienen.

Die Erleuchtungen und Erkenntnisse durch diese Einweihungsrituale wurden durch das Übernehmen von Verantwortung zum Wohle des gesamten Stammes begründet. Junge Menschen lernten, negative oder kindische Emotionen abzulegen, und entwickelten die Fähigkeit zu verantwortlichem Handeln. Der Tod der Kindheit und die Geburt des Erwachsenseins markierten einen neuen Pfad, der im Osten des Medizinrades seinen Anfang nahm. Er bezeichnete den Beginn eines Prozesses, in dessen Verlauf die Fähigkeiten eines jungen Menschen gestärkt und verfeinert wurden. Diese wiederum kamen dann der einzelnen Person und dem Stamm zugute. Dank dieser Vorgehensweise konnten alle jungen Menschen ihren Weg finden und wurden dabei von den besten Lehrern unterstützt, die der Stamm zu bieten hatte. Die Ausbilder standen der jeweiligen Person auf denjenigen Gebieten mit Rat und Tat zur Seite, auf denen ihre individuellen Anlagen oder persönlichen Stärken lagen. Alle hatten, ohne Hintergedanken zu hegen, einen Nutzen davon: sowohl in der Unterweisung als auch im Lernen. Je besser der Schüler in der von ihm gewählten Rolle war, je mehr kam dies allen zugute, inklusive den Lehrern, die ihr hart erarbeitetes Wissen an die nächste Generation weitergaben.

Obwohl diese Art der Harmonie heutzutage selten anzutreffen ist, können wir das gleiche Grundprinzip in unserem modernen Leben praktizieren, indem wir unsere Jugendlichen dazu ermutigen, ihre Begabungen herauszufinden, sie der nächsten Generation zu vermitteln und dieser ein positives Leitbild zu geben. Indem wir sie das Dienen lehren und daß man sich dadurch selbst dient, fangen wir damit an, die weltumspannende Erdenfamilie als unseren Stamm zu betrachten, den Stamm der Menschen.

Das Medizinrad gibt uns Halt

Das Medizinrad ist ein indianisches Symbol der Lebenszyklen, die alle menschlichen Wesen auf ihrem Weg durch das körperliche Leben durchlaufen. Jeder von uns wird während seines Wachstumsprozesses auf jeder Speiche des Rades stehen. Wir alle fangen im Osten, wo die Sonne aufgeht, an. Im übertragenen Sinne heißt das, wir beginnen unser Leben mit der Dämmerung oder mit der Geburt. In jedem neuen Zyklus oder jeder neuen Phase unseres Lebens bereisen wir das Medizinrad wieder und wieder. Wir kommen jedesmal dann mit den Lektionen des Ostens in Berührung, wenn wir an einem Punkt der Klarheit, der Erkenntnis und des Neubeginns stehen. Das große Aha-Erlebnis, das dann auftritt, wenn wir einige Illusionen durchschauen oder neue Erkenntnisse Klarheit in unser bisheriges Chaos, die Unentschlossenheit oder das Durcheinander bringen, entspricht dem Wesen des Ostens. An diesem Punkt der Erkenntnis angekommen, können wir deshalb einen Neubeginn machen, weil wir einen Sieg errungen haben. Neue Gedanken tauchen auf, wir fassen neuen Mut und schmieden neue Pläne. Wir erkennen, daß die Teile des Puzzles ineinanderpassen. Ein neue Seite unseres Wesens ersetzt das alte Selbst, das den mühsamen Marsch durch den vor dem großen Aha-Erlebnis existierenden Treibsand aus Herausforderungen auf sich genommen hat. Dies sind die Gaben des Ostens, und sinnvollerweise beginnt der erste Pfad der Einweihung auch im Osten. Viele Lektionen fangen mit diesem ersten Pfad an und führen mit der Zeit über zahllose Biegungen und Windungen zu einem größeren Verständnis.

Jeder Pfad der Einweihung kann zu einem früheren Wachstumszeitpunkt angefangen haben und auch zu anderen Stufen weiterführen. Wir können die Lektionen eines bestimmten Pfades immer wieder mit einem auf jeder Ebene der Einweihung tieferen Verständnis erlernen. Wir können bestimmte Lektionen meiden und diesen dann später auf einem anderen Pfad erneut begegnen. Wir sind einmalig, sowohl in der Auswahl unserer Themen als auch in der Bereitschaft, sich mit bestimmten Gesichtspunkten unseres Verhaltens und unserer Persönlichkeit auseinanderzusetzen. Es gibt keine Regeln, wie wir unsere verschiedenen Wachstumsebenen erleben, und wir müssen eine Herausforderung auch nicht vollständig verstehen und bewältigen, bevor es uns erlaubt wird, mit anderen Lektionen weiterzumachen. Ein Mensch kann eine sehr einfache Lektion des ersten Pfades nicht verstehen, aber andere Lektionen des dritten Pfades erlernen.

Eine grundlegende Tatsache dieser sieben Pfade der Einweihung ist, daß uns immer die Möglichkeiten geboten werden, die wir zu unserem Wachstum benötigen. Wir können Chancen wahrnehmen oder aber bestimmte Lektionen ablehnen und die Herausforderung eine Weile umgehen, aber sie begegnen uns schließlich wieder. Wenn wir glauben, eine Ebene bewältigt zu haben, weil uns eine Lektion aus einer anderen Ebene begegnet ist, wird uns Kojote, der Schelmengott, üblicherweise zeigen, daß wir schief gewickelt waren, wenn wir glaubten, einen Test in einem unerwarteten Bereich unseres Lebens bestanden zu haben.

Respekt aufbringen

Es ist möglich, daß wir eine Daseinsform entdecken, in der wir uns wohl fühlen und die unserem Leben einen Sinn gibt. Vielleicht bilden wir uns etwas darauf ein, wie wir unser Leben bewältigt und die von uns gesteckten Ziele erreicht haben. Führt diese Überheblichkeit zur Selbstgefälligkeit, fordern wir unter Umständen einen unsanften Weckruf heraus, der uns beibringt, daß blinder Eifer an Arroganz grenzen kann. Der Test kann ausgelöst werden, wenn wir zu einem Fest unsere Familie besuchen und erkennen müssen, daß niemand daran interessiert ist, sein Leben zu verändern und sich unsere neue Lebensweise zuzulegen, oder unsere spirituellen Praktiken erlernen möchte.

Die Reaktion unserer Familie kann uns enttäuschen, oder wir ernten weitere abschätzige Bemerkungen, durch die das Bedürfnis geweckt wird, in uns zu gehen. Unglücklicherweise ziehen es einige Menschen vor, in einem Messiaskomplex darauf zu bestehen, daß andere Menschen sich ihrer Meinung oder ihren Methoden anschließen. Wenn wir uns weigern, unseren Übereifer in Frage zu stellen, schnappt die Falle zu, und der Test beginnt.

Bisweilen kann eine Familiensituation Chaos und Verzweiflung auslösen. Wir kommen nach Hause und müssen feststellen, daß uns Onkel Harry immer noch wie eine Zweijährige behandelt. Vater und Mutter reden so, als glaubten sie, wir hätten nichts Wichtiges zu sagen. Ein anderer Angehöriger tadelt womöglich unser Benehmen, unseren Lebensstil, unser Äußeres oder unsere Entscheidungen und merkt nicht, wie rücksichtslos er damit unser neugefundenes Lebensgefühl dämpft. Niemand fördert alte Themen oder fast vergessenen Schmerz leichter zutage als die eigene Familie. Unsere Reaktionsmöglichkeiten reichen von sich in das Schicksal zu ergeben bis hin zum offenen Aufstand. In einer solchen Situation besteht die Prüfung in unserem Entschluß, wie wir darauf reagieren. Wir können uns entschließen, so zu reagieren, daß andere verletzt sind und voller Zorn zurückschlagen, oder wir ziehen es vor, überhaupt nicht darauf einzugehen. Unseren Familien zu dienen bedeutet nicht, ihren Lebensstil oder deren Benehmen zu kritisieren. Wir können auf verschiedene Arten Dienst tun. Wir dienen aber immer dann mit Würde, wenn wir angesichts eines Konfliktes liebevoll reagieren und eine respektvolle Haltung bewahren.

Diese Tests dienen der Überprüfung der Realität. Sie können Wut auslösen oder die Bescheidenheit wiederherstellen, mittels deren wir zu der Erkenntnis gelangen, einen Fehler begangen zu haben. Wie mein Freund TERRY ALLEN in einem seiner Lieder singt:

»Mein Ego ist nicht mehr mein Freund ...« Sei es nun durch Ernsthaftigkeit oder Humor, die Muster der Selbstgefälligkeit und der Arroganz werden einige Türen für unerwartete Gelegenheiten zum Lernen öffnen. Wenn wir an unserem nur allzu menschlichen Bedürfnis festhalten, phänomenal zu sein, werden die Lektionen hinter diesen Türen nicht allzu angenehm sein. Andere für das zu kritisieren, was sie sind, hält uns von der Erkenntnis ab, daß wir ihr Verhalten übernommen haben und selbst andere, ohne nachzudenken, niedermachen.

Die goldene Regel »Was du nicht willst, das man dir tu', das füg' auch keinem anderen zu« fußt auf der Erkenntnis, daß wir das ernten, was wir säen. Wenn wir uns in Verhaltensmuster hineinziehen lassen, durch die andere verletzt werden, fügen wir uns dabei selbst Wunden zu. Wenn wir andere niedermachen, verringert das die Energie in unserem Körper, und es steht uns weniger Kraft zur Verfügung, mit der wir in unserem Leben Platz für Freude schaffen können.

Es ist wichtig, daran zu denken, daß immer dann, wenn wir glauben, auf einem Gebiet nichts mehr lernen zu können, unsere Schwächen es sind, die überprüft werden und nicht unsere Stärken. Was für eine Gelegenheit! Es gibt Lektionen, die uns die größten Überraschungen bereiten. Gewöhnlich bringen mich diese persönlichen Lektionen dazu, so lange über mich selbst zu lachen, bis ich den darin enthaltenen unschätzbaren Wert des Humors erkenne. Ich habe gelernt, daß eines der größten Geschenke der Menschheit unser Sinn für Humor ist. Unser Geist ist in der Lage, uns einen Strich durch die Rechnung zu machen, und das Ego kann unsere Wahrnehmung verwirren. Diese Fähigkeiten werden nur noch von unserer Fähigkeit übertroffen, angesichts missionarischen Eifers über uns selbst zu lachen. Zwerchfellerschütterndes Lachen löst uns aus dem Würgegriff, in den wir durch unsere trügerische Selbstgefälligkeit gerieten. Wenn wir die zu unserer Einweihung führenden Lebenswege zu ernst nehmen und nicht über unsere menschlichen Fehler lachen können, werden wir uns der Tatsache beugen müssen, nur durch tragische oder schmerzliche Ereignisse zu lernen, und wir werden vergessen, daß die eigentliche Prüfung jeder Einweihung darin besteht, auch durch Freude zu lernen.

Die Schwierigkeit bei allen Lebenslektionen besteht in der Aufgabe, ein Gleichgewicht zu finden. Durch unser eigenes Verhalten wird oftmals das Bedürfnis erzeugt, etwas Neues zu lernen. In der Tradition der Indianer bezeichnen wir diese List als die Medizin des Kojoten. Der Kojote lehrt uns, wie wir Heiligkeit mit Respektlosigkeit verbinden und dadurch ein Gleichgewicht erzeugen. Indem wir über uns selbst lachen, zerstreuen wir die Ernsthaftigkeit und lösen den Würgegriff, der unsere Energie bremst. Lachen webt unsere festgefahrenen Gedanken oder Ideen im Traumgeflecht neu und baut alle starren Gerüste ab. Wenn wir uns vor Lachen schütteln, befreien wir uns von festsitzenden Energien. Mehr Energie durchströmt uns, und anstatt nervös zu sein, sind wir in der Lage, das Leben und unsere individuellen Möglichkeiten auszuloten. Wir stehen immer vor der Wahl, und wenn wir eine sich bietende Chance annehmen können, haben wir die Möglichkeit, unrealistischen Ängsten und den Denkfallen des Ego auszuweichen.

Aufwachen! Wie oft haben Sie auf die Schlummertaste gedrückt?

Manche Ereignisse können den Kurs unseres Lebens für immer verändern. Diese Weckrufe müssen keine gewaltigen Vorkommnisse sein, sie können in Gestalt eines jeden Ereignisses auftreten, das unsere Aufmerksamkeit auf die Notwendigkeit zur Wachsamkeit lenkt. Ob wir diese Weckrufe nun für gut oder schlecht, für leicht oder schwierig halten, durch diese Erfahrungen werden wir zur Veränderung gezwungen. Es kann ein Ereignis sein, bei dem wir mit einem blauen Auge davonkommen. Immer aber kommt es darauf an, wie schnell wir auf die leise Warnung reagieren. Wenn wir nur knapp davongekommen sind, drücken wir manchmal lieber auf die Schlummertaste und schenken dem Sinn des Ereignisses so lange keine Beachtung, bis wir wieder in eine Situation geraten, die unsere Aufmerksamkeit erzwingt und uns dazu drängt, einem Bereich unseres Lebens Beachtung zu schenken.

Wir alle haben Menschen erlebt, die, wenn sie in ernsthafte Schwierigkeiten und lebensbedrohliche Situationen geraten, zum erstenmal seit Jahren zu beten anfangen und Gott allerhand Versprechungen machen. Aber schon in dem Augenblick, in dem die Krise vorüber ist, vergessen sie ihre Versprechen oder weigern sich, sie einzulösen. Die Vollendung dieses ersten Pfades der Einweihung hängt völlig vom Erkennen der Weckrufe und unserer Reaktion darauf ab. Diese Weckrufe können ein einfaches Flüstern des Herzens sein oder ein überwältigendes Gefühl der Freude. Es kann der brennende Wunsch sein, etwas zu erfinden oder zu entdecken, was der Menschheit hilft, oder es kann die Gestalt eines umhüllenden warmen Leuchtens haben, das uns überkommt, wenn wir anderen etwas geben. Ebensogut können wir durch eine seelische Erfahrung, ein mystisches, unerklärliches Vorkommnis geweckt werden, oder es geschieht in unserem Leben ein Wunder. In all diesen Fällen sind wir uns nicht bewußt, daß wir uns auf die Pfade der Einweihung begeben haben, es sei denn, wir nehmen den Weckruf an und reagieren auf dieses Omen des spirituellen Erwachens. Erst später wird uns langsam klar, daß diese Weckrufe die ersten Botschaften sind, die uns von unserem eigenen geistigen Wesen gesendet werden. Dieses folgenreiche »Auf-die-Schulter-Klopfen« wird sich während aller Pfade der Einweihung fortsetzen.

Drastischere Weckrufe können eine Nahtoderfahrung, der Verlust allen materiellen Besitzes oder von geliebten Menschen sein. Oder wir werden sehr unzufrieden und erkennen, daß wir etwas in unserem Verhalten oder in unserer Seele ändern müssen. Auf jeden Fall geschieht etwas, das in uns den Entschluß reifen läßt, weiterzusuchen und den für uns geeigneten Weg zu finden. Letztlich lehrt uns der erste Pfad, daß der Dienst an der Menschheit uns neue Freiheit und neues Glück schenkt. Die Religionen unserer Welt verlangen von uns, gut und barmherzig zu sein. Auf dem ersten Pfad der Einweihung lernen wir jedoch, daß es genauso wichtig ist, *nützlich zu sein*. Jeder Mensch besitzt Fähigkeiten, die er teilen kann, und Talente, die gebraucht werden. Die Art und Weise, wie wir diese Fähigkeiten anwenden, bringt uns zum Erkennen unserer persönlichen Medizin oder unserer inneren Stärken. Diese Lektionen zeigen uns, wie wir unsere eigenen Fähigkeiten einbringen und nutzbringend anwenden können. Sie lehren uns, wie wir unsere Medizin entwickeln, damit sich unsere geistigen und menschlichen Fähigkeiten entfalten können.

Mit einem Lachen wiederhole ich die Frage eines meiner Lehrer: »Wie oft hast du auf die Schlummertaste gedrückt?« Wir begeben uns in Bewußtseinszustände hinein und wieder heraus, die uns dazu zwingen, unsere derzeitigen Grenzen zu erweitern und nicht mehr nur an uns selbst zu denken, sondern in Kategorien des »Wir« anstatt einfach nur des »Ich«. Die Kraft des freien Willens und der eigenen Entscheidung bestimmen, wie wir auf die Weckrufe des Lebens reagieren. Manchmal, wenn das rote Warnlicht aufleuchtet, ignorieren wir es einfach. Wir können aber die notwendigen Veränderungen entweder als eine entsetzliche Last oder als eine wunderbare Chance betrachten. Wir können die Schuld für unser Unglück auf Gott, das Leben, das Pech, auf unsere schlimmen Kindheitserlebnisse, auf unsere Familie und auf andere äußerliche Dingen schieben. Wir können aber auch die Herausforderung annehmen und uns über den Drang unseres Geistes hinwegsetzen, der an der Vergangenheit hängenbleiben will, sich selbst bemitleidet und sich vor der Zukunft fürchtet.

Der Entschluß, unser Bestes zu geben

Durch den ersten Pfad der Einweihung zieht sich als roter Faden der Wunsch nach einer Veränderung im eigenen Leben. Weckrufe, die dieses Verlangen signalisieren, können zu jedem gegebenen Augenblick und in jedem Alter erfolgen. Wenn wir diese Anzeichen wahrnehmen und auf sie reagieren, fangen wir an, Fragen zu stellen und uns bewußt zu werden, daß es im Leben mehr gibt als das, was wir bisher gesehen haben. Jeder Mensch begegnet den Fragen: Wer bin ich? Warum bin ich hier? Was sind meine Begabungen, Talente und Fähigkeiten? Kommen wir für uns selbst zu Antworten, so kann der Prozeß des Erwachens beginnen. Wir werden uns des allgemeinen Planes bewußt, der die Schöpfung und unseren Platz darin umfaßt.

Einige Denkmuster oder erlernte Verhaltensweisen werden von Generation zu Generation weitergereicht. Wollen wir erkennen, ob wir eine Verhaltensstörung an den Tag legen, die unsere Fähigkeiten einschränkt, müssen wir auch diese Generationsmuster oder familienbezogene Weltanschauungen betrachten. Wir können keine Hilfe bieten und Werkzeuge des Mitgefühls sein, wenn wir beim geringsten Anlaß aus der Haut fahren. Wir können nichts bewegen, wenn wir anderen nur um der Anerkennung willen helfen. Wir alle wiederholen die in unseren Familien gebräuchlichen Muster, die wir uns angeeignet haben, indem wir ihre Einstellungen über das Leben zu sehen und zu hören bekamen. Vielleicht fürchten wir den Verlust unseres Geldes, wenn unsere Verwandten mehr schlecht als recht die beiden Weltkriege, Armut oder die finanzielle Unsicherheit während der Nachkriegszeit überstanden haben. Einige Familien sind der Überzeugung, daß Frauen im Berufsleben keinen Erfolg haben könnten oder daß Männer nicht für die Kindererziehung bzw. die Zubereitung von Mahlzeiten zuständig sein sollten. Auf jeden Fall fordert der erste Pfad der Einweihung von uns, unsere alten Wertsysteme zu überdenken und veraltete Ansichten über Bord zu werfen, die uns daran hindern, das Beste aus uns zu machen.

Die Lektionen des ersten Pfades fangen damit an, daß wir das Verlangen spüren, anderen zu helfen, und diesem Bedürfnis nachgeben, indem wir uns zum Dienst an anderen entschließen. Die Seher des Südens pflegen das Prinzip der »Wahrung des Einsseins«. Es steht für eine universelle Wahrheit, die in der Natur und in unserem Universum zu finden ist. Das Gleichgewicht aller Dinge schafft Einssein. Als erstes müssen wir erkennen, daß wir uns selbst Achtung entgegenbringen müssen. Wenn jede Gattung des Lebens 51 Prozent der ihr zur Verfügung stehenden Energie zur Selbsterhaltung aufbringt, überlebt sie. Sind wir bereit, uns selbst zu 51 Prozent und anderen zu 49 Prozent zu dienen, haben wir ein Gleichgewicht hergestellt, mittels dessen wir im Leben etwas bewegen können. Ob wir nun im Dienstleistungsbereich beruflich tätig sind oder ehrenamtlich dienen, ist egal. Im Engagement, die Welt für alle Menschen lebenswerter zu machen, liegt der Schlüssel zu jedem Pfad des Dienens. In gewisser Hinsicht erklären wir uns bereit, Vorbilder zu sein. Aufgrund dieses Versprechens sind wir gezwungen, persönlich unser Bestes zu geben, und dazu aufgefordert, unsere eigene Integrität einer Prüfung zu unterziehen, unsere Bereitschaft zu Veränderung und Wachstum zu erklären und die Bereitwilligkeit aufzubringen, frohen Herzens das zum jeweiligen Zeitpunkt Notwendige zu tun.

Der Entschluß zum Dienen

Immer, wenn wir uns zu Großzügigkeit, Mitgefühl und zum Dienen entschließen, lösen wir eine Kette von Ereignissen aus, die uns in eine Reihe von Lektionen und Wachstumsschüben des ersten Pfades katapultiert. Der erste Schritt auf diesem Weg besteht aus dem *Wunsch* zu dienen. Der zweite Schritt besteht in der *Entscheidung* zum Dienen. Der dritte Schritt besteht in der persönlichen *Hingabe* und dem *Engagement*, die Welt für alle, die darin leben, besser zu machen. Wenn wir den Entschluß zu dienen fassen, wandelt sich alle Ichbezogenheit oder Opferhaltung, und wir können das Leben aus einem ausgewogeneren Blickwinkel sehen. Und wenn wir erkennen, daß andere oft in viel schlimmeren Situationen als wir selbst sind, und entdecken, wie wir helfen können, dann betrachten wir unsere persönlichen Probleme aus einer völlig neuen Perspektive. Die Welt mag sich vielleicht nicht verändern, aber unsere eigene Wahrnehmung der Dinge und unser Erleben werden sich drastisch verändern.

Manche Menschen folgen einem bestimmten Lebensweg, um Geld zu verdienen und Ruhm, Macht, Respekt und Anerkennung zu finden. An diesen Zielen ist nichts Verkehrtes. Im Verlauf ihres Lebens werden diese Menschen viele Herausforderungen und viele aufschlußreiche Entdeckungen machen. Sie stellen vielleicht fest, daß sie noch immer nicht glücklich sind, keinen inneren Frieden und keine Gelassenheit spüren, auch wenn sie ihre ursprünglichen Ziele erreicht haben.

Dieser Pfad erfordert ein Gleichgewicht, eine Ausgeglichenheit, in der die Zutaten erhalten sind, durch die wir unseren Seelenfrieden erlangen. Die Entdeckung dieser Elemente verläuft individuell und einzigartig, schließlich aber wird der Weg des Dienens mehr als eine günstige Gelegenheit zur Beeinflussung anderer.

Einige Menschen wählen einen bestimmten Lebensweg, um ihren Familien zu beweisen, daß sie ehrenwert und erfolgreich sind. Andere beweisen lieber, daß jemand anders, der von ihren Angelegenheiten keine hohe Meinung hatte, falsch lag. Am Anfang folgen wir alle aus verschiedenen Gründen unserem Lebensweg, aber irgendwann weben wir andere Träume, durch die unser Wachstum gefördert wird.

Viele Menschen verspüren schon früh im Leben den Drang zum Dienen, bei anderen geschieht dies später. Einige ziehen es vor, in Pflegeberufe zu gehen oder in die Forschung, sie werden Lehrer, bekleiden ein öffentliches Amt, arbeiten als Feuerwehrleute, in der Verbrechensbekämpfung oder in anderen Dienstleistungsberufen. Diese Berufswahl ermöglicht es ihnen, der Gemeinschaft, in der sie leben, einen Dienst zu leisten. Wie während eines jeden anderen Lebens auch merken diese liebevollen Individuen, daß sie sich verändern und wachsen müssen. Bei den Prüfungen, die auf diesen Pfaden des Dienens gemeinhin auftauchen, dreht es sich um das unaufhörliche Erwecken und Wiedererwecken des ursprünglichen Bedürfnisses zum Dienen. Letzteres kann eine Schwächung erfahren haben, als der Pfad ein Mittel zur Ernährung der Familie wurde.

Viele Menschen, die den Entschluß zum Dienen getroffen haben, sind sich nicht darüber im klaren, daß sie, während sie sich auf diesem ersten Pfad befinden, schließlich eine weitere Entscheidung treffen müssen, durch die ihre ursprüngliche Entscheidung zum Dienen verändert und erweitert wird. Obwohl sie den Wunsch zum Dienen haben, hegen sie in ihrem Inneren ein Vorurteil über den Dienst am Nächsten. So haben sie unter Umständen nicht wirklich das Bedürfnis, notleidenden Menschen zu helfen, die einer anderen Rasse angehören, andere sexuellen Vorlieben hegen oder in anderen finanziellen Verhältnissen leben. Schon allein diese Einstellung verursacht einen starken Verlust an eigener Energie, wodurch der ursprüngliche Wunsch zum Dienen abgeschwächt wird. Die innere Spaltung zwischen dem Wunsch der Seele und den Werturteilen des Geistes kann eine Art des unproduktiven Stillstandes hervorrufen.

Die Verhaltensmuster, durch die der Wunsch zum Dienen geschmälert wird, wurden normalerweise in der Kindheit übernommen, denn Menschen kommen nicht mit Haß oder Vorurteilen auf die Welt. Aus diesem Grunde besteht eine der ersten Lektionen nach dem Entschluß zum Dienen darin, das überflüssige Gepäck im Hinblick auf Vorurteile, einschränkende Vorstellungen und negative Gedanken zu untersuchen. Wenn wir nur dann Hilfe leisten, wenn es uns in den Kram paßt oder die notleidenden Menschen unserer Vorstellung entsprechen, können wir nichts bewegen. Dienen wir nicht unvoreingenommen, kommt die Energie ins Stocken, die wir aus dem Kreis von Geben und Nehmen schöpfen.

Diese unsere unsichtbaren Bürden und einschränkenden Gedanken betreffende Offenbarung setzt einen Prozeß in Gang, der sich über alle sieben Pfade der Einweihung zieht. Indem wir ständig das Unkraut jäten, bekämpfen wir alles Negative, alle Vorurteile sowie alle schädlichen Gedanken und Taten, seien sie nun gegen uns selbst oder gegen andere gerichtet.

Um diesen Prozeß in Gang zu setzen, müssen wir unser Augenmerk darauf richten, wann wir derartigen Gedanken und Verhaltensweisen nachhängen, und diese erkennen. Jeder Mensch geht anders mit schlechten Gewohnheiten um. Am besten ist es, so viele wie möglich aus eigenem Antrieb auszumerzen und nicht deshalb, weil uns jemand anders zu dieser Veränderung drängt.

Bei einigen Menschen reicht der Wille zur Veränderung aus, damit sie wirklich ihre Gewohnheiten ändern. Andere können die Vergangenheit loslassen, wenn sie feststellen, wann sie eine bestimmte Richtung des Denkens eingeschlagen haben. Wieder andere legen ein persönliches Gelöbnis ab, das mit der Zeit ergänzt werden kann, und bleiben diesem Versprechen treu. All diese Lösungen haben ihre Berechtigung. Wenn Sie den festen Willen zur Veränderung haben, wird sich die Veränderung auch einstellen. Jedesmal, wenn wir eine einschränkende Verhaltensweise ablegen, setzen wir Lebensenergie frei, die uns danach zur Verfügung steht. Durch die Befreiung der Lebenskraft wird Energie freigesetzt, die den Treibstoff bildet, mittels dem wir

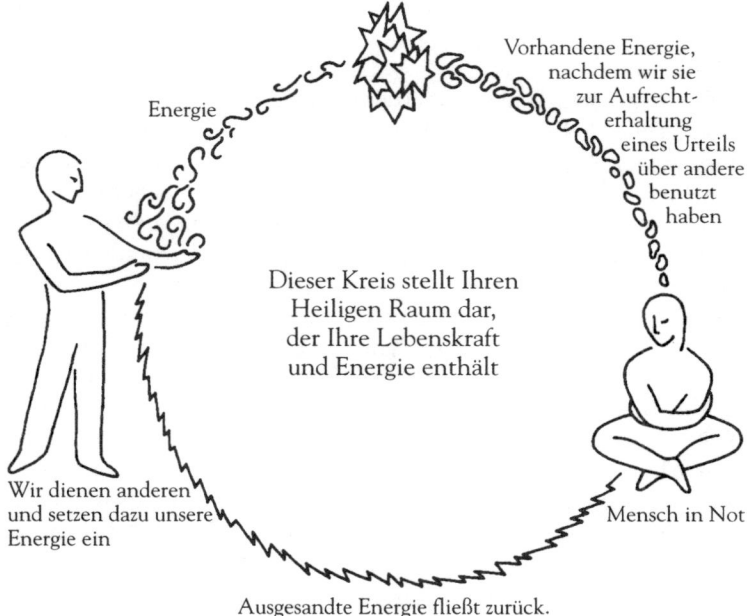

Der Kreis des Heiligen Raumes

neue Erfahrungen sammeln, zu neuen Ebenen der Wandlung und einer nie für möglich gehaltenen Klarheit gelangen.

Während wir diese Veränderungen durchlaufen, reagiert das Traumgeflecht, indem es uns neue Alleen des Erlebens öffnet. Wenn Sie zum Beispiel immer der Ansicht waren, Strände zu hassen, weil Ihre Familie die See verabscheute, berauben Sie sich selber der Möglichkeit, den Ozean zu erleben. Wenn Sie dieses Vorurteil ablegen und sich dazu entschließen, Gefallen an Stränden finden zu können, obwohl Ihre Mutter sie nicht mochte, verändert diese neue Entscheidung die Muster Ihres Traumgeflechtes, und Ihr spirituelles Wesen wird von Energie durchströmt. Sie sind sich vielleicht nicht darüber im klaren, wie sich die Dinge verändert haben, und verstehen nicht, wie alles funktioniert. Sie werden sich aber anders fühlen. Vielleicht spüren Sie eine neue Lebendigkeit, Kreativität oder Inspiration, oder Sie fühlen sich einfach körperlich besser. Der Vorgang der Öffnung gegenüber neuen Wahrnehmungen beflügelt im Gegensatz zum hartnäckigen Festhalten an alten Überzeugungen den Geist und schenkt dem Körper neue Lebenskraft.

Auf dem ersten Pfad der Einweihung werden wir dazu aufgefordert, unsere persönliche »Art des Daseins« zu überprüfen. Sie basiert auf dem, was uns beigebracht wurde, oder dem, was wir im Verlauf unserer Kindheit bis hin zum Erwachsenenalter übernommen haben. Wir stehen dann vor der Entscheidung, ob diese Verhaltensmuster nützlich sind oder nicht. Wenn wir dienen und wachsen wollen, werden wir gezwungen, alle auf Vorurteilen basierenden einengenden Gedanken und alle Ansichten abzulegen, die besagen, daß es den einzig wahren Zugang zum Leben gäbe. Wir leugnen den eigentlichen Sinn des Dienens, wenn wir zum Beispiel nur bereit sind, nichtbehinderte Kinder zu fördern. Wenn wir darauf bestehen, unser erlerntes Wissen durch bloßes Wiederholen anzuwenden, haben wir alle neuen Prinzipien oder Ideen zunichte gemacht, die uns weiter inspirieren könnten. Wenn wir gebildete Menschen sind und das Gefühl haben, andere seien dumm, nur weil sie nicht die gleichen Bildungsmöglichkeiten hatten, dann haben wir durch diese Überlegenheit unser Ziel aus den Augen verloren und eine Möglichkeit zur Vermittlung und Teilung unseres Wissen nicht erkannt.

Im Laufe unseres Lebens verlieren wir oft die Fähigkeit zum Staunen und die Begeisterung, die unsere ursprünglichen Vorsätze und unsere Absichten beflügelten. Jedesmal, wenn wir daran erinnert werden, warum wir weiter dienen wollen, wird uns eine Wiedergeburt unserer Ziele geschenkt, die uns die Kraft zum Weitermachen gibt. Wir können es nicht bestimmen, wann wir dem Prozeß der Erneuerung begegnen. Wir können wiedergeboren werden, indem andere unseren Anstrengungen Anerkennung schenken, durch unerwartete Segnungen oder durch unsere eigene Liebe zur Menschheit. Jede Rückkehr zur Klarheit läßt schal Gewordenes aus unserem Leben verschwinden und verleiht ihm neue Vitalität. Viele Ereignisse bringen uns an den Ursprung im Osten des Medizinrades zurück. Dort können wir uns unsere wohlverdiente Auffrischungsimpfung für die Inspiration abholen.

Der endgültige Anfang

Auf dem ersten Pfad ist der entscheidende Wendepunkt erreicht, wenn der erste Schleier sich zu heben beginnt, wenn wir spüren, daß unser Leben einen Sinn hat und wir aus einem Grund hier sind, den wir vielleicht noch nicht völlig verstehen. Meine Lehrer nannten diesen Vorgang »endgültigen Anfang«.

Er tritt auf, wenn wir schließlich kehrtmachen, dem Schöpfer, dem Großen Geheimnis, Gott, gegenübertreten und uns eingestehen, daß unser Leben ohne die Verbindung zur göttlichen Gegenwart, die alles Leben schuf, nicht vollkommen sein kann. Wir erkennen, daß wir alle einen Geist oder eine Seele besitzen, durch die wir mit dem Großen Geheimnis in Verbindung stehen. Dieser Augenblick wird auch als der »endgültige Anfang« bezeichnet, weil wir ab diesem Punkt zuzugeben bereit sind, daß wir spirituelle Wesen sind, die zufällig menschliche Körper besitzen, und daß wir auf eine nicht bekannte Weise mit einer höheren Macht in Verbindung stehen, die auf geheimnisvolle Art auf unser Leben Einfluß nimmt.

Wenn wir zu dieser Erkenntnis kommen, legen wir jegliche Vorstellung darüber, daß die Menschen die herrschende Rasse im Universum seien, ab. Wir wissen, daß wir genauso wie die Tiere vergängliche Körper besitzen und daß das Blut, das durch all diese Körper im Reich der Menschen und der Tiere fließt, rot ist. Man hat uns beigebracht, daß unsere menschlichen Gehirne mit Vernunft und Intelligenz ausgestattet seien und daß uns dies von allen Tierarten unterscheide. Wir wissen, daß wir über Emotionen, Tastsinn und körperliche Bedürfnisse verfügen, weil wir diese seit unserer Geburt verspürt haben. Wir spüren das Verlangen des menschlichen Körpers nach Luft, Nahrung, körperlicher Berührung, Sexualität und nach Schutz vor den Elementen. Wir spüren das Verlangen nach Gesellschaft, Zuwendung, Liebe, Anerkennung und Glück. Dies sind die Wesenszüge, die alle Menschen gemeinsam besitzen. Es verstehen oder fühlen jedoch nicht alle Menschen die Gegenwart des menschlichen Geistes, während Tiere und Pflanzen sich der Lebenskraft oder des Geistes instinktiv bewußt sind.

Vielen Menschen wurde beigebracht, sie besäßen keine Seele. Andere wiederum glauben, daß es keinen Geist oder keine Seele gibt, und bestreiten die Existenz jeder Art von höherer Macht, von Gott oder dem Schöpfer. Wenn wir uns unserer Seelen oder unseres geistigen Wesens bewußt werden, nimmt unsere Wahrnehmung von selbst eine erweiterte Dimension an. Der erste Schleier beginnt sich aufzulösen. Licht und Klarheit können in unser Bewußtsein dringen.

Am Punkt des endgültigen Anfangs angekommen, erkennen wir, daß der Dienst an der Menschheit eine Verbindung zu weitaus bedeutenderen göttlichen oder spirituellen Zielen zum Inhalt haben kann, als wir es uns bislang vorgestellt hatten. Während wir dem Pfad der menschlichen Einweihung folgen und die Bereiche des Universums entdecken, die über unsere fünf grundlegenden Sinne hinausgehen, wird uns nach und nach unser spiritueller Sinn enthüllt.

Auf der ersten Wegstrecke begegnen wir allgemeinen Einweihungslektionen, die unserer ursprünglichen Entscheidung zum Dienen Form geben. Wir verpflichten uns zum Dienen und lernen, wie wir unser Gleichgewicht finden, indem wir anderen dienen und dabei unser persönliches Wachstum beibehalten. Wir merzen einschränkende Gedanken und Verhaltensweisen aus, durch die unserer Erfolg behindert wird. Indem wir unsere Ansichten über das Leben erweitern, steht uns mehr Energie zur Verfügung. Auf diesem Pfad lernen wir, unsere Fähigkeiten zu steigern und unseren Platz als Vorbilder zu finden. Wir lernen, das Beste aus unseren Fähigkeiten zu machen, ohne darauf zu bestehen, daß andere uns nachfolgen. Wir praktizieren eher das »Wir« als das »Ich« und wollen, daß allen Menschen Gutes widerfährt. Wir betrachten uns selbst als Wachstumsmöglichkeiten, die Herausforderungen zur Erweiterung des Bewußtseins und unserer inneren Stärke bieten.

Wir legen unsere Scheuklappen ab

Im Verlauf der nächsten Stufe auf dem ersten Pfad der Einweihung gelangen wir zu einem besseren Verständnis dessen, was es heißt, uns selbst zu dienen, denn alles, was wir sind und was wir tun, webt die Erfahrungen, die wir im Leben machen. Weil wir erkannt haben, daß jedes menschliche Wesen eine Seele oder einen Geist besitzt, wächst in uns die Erkenntnis, daß wir die in jedem Teil der Menschheit vorhandenen spirituellen Seiten in Ehren halten müssen. Wir bemühen uns, Geduld zu üben und darum, die Kulturen, Gedanken und Philosophien Andersdenkender zu verstehen. Wir übernehmen unsere Verpflichtungen, indem wir unser eigenes Leben und unsere Energie dem Dienen widmen, ohne das Bedürfnis nach Dank oder Anerkennung zu hegen. Wir entwickeln die Fähigkeit zur Selbstreflektion, durch die wir lernen, daß alle von uns im Leben gemachten Erfahrungen ein direktes Ergebnis unserer Gedanken, Gefühle und Vorstellungen sind. Darüber hinaus verstehen wir diejenigen unsichtbaren Anteile des menschlichen Wesens, in denen Energie enthalten ist. Die in widersprüchlichen Gedanken und Gefühlen steckende Energie hat direkten Einfluß darauf, ob wir im Alltag Harmonie oder Disharmonie erleben.

Ehe wir unseren eigenen harmonischen Rhythmus finden, begegnen wir auf dem ersten Pfad möglicherweise zunächst inneren Widersprüchen. Das menschliche Erleben kennt keine Zufälle oder Unglücksfälle. Alles, was geschieht, hat seinen Grund und wurde geschaffen, damit wir an dieser Erfahrung wachsen können. Wenn wir auf unserem Pfad immer grünes Licht bekommen, sind wir ausgeglichen, und unser Leben ist synchronistisch. Geraten wir aus dem Gleichgewicht, tritt die Disharmonie deutlich zutage, und wir erhalten einen sanften Weckruf. Beseitigen wir dieses Ungleichgewicht, strömt wieder Leben durch uns. Schenken wir dem keine Beachtung, nehmen die Herausforderungen an Schärfe zu, und die Weckrufe sind schwieriger zu bewältigen.

Die Erfahrung des Unheimlichen

Wenn wir die Erfahrung des Außergewöhnlichen vorurteilslos zulassen und es nicht als zu unheimlich oder unwirklich abtun, können wir für uns neue Horizonte erschließen. In der Lehre der alten Wikinger bezieht sich »das Wesen des Unheimlichen« auf die Art und Weise, wie die Götter Einfluß auf das menschliche Leben ausüben. Die Wikinger akzeptierten, daß die nicht zu erklärenden Mysterien und die im Leben auftretenden Wunder durch göttliche Fügung zustande kamen. Aber der moderne Mensch vergißt oft, daß die Hand des Schöpfers unser Leben gestaltet und daß es dafür keine Erklärung gibt.

Ein Wendepunkt inmitten der Lektionen des ersten Pfades ist erreicht, wenn uns eine Person dankt, die uns vielleicht gar nicht kennt.

Augenblicklich verändern diese aufmunternden Worte unsere Perspektive. In uns geht eine Veränderung vor, und wir erkennen, daß unser Beitrag wichtig ist. Plötzlich entdecken wir, daß unser Leben tatsächlich zählt und daß wir einen Lebensweg gefunden haben, der mehr als nur das Gehirn und das Ich versorgt: Er labt unser Herz und unsere Seele. Ein Energiestrom bricht sich seinen Weg durch uns hindurch, und wir erfreuen uns eines Gefühls der Befriedigung, der geistigen Erfüllung und der Selbstachtung. Vielleicht erinnern wir uns an das überwältigende Gefühl der Freude in Kindertagen oder daran, wie wir uns fühlten, als wir zum erstenmal durch eigene Kraft etwas schafften, auf dessen Vollendung hin wir fleißig gearbeitet hatten. Diese Gefühle geben uns ausreichend Schwung, durch den eine uns bislang nicht bekannte Art der magischen Synchronizität erzeugt wird.

Einige verblüffende Situationen treten dann ein, wenn wir ausgeglichen sind und die Synchronizität des Lebens erfahren. Sie können uns einen Schrecken einjagen. Es mag sich dabei um etwas so Einfaches handeln, daß wir etwa an einen Freund denken und kurze Zeit danach von ihm hören. Oder wir wollen eine Idee weiterverfolgen und in die Tat umsetzen, als wir zufällig auf andere treffen, die über die zur Durchführung unseres Vorhabens notwendigen Fähigkeiten und Informationen verfügen.

Unsere Erfahrungen können aber auch aus plötzlichen Eingebungen bestehen. In diesen Fällen wissen wir um ein Ereignis, bevor es passiert ist. Wir hören jemanden unseren Namen rufen und sehen uns um, nur um festzustellen, daß niemand da ist. Wir spüren wenn ein geliebter Mensch sich in Gefahr befindet oder Hilfe braucht. Gehen wir dem auf den Grund und folgen unserer Intuition, stellen wir fest, daß wir recht hatten, gerade zum richtigen Augenblick vor Ort waren und Hilfestellung leisten konnten.

Meine Lehrer betrachteten diese Erfahrungen als das Erwachen des Geistes im Individuum. Parapsychologen gaben diesen übernatürlichen Phänomenen des ersten Pfades viele Namen, darunter Déjà-vu-Erlebnis, Vorahnung, telepathische Mitteilung, übernatürliche Wahrnehmung und übersinnliches Phänomen. Im Laufe der vergangenen Jahrhunderte bezeichneten die Experten der Metaphysik, der Religion, des Okkulten sowie des Wissens der alten Mysterienschulen diese Energie als Shakti-Energie, Geburt der Intuition, Ergreifen der Hand des Heiligen Geistes, Im-Geiste-getauft-Werden, Einweihung der Seele, geistiges Erwachen und so weiter. Im Falle des Déjà-vu-Erlebnisses etwa träumen wir vielleicht, etwas zu tun oder zu fühlen, und erinnern uns nicht mehr an den Traum, der bis zu einem späteren Zeitpunkt in unserem Unbewußten verborgen bleibt. Dann finden wir uns vielleicht tatsächlich an jenem Ort wieder, den wir in unserem Traum gesehen haben, tun die gleichen Dinge und haben die gleichen Gefühle. Wir denken nicht mehr an unseren ursprünglichen Traum, aber erinnern uns plötzlich, daß wir vorher schon einmal in der gleichen Situation waren, und sind sehr verblüfft. In anderen Fällen haben wir unter Umständen stets wiederkehrende Träume. Sie bestätigen sich, und unsere Realität wirkt in der Tat gespenstisch. Manche Menschen nahmen nach dem Aufwachen ein Telefongespräch entgegen und stellten fest, daß die Person am anderen Ende der Leitung ihnen den genauen Ablauf ihres Traumes erzählte.

Diese kleinen Wunder können immer wieder auftauchen und uns glauben machen, daß etwas für uns Unverständliches geschehe, und genau das ist der Fall. In dem Augenblick, da wir uns als geistige Wesen erkannten, wurde diese spirituelle Energie der Lebenskraft in unserem Dasein aktiviert. Der Geist ist das alle Teile des Universums durchströmende und sie verbindende Gewebe. Deshalb wird es uns möglich, in den Fluß der spirituellen Energie einzutauchen, der alle Gedanken, Emotionen, Gefühle sowie die Körperlichkeit verbindet, sobald wir uns der Existenz unseres eigenen Geistes bewußt werden. Wir fangen an, mit dem Strom zu rudern, anstatt dagegen anzukämpfen. Wir beginnen, uns mit einer unsichtbaren Kraft zu bewegen, die mittels Synchronizität die Verbindung zum Geist erzeugt.

Wenn wir nicht wissen, warum sich die Dinge verändern oder welche Erkenntnis den Strom der Synchronizität in unser Leben gebracht hat, akzeptieren wir ihn vielleicht spontan, bis uns unser Verstand sagt, daß das, was passiert, nicht normal oder schlicht und einfach zu unheimlich ist. Wenn wir das Gefühl haben, die Dinge nicht mehr in der Hand zu haben, können Widerstand und Angst die Folge sein. Unser Verstand warnt uns vielleicht, daß das «Boot unserer Realität» ohne unser ausdrückliches Einverständnis durchgerüttelt wird, und ist überzeugt davon, daß wir in der Flut dieser plötzlichen und unerwarteten Ereignisse ertrinken werden. Einige Menschen glauben, daß sie den Versuch unternehmen müßten, den sonderbaren Lauf der Ereignisse unter Kontrolle zu bringen. Andere wollen einfach nur die Synchronizität zum Stillstand bringen, weil die in ihrem Leben vor sich gehenden Veränderungen sie ängstigen. Einige Menschen stürzen sich derart in die Arbeit, daß sie die Weckrufe überhören und einen Status quo halten können, anstatt mit dem Strom zu schwimmen.

Ein spiritueller Krieger werden

Der mutige Mensch, der den Willen zur Annahme der plötzlichen und unerklärlichen Veränderungen der Lebensperspektive aufbringt, muß diese Verpflichtung eingehen und ein spiritueller Krieger werden. Sie fragen sich vielleicht, was das bedeuten soll. In der Tradition der Seher des Südens, so brachten mir es meine Lehrer bei, bezeichnet man jene tapferen Menschen als spirituelle Krieger, die bereit sind, sich zu ändern und nicht mehr nach äußerlichen Feinden zu suchen, sondern sich dem Feind im Inneren zu stellen. Diese inneren Gegner können Angst, Arroganz, Neid, Eifersucht, schlechtes Benehmen, Unehrlichkeit und eine Vielzahl anderer menschlicher Schwächen sein. Wenn wir uns selbst das Versprechen geben, die Mühen auf uns zu nehmen und als spirituelle Krieger zu leben, kann dieses Gelübde einer der tiefgreifendsten und anstrengendsten Schritte sein, die wir je unternehmen. Gehen wir erst einmal diese Verpflichtung ein, beginnen wir mit dem Strom der Synchronizität der Ereignisse zu fließen. Diese widersetzen sich der Regelmäßigkeit, die wir vom Leben zu erwarten gelernt haben. Magische Erfahrungen beginnen, nachhaltig den Kurs unseres Lebens zu verändern.

Während die meisten Menschen diesen Wendepunkt in ihrem Leben erst sehr viel später erleben, war ich erst 14 Jahre alt, als ich diese Verpflichtung einging. Nach der Schule und an den Wochenenden arbeitete ich freiwillig im örtlichen katholischen Krankenhaus. An einem Samstag zeigten die Nonnen allen jugendlichen freiwilligen Helfern einen Film über Geburtshilfe, in dem eine echte Geburt gezeigt sowie eine stufenweise Anleitung gegeben wurde. Von diesem Augenblick an wußte ich, daß ich bei der Geburt von Kindern helfen wollte. Ich begann davon zu träumen, eine Hebamme oder Krankenschwester zu werden. Ich dachte sogar daran, als Freiwillige ins Krankenhaus der Baptisten zu gehen, denn weil unsere Kleinstadt sich den Unterhalt von zwei Krankenhäusern mit Entbindungsstationen nicht leisten konnte, war die Entbindungsstation dorthin verlegt worden. Tief in meinem Herzen wußte ich, daß dies meine Berufung war, denn in meinen Träumen brachte ich ein Kind zur Welt. Es kam mir nie merkwürdig vor, daß ich auch in meinem Traum erst 14 Jahre alt war oder daß ich ein Baby zur Welt brachte, während die Mutter in einem winzigen, spärlich beleuchteten Raum auf der Erde lag. Aber es war ja nur ein Traum, stimmt's?

An einem Samstag zwei Wochen später stieg ich auf dem Weg zu dem Stockwerk, auf dem ich im katholischen Krankenhaus arbeitete, in den Aufzug. Während die Tür sich schloß, sah ich die neben mir stehende schwangere Frau an. Plötzlich schrie sie: »Halt, das Baby kommt!« Ich drückte zwischen den Stockwerken den Halteknopf, half ihr, sich hinzulegen und ihren Schlüpfer auszuziehen. Der Kopf des Kindes war schon zu sehen. Ich war kein bißchen aufgeregt und sagte zu ihr, sie solle sich keine Sorgen machen, ich wüßte schon, wie man ein Kind zur Welt brächte. Das Baby kam in weniger als zwei Minuten. Ich band meine Schwesternschürze ab, wickelte das Kind hinein und legte es, noch mit der Nabelschnur, auf ihren Bauch, deckte sie zu, setzte den Aufzug wieder in Bewegung und hielt ihn im dritten Stock an. Dort holte ich meine Oberschwester, und das medizinische Personal übernahm von da ab.

Die Schwangere war eine Katholikin von außerhalb der Stadt und hatte nicht gewußt, daß es in diesem Krankenhaus keine Entbindungsstation gab. Der Taxifahrer hatte sie einfach an der Eingangstür abgesetzt. Es war ihr siebtes Kind. Ich war jung, naiv und hatte sehr viel Glück gehabt. Die Synchronizität war erstaunlich, denn in meinem Traum hatte ich alles geschehen sehen, Schritt für Schritt. In den Augen der Mutter war ich eine Heldin. Alle Nonnen und meine Oberschwester staunten und lobten mich überschwenglich. Da wußte ich, daß ich gebraucht wurde.

Sich biegen, ohne zu brechen

Je älter wir werden, um so eingefahrener werden unsere Gewohnheiten, unsere Lebensansichten und unsere gedankliche Einschätzung dessen, was möglich ist. Dank einer flexiblen Geisteshaltung erkennen wir, daß wir ein neues Gleichgewicht finden können, indem wir dem

Pendel der Lebenserfahrungen eine das nicht zu Erklärende umfassende Bewegungsfreiheit einräumen, durch die wir unsere früheren Ängste und Starrheit hinter uns lassen. Je besser unser Gleichgewicht wird, um so weniger Chaos erleben wir auf unseren Pfaden. Harmonie entsteht nicht dadurch, daß man nur einen Ton beherrscht, vielmehr kommt es auf das Miteinander vieler Töne an, die gemeinsam eine Symphonie erzeugen. Einzelne Töne schwingen gemeinsam und erzeugen Harmonie anstelle von Disharmonie. Gleichgewicht entsteht durch eine harmonische Lebensweise und indem wir flexibel auf die unheimlichen Ereignisse reagieren, die auftauchen und sich als Teil der Mysterien in unserem Leben ausbreiten. Wenn wir die uns widerfahrende göttliche Fügung akzeptieren und unserer Angst nicht dadurch Nahrung geben, daß wir versuchen, das Ergebnis zu lenken, folgt die Synchronizität automatisch.

Die Augenblicke der Einsicht sind nichts anderes als Signale des Geistes oder Mitteilungen, die uns ermutigen und uns sagen, daß wir uns in Einklang mit dem vor uns liegenden Pfad befinden. Der gelassene spirituelle Krieger nimmt die Ermutigung ohne Zögern an und hält eventuell auftretende Angst oder Überheblichkeit im Zaum. Demütig akzeptiert er die Gabe des Schöpfers und den ihm geschenkten Zuspruch. Eine weitere sich auf dem ersten Pfad entwickelnde Fähigkeit ist, Dinge gelassen zu sehen und uns eine eigene Meinung zu bilden. Je stärker wir diese Fähigkeit entwickeln, um so leichter fällt es uns, ein Gleichgewicht zu finden.

Sobald wir auf dem ersten Pfad unser Gleichgewicht verlieren, entsteht ebenfalls unverzüglich Disharmonie. Wenn wir aus einem falschen Pflichtgefühl heraus oder nur mit Groll dienen, kann das dazu führen, daß wir die Verärgerung anderer zu spüren bekommen, denn diese fühlen die Disharmonie. Unsere besten Bemühungen ernten Undank, wenn wir uns selbst hassen oder unserer selbst nicht sicher sind. Stets wird unsere verborgene Meinung über uns selbst negativ auf uns selbst zurückgeworfen, wenn wir etwas tun, um gelobt zu werden und unser niedriges Selbstwertgefühl aufzuwerten, anstatt aus der Freude darüber zu handeln, daß wir dienen können.

Wenn wir glauben, Opfer zu sein, haben wir Bilder und Gefühle in unserem Inneren, die unser unterbewußtes Verlangen danach erfüllen, schikaniert oder gefühlsmäßig verletzt zu werden. Wenn wir durch den aktiven Dienst an anderen unser Selbstwertgefühl finden, bauen wir das Netz der Schikanen ab. Wir beginnen mit dem Aufbau unseres Gleichgewichts durch die Entscheidung, uns selbst zu achten. Dies geschieht, indem wir unsere Begabungen herausfinden, uns nicht mit anderen vergleichen und erkennen, daß unsere Talente ihren Wert besitzen.

Das Gleichgewicht halten

Auf dem ersten Pfad erlauben uns bestimmte unterstützende Aktivitäten, würdevoll weiterzumachen. Das Zuhören ist sehr wichtig. Wenn wir auf unsere eigenen Worte achten und etwas Negatives oder Abwertendes in unserer Ausdrucksweise entdecken, haben wir die Möglichkeit, zu entdecken, wo wir unserem eigenen Fortschritt im Wege stehen. Wir vervollkommnen uns auf natürliche Art und Weise, indem wir auf unsere inneren Gedanken hören und alle uns oder andere betreffenden geringschätzigen oder kritischen Gedanken ausmerzen. Auch müssen wir den Worten anderer zuhören und wirklich hören, was sie sagen, was sie ausdrücken und wie sie das Leben sehen. Sind diese Gedanken negativ, müssen wir aufpassen, daß wir diese nicht, um gemocht zu werden, übernehmen. Wir müssen unsere eigenen Standpunkte bewahren. Hören wir Worte, die andere diffamieren, so besitzen wir die Kraft, wegzugehen oder etwas Positives zu sagen, anstatt Negatives zu unterstützen. Dadurch lernen wir auch, Klatsch und Gerüchte aus unserem Leben zu verbannen. Es besteht kein Grund, unsere Lebenskraft zu schwächen, indem wir derartige Verhaltensweisen unterstützen. Damit ist niemandem geholfen.

Es fällt schwer, alte Gewohnheiten abzulegen, aber der Lohn ist höher, als wir vermuten. Auf dem ersten Pfad lernen wir, wie bestimmte Aktivitäten uns unserer Energie berauben und wie positive Entscheidungen uns die zur Verwirklichung unserer Träume und Ziele benötigte Lebensenergie schenken. Stellen Sie sich einen Strom aus Lebenskraft vor. Dieser fließt von Ihrem Körper aus in die Welt Ihrer Gedanken und Gefühle, danach durch Ihre Lebensaktivitäten und kehrt später wieder in Ihren Körper zurück. Vielleicht staunen Sie darüber, wie viele Nebenflüsse aufgrund von Gedanken und Gefühlen wegfließen. Ihr persönlicher Strom der Lebenskraft kann so breit sein wie der Mississippi, aber der Energieverlust, den Sie dadurch erzeugen, daß Sie ihre Gedanken und Gefühle in das Traumgeflecht schicken, weil Sie Vergangenem nachtrauern und alten Ängsten, Vorurteilen, Negativem und veralteten Ansichten nachhängen, wird den Strom Ihrer Lebenskraft so lange schwächen, bis Sie energielos sind oder sich vor dem Leben selbst ängstigen.

Jedesmal, wenn wir dem Feind in unserem Inneren entgegentreten und den Entschluß fassen, eine negative Verhaltensweise zu einer positiven zu machen, rufen wir unsere Energie von negativen Gedanken oder Gefühlen zurück und bekommen neue Lebenskraft geschenkt, die recycelt wurde. Sie erzeugt einen Kreislauf, aus dessen Energie uns Kraft geschenkt wird. Wir werden stärker, denn wir dienen uns dadurch, daß wir die uns zur Verfügung stehende Lebenskraft mehren. Die zu uns zurückströmende Lebenskraft festigt unsere körperliche Gesundheit, unser psychisches Wohlbefinden, unsere ausgewogenen Meinungen, unsere emotionale Geborgenheit, unsere spirituelle Sinngebung und unser Ganzsein im allgemeinen.

Dieser Prozeß ist der erste von vielen, durch die wir lernen, die unsichtbaren Energien des Traumgeflechts anzunehmen. Die mit dem geistigen Wesen verbundenen Fäden der Lebenskraft sind überall dort zu finden, wohin wir unsere Energie gesandt haben, sei sie nun positiv oder negativ. Alle Emotion besteht aus fließender Energie. Unsere Gedanken enthalten dieselbe Energie, und wir verfügen über unseren eigenen freien Willen, um diese Energie dort einzusetzen, wo wir es für angemessen erachten. Eine andere Aufgabe besteht darin, das Bewußtsein für die Anwendung unserer Lebenskraft zu entwickeln. Erkennen wir erst einmal, wo wir Energie durch negative Gedanken, Gefühle und Verhaltensweisen verlieren, können wir diesen Anteil unserer Lebenskraft leicht zurückfordern und die so gewonnene Energie in Bereichen einsetzen, die sowohl uns als auch anderen dienlich sind.

Das von uns in diesem Kreislauf von Geben und Nehmen gefundene Gleichgewicht stellt eine Einweihung dar, durch die wir lernen, daß der Fluß des Empfangens die Neigung besitzt, sich abzuschwächen, sobald wir egoistisch sind. Je großzügiger wir sind, um so mehr bekommen wir von anderen und von dem Leben. Wenn wir aber nie für uns selbst sorgen und die Wünsche anderer über unsere eigenen Grundbedürfnisse stellen, brennen wir aus, sind erschöpft und können nichts mehr erreichen. Der Schlüssel zu einem erfolgreichen Einweihungsprozeß liegt im Gleichgewicht. Jede von uns vorgenommene Veränderung in unserem Leben stellt einen Einweihungsprozeß dar. Sie ist ein Wendepunkt, an dem wir uns zur Korrektur unseres Lebens entschließen können. Wir finden unsere Ausgewogenheit durch eigene Anstrengung, indem wir für uns selbst herausfinden, was zweckmäßig ist und was nicht. Wenn wir einen Bereich unseres Lebens vernachlässigen und uns vollständig auf einen anderen konzentrieren, schwächen wir unsere Energie und behindern unseren Fortschritt.

Jeder Mensch kennt den Balanceakt aus dem täglichen Leben. Aber die meisten von uns erkennen erst sehr spät, daß wir uns in den frühen Phasen des Übens und Lernens dessen befanden, wie man eine oder mehrere Dimensionen oder Realitäten gleichzeitig bewältigt. Diese Vorstellung mag für einige Menschen »verrückt« oder unwahrscheinlich klingen, aber die sichtbare Welt dessen, was wir als physische Realität kennen, enthält auch die unsichtbaren Welten der Energie. Ständig kommen wir mit den spirituellen Einflüssen in Berührung, durch die unsere Wahrnehmung verändert wird. Normalerweise erkennen wir dies erst dann, wenn wir es viele Male erlebt haben. Die Welt des Greifbaren und die des Unsichtbaren treffen wie eine vielbefahrene Kreuzung aufeinander. Eine Welt enthält Materie und benutzt die Energie der anderen Welt, ohne es zu wissen und ohne zu verstehen oder die ihr innewohnenden Kräfte genau wahrzunehmen. Während unseres Wachstums wird uns immer klarer, wie diese beiden Welten Augenblick um Augenblick und Entscheidung um Entscheidung unser Leben beeinflussen. Auf den späteren Pfaden der Einweihung beginnen die beiden Welten sich zu erweitern und andere, unerklärliche und nicht greifbare Seiten des Lebens zu enthüllen. Unser Verständnis erweitert sich in dem Ausmaß, in dem wir willens sind, das komplizierte Gefüge unseres sich ständig innerhalb des Großen Geistes entwickelnden Universums zu suchen und zu finden.

Irgendwo auf dem ersten Pfad tauchen schon die grundlegenden Lektionen des zweiten Pfades der Einweihung in unserem Leben auf. Diese erlauben uns einen gleichzeitigen Übergang in weiteres Wachstum. Ich möchte Sie daran erinnern, daß wir noch immer unsere Fähigkeiten des ersten Pfades entwickeln und die Fähigkeiten des zweiten Pfades denjenigen hinzufügen, die wir noch lernen. Es gibt keine Punkte oder Abschlußprüfungen, die den Übergang von einem Pfad zu einem anderen markieren. Jeder Pfad geht im nächsten auf und führt weiter. Perfektion ist kein Bestandteil dieser Pfade, aber unsere

Makellosigkeit im Leben besteht darin, unser Bestmögliches zu geben. Alles, was von uns gefordert wird, ist, unsere Fehler zu erkennen und es noch einmal zu versuchen. Es gibt kein Versagen, außer in unseren eigenen Augen.

Wenn es aussieht, als verändere sich nichts, haben wir lediglich einen Punkt des momentanen Stillstandes erreicht, oder wir sind an einem Punkt in unserem Leben angekommen, an dem wir uns zurückziehen, neu ordnen und sammeln müssen, ehe wir das Leben weiter erforschen. Zeiten der Flaute werden immer vorübergehen. Wir werden einen Durchbruch erleben, wieder zum Osten zurückkehren und das große Aha-Erlebnis haben. Uns wird noch mehr Klarheit geschenkt, wir bestimmen noch einmal den Sinn unseres Daseins, und eine neue Zielstrebigkeit macht es uns möglich, den vor uns liegenden Weg und die Synchronizität wiederzuentdecken.

4

Wenn die Menschen endlich ihre eigene Menschlichkeit entdecken, wird ihnen vor Schreck schwindlig werden, denn sie werden erkennen, daß sie ihr auch gerecht werden müssen.

CISI LAUGHING CROW

Das Erwachen

Heiliges Geheimnis,
Öffne meine Augen, damit ich die Rolle sehen kann,
Die meine Vorurteile in mir spielen.

Nimm meine dankbaren Lobesworte an
Für die Liebe zum Leben, die entflammt ist.

Mein Geist erinnert sich an das heilige Feuer,
Dessen reine Sehnsucht in meinem Herzen brennt.

Ich banne alle Eifersucht, damit ich die Last des Neides
Durch den Zustand der Gnade ersetzen kann.

Im Angesicht von Leid schenke ich Mitgefühl,
Verweise die Rache in das Reich der Schatten.

Ich lerne vergeben, damit ich das Glück erlebe,
Jeden Freund und jeden Feind zu segnen

JAMIE SAMS

Der zweite Pfad der Einweihung
Der südliche Teil
des Medizinrads

Der südliche Teil auf dem Medizinrad ist der Ort, an dem Vertrauen und Unschuld zurückkehren. Der Ort, an dem unser Glaube einer Prüfung unterzogen und bestätigt wird, und der Ort, an dem wir die Gelegenheit haben, noch einmal das Wunder kindlicher Lebendigkeit zu erleben.

Seit Jahrhunderten lehrten meine Leute diejenigen, die willens waren zuzuhören, daß die Menschen, die Zweibeiner, ein Teil der Erde sind. Wir gehören zur Mutter Erde, ob wir es nun glauben oder nicht. Sobald wir auf dem zweiten Pfad lernen, den Herzschlag der Erde mit unserem eigenen in Einklang zu bringen, erkennen wir, daß wir ein Teil dieser Erde sind. Für viele Menschen stellt dies ein Ereignis dar, das ihr Leben verändert. Einige fühlen diesen Herzschlag; wieder andere spüren ihn auf eine andere Art, wie zum Beispiel in einer prickelnden Synchronizität, in der alles, was sie tun, auf magische Weise einem natürlichen Rhythmus folgt. Wenn der Rhythmus des menschlichen Herzens in der gleichen Resonanz zu schwingen beginnt wie das Energiefeld der Mutter Erde, besteht Synchronizität. Als Ureinwohner bewahrten wir jahrhundertelang dieses heilige Wissen und brauchten keinen wissenschaftlichen Nachweis, um uns unseres inneren Wissens oder der Weisheit unserer Vorfahren gewiß zu sein. Jetzt wird diese einfache Wahrheit durch die in vielen Bereichen der Wissenschaft gesammelten Erkenntnisse untermauert.

Gregg Bradden, der Geologe und Autor des Buchs *Awakening to Point Zero*, veröffentlichte Fakten, die das Phänomen beschreiben, das auf dem zweiten Pfad der Einweihung erlebt wird. Die Energie der Mutter Erde erzeugt ein Echo, das als elektrische Einheit pro Sekunde (Hertz) gemessen wird. Diese Pulsschläge stellen den Herzschlag unserer Mutter Erde dar. Im Jahre 1995 vibrierte das energetische Schallfeld mit 7,4 bis 8,6 Hertz. Im Jahr 1997 stieg der Pegel auf 9 Hertz an, und im März stieg er über einen Zeitraum von drei Wochen auf 9,9 und erweiterte dadurch das menschliche Bewußtsein.

Beginnt ein menschliches Wesen, in seinem Leben Veränderungen durchzuführen, durch die negative Verhaltensmuster beseitigt werden, fängt sein Herz in einer höheren Frequenz zu schlagen an. Durch die Synchronizität mit der Erdenergie verändert sich die Erfahrung des Lebens insgesamt. Diese Synchronizität nennen wir aufgrund der spiralförmigen Flugbahn des Moorhuhns »Medizin des Moorhuhns«. Weiterhin umkreisen wir Stufe um Stufe das Medizinrad des Lebens. Wir lernen die Lektionen des Lebens und erzeugen einen ständigen synchronistischen Prozeß, es sei denn, wir lassen es zu, daß die Angst den Strom unterbricht.

Auf dem zweiten Pfad öffnet sich unser Herz weiter neuen Möglichkeiten der Synchronizität. Wenn die Hoffnung in unser Leben tritt oder sich scheinbar Magie ereignet, neigen wir dazu, das zu betrachten, was wir richtig gemacht haben und was die aufgetretenen Veränderungen ermöglicht hat. Diese Beobachtungen drängen uns dazu, weitere Veränderungen zum Guten hin zu machen und unser Verhalten zu verändern, damit wir in dem von uns erlebten freudigen Zustand bleiben. In vielen Fällen fangen wir an, das Leben von einem anderen Standpunkt aus wahrzunehmen, und werden empfänglicher gegenüber den von uns im Umgang mit anderen an den Tag gelegten Verhaltensweisen.

Manche Menschen beginnen mit Methoden der Selbsthilfe oder Eigentherapie, um die positiven Veränderungen beizubehalten, die sie erlebt haben. Wieder andere finden vielleicht neue Bewußtseinsebenen in Form von erhöhten Sinneseindrücken oder gesteigerten Wahrnehmungen, die in den unmöglichsten Augenblicken auftreten. Angesichts dieser Synchronizität finden sich einige Menschen von neuen Freunden umgeben, die die gleichen magischen Gefühle erleben. Indem sie ihre Erfahrungen teilen, werden sie dazu gedrängt, die Reise gemeinsam durchzuführen.

Finden wir auf dem zweiten Pfad das Gleichgewicht und streben danach, unser Bestes zu geben, erleben wir viele Einweihungsprozesse. Jedesmal, wenn wir einen Schritt vorwärts machen und unsere Siege über eine vormals bestehende Herausforderung oder Begrenzung zählen, stellen wir fest, daß wir für unsere Anstrengungen persönliche Wunder ernten. Während wir Hürde um Hürde überwinden, finden wir Dinge in unserer Reichweite, von denen wir einst glaubten, sie niemals erreichen zu können. Das soll nicht heißen, daß keine großen

Anstrengungen mehr notwendig sind. Im Gegenteil: Wir werden nur bis zu dem Maß in der Lage sein, Kraft zu sammeln, wie wir willens sind, die großen Reservoire unseres brachliegenden Mutes zu aktivieren, unseren Ängsten entgegenzutreten und größere Herausforderungen anzunehmen.

Das Erwecken des Wahrnehmungsvermögens

Jeder Mensch verfügt über viele unterschiedlich entwickelte Arten der Sinneswahrnehmung. Aus diesem Grunde ist es wichtig, daß niemand diese Beispiele als die einzige Art und Weise betrachtet, in der die synchronistischen Aspekte des zweiten Pfades erlebt werden können. Wenn wir die Lektionen des zweiten Pfades in Angriff nehmen, gibt es keine gleiche Art der Betrachtung, des Fühlens, des Hörens oder der Wahrnehmung jener unsichtbarer Energien, die dann auftauchen. In der Tat spüren manche Menschen diese neue Harmonie mit dem Leben, ohne etwas davon zu verstehen. Andere spüren vielleicht die Energieveränderungen intensiver. Wenn sie negative Situationen erleben, können sie in ihrem Körper das Angriffs- oder Fluchtsyndrom spüren und sind verwirrt von der Vielfalt der emotionalen und psychologischen Wellen, die mit den von anderen ausgesendeten Emotionen einhergehen. Diese Überempfindlichkeit kennzeichnet den Beginn des Einfühlungsvermögens bei einer Person, die zu anderen Menschen gehörende Emotionen klar wahrnimmt. Einige Menschen mit hochentwickeltem Gehörsinn oder Gefühlen sind in der Lage, die lautlosen Sprachen der Natur wahrzunehmen und mit Tieren auf einer Vorstellungs- oder Gefühlsebene zu kommunizieren. Auf dem zweiten Pfad erkennen viele Menschen, daß ihre Sinne sich von Zeit zu Zeit erweitern und sie allen Lebewesen neuen Respekt entgegenbringen. In dieser Phase sind die Erscheinungen nicht fest, und manche Menschen verlieren vor Angst den Verstand. Sie versuchen ein nochmaliges Auftreten zu verhindern oder glauben, daß es schlimm um sie bestellt sei.

Wenn die Synchronizität im Leben aufzutreten beginnt, wird deutlich, daß eine neue und gegenseitige Verständigung begonnen hat. Zu Anfang kann diese Kommunikation als Intuition auftreten. Die im Inneren unseres Wesens schon immer vorhandene sanfte und leise Stimme verständigt sich mit der Mutter Erde und unserem Körper auf synchronistische Art. Dadurch ermöglicht sie es uns, auf dieses instinktive Gefühl mit neugewonnenem Vertrauen zu reagieren. Haben wir vorher das innere Gefühl oder das Wissen ignoriert, dem wir begegnet sind, erzeugten wir ein Muster im Traumgeflecht, dessen Beseitigung lange Zeit in Anspruch nehmen wird. Aber dieser Erfolg ist eine Lektion des zweiten Pfades, und er eröffnet all jenen, die sich die Mühe machen, neue Welten des Staunens. Wir sind gefordert, unseren Sinnen wieder so zu vertrauen, wie wir es als Kinder taten, nämlich bevor uns das Leben Erfahrungen präsentierte, die es ratsam erscheinen ließen, sich gegenüber diesen erweiterten Wahrnehmungen zu verschließen.

Wenn wir uns im Einklang mit dem Leben befinden, gibt es das Wunder weiterhin, es sei denn, wir ignorieren die leisen Töne der Intuition. Wenn wir die von unserem Körper empfangenen leisen Botschaften unberücksichtigt lassen, erzeugen wir eine Art statischer Elektrizität, die verhindert, daß wir mit uns selbst und dem Leben ins reine kommen. Alle Intuition stellt eine ausgebildete Fähigkeit dar, die sich durch Versuch und Irrtum sowie dadurch entfaltet, daß wir unseren Wahrnehmungen nachgehen oder sie außer acht lassen. Der Schlüssel dazu heißt Respekt. Wenn wir uns selbst Respekt entgegenbringen, verfügen wir über unsere Intuition sowie unsere Sinne und halten diese in Ehren. Haben wir wenig Selbstwertgefühl oder ängstigen uns, schenken wir der Wahrnehmung, die uns auf natürliche Weise führen kann, wenig Beachtung. Wenn wir lernen, uns selbst und unsere Wahrnehmungen zu achten, beginnen wir, die Lebensformen um uns herum zu respektieren. Wir lernen es zu würdigen, daß jedes Lebewesen und jede Lebensform ein Recht auf Leben besitzt. Wir fühlen unseren eigenen Heiligen Raum, den unseren Körper, unseren Geist, all unsere Gedanken, Emotionen und unseren Besitz umgebenden Bereich zu ehren, und wir respektieren die alles Leben umgebenden Grenzen der Heiligen Räume.

Um in diesen magischen Zustand des Seins einzutreten, müssen wir eine der größten Herausforderungen des zweiten Pfades meistern: den spirituellen Krieger verkörpern und den Mut aufbringen, unseren inneren Schwachstellen entgegenzutreten und uns selbst von der Vergangenheit angehörenden Gewohnheiten, Gedanken und Emotionen zu befreien. Immer wenn wir eine bislang bestehende Grenze überschreiten, setzen wir etwas Energie frei. Diese schärft unsere Wahrnehmung und zeigt uns, daß die Magie des Lebens auch dann noch vorhanden ist, wenn wir sie nicht mehr sehen. Die scheinbar wie Akte göttlicher Fügung aussehenden Belohnungen drängen uns dazu, weiter vorwärts zu marschieren. Ja, einige Menschen bekommen unterwegs Angst, aber der Süden verlangt von uns, daß wir auf den Prozeß bauen und den von Gott gesteuerten magischen oder unerklärlichen Augenblicken Vertrauen schenken.

Wir weben das Netz

Wenn wir den Pfaden der Einweihung folgen und die Früchte der magischen Erfahrungen ernten wollen, denen wir begegnen, sobald wir unsere Lebenskraft befreit haben, müssen wir uns von ungesunden Emotionen und Verhaltensweisen befreien, die unsere Klarheit überschatten. Wenn wir glauben, einem anderen Menschen nicht vertrauen zu können, sehen wir uns selbst vielleicht in dessen Verhalten widergespiegelt. Wenn wir zur Beeinflussung anderer Ränkespiele, Manipulation, Machtausübung oder Einschüchterung anwenden, damit diese das tun, was wir wollen, werden wir nicht in der Lage sein, uns der authentischen, klaren Intuition der kindlichen Wunder und des Vertrauens anzuschließen. Wir werden weiterhin aus unserem Inneren zweideutige Botschaften und unzutreffende oder falsche Signale der Intuition gesendet bekommen. Eine der Lektionen, die auf dem zweiten Pfad gelernt werden müssen, ist die Auseinandersetzung mit diesen Verhaltensmustern und deren Beseitigung. Meiden wir diesen Prozeß, fehlt uns das Verständnis, auch wenn andere eine Situation klar wahrnehmen.

Täuschung und Hintergedanken sind die Wegbereiter des Stillstandes. Wenn wir miteinander auf diese Weise umgehen, werden die Ergebnisse katastrophal sein. Unsere Energien aus diesen Verhaltensweisen abzuziehen kann viel Anstrengung bedeuten, der Lohn aber wird groß sein. Wenn wir uns weigern, Hintergedanken, manipulative Verhaltensweisen oder Betrug im Umgang mit anderen zu benutzen, beginnen wir, unsere Wahrnehmung zu reinigen, und wir können intuitive Wahrheit richtig erkennen. Wir fangen auch an, diejenige

Energie wieder einzufordern, die wir für Ränkespiele oder Einschüchterungsversuche verloren haben. Während diese Energie im Traumgeflecht freigesetzt wird, spüren wir Anflüge müheloser Leichtigkeit, mit der wir unsere Ziele ohne Anstrengung erreichen. Während wir Verhaltensweisen ablegen, die unsere Emotionen und Gedanken durcheinanderbringen, können wir in unserem Wachstumsprozeß unerwartete Quantensprünge erleben. Einem solchen Loslassen von Verhaltensweisen können plötzliche Explosionen intensiverer Sinneswahrnehmung folgen, mittels deren wir mit anderen Daseinsformen in unserer Welt in Kontakt treten können.

Dieser Prozeß der Entwicklung neuer Möglichkeiten der Kommunikation stellt eine Art intuitiver Selbsterkenntnis dar, die uns eine Vielfalt an verstecktem menschlichem Potential eröffnet, durch die wir mit der natürlichen Welt in Beziehung treten können. Als Kindern der Erde ist es unser kostbarstes Geburtsrecht, die Natur zu schützen und uns mit allen Lebensformen auf unserem Planeten zu verständigen. Durch den Wunsch nach Wachstum und Synchronizität mit der Erde wird es uns möglich, mit uns selbst und unseren Gefühlen in Kontakt zu treten. Die wissenschaftliche Methode kommt zum gleichen Ergebnis und zu der Erkenntnis, daß alle Materie aus unsichtbaren Atomen besteht und daß alle Atome Energie enthalten. Also ist in allen Dingen Lebenskraft enthalten, und darum ist alles lebendig. Es wurde uns beigebracht, daß leblose Objekte wie Felsen oder Berge keine lebendigen Wesen sind. Auf dem zweiten Pfad fangen wir an, Energie wahrzunehmen oder zu fühlen. Wir wissen, wie falsch die Theorie des Leblosen ist.

Es gibt in unserem Universum nichts, was keine Energie enthält. Emotionen, Gedanken, Wille und Bewußtsein sind einige der Formen, deren Energie im Menschen vorhanden ist. Diese Energieströme ermöglichen Kommunikation und verbinden uns mit allen anderen Lebensformen. Es ist unmöglich, irgendeine Art der ehrlichen Kommunikation zu senden oder zu empfangen, wenn wir nicht Energieströme in uns selbst gereinigt haben, die unsere Gedanken, Gefühle und unsere Absichten in das Universum senden.

Meine Lehrer brachten mir bei, daß der Mensch über 357 sinnliche Wahrnehmungen oder Antennen des Bewußtseins verfügt. Unser herkömmliches Bildungssystem lehrt uns nur die Existenz von fünf Sinnen und daß 90 Prozent des menschlichen Gehirns unbenutzt blieben.

Meine Lehrer beharren darauf, daß wir, wenn wir uns erst einmal auf die Pfade der Einweihung begeben haben, neue sinnliche Wahrnehmungen im Traumgeflecht weben und daß von diesem Punkt an neue Antennen zur Wahrnehmung aktiviert werden. Wie viele aktiv werden, hängt ganz von der einzelnen Person ab. Während wir die von uns benötigten Fähigkeiten aktivieren, lernen wir zu kommunizieren und die aus Energie bestehenden Botschaften in uns aufzunehmen, die uns aus der gesamten Schöpfung gesandt werden. Ehe wir nicht körperlich, intuitiv, emotionell und spirituell bereit sind, mit diesen umzugehen, bekommen wir keinen umfassenden Zugang zu den unsichtbaren Energien.

Den Willen reinigen

Was heißt das: »bis wir bereit sind, damit umzugehen«? Meine Lehrer äußerten sich sehr deutlich zu diesem Punkt. Um die unsichtbaren Welten des Traumgewebes anzuzapfen, braucht man viel Energie. Einige Menschen verlieren Energie durch ständige sexuelle Aktivitäten, zwanghafte Verhaltensweisen und Sucht. Andere verlieren Energie durch die Opferhaltung oder durch Klatsch und Tratsch. Wieder andere verlieren Energie, indem sie Rachegedanken hegen oder andere einschüchtern, um diese zur Unterwerfung zu zwingen. Jedesmal, wenn wir uns Gedanken der Gier, des Neides oder der Eifersucht aussetzen, schwächen wir unsere Lebenskraft. Wenn wir aktiv mit den Gefühlen oder den Gedanken anderer spielen, haben wir nicht nur unsere Kreativität oder den Fluß unserer Lebenskraft in die falsche Richtung gelenkt, sondern auch dafür gesorgt, daß unser eigenes Muster im Traumgewebe zu einem verhedderten und komplizierten Durcheinander geworden ist, durch das wir in genau denjenigen Trugbildern steckenbleiben, von denen wir glaubten, sie nur zur Einflußnahme auf andere anzuwenden.

Wenn wir unseren eigenen Willen bewußt einsetzen, um andere zu manipulieren oder zu kontrollieren, dann wird jegliche Gabe der Intuition, über die wir verfügen, durch unseren egozentrischen Standpunkt stark eingeschränkt. Wenn Menschen Hintergedanken hegen oder es ihnen an Aufrichtigkeit mangelt, erfahren sie einen Energiemangel. Es steht ihnen nicht genügend Lebenskraft für die nächste

Lektion zur Verfügung, die erhellende Einsichten vermittelt. Einige Menschen besitzen die Gabe der Intuition von Geburt an, sie können diese Fähigkeit aber nicht mehr so nutzen, wir sie es als Kinder taten, weil sie Ansichten und Verhaltensweisen übernommen haben, die die zur exakten Beherrschung ihrer ehemaligen Begabung oder Fähigkeit notwendige Energie in die falsche Richtung lenken. Ehe nicht Energie dadurch freigesetzt wird, daß wir mißbräuchliche Verhaltensweisen korrigieren, können wir keinen authentischen und direkten Zugang zu den im Traumgeflecht existierenden unsichtbaren Energien bekommen.

Wie öffnen wir uns einem künftigem Wachstum? Jeder Mensch mag eine andere Methode haben, aber diesen verschiedenen Prozessen des Entdeckens und Wachsens liegen einige für alle gültige Merkmale zugrunde. Stellen Sie sich zum Beispiel ein im Laufe der Jahre teilweise verstopftes und verrostetes Abflußrohr vor: Im übertragenen Sinne gesehen ist das der Zustand des Menschen. Wenn nicht die verkrusteten Sedimentschichten Lage um Lage abgetragen werden, kann nur wenig Wasser durch das Rohr fließen.

Auf dem zweiten Pfad werden wir zur Beseitigung derjenigen Muster aufgefordert, die sich angesammelt und unsere menschliche Wahrnehmung abgestumpft haben. Es liegt ganz allein an uns, wie wir diese Aufgabe bewältigen. Auf dem zweiten Pfad lernen wir, Energie zu verstehen. Gefühle und Emotionen sind eine Form sich bewegender Energie, die sich durch ihr Strömen auf alle Bereiche der Schöpfung auswirkt, mit allen anderen Energien in wechselseitiger Beziehung steht und schließlich zum Ausgangspunkt zurückkehrt. Der Ausgangspunkt ist diejenige Person, die ihre positiven oder negativen Gefühle, Gedanken oder Handlungen durch ihren eigenen Willen in die Welt hinausgeschickt hat.

Ein Teil der Aufgaben des zweiten Pfades besteht darin, unablässig unseren Willen dadurch zu reinigen, daß wir das Bedürfnis loslassen, uns selbst als Opfer zu betrachten oder indem wir andere zu Opfern machen. Alle Menschen empfinden Haß, Rachegefühle und Mißtrauen. Wenn wir aus Angst vor dem Ausleben unser Mißtrauen verleugnen, stauen wir jene festsitzenden Energien an, die eigentlich vorurteilslos losgelassen werden und fließen sollten. Statt dessen setzen wir sie unkontrolliert frei. Wenn wir unsere niederen Emotionen und unsere Wut anderen gegenüber ausleben, beleidigen wir die Menschen um uns herum und machen sie zum Opfer. Wenn wir unsere Gefühle verleugnen, werden wir Opfer unserer Schuldgefühle oder unserer Scham. Schuldgefühl stellt keine Emotion dar und kann nicht beseitigt oder einfach losgelassen werden. Ein Schuldgefühl entsteht dann, wenn wir das von anderen übernehmen, von dem wir glauben, sie erwarteten es von uns, und unsere eigene Integrität und unseren eigenen Willen hintanstellen. Spüren wir ein Schuldgefühl, können wir prüfen, wann und von wem wir diese Ansichten übernommen haben. Indem wir unserer inneren Stimme folgen und tief Luft holen, lassen wir festgefahrene Energie wieder los. Ein gesundes Schamgefühl ist förderlich und unterscheidet sich grundlegend vom Schuldgefühl. Wenn wir wissen, daß wir etwas Unpassendes oder Verletzendes getan haben, werden wir durch unser gesundes Schamgefühl daran erinnert, daß unsere Integrität in Gefahr geraten ist und wir für unsere Missetaten zur Rechenschaft gerufen werden.

Wir verbrauchen immer dann Unmengen an Lebenskraft, wenn wir uns gegen unsere Gefühle auflehnen. Alle geistigen Bewertungen oder unrichtigen Mutmaßungen behindern den mühelosen Strom der Emotionen, der zu uns als menschliche Wesen gehört. Es ist nur natürlich, wenn wir uns erlauben, die ganze Bandbreite der Emotionen zu spüren, ohne diese dann notwendigerweise auch auszuleben. Der Strom der Energie wird erneuert, indem wir uns selbst reinigen, unsere Wunden heilen und die durch dieses Verletzungen hochkommenden wiederauflebenden Emotionen loslassen. Wir bleiben nicht stecken in der Verdrängung unseres Willens oder in unserer Weigerung, Gefühle zu empfinden. Wenn wir an in alten Wunden steckenden Gefühlen festhalten, hemmen wir jede Art des Heilungsflusses oder des emotionellen Wachstums.

Nichts existiert im Außen, das nicht auch in unserem Inneren existierte. Vielleicht verunsichert diese Aussage einige Menschen. Tatsache aber ist, daß das äußerliche Bild dessen, was wir im physischen Leben erfahren, stets unsere inneren Entscheidungen, Gefühle, Gedanken und Haltungen widerspiegelt. Diese unsichtbaren Emotionen, Ideen, Einstellungen und Entscheidungen bestimmen über die Art und Weise, wie wir unsere individuellen Anteile im Traumgeflecht weben. Jeder persönliche Gedanke, jede Einstellung ist ein Faden aus Energie, der mit unseren anderen persönlichen Gefühlen verflochten ist. Zusammengenommen bilden alle unsere Einstellungen, Gefühle,

Meinungen, Gedanken und Ideen das unsichtbares Gerüst oder Skelett unserer Lebenserfahrungen. Die Ereignisse in unserem Leben werden von unserer Vorstellung des Möglichen und unserer Bereitschaft zu fühlen gesteuert. Wir können der Magie des Lebens nicht begegnen, wenn wir unsere Emotionen nicht spüren und nicht zur Kenntnis nehmen. Wenn wir es unseren Emotionen erlauben zu fließen, werden wir erleben, daß Wunder möglich sind, und wir werden spüren, wenn sie geschehen. Jedesmal, wenn wir der festen Überzeugung sind, daß das Leben auf der Erde bestimmte Erfahrungen nicht zuläßt, verschließen wir uns der Möglichkeit.

Sie besitzen ein unsichtbares Bankkonto

In was investieren wir unsere Lebenskraft oder Energie? Wir investieren sie in unser Familienleben, unsere Kinder, die Arbeit, in Orte, die uns heilig sind, unser Heim, die Freizeit und unsere Gesundheit. Diese Dinge nehmen unsere wachen Stunden in Anspruch. Wie bei Bankkonten sparen wir Zeit und Energie an und vertrauen darauf, daß sie uns als Ertrag Glück einbringen. Auch unsere Gedanken investieren wir in etwas wie ein Bankkonto. Dort wird festgelegt, ob wir über genügend »Kleingeld« an der nötigen kreativen Energie und Lebensenergie verfügen, um alle physischen Anteile unseres Lebens aufrechtzuerhalten, von denen wir der Meinung sind, sie machten uns glücklich. Wenn wir Energie an zerstörerische Gedanken und Gefühle verschwenden, gerät unser Energiekonto in die roten Zahlen. Die Synchronizität taucht in dem Augenblick wieder auf, in dem wir einen geistigen Rückzieher machen und uns weigern, unsere Lebenskraft in Aktivitäten zu investieren, die Neid, Eifersucht, Wut, Groll, Bitterkeit, Vorurteile, Schuldzuweisungen, ungesunde Scham oder Selbstgefälligkeit mit Energie nähren.

Die Art und Weise, wie wir die in unseren Entscheidungen steckende Energie investieren, hat Auswirkungen auf unseren Kontostand. Wenn wir morgens aufwachen, uns schlecht fühlen und zum Schluß kommen, daß wir einen miesen Tag erleben werden, haben wir ein Energieskelett aus unseren Gefühlen, Ansichten und Glaubenssätzen aufgebaut. Normalerweise wird sich der Tag dann erwartungsgemäß entwickeln. Sind wir aber der Ansicht, daß wir unsere innere

Freude mit anderen teilen können, stellen wir während des Tages vielleicht fest, daß uns völlig fremde Menschen ohne ersichtlichen Grund anlächeln. Wenn wir den Entschluß fassen, anderen freundlich zu begegnen, und wir dieser Einstellung Taten folgen lassen, fühlen wir uns einfach besser. Sogar dann, wenn andere uns nicht freundlich begegnen, fühlen wir uns besser.

Jedesmal, wenn wir den Entschluß fassen, unsere Wut ohne Grund an anderen auszulassen, stören wir die Kraft der Energie, die gleichmäßig durch unser Leben fließen könnte. Jedesmal, wenn wir uns entscheiden, unseren Rachegelüsten nachzugeben, schmälern wir die Energie, die durch das Gefäß unseres Körpers strömen kann. Diese bildlichen Rohre verstopfen immer dann, wenn wir auf Rache bestehen, anstatt von unserem Bedürfnis abzusehen, recht haben zu müssen oder es jemanden anderen heimzuzahlen, der uns ein Unrecht getan hat. Unser Guthaben an Energie wird immer von unserer Entscheidung bestimmt, wie wir unsere Energie einsetzen wollen. Dies gilt auch für den Fall, daß wir erschöpft sind, weil wir uns dazu entschlossen haben, in die roten Zahlen zu kommen.

Die Wellenbewegungen, die Sie verursachen, können die Welt verändern

Mein Großvater vom Stamm der Cherokee lehrte mich im Alter von sieben Jahren folgende Lektionen: Er nahm mich mit zu einem Fischteich und bat mich, einen Stein hineinzuwerfen. Er fragte, was ich sehe, und ich antwortete, daß ich einen Spritzer sähe. Er fragte, was ich sonst noch sähe, und ich sagte, einen Kreis aus Wasser und noch einen Kreis und noch einen Kreis. Dann erzählte er mir, daß jeder Mensch für den Spritzer verantwortlich ist, den er in der Welt macht, und daß der Spritzer viele andere Kreise berührt und einen Welleneffekt erzeugt. Ich saß da und beobachtete so lange das Wasser, bis er mich bat, das schlammige Ufer zu betrachten, an dem wir saßen. Er deutete auf eine der von meinem Stein erzeugten kreisförmigen Wellen, die nun zu meinen Füße plätscherten und ihren Weg zu mir zurückgefunden hatten. Dann erzählte er mir, daß wir alle auf die Art der Wellen achten müßten, die wir in der Welt verursachten, weil diese immer wieder zu uns zurückkehrten. Wenn diese Spritzer

Schmerz verursachen, werden wir deren Rückkehr nicht begrüßen. Wenn diese Wellen aber aus Güte bestehen, werden wir uns freuen, sie zu uns zurückkehren zu sehen.

Die Lehren aller großen Religionen unseres Planeten vermitteln uns die gleichen Grundsätze. Sie empfehlen uns, liebevoll zu sein, einander zu respektieren und auf das Gute hin zu wirken. Wir können die Wahrheit in dieser Lehre erkennen, wenn wir sehen, wie Energie im Übermaß durch einen Menschen strömt, dessen Lebenskraft nicht durch Eifersucht, Neid und Rachsucht gebunden sind. Im Gegensatz dazu können Menschen, die einen Gerichtsprozeß führen, spüren, daß sie in ihrem Leben nicht weiterkommen, weil so viele ihrer Emotionen, soviel ihrer Zeit und ihrer Energie für die Auseinandersetzung vor Gericht aufgezehrt werden. Die gleiche einschränkende Lähmung tritt auf, wenn wir unsere Energie dafür vergeuden, der Vergangenheit nachzutrauern, uns vor der Zukunft fürchten oder uns mit negativen Gedanken oder Gefühlen herumschlagen. Dies alles erzeugt einen Wall aus abgestumpfter Energie in uns, der uns davon abhält, synchronistisch und im Überfluß zu leben.

Von dem Augenblick an, in dem wir in unserem Leben die Freude der Synchroniztität erleben, werden wir darauf aufmerksam gemacht, daß wir uns jedes Gedankens, jedes Gefühls und jeder Tat bewußt werden müssen und daß die Taten, die wir in die Welt hinausschicken, als unsere eigene Schöpfung zu uns gehören. Der Verantwortlichkeit für alle Aspekte unseres Lebens kommt die höchste Bedeutung zu. Die Ebenen dessen, wofür wir verantwortlich sein wollen, werden sich im Verlauf unseres Wachstums stetig erweitern und uns ein wachsendes Bewußtsein erlauben. Können wir uns und anderen nicht vergeben und die Wunden loslassen, die wir uns in den von uns durchlebten Situationen zugezogen haben, bleiben wir stecken. Wenn wir uns weigern zu vergeben, fordern wir einen Test heraus. Diese Tests können in Gestalt von Lebenssituationen auftauchen, die uns dazu zwingen, unser eigenes Verhalten einer genaueren Betrachtung zu unterziehen.

Stellen Sie sich einen Schwamm vor, der in eine Wasserschüssel gelegt wurde und alles Wasser aufgesaugt hat. Er kann nun keine weitere Feuchtigkeit aufsaugen, weil er sich an jeden aufgesaugten Tropfen klammert. Wenn wir an unserem Groll und an unseren Ängsten, an unserer Wut und Bitterkeit festhalten, gibt es keinen Raum für andere Gedanken, Erfahrungen oder Gefühle. Wir sind in der Tat so sehr von ihnen durchtränkt, wie wir unsere negativen Gefühle und unseren versteckten Groll nicht loslassen. Die kreative Lebenskraft kann nicht durch uns strömen, wenn wir einen Teil davon verschlossen haben. Dies mindert unsere Fähigkeit, neue Lektionen zu lernen. Wenn wir uns an alte Wunden klammern und sie als Rechtfertigung benutzen, um uns nicht weiterzuentwickeln, wird unsere Lebenskraft zur Speisung unseres Abwehrmechanismus aufgebraucht.

Durch die Vergebung und das Loslassen der Vergangenheit öffnen wir uns dem kreativen Strom des Lebens, der durch alle Ebenen des Geistes, des Herzens, des Körpers, der Emotion und des Geistes fließt. Dieser Energiestrom bestimmt über unseren Gesundheitszustand, unseren Wunsch, zu schaffen und hervorzubringen, die Bereitschaft, unsere Gaben zu entwickeln, und darüber, wie wir die uns als menschlichen Wesen geschenkte Lebenskraft nutzen oder sie brachliegen lassen. Bevor wir dem zweiten Pfad folgten, hielten wir vielleicht daran fest, andere zu unserem Opfer zu machen oder uns selbst als solche zu fühlen. Sobald wir das große Aha-Erlebnis des zweiten Pfades erleben, erkennen wir, daß wir durch das Loslassen unserer Vergangenheit, unserer Ängste und unserer negativen Muster oder Reaktionen auf das Leben von einem plötzlichen Wiederaufleben der Lebenskraft getragen werden, das uns in eine neu entdeckte Daseinsform und eine ganz andere Sicht der Welt katapultiert.

Jedem Schritt unseres Weges Achtung entgegenbringen

Es gibt kein Gesetz, das uns vorschreibt, perfekt zu werden oder mit jedem negativen Muster sofort oder innerhalb einer bestimmten Zeit fertig zu werden. *Das Leben ist die Einweihung, und Heilung ist ein Prozeß, kein einmaliges Ereignis.* Es kann eine Weile dauern, bis wir die Fäden alter Gewohnheiten entwirrt haben und uns der Herausforderung stellen. Wenn wir unsere Energie von den Bereichen abziehen, in die wir sie investiert haben und die verhinderten, daß wir unser Potential ausleben, lernen wir Schritt für Schritt die Beherrschung dieser Fähigkeiten. Schon bald verfügen wir über genug eigene Kraft, um zu erkennen, warum wir hier sind, welchen Beitrag wir leisten wollen und wie wir wachsen können. Sobald wir die Vorstellung akzeptieren, daß jede

Herausforderung, wie schwierig sie auch sein mag, einen Segen und eine Möglichkeit darstellt, unsere Energie wieder dort zu investieren, wo wir mehr über uns selbst und unseren Platz innerhalb der Schöpfung lernen können, steht uns unser individueller Pfad offen.

Meine Lehrer brachten mir bei, daß das Große Geheimnis nicht enträtselt werden kann. Wir können nicht alles im Universum voraussehen oder verstehen, was der Schöpfer tut. Der Ordnung geht immer das Chaos voraus, und die Vollkommenheit der göttlichen Ordnung erlaubt uns, daß unsere Träume wachsen, geboren werden und sich in unseren physischen Leben offenbaren. Wenn es also nicht unsere Aufgabe ist, alles zu verstehen, was will man dann von uns? Man fordert uns auf, den Glauben und das innere Wissen anzunehmen, daß unsere Leben ein Teil eines komplizierten Flechtwerkes der Schöpfung sind, in dem sich unsere persönliche Haltung und unsere Bereitschaft, Liebe auszudrücken, spiegelt. Jedes menschliche Wesen ist ein Gefäß der Liebe, ob wir dies nun wahrhaben wollen oder nicht. Unsere Schattenseite verhindert die Erkenntnis, daß wir lebendige Verkörperungen des Prinzips der Liebe sind. Unsere Ängste können uns einschränken. Wenn wir unsere Energie in beängstigende Gedanken investieren oder grausame Emotionen ausleben und dadurch uns oder anderen Schaden zufügen, haben wir in der Tat unseren Platz in der Schöpfung vergessen. Der zweite Pfad beginnt mit der Er-Innerung an die zur Schattenseite unseres Wesens gehörenden Bereiche, durch die wir unser Bankkonto in die roten Zahlen bringen.

Makellosigkeit entsteht dann, wenn unsere persönliche Integrität wiederhergestellt wird und in unserem Inneren ein Gleichgewicht entsteht. Sind wir ausgewogen, bemerken wir, wann wir unsere Gedanken und Gefühle in Negatives investieren, und sind zur Korrektur unserer Fehler bereit, indem wir unsere Lebenskraft aus diesen Gedanken, Handlungen oder Gefühlen abziehen. Wir übernehmen die Verantwortung für die Entwicklung unserer persönlichen Medizin oder unserer inneren Kraft. Makellosigkeit besteht nicht darin, um Perfektion zu ringen. Wenn wir nach Perfektion streben, zerstören wir die menschliche Fähigkeit, aus Fehlern zu lernen. Wir können aber auch in Versuchung geraten, zu glauben, niemals gut genug zu sein und daß unsere tapferen Änderungsversuche niemals einem bestehenden Maßstab entsprechen werden, von dem wir bestenfalls eine verschwommene Ahnung haben. Wer bestimmt eigentlich, was perfekt ist und was nicht? Andererseits bedeutet Makellosigkeit, darüber nachzudenken, was unser Bestmögliches ist, ein persönliches Gelübde abzulegen, nach dem wir leben können, und neue, aus unserem inneren Wachstum gewonnene Erkenntnisse darin aufzunehmen.

Die Makellosigkeit kennt auch keine Vorurteile. Was für eine Person richtig sein kann, mag für die andere völlig falsch sein. Menschen auf eine Vorgehensweise, eine Glaubensrichtung oder ein Kulturverständnis zu beschränken, bedeutet gleichzeitig eine Einschränkung der Schöpfung. Durch die Reglementierung aller menschlichen Wesen zu einem bestimmten Erscheinungsbild oder der gleichen Lebensweise schlagen wir dem Schöpfer ins Gesicht und leugnen die Existenz der unterschiedlichen Ausdrucksformen jedes Bereichs der Natur und des Menschen. Das Große Geheimnis beging bei der Erschaffung unseres Universums keinerlei Fehler. Es ist die Aufgabe des Menschen, darauf zu vertrauen.

Das Wort *Universum* beschreibt die schönen und verschiedenen Arten der Existenz, *uni* bedeutet eins oder Einheit, und *versum* meint den Unterschied oder die Gegensätze. Wenn wir uns vergegenwärtigen, daß es die Aufgabe des Menschen ist, das Einssein durch Dualität oder Gegensätze erkennen zu lernen, messen wir diesem Wort noch eine andere Bedeutung bei. War dies möglicherweise die ursprüngliche Absicht, als das Große Geheimnis das Universum schuf? Sind wir hier, um voneinander zu lernen, unsere Unterschiede zu erforschen und vorurteilslos die Schöpfung anzunehmen und zum Einssein zu gelangen? Die Lektionen des zweiten Pfades scheinen diesen Gedanken dadurch zu stützen, daß sie uns zeigen, wie wir durch unsere Emotionen unseren freien Willen benutzen. Wir stehen vor der Wahl, unsere Gefühle zu verdrängen, auf alles, was wir empfinden, zu reagieren oder nur denjenigen Gefühlen nachzugeben, die unseren Wunsch nach Gesundung und geistiger Entwicklung unterstützen.

Wenn der Geist eine eigene Meinung hat

Auf dem zweiten Pfad entwickeln wir Fähigkeit zu erkennen, welche Konsequenzen unsere Weltanschauungen nach sich ziehen. Sind wir zum Beispiel der festen Meinung, eine bestimmte Erfahrung nicht zu genießen, haben wir, schon lange, bevor uns diese Tatsache im Leben begegnet, diese Möglichkeit in das Traumgeflecht hineingewoben. Kommen wir zu der Auffassung, daß uns bei jeder Aufgabe, die wir erfüllen, etwas Schreckliches widerfährt, bereiten wir die Bühne zur Verwirklichung dieser persönlichen Überzeugung. Die Muster unserer Vorlieben und Abneigungen sowie der daraus resultierenden mentalen Schlußfolgerungen, die auf keinen authentischen und untermauernden Erfahrungen basieren, bilden im Traumgeflecht ein Muster, durch das wir ins Abseits geraten. Der von uns entwickelte Mangel an Flexibilität wurde durch unsere Entscheidungen sowie durch die von uns übernommenen Ansichten gestützt, und beide unterstützen den eingeschränkten Blick durch Scheuklappen und den Stillstand. Die Folgen unserer Ansichten treten in Form eines Tests in Erscheinung, der uns beibringt, daß wir selbst die Macht über unsere Standpunkte haben.

Entscheiden wir uns, eine bestimmte Person nur deshalb nicht zu mögen, weil diese laut redet, blond ist oder aus einem anderen Kulturkreis stammt, berauben wir uns der Interaktion mit jemandem, der uns eine Lernerfahrung vermitteln könnte. Die durch unsere Überzeugungen hervorgerufenen Folgen sind zum betreffenden Zeitpunkt vielfach nicht offensichtlich. Wir können die Synchronizität in unserem Leben zum Stillstand bringen, indem wir uns weigern, eine Möglichkeit zu nutzen. Wenn wir, ehe wir eine bestimmte Person überhaupt getroffen haben, zum Schluß kommen, diese nicht zu mögen, haben wir uns aller zukünftigen Möglichkeiten beraubt, durch diese Person vielleicht anderen Menschen zu begegnen. Noch bevor wir dem Leben die Chance eingeräumt hatten, uns die Segnungen der Erfahrung eines synchronistischen Durchbruchs erleben zu lassen, haben unsere Vorurteile jedes Interagieren im Keim erstickt.

Wenn wir uns gegenüber der Erkenntnis verschließen, wie unsere Ansichten unseren Blickwinkel einengen, schränken wir unsere Lebenserfahrungen ein. Die Ausdehnung des menschlichen Geistes entsteht durch die Bereitschaft, ein Erforscher des Lebens zu werden. Wir alle haben Personen erlebt, die kurz nach der Pensionierung starben. Dies passiert normalerweise den Menschen, die keine Zukunftspläne haben oder die nur für ihre Arbeit gelebt haben. Wenn das Arbeitsleben vorüber ist, haben sie nicht mehr das Gefühl, gebraucht zu werden. Zu glauben, daß wir nur gebraucht werden, weil wir auf einer bestimmten Stufe der Karriereleiter stehen, wirkt sich genauso zerstörerisch aus wie die Annahme, unser Leben müsse einem strengen

Plan folgen, der keine Freude oder nach dem 60. Lebensjahr kein weiteres Lernen mehr zuläßt. Diese Ansichten und viele weitere sind in vielen Millionen Menschen vorhanden, die dies durch die Ansichten ihrer Eltern vermittelt bekamen. Ansichten wie diese erzeugen Ängste vor dem Altern, vor dem Vergessenwerden, vor Krankheit und Tod.

Was für eine Generation galt, muß nicht auch für die nächste gelten. Und dennoch erinnern wir uns bestimmter Schlagworte oder Phrasen sogenannter Weisheiten und übernehmen diese, ohne sie auf ihre Richtigkeit hin zu überprüfen. Wir hinterfragen niemals, ob darin auf Generationsmustern beruhende Unwahrheiten oder Ansichten enthalten sind, die unsere Fähigkeit zur Überwindung der Hürden der Unwissenheit einschränken.

Vielleicht haben Sie Ihre Eltern oder Großeltern sagen gehört: »Wenn Gott gewollt hätte, daß wir fliegen, hätte er uns Flügel gegeben« oder »Ich möchte wissen, mit wem sie ins Bett gehen mußte, um das zu werden, was sie heute ist«? Oft fürchten wir uns vor dem Fortschritt, vor neuen Technologien, neuen Umgangsformen, neuen Lebensanschauungen. In vielen Fällen sind wir Gefangene unserer eigenen überkommenen Ansichten. Auf dem zweiten Pfad beginnen wir mit der Ausmerzung derjenigen Orte in unserem Inneren, an denen wir uns weigern, zum Leben ja zu sagen – Ängste oder Überzeugungen, die durch das Fehlen von Erfahrungen hervorgerufen wurden und nicht zu unserer Lebenssituation passen. Der Irrglaube kann auch aus Angst bestehende Emotionen hervorrufen. Diese verhindern, daß wir unseren eigenen Willen erkennen.

Da der Fluß des Lebens immer weiterströmt, sind wir aufgefordert, flexibel genug zu sein, unsere Urteilsfähigkeit, unsere Integrität und unsere Bereitschaft dazu einzusetzen, neue Dinge auszuprobieren, durch die wir unsere bisherigen Grenzen überwinden. Wo wir zögern, wird uns Aufschluß über ein mangelndes Selbstvertrauen oder unsere Entscheidungsfähigkeit gegeben. Viele Menschen sind schockiert, wenn sie auf dem zweiten Pfad erfahren, daß wir keine falschen Entscheidungen treffen können. Jede von uns im Leben getroffene Entscheidung ermöglicht uns die Erkenntnis, wie wir uns zum Wachstum entschlossen haben. Ein bedeutender Weckruf kann in der Erkenntnis bestehen, daß wir unserem Menschsein gerecht werden müssen und zu unseren Entscheidungen stehen müssen.

Spieglein, Spieglein an der Wand

In der Tradition der Maya ist der Große Rauchende Spiegel das Symbol dafür, wie das Leben unsere Weltanschauungen und alles das reflektiert, was wir in unserem Inneren für die Wahrheit halten. Der diesen Spiegel umhüllende Rauch besteht aus den Illusionen, die in unseren Vorstellungen über Isoliertheit enthalten sind. Die Liste der Illusionen, die wir aus Werbekampagnen in den Medien, Ansichten von Gruppen, Gerüchten und Tratsch, Urteilen anderer über uns und unserem eigenen Bedürfnis, gemocht oder verehrt zu werden, übernommen haben, ist erschütternd. Auf dem zweiten Pfad werden wir aufgefordert, damit anzufangen, diese Illusionen zu erkennen, unsere Energien aus der Investition in solche Täuschungen abzuziehen und unseren Geist von der Last solch einschnürender Ansichten zu befreien.

Der Große Rauchende Spiegel ist wie ein Magier, der uns seine Taschenspielertricks vorführt. Er will uns dadurch aus den einschränkenden Verhaltensweisen aufwecken, die dadurch entstanden, daß wir Illusionen für die Wirklichkeit gehalten haben. Wenn wir zum Beispiel glauben, wir seien besser als andere, werden wir unter Umständen mit einer Situation konfrontiert, in der wir dazu gezwungen sind, zu beobachten, wie ein egoistischer Mensch andere mit Herablassung und Verachtung straft. Vielleicht werden wir aber auch selbst so behandelt und spüren dadurch, wie es ist, wenn eine solche Verhaltensweise gegen einen gerichtet ist. Nachdem wir diese Erfahrung gemacht haben, erkennen wir, wie verletzend unser persönliches Verhalten auf andere tatsächlich wirkt, und kommen zum Entschluß, unser Verhalten im Umgang mit anderen zu korrigieren.

Jedes Ereignis in unserem Leben bietet uns die Gelegenheit zur Selbsterkenntnis. Wir sehen eine Spiegelung dessen, wie wir in bestimmten Situationen reagieren, was wir fühlen oder denken, und dessen, was wir durch eigene Beobachtung oder Beteiligung gezeigt bekommen. Je stärker wir uns durch das Leeren des Lastenkorbes unserer Ansichten von unerwünschten Spiegelbildern befreien, um so mehr Energie steht uns zur Verfügung. Durch diese können wir neue Erfahrungen schaffen, die wiederum unser Wachstum fördern. Dieser Vorgang stellt die wahrhaftige Umwandlung von Energie dar. Die Energie, die zur Erzeugung von Gutem gebraucht wird, wird von schmerzvollen

Lektionen aufgezehrt. Niemand wacht über uns und sagt uns, wie wir das Geschenk der Lebenskraft kreativ oder destruktiv anwenden. Wir allein entscheiden, wie wir die von uns verkörperte Energie nutzen wollen. Um diese Entscheidungen treffen zu können, müssen wir unser Leben anpacken und in vorbildlicher Weise Verantwortung übernehmen.

Viele Menschen haben mir gesagt, daß ihnen nicht bewußt war, wie schwer die Arbeit an diesen Themen sein würde. Ich reagierte darauf, indem ich sie daran erinnerte, daß es nicht schwerer ist, einschränkende Gewohnheiten abzulegen, als erleben zu müssen, wie wir betrogen oder schikaniert werden. Wir hintergehen uns selbst und unsere Integrität, wenn wir daran teilnehmen, wenn andere erniedrigt werden. Dennoch sind wir oft vor Schrecken starr, wenn die gleiche Gruppe beschließt, uns anzugreifen. Dieser Bumerang-Effekt ist Teil dessen, was uns der Große Rauchende Spiegel durch seine Reflektion lehrt.

Wenn wir uns entscheiden, eine Arena der Erfahrung zu betreten, in der Harmonie eher zerstört als unterstützt wird, haben wir um Lebenslektionen gebeten, die uns die Möglichkeit zur gründlichen Auseinandersetzung mit der Zwietracht bieten. Wenn wir genauer hinsehen und alles das betrachten, was kurz vor dieser Erfahrung des Verrates passierte, entdecken wir Augenblicke, in denen wir uns selbst betrogen haben und von unserem Einssein oder unseren authentischen Gefühlen abgerückt waren. Wenn wir ständig uns selbst und unser persönliches Einssein beleidigen, fordern wir unbewußt das Leben dazu auf, uns den Spiegel unserer nicht vorhandenen Makellosigkeit vorzuhalten. Diese Reflektionen können so aussehen, daß sich andere uns gegenüber verletzend verhalten oder unser Vertrauen mißbrauchen. Wir können die Schuld außerhalb uns selbst suchen oder uns dafür vergeben, diese Lektion ausgelöst zu haben. Wir können anderen für ihre Taten vergeben und solch schmerzvolle Situationen unnötig machen, indem wir an denjenigen Bereichen in unserem Inneren arbeiten, an denen wir Selbsthaß oder Selbstverachtung hegen. Dieser innerliche Verrat ist genauso wirksam, als ob Sie jemand öffentlich demütige.

Es ist eine Illusion, zu denken, das Leben laufe ohne unsere Zustimmung oder unsere Teilnahme ab. Wir haben unsere inneren Ansichten über uns selbst genauso sicher gewoben wie unsere Urteile über andere.

Wenn wir verletzt sind, können wir oft nur schwer unsere Rolle in einer bestimmten Situation entdecken. Sie ist aber in jedem Falle vorhanden. Der Große Rauchende Spiegel reflektiert das in die äußere Welt hinaus, was wir uns im Inneren antun. Auf dem zweiten Pfad der Einweihung unterscheiden sich die Reflektionen von denen der folgenden Pfade: In diesen korrigieren wir bestimmte Verhaltensweisen und erkennen aus den Standpunkten der nachfolgenden Pfade neue Reflektionen. Auf dem zweiten Pfad lernen wir, als Teil unseres Wachstums auf uns und unsere neuen Erfahrungen zu vertrauen. Schließlich erkennen wir, daß Gut und Böse Trugbilder sind. Wir lernen, unseren persönlichen Fortschritt als das Ereignis anzunehmen, das unseren Willen, unsere Emotionen, unsere Gedanken und unsere Einstellungen zu heilen vermag, die bislang unser Wachstum behinderten.

Schießen Sie mit der Schuld auf das Tor des Lebens!

Der zweite Pfad korrigiert die Angelegenheit, mit dem Finger auf andere zu zeigen. Meine Großmutter Twylah lehrte mich, daß immer, wenn wir mit dem Finger auf jemand anders zeigen, drei Finger auf uns selbst gerichtet sind. Auf dem zweiten Pfad kommen wir zu der Erkenntnis, daß wir uns zuallererst gegen den Feind in unserem Inneren wenden müssen, wenn wir mit der Heilung unseres Lebens beginnen wollen. Ohne diese Fähigkeit zur Selbstreflektion sind wir nicht in der Lage, Verantwortung für unser Leben zu übernehmen, und bis dahin haben wir auch noch nicht die Energie befreit, die wir bisher für Schuldzuweisungen aufbrachten. Indem wir anderen die Schuld zuschieben oder uns vom Pech verfolgt glauben, erzeugen wir eine Illusion, die den Strom der Lebenskraft eindämmt. Die in die Opferhaltung hineingesteckte Energie könnte dazu genutzt werden, uns zu kreativen Unternehmungen anzutreiben. Ohne Verantwortlichkeit, das heißt, die Fähigkeit, uns im Inneren zu ändern, ohne mit dem Finger auf andere zu zeigen, schlittert unsere Integrität auf sehr dünnem Eis, und wir werden Opfer der Muster, die aus Schuldzuweisung, Scham, Bedauern und Schuldgefühlen bestehen. Die Tatkraft leidet, und irgendwann verschließen wir uns den Möglichkeiten, die das Leben uns bietet.

Durch diese eine Fähigkeit, nämlich die, unsere persönliche Verantwortung zu erkennen, wird eine dauerhafte Veränderung unseres Lebens möglich. Wenn wir die Opferhaltung ablegen, stellen wir unser Licht nicht mehr unter den Scheffel. Wir mißachten unsere innere Medizin und unsere inneren Stärken nicht mehr, die uns gegeben wurden, als unsere Seelen durch das Große Geheimnis in das Universum ausgeatmet wurden.

Amateure und Dilettanten vergessen, den Spielstand zu notieren

Wie wir denken oder glauben, so werden wir das Leben erfahren. Physiker haben immer schon gesagt, daß der Gedanke die Form bestimmt. Wir können unseren persönlichen Erfahrungen nicht als passiver Zuschauer beiwohnen und uns weigern zu glauben, daß unsere Gedanken und Gefühle im Spiel des Lebens keine Rolle spielen. Beschäftigen wir uns nur beiläufig mit dem Leben, anstatt authentische Hingabe zu leben, werden wir zu Dilettanten. Während unseres Erwachens müssen wir vielleicht erstaunt feststellen, daß die unseren Erfahrungen zugrundeliegenden Gesetze einfach von den unsichtbaren Kräften unserer persönlichen Meinungen, Vorurteile, Gefühle, Vorstellungen und Ansichten über das Leben erzeugt wurden.

Zählen wir erst einmal die durch das Opferbewußtsein erzeugten Fouls und Fehler, und weigern wir uns, an diesem schmutzigen Spiel mit uns selbst und anderen teilzunehmen, beginnen wir, die Magie des zweiten Pfades zu begreifen. Unser Leben fängt an, auf dramatische und unerwartete Weise zu heilen, und unsere Ansichten werden um eine neue Dimension erweitert. Es braucht Mut, den Aussichtsposten des Zuschauers zu verlassen und ein aktiver Teilnehmer am Abenteuer des Lebens zu werden. Wenn wir den Entschluß fassen, diejenigen Muster im Traumgeflecht zu aktivieren, die der Erforschung der Zusammenhänge und des Einsseins dienen, haben wir den Lastenkorb aus Einsamkeit und Verzweiflung geleert. Zu vergeben, die Vergangenheit loszulassen und die Vorstellung zu überwinden, wir seien Opfer des Lebens, stellt einen heiligen Sieg dar, der nur denjenigen zuteil wird, die den Mut zum Glauben aufbringen. Mit diesem Akt des Vertrauens beginnt die authentische Stärke innerhalb des Selbst. Wir werden zu bereitwilligen Spielern, die wissen, daß sie für ihre jeweiligen Rollen und Erfahrungen innerhalb der Schöpfung Verantwortung tragen.

Während wir das von uns geforderte vorbildliche Verhalten entwickeln, können wir von Zeit zu Zeit ins Wanken geraten. Jede Ebene des Verständnisses bringt Fähigkeiten und Stärken mit sich, die wir unserer persönlichen Medizin hinzufügen könnten. Wenn wir unaufmerksam werden oder gelegentlich in ein negatives Muster abgleiten, bekommen wir einen neuen Weckruf oder einen Test, die so lange andauern, bis wir ihnen Aufmerksamkeit schenken und wieder ins Gleichgewicht kommen.

Wenn wir die Disziplin eines spirituellen Kriegers annehmen, müssen wir auch Maßnahmen mit einbeziehen, die unseren neu gefundenen Glauben und Vertrauen stärken. Einige dieser Maßnahmen sind Gebet, Meditation, Gottesdienst und Zeremonie. Als Krieger des zweiten Pfades finden wir Unterstützung und Trost durch das Teilen unserer Gedanken, Gefühle und Erfahrungen anderer, die dem gleichen oder ähnlichen Pfaden folgen. Solange die Zwiesprache mit dem Großen Geheimnis oder Gott ein Teil unseres Weges ist, ist es gleichgültig, welcher Religion oder welchen spirituellen Lehren wir folgen. Die geistigen Herausforderungen, die uns auf der Reise begegnen können, mögen darin bestehen, darauf zu vertrauen, niemals allein zu sein. Wenn es den Anschein hat, als sei das Leben zu schwer, müssen wir durch eine enge Bindung zum Schöpfer, zur Mutter Erde und zum Geist Kraft schöpfen. Darüber hinaus entwickeln wir zwischenmenschliche Bindungen und nehmen eine aus verständnisvollen Menschen bestehende erweiterte geistige Familie an, die den spirituellen Pfad versteht und sich ihrem eigenen Wachstum verschrieben hat.

Auf dem zweiten Pfad müssen wir uns eventuell von Beziehungen oder von Berufen verabschieden, die uns schaden und keine Freude bereiten. Vielleicht merken wir, daß andere unsere Gefühle oder unsere neue Hinwendung zum spirituellen Engagement nicht verstehen und daß sie uns beim Verändern und Ablegen der uns einschränkenden Gewohnheiten nicht helfen können, weil sie selbst in ihrem Leben noch darauf zurückgreifen. Das Loslassen der Vergangenheit kann schmerzvoll sein, wenn es bedeutet, daß wir deswegen frühere Freunde verlieren. Es kann so aussehen, als ob eine Person, die diesem Pfad folgt, einen einsamen Weg vor sich hätte. Wer aber den Entschluß zur

Integrität getroffen hat und das Verlangen hegt, sein Leben zu heilen, muß unbestechlich ehrlich sein und erkennen, daß dem Brückenschlag zu anderen, die ebenso auf ihr geistiges Wachstum hinarbeiten, die größte Bedeutung zukommt.

Wenn sich unsere Ziele und unsere Ansichten verändern, fallen viele Dinge weg. In diesen Augenblicken erreichen wir unsere persönlichen Wendepunkte und werden aufgefordert, Entscheidungen zu treffen und unseren Glauben zurückzufordern. Unsere innere Stimme sagt uns, daß ein göttlicher Plan existiert, alles seine Ordnung hat und der Schöpfer uns im »schwangeren« Chaos hält, aus dem wir durch eigenen Willen geboren werden. Wenn wir unsere Angst vor Veränderungen loslassen, kehrt die Magie des Lebens zurück, und wir verändern uns, da wir eine neue Ebene des Verstehens unmittelbar vor uns finden. Unser Herz und unser Geist sind stärker und klarer. Unser Körper fühlt sich kraftvoller und lebendiger denn je, und wir fühlen eine neue und andere Art des spirituellen Gleichklanges mit dem Einssein des Lebens.

Brauche ich diese Lektion wirklich?

Während wir den Lektionen folgen, gibt es Zeiten, in denen wir unser Urteilsvermögen einsetzen müssen, damit wir klar erkennen können, ob andere Menschen in unser Leben passen oder nicht. Wir stellen uns die folgenden vier Fragen: (1) Wie fühle ich mich, wenn ich mit diesem Menschen zusammen bin? (2) Wie fühle ich mich, nachdem er gerade gegangen ist? (3) Haben wir die gleichen Ziele, Absichten und das gleiche Maß an Aufrichtigkeit? (4) Sehe ich diese Person als Aufgabe an, und versuche ich, ihr Leben zu verändern, anstatt mich um meine eigenen Angelegenheiten zu kümmern? Die Antworten auf diese Fragen lassen uns erkennen, ob wir uns in die richtige Richtung bewegen oder ob wir einen Kurswechsel vornehmen sollten. Wenn wir schließlich zu einem Ergebnis gekommen sind, sollten wir dankbar für diese Erkenntnisse sein.

Der zweite Pfad kann auf verschiedene Art und Weise beschritten werden, und alle sind gleich gut. Jeder Reisende, gleichgültig, welcher Tradition, Religion, Rasse oder welchem Glaubensbekenntnis er angehört, begegnet ein paar gleichen Dingen. Unser Herz stimmt sich auf den Rhythmus der Mutter Erde ein, und die Wandlung beginnt. Ein Gefühl der Synchronizität mischt sich mit den Ereignissen des Lebens und erzeugt ein neues Gefühl des Staunens und der Lebendigkeit. Während uns unsere Lebenserfahrungen mehr über die Bedeutung des Respekts lehren, erreichen wir gegenüber uns selbst, anderen sowie allen Lebewesen einen neuen Respekt. Indem wir den Wert des Respekts erkennen, entsteht in uns der Wunsch, das Leben in Aufrichtigkeit und Ehrlichkeit gegenüber uns selbst und anderen zu verbringen.

Die Lektionen, die uns auf dem zweiten Pfad der Einweihung präsentiert werden, sind das Fundament eines jeden folgenden Pfades. Es wird nicht von uns erwartet, daß wir jede Lektion auf Anhieb bewältigen. Wir sollten aber während unseres Lebens aufmerksam und uns stets der Tatsache bewußt sein, daß wir mit jedem Gedanken, jedem Wort, jeder Tat und jedem Gefühl sowie durch die Art und Weise, wie wir auf diese menschlichen Erfahrungen reagieren, einer Prüfung unterzogen werden. Mein Volk umschreibt diese Daseinsform mit »Folge Deinen Worten«. Wir alle haben gut reden, im Endeffekt sind es aber unsere Taten und unser Verhalten, durch die der Grad unserer Integrität bestimmt wird.

Erfolgserlebnisse und Belohnungen

In vielen Fällen fängt der angehende Krieger zum Ende des zweiten Pfades damit an, Energie auf eine gegenständliche Art und Weise zu sehen und somit Zugang zu den unsichtbaren Welten des Traumgewebes zu erlangen. Diese übersinnliche Fähigkeit kann im Wachzustand oder während des Schlafes auftreten. Oftmals kann die psychologische Vision eines Menschen verbessert werden, wenn die Schleier der ehedem getrübten Wahrnehmung gehoben werden. Dies geschieht, weil sich die Art und Weise grundlegend verändert hat, wie die Einzelperson die Wirklichkeit wahrnimmt. Manche Menschen sehen vielleicht Licht oder nehmen die Energie um Gegenstände, Berge, Tiere, Bäume oder Menschen herum wahr. Sie glauben, daß das einen Gegenstand umgebene helle Leuchten eine Täuschung der Augennerven oder der Netzhaut ist. Ein paar Menschen, mit denen ich gearbeitet habe, waren vom Wunder des Empfangs von Energie so verängstigt, daß sie tatsächlich glaubten, ihre Netzhaut habe sich abgelöst. Sie ließen ihre Augen untersuchen und mußten feststellen, daß ihnen nichts fehlte.

Eine Frau sah jede Nacht außen an der gläsernen Schiebetür ihres Schlafzimmers ein blaues Licht wirbeln. Die Gegenwart dessen, das da stundenlang in ihrem Garten stand und von dem sie annahm, es sei ein geistiges Wesen, erschreckte sie zunächst. Ehe sie sich dazu entschloß, die Gegenwart des blauen Lichtes als ein gutes Zeichen zu sehen, stand sie viele Ängste durch. Danach begann sie die Umrisse des leuchtenden Körpers zu sehen, der ihr durch Handbewegungen freundlich mitteilte, daß er versuchte, Kontakt mit ihr aufzunehmen. Sie war fasziniert, konnte aber nicht verstehen, was vermittelt werden sollte. Weder hörte sie irgendwelche Worte, noch fühlte sie irgend etwas, was ihre einen Hinweis darauf gegeben hätte, was ihr da mitgeteilt werden sollte.

Nach vielen Monaten, in denen sie einige ihrer Angelegenheiten klärte, hörte sie schließlich die Stimme dieser engelhaften Erscheinung, die ihr sagte, sie solle einen Stift holen und das Gesagte notieren, damit sie die Botschaften vollständig verstehen und sie bei Bedarf noch einmal durchlesen könne. Sie gab zu, daß sie vor dieser Erfahrung tief ins Gesellschaftsleben ihrer Gemeinde verwurzelt gewesen war, Lügen verbreitet und das ihr von den Menschen entgegenbrachte Vertrauen mißbraucht hatte. Sie glaubte, sie könne auf der sozialen Leiter dadurch aufsteigen, daß sie andere in Mißkredit brächte. Sie sah noch viele weitere unschöne Eigenschaften in sich und fing damit an, sie abzulegen. Je mehr sie an sich arbeitete, um so stärker verband sie sich mit dem Wesen des spirituellen Kriegers in ihrem Inneren und der engelhaften Erscheinung, die sie durch ihre Ermutigung segnete.

In einem anderen Fall handelte es sich um einen mir bekannten jungen Mann, der als Baptist in einer kleinen Stadt auf dem Lande des im Süden der Vereinigten Staaten von Amerika gelegenen Bibelgürtels aufgewachsen war und dem alle seine kirchlich geprägten Ansichten über Hölle und Verdammnis durch ein einziges Ereignis genommen wurden. Man hatte ihm beigebracht, daß alle Menschen, die nicht Jesus als ihrem Herrn und Retter folgten und die nicht durch das vollständige Unter-Wasser-Tauchen getauft waren (wodurch die Sünde von ihnen gewaschen wurde), zu ewiger Verdammnis und zum Höllenfeuer verurteilt waren. Er hatte viele Freunde, die keine Baptisten waren, und war hinsichtlich der strengen Ansichten seiner Religion verunsichert. Er kannte viele Menschen anderen Glaubens, die freundlich und gut waren, und er konnte nicht glauben, daß diese Menschen in der ewigen Hölle schmoren sollten. Sein Herz war schwer, und er wußte nicht, wo er sich hinwenden mußte, um inneren Frieden zu finden.

Als er eines Tages durch die Wälder ging, setzte sich ein blauer Eichelhäher vor seine Füße. Er blieb stehen und sah zu, wie der Vogel ein paar Meter weit wegsprang. Als er ihm Schritt um Schritt folgte, kam er auf ein Areal, das früher einmal ein indianischer Friedhof gewesen war. An einem Steilhang erblickte er eine Höhle. Dort stand ein alter Indianer und schürte ein Feuer aus Zweigen. Der junge Mann blieb stehen, sah zu, zu ängstlich, um zu atmen. Der alte Indianer bedeutete ihm, zu kommen und sich ans Feuer zu setzen. Er war zu verängstigt, um dem Folge zu leisten, und so begann der alte Mann auf englisch zu beten. Die Worte des Gebetes veränderten das Leben des jungen Mannes für immer. Er hörte, wie dieser Geist der Vorfahren mit dem Schöpfer über private Dinge aus dem Leben des jungen Mannes sprach, über seinen inneren Zwiespalt und darüber, wie sein Leben genutzt werden sollte, um allen Menschen auf diesem Planeten zu helfen, ohne über sie ein Urteil zu fällen oder darauf zu bestehen, daß sie einer bestimmten Religion angehören sollten. Der junge Mann war so bewegt, daß ihm die Tränen übers Gesicht liefen und sein Körper zu beben begann. Als er seine Tränen weggewischt hatte und wieder aufsah, war die Höhle leer, und der alte Indianer war verschwunden. Er aber wußte, daß sein innerer Aufruhr ein Ende gefunden hatte und daß er einen Fingerzeig Gottes erlebt hatte.

Zeit für eine Realitätsanpassung

Immer, wenn wir einen Durchbruch erleben, bauen wir unsere Art, das Leben und die Realität auf den sichtbaren und unsichtbaren Ebenen zu sehen, neu zusammen. Wenn dieser Wiederaufbauprozeß auftritt, erleben wir eine dramatische Veränderung in unserem Körper, in unserem Verhalten und in unserer Fähigkeit, uns Dingen bewußt zu sein, ohne die normalen Denkabläufe durchlaufen zu müssen. Diese Veränderungen der Wahrnehmung treten auf jedem Pfad der Einweihung auf und erzeugen eine Art Neuverkabelung in uns, durch die unsere

Art, auf das Leben zu reagieren, verändert wird. Auf dem ersten bis vierten Pfad tritt dieser Neuverkabelungsprozeß auf, wenn wir das uns einschränkende Verhalten ablegen und unsere alten Wunden heilen. Auf diesen Pfaden arbeiten wir bewußt auf die Verarbeitung und Klärung unserer Themen hin. Schaffen wir es, unsere alten Verhaltensmuster abzulegen, oder meistern wir etwas, das bislang eine Herausforderung darstellte, spüren wir die Veränderung und werden nie wieder dieselben sein. Wir befreien uns von alten Methoden, falschen Vorstellungen und unserem instabilen rationalen Denken und können dadurch in unserem Denken und Fühlen neue Verbindungen schaffen.

Einige Menschen, die das Unerklärliche erfahren haben, können in eine vom Ego aufgestellte Falle der Selbstherrlichkeit tappen. Wenn diese Menschen kurze Momente der Eingebung erleben, glauben sie unter Umständen, dabei handele es sich um ein Anzeichen, daß sie zu spirituellem Ruhm, als bekannte Wahrsager, größte Schamanen oder zum größten Orakel der Welt ausersehen seien. Aber auf dem ersten bis vierten Pfad erlebt jeder Augenblicke klarer Eingebung oder transzendente Träume, das ist nichts Außergewöhnliches. Diese Erscheinungen können unregelmäßig auftreten, aber sie treten immer dann auf, wenn wir genug Lebenskraft befreit haben, um einen trügerischen Stillstand in unserer Denkweise, unserem Fühlen oder unserem Sein zu durchbrechen.

Weitere Eingebungen hängen davon ab, wie geschickt wir diese außersinnlichen Gaben entwickeln. Der Neuling, der diese Gaben des Einblicks zum erstenmal erlebt hat und daraufhin Arroganz an den Tag legt, beleidigt nicht nur andere, sondern er wirkt leicht auch töricht. Menschen, die fälschlicherweise glauben, daß – nur weil sie diese kurzen Erfahrungen der Einsicht gemacht haben – alles, was sie seelisch wahrnehmen, richtig sei oder daß sie im Besitz alles Wissen seien, fordern eine Lektion heraus. Das Leben scheint stets einen Weg zu finden, uns zur Vernunft zu bringen, wenn unsere Egos Schecks ausschreiben, die unsere eben erst flügge gewordenen Fähigkeiten nicht einlösen können. Nachdem das Ego viel Energie für Selbstgefälligkeit und Arroganz aufgebracht hat, kann der Kojote einen Weg finden, durch den er uns beweist, daß es zum Heulen ist, wie tief das Konto unserer Lebenskraft in die roten Zahlen geraten ist!

Stellen wir uns den Herausforderungen, die uns auf dem zweiten Pfad begegnen, ändern sich unser Leben und unsere Wahrnehmung in vieler Hinsicht. Wenn wir einschränkende oder zerstörerische Verhaltensweisen heilen, durch die unsere Wahrnehmung des Lebens getrübt wird, machen wir uns von den Verhaltensweisen frei, die unsere Energie in Netzen der Täuschung oder des Stillstandes festhalten, und wir erhalten ein wahres Füllhorn an neuen Fähigkeiten und Fertigkeiten. Solange wir die Integrität unseres Zieles im Auge behalten und uns unseren persönlichen Themen stellen, wird uns die zur Anwendung dieser Gaben notwendige Energie zur Verfügung gestellt. Die eigene Makellosigkeit ist eine Fähigkeit, die mit der Zeit ausgefeilt wird, indem wir unserem persönlichen Glaubensbekenntnis entsprechend leben und aus unseren Fähigkeiten das Bestmögliche machen. Wir folgen diesen Lektionen, indem wir sie leben und unsere authentischen Fähigkeiten und inneren Stärken den durch die Lektionen des zweiten Pfades gewonnenen Erkenntnissen hinzufügen, während wir sie gleichzeitig mit den Lektionen des dritten Einweihungsgrades verknüpfen.

5

Echter Verrat findet dann statt, wenn wir uns selbst im Stich lassen, wenn wir taub werden für das Flüstern unseres Geistes und blind gegenüber den darin enthaltenen unermeßlichen Möglichkeiten.
JOAQUIN MURIEL ESPINOSA

Pfad der Heilung

Lehre mich, die Fragmente
Meiner Seele zu sammeln.
Die verlorenen Fähigkeiten wiederzufinden,
Ich strebe nach Heilung.

Laß mich Vergebung finden,
Eine neue Art des Seins entdecken,
Schmerz und Wut gegenüber allen loslassen,
Die mich verletzten.

Laß mich meinen Körper heilen,
Das heilige Gefäß meiner Seele,
Alle nicht geheilten Seiten gesund machen,
Die ich in meiner Medizinschüssel finde.

Laß mich den Mut aufbringen,
Dem Feind in meinem Inneren entgegenzutreten,
All meine Schwächen zu heilen
Und dem Krieger darin Ehre zur Ehre gereichen.

Laß mich mein heiliges Versprechen einlösen,
Auf meiner Suche nach Heilung standhaft zu bleiben,
Weder je meine Medizin im Stich zu lassen
Noch das Herz in meiner Brust.
JAMIE SAMS

Der dritte Pfad der Einweihung
Der westliche Teil
des Medizinrads

Der westliche Teil auf dem Medizinrad ist der Ort der Selbstbeobachtung und des Zuhörens. Der dritte Pfad der Einweihung lehrt uns die Heilung und enthält viele Lektionen, die uns die Teile zu regenerieren helfen, die verwundet oder im Verlauf unseres Lebens immer wieder verdrängt wurden. Im Westen blicken wir auf die Dualität des Lebens: unsere Ängste und unsere Lieben, unsere Stärken und unsere Schwächen, unsere Freuden und unsere Leiden. Wir lernen, mit einem gesunden Schamgefühl zu reagieren, wenn wir wissen, daß wir etwas falsch gemacht haben, das richtiggestellt werden sollte, und entwickeln die Bereitschaft, die Verantwortung für unser Handeln zu übernehmen. Wir nehmen die Fähigkeit zu heilen an und sind bereit, unser Verhalten zu korrigieren und, wenn es notwendig wird, Wiedergutmachung zu leisten. Wir lernen, wie wir uns von ungesundem Schuldgefühl befreien, das entstand, als wir die übertriebenen Erwartungen anderer erfüllten. Wir werden uns bewußt, wann wir ein selbstschädigendes oder schattenhaftes Verhalten an den Tag legen, wir korrigieren unsere alten Formen des Seins und begeben uns so auf den Weg der Heilung.

Die vorhergehenden Lektionen, in denen wir lernten, das Offensichtliche zu erkennen, begannen mit dem zweiten Pfad und werden jetzt ernsthaft in Angriff genommen. Wir fangen an, in uns selbst nach Antworten zu suchen, anstatt diese Teilweisheiten und Wahrheiten im Äußerlichen zu suchen. Auf dem dritten Pfad der Einweihung sind wir erneut gefordert, uns unseren Ängsten zu stellen und all unsere Verhaltensweisen zu betrachten, die der Selbstüberschätzung oder dem Bedürfnis unserer Schattenseite nach einer Zerstörung unseres Wohlergehens entstammen. Wir schärfen unsere Wahrnehmung und entscheiden uns, wie wir die Verhaltensweisen anderer in bezug auf unser eigenes früheres und gegenwärtiges Leben betrachten wollen. Darüber hinaus bestimmen wir, was wir innerhalb unseres individuellen Rahmen erleben wollen. Durch diesen Beobachtungsvorgang, dem entschiedenes Handeln folgt, lernen wir, gesunde Grenzen zu setzen, durch die unser Wohlergehen gesichert wird.

Als menschliche Wesen besitzen wir einen Heiligen Raum, der unseren Körper, unsere Gedanken, unsere Gefühle, unseren Besitz und unsere kreative Kraft umgibt. Während wir die nächste Stufe des Respektes gegenüber dem uns gehörenden Heiligen Raumes erlernen, sind wir aufgefordert, uns zu überlegen, was wir in diesem Heiligen Raum haben wollen. Seine Grenzen werden durch gesunde oder ungesunde Einstellungen bestimmt. Wenn wir über genügend Selbstwertgefühl verfügen und uns weigern, Angriffe in unseren Heiligen Raum gelangen zu lassen, haben wir eine große Herausforderung des dritten Pfades bewältigt. Wir lernen, das Bedürfnis unseres Ego, uns durch unsere eigenen Gedanken zu Fall zu bringen, loszulassen. Wir lassen das Bedürfnis los, andere im Geiste zu kritisieren, und distanzieren uns von jenen, die gefühllos körperliche, emotionale oder verbale Kränkungen gegen uns richten.

Je nach Einzelperson kann der dritte Pfad eine größere Anzahl an Lektionen enthalten und die höchste Zahl an Prüfungen mit sich bringen. Wir werden aufgefordert, den Prozeß der Heilung von Sucht, altem Schmerz oder Trauma, körperlichen Krankheiten, emotionaler Labilität, ungesunden psychischen Mustern, Kindheitsthemen, von Einflußnahme oder Macht über andere, nicht funktionierenden Beziehungen und allen anderen Arten des Ungleichgewichts zu beginnen. Ich möchte den Umfang der Themen gegenüber denjenigen unter uns, die dem dritten Pfad folgen, nicht geringer machen, als sie sind, dennoch müssen wir alle für uns selbst entscheiden, was wir heilen müssen.

Wie alle Pfade ist auch dieser für manche einfach deshalb länger als für andere, weil die menschlichen Erfahrungen voneinander abweichen. Wir erleben Traumata und Schmerzen auf unsere eigene einmalige Art und Weise. Manche Menschen heilen ihre Wunden dann, wenn sie entstehen, während andere den Schmerz jahrelang mit sich herumtragen. Wenn wir das durch unsere alten Wunden entstandene Ungleichgewicht heilen und das Leben von unserem gegenwärtigen Standpunkt aus betrachten, sehen wir unsere Erfahrungen aus einem neuen Blickwinkel. Schließlich können wir die Vergangenheit loslassen und sind authentisch dankbar für unsere Wunden, unsere grauenhaften Erfahrungen und die Brutalität, die wir unter Umständen ertragen mußten. Durch die Heilung dieser Wunden werden wir zu *geheilten Heilern,* die ihr eigenes Leid angenommen und ihr Leben verwandelt haben. Geheilte Menschen treten hervor als Beispiel für andere. Niemand kann das Leben eines geheilten Heilers in den Schmutz ziehen. Das menschliche Wesen, das seine Vergangenheit authentisch geheilt hat, verfügt über das unerschütterliche, tiefe Wissen und den Wert der Reise in die Heilung des Selbst und des Mutes, der von allen spirituellen Kriegern gefordert ist.

Ich betone es noch einmal: Jeder der sieben Pfade der Einweihung geht in einen anderen über. Es ist möglich, Lektionen des dritten Pfades und des zweiten Pfades gleichzeitig zu vollenden und zur selben Zeit mit einigen Lektionen des vierten Pfades zu beginnen. Wie ein Mensch diese Einweihungen erlebt, ist so unterschiedlich wie die Menschen selbst. Denken Sie daran, daß diese Pfade nicht geradlinig verlaufen. Wir scheinen das Leben wie eine Leiter ansehen zu wollen, aber die Vorstellung eines geradlinigen Wachstums verhindert eine Vielfalt von Möglichkeiten, die den Menschen zum parallelen Wachstum in vielen Bereichen gegeben wurde. Einen Menschen zu etikettieren und als jemanden abzustempeln, der sich auf einem von uns als weniger erleuchtet erachteten Pfad als unserem eigenen befindet, ist ein dummer Irrtum, der von der Schattenseite des menschlichen Wesens erzeugt wird. Manche Menschen lernen die Lektionen der Körperlichkeit durch das athletische Stählen ihres Körpers. Andere entwickeln sich und finden Heilung, indem sie ihren Emotionen Ausdruck verleihen. Andere erforschen die menschlichen Fähigkeiten durch die Entwicklung der Gaben des Intellekts, und wieder andere suchen die Bedeutung des Lebens in Mystizismus, Gebet und Spiritualität. Alle Wachstumsformen sind kostbar, und wie wir diese Elemente in unser Leben einbauen, ist Ausdruck unser Einzigartigkeit als menschliche Wesen.

Auf dem dritten Pfad folgen wir dem, was wir in unserer indianischen Tradition die Medizin des Frosches nennen. Der Frosch lehrt uns, das Alte durch die Reinigung unserer Gedanken, Verhaltensweisen und Gefühle zu klären. Der Frosch bringt uns bei, daß eine Tränenflut der erste Schritt zu dieser reinigenden Verwandlung sein kann. Der Prozeß der Läuterung, für die die Medizin des Frosches steht, liegt in der Fähigkeit, all das zu reinigen, was uns von der Heilung und davon abhält, uns mit neuer Energie, neuer Entschlossenheit sowie mit unserer Absicht zu den Veränderungen dienlichen Gefühlen und Gedanken zu befassen. Dieser zweistufige Prozeß der Reinigung des Alten und des Auffüllens mit Neuem wird in jedem Schritt vorhanden sein, den wir auf dem dritten Pfad in Richtung der Heilung unserer Leben machen.

Das Symbol der Maya für die Wiedergeburt, die Fledermaus, stellt eine weitere Medizin dar, zu deren Einnahme wir auf dem dritten Pfad aufgefordert werden. Nachdem wir diejenigen Seiten unseres Lebens gereinigt haben, die uns nicht mehr förderlich sind, werden wir wiedergeboren und lassen die Vergangenheit zurück. Die Fledermaus lehrt uns, dem Prozeß der Wiedergeburt Respekt entgegenzubringen. Währenddessen begreifen wir, wie wir von unserem neuen Heiligen Standpunkt aus handeln sollen. Wir haben den Neubeginn in unserem Leben verdient und sind aufgefordert, die durch unsere eigenen Bemühungen gepflanzten Keime unserer eigenen Möglichkeiten zu schützen. Die Fledermaus hängt mit dem Kopf nach unten in der Höhle, so wie menschliche Föten, während sie in der Gebärmutter auf ihre Geburt warten. Diese umgedrehte Stellung ist auch ein Sinnbild dafür, wie wir manchmal alles in unserem Leben umdrehen und das Unterste nach oben kehren müssen, ehe wir in neue Seinszustände wiedergeboren werden. Während des Prozesses der Wiedergeburt hören wir, genau wie im Bauch unserer Mutter, das Echo jedes Gedanken sowie das Schlagen zweier Herzen. Dieser zweifache Herzschlag zeigt uns die Harmonie unseres Herzschlags an, der mit dem Herzschlag der Mutter Erde übereinstimmt, die uns ermuntert, die Heilung unseres Lebens voranzutreiben.

Die Wandlung und die Zahl Dreizehn

In vielen spirituellen Traditionen steht die Zahl Dreizehn für Wandlung und Heilung. Die Kalender der Juden und Moslems folgen den dreizehn Monden des Jahres. Die indianische Tradition würdigt die dreizehn Monde oder die dreizehn jährlichen Menstruationszyklen der Frauen, die dreizehn Urmütter der Sippen und die dreizehn Kristallschädel, die für die menschlichen Zyklen der Entdeckung unserer persönlichen Medizin und der Wandlung unseres Potentials stehen, indem wir unsere Visionen verwirklichen. Im christlichen Glauben symbolisiert Dreizehn Jesus und seine zwölf Jünger, wobei Jesus als leuchtendes Beispiel der Verkörperung von Wandlungsenergie durch die göttliche Liebe auf der körperlichen Ebene steht. Auch den Maya ist Dreizehn heilig, und sie richten sich nach einem Kalender, der die Wandlung des menschlichen Bewußtseins veranschaulicht. Die alten heidnischen Religionen und die neueren spirituellen Traditionen, die sich im Laufe der letzten 3000 Jahre auf der Erde entwickelt haben, beinhalten alle die sich neigenden Waagschalen, durch die ein Wandel des weltlichen hin zum magischen Geschehen auslöst wird.

Vor einigen Jahren hielt ich mich im Cattaraugas-Reservat im Norden des Staates New York auf, um meine Großmutter Twylah zu besuchen. Dort ging ich zu einem abgelegenen Gebiet, in dem Steilhänge den Cattaraugas Creek überragen. Ich brauchte dringend Ruhe und ließ das Wasser meine Erschöpfung wegspülen. Zu viele Menschen, die Heilung brauchten, und zuwenig Energie, um die Bedürfnisse anderer zu erfüllen, hatten ihren Tribut gefordert. Ich saß am steinigen Flußbett und dankte dem Großen Geheimnis für all die Segnungen in meinem Leben und dafür, daß es mich die wundervollen Veränderungen erleben ließ, die sich im Leben anderer Menschen ereigneten, wenn bei ihnen die Gesundung einsetzte. Ich fühlte, daß ich einen Teil meines Pfades und meiner spirituellen Verpflichtungen erfüllt hatte. Diese hatten aus einer regen Reisetätigkeit bestanden, aber ich wollte sicher sein, daß derjenige Teil meines Pfades vollendet war, der das Reisen zum Inhalt gehabt hatte. Ich bat den Schöpfer, mich erkennen zu lassen, wann die Zeit für die von mir geforderte Veränderung gekommen war. Dann schloß ich meine Augen und ruhte für ein paar Minuten.

Ich fühlte einen Schatten über meinem Körper, öffnete meine Augen und sah nach oben. Ich erschrak, weil ich über mir am Himmel nicht nur einen, sondern fünf Adler erblickte. Ich schoß kerzengerade hoch und sah zu, wie in den nächsten Minuten weitere acht Adler zu den ersten fünf stießen. Dreizehn Adler kreisten über mir, und ich vergoß Freudentränen. Ich wußte, daß dem Adler im Osten fast bis zur Ausrottung nachgestellt worden war, und dies war ein Ereignis, das nicht nur meinen Einweihungsprozeß und meine Wandlung kennzeichnete, sondern auch die Rückkehr der geistigen Energie des Adlers zum Stamm der Seneca und dem Stammesbündnis der Irokesen als Wächter des westlichen Tores. Als mein Freund Wata, Abendstern, eine Viertelstunde später kam, um mich abzuholen, und sieben oder acht Adler sah, die über den Steilhängen verblieben waren, umarmten wir uns und bewunderten die uns an diesem Tag überreichten Geschenke des Geistes. An diesem Tag veränderte sich mein Pfad, und eine neue Art des Dienens begann in meinem Leben. Sie erlaubte mir, meine bisherigen Aufgaben an andere abzugeben, die sich bereit erklärten, den Prozeß der menschlichen Heilung zu unterstützen. Ich wußte, ich war zum Ausgangspunkt zurückgekommen und mußte nicht mehr umherreisen.

Sei bewußt, oder hüte dich!

Wenn wir lernen, in uns hineinzuhören und die vielen von unserem Verstand projizierten Gedanken und inneren Stimmen zu beobachten, können wir unangenehm daran erinnert werden, auf welche Weise unser Verhalten durch unsere Gedanken beeinflußt wird. Wir lernen, jene Stimmen unseres Geistes zu identifizieren, die aus einer Verwundung, dem Stolz oder der Scham entsprangen. Wir können Situationen entdecken, in denen wir unsere Autorität in die Hände derjenigen gelegt haben, die anscheinend ein erleuchteteres Leben führen als wir. Vielleicht meinen wir aber auch, alles zu wissen, und werden stur, arrogant oder angeberisch. Wir entdecken vielleicht, daß wir unsere Selbstherrlichkeit in Bereiche gesteckt haben, wo wir unsere gesellschaftliche Stellung nützen können, um Türen zu öffnen. Aber trotzdem sind wir nicht glücklich. Vielleicht entdecken wir, daß wir wegen unserer Verwundungen überhaupt kein Gefühl mehr für uns selbst aufzubringen vermögen und daß die widersinnigen Meinungen über uns selbst oder die von uns während der Jugend übernommene selbstzerstörerische innere Stimme unser Feind ist. Wir können zu der Erkenntnis kommen, daß die von uns ausgewählten Vorbilder oder Lehrer die falschen für uns waren. Wir können plötzlich entdecken, daß die Gruppen, denen wir angehören, stur und selbstgefällig sind oder Macht über uns ausüben wollen. Alle sich daraus ergebenden klaren Erkenntnisse sind das Resultat der Selbstbeobachtung. Wenn wir den Willen zu einer Veränderung aufbringen, können sie unsere Lebensweise von Grund auf verändern.

Was meinst du damit, die Erleuchtung hat ihre Tücken?

Auf der Mitte des dritten Pfades entdecken wir oft, daß wir im Besitz aller Antworten darüber sind, was für unseren persönlichen inneren Wachstumsprozeß richtig ist. Diese Erkenntnis kann manche Menschen vollkommen verwirren oder verunsichern, während andere vielleicht damit anfangen, sich überlegen oder allmächtig zu fühlen. Beide Gefühle sind Vorboten von Erleuchtungsfallen. Wir finden diese Erleuchtungsfallen dann auf unseren Pfaden vor, wenn wir Alternativen und Möglichkeiten außer acht gelassen haben, die uns aus dem Gefängnis unserer festen Vorstellungen befreien könnten. Wir haben sie geschaffen, indem wir den Schattenseiten unseres Wesens die Herrschaft über uns eingeräumt haben. Glaubt ein Mensch zum Beispiel, daß ein Fleischesser niemals ein spirituelles Leben führen oder die Erleuchtung finden kann, verursacht diese Vorstellung eine Erleuchtungsfalle, durch die anderen ein freier Wille oder eine andere Art der Einweihung nicht zugestanden wird. Kommt dieser Mensch später zu der Erkenntnis, daß die Nahrung nicht den Geist beherrscht und daß alle menschlichen Wesen das Recht haben, über ihre Entwicklung selbst zu entscheiden, bricht die Erleuchtungsfalle entzwei. Diese Person kann immer noch der Ansicht sein, ein vegetarisch geführtes Leben sei für sie selbst richtig, wird aber nicht mehr darauf bestehen, daß Fleischesser minderwertig seien oder ein Verbrechen an der Natur begingen.

Erleuchtungsfallen treten auf dem dritten Pfad sehr viel öfter in Erscheinung als auf den ersten beiden Pfaden der Einweihung. Das Leben scheint uns zu prüfen, um sicherzugehen, daß wir unsere wiedergewonnene Energie richtig einsetzen und uns nicht dazu verführen lassen, unsere authentische Macht zu mißbrauchen. Auf dem dritten Pfad beginnen wir, die Stücke von uns selbst zurückzugewinnen, die durch Traumata, Schock, Mißhandlungen, Sucht, körperliche Krankheiten und emotionale Schmerzen zu Bruch gingen. Unsere zurückgewonnenen Anteile, die vorher in Form von Taubheit, Ablehnung, Schock oder eine andere Art des fehlenden Bewußtseins in Erscheinung getreten waren, bringen viele Fäden an ungenutzter Energie , die wieder aktiviert werden kann, wenn wir diese Anteile unserer Vergangenheit heilen.

Wenn wir zum Beispiel unter einer schlechten Beziehung litten und glauben, daß wir es nicht wert seien, geliebt zu werden, dann tragen wir dieses Werturteil in dem Bereich unseres Selbst mit uns, dem diese Wunde zugefügt wurde. Wenn dieses Bruchstück des Selbst geheilt oder zurückgewonnen wird, kann die Vorstellung der Minderwertigkeit zu einem späteren Zeitpunkt wieder auftauchen und uns in Schrecken versetzen, weil wir glauben, die Ergebnisse, für die wir so schwer gearbeitet hatten, seien nicht von Dauer. Dies ist ein Beispiel dafür, wie eine Erleuchtungsfalle funktioniert, und sie könnte einen der vielen Tests des Lebens ankündigen. Wenn die Angst, minderwertig zu sein, in einer Situation wieder auftritt, die einem Ereignis aus der Vergangenheit ähnelt, werden wir womöglich daraufhin überprüft, ob wir noch einmal auf unsere alten Angstmuster hereinfallen. Alles was hier wirklich passiert, ist, daß wir in der Gegenwart die Möglichkeit bekommen, unsere alten Schattenmeinungen zu überprüfen, die durch frühere Verletzungen entstanden sind. Wir bekommen die Möglichkeit, Unrichtiges loszulassen, das nicht mehr mit unserem gegenwärtigen Gesundheitszustand übereinstimmt. Wenn wir Angst loslassen, anstatt ihr zu gehorchen, haben wir den Test mit fliegenden Fahnen bestanden.

Der dritte Pfad der Einweihung kann schwierig werden, denn um uns auf diesen Pfad begeben zu können, mußten wir uns all jener Teile in uns selbst annehmen: unsere Einstellungen prüfen und unsere Lebenssituationen und Bruchstücke von uns selbst betrachten, durch die wir der bewußten Heilung abgehalten werden. Meine Lehrerinnen und Lehrer machten sich über diesen Pfad lustig, indem sie sagten: »Tauche tief ein, aber halte den Atem nicht an« – und dann lachten sie schallend, weil ich ernstlich verunsichert war. Sie bezogen sich auf eine weitere Erleuchtungsfalle auf diesem Pfad. Während wir unsere verdrängten Gefühle oder frühere Schmerzen zu verarbeiten lernen, können wir leicht das Atmen vergessen. Das soll heißen, wir werden so besessen davon, Begründungen für die kleinsten Dinge zu finden, die in unserem Leben passieren, und versuchen, alle täglichen Begebenheiten mit einem Etikett zu versehen, damit alle Einzelheiten sauber in unserem Gedächtnis angeordnet sind. So zu handeln verursacht einen Blackout. Nichts ist mehr klar, wenn wir das Bewußtsein verlieren, wenn wir uns keinen Raum zum Atmen mehr zugestehen. Indem wir wie besessen herauszufinden versuchen, warum sich Dinge in unserem Leben ereignen, können wir den Kreislauf unserer Spiritualität nachhaltig unterbrechen.

Jemand, den ich kannte, erklärte ständig, warum andere Menschen bestimmte Lebenserfahrungen machen mußten. Er sagte: »Oh, das geschieht ihnen, weil sie nicht ...« – und dann füllte er die leeren Stellen aus. Er wurde wirklich böse, wenn Menschen, die ihn aufsuchten, weil sie bestimmte Themen ihres Lebens heilen wollten, diese nicht so schnell in den Griff bekamen, wie er es von ihnen erwartete. Seine Selbstherrlichkeit war ein verblüffendes Beispiel einer funktionierenden Erleuchtungsfalle. Er war sehr davon überzeugt, zu wissen, was jeder seiner Patienten bearbeiten mußte, und hatte eine derart felsenfeste Meinung zu den Themen eines jeden Patienten, daß er keinen Freiraum für göttliche Fügung und das Auftreten echter Heilung mehr zuließ.

Jeder Mensch, der den Weg des Dienstes am Nächsten gewählt hat, hat sich auch dazu verpflichtet, Veränderungen dadurch zu ermöglichen, daß er den Schöpfer durch sich selbst wirken läßt. Wir haben keinen Einfluß darauf, wie das Große Geheimnis sich entschließt, durch uns zu wirken. Unsere Egos würden es nur zu gerne sehen, daß wir meinen, persönlich vollständig für die Heilung oder Veränderung eines anderen Menschen verantwortlich zu sein. Nichts könnte weiter von der Wahrheit entfernt sein. In jeder Situation arbeiten alle Menschen und alle vorhandenen Elemente gemeinsam auf das Ziel hin: eine Heilung zu ihrer eigenen Zeit und auf ihre eigene Weise zustande zu bringen. Nur, wenn wir uns demütig dazu bereit erklären, als Instrumente zur Heilung benutzt zu werden, können wir auch etwas bewegen. Wir können nicht vorhersagen, wie eine Heilung geschehen wird, aber wir können zu dieser Gleichung unsere Lebenskraft und unsere Absicht zum Dienen beitragen sowie Dankbarkeit dafür aufbringen, daß alle Menschen und alle spirituellen Kräfte gegenwärtig sind.

Dies bringt uns wieder zum Ausgangspunkt und zum indianischen Sprichwort zurück, das da heißt: »Das Große Geheimnis kann nicht ergründet werden.« Das Leben wäre langweilig, wenn wir die Gründe für alles wüßten, was uns widerfährt. Und nicht nur das, dieses Wissen würde auch unseren freien Willen unterbinden, durch den wir in der Lage sind, unsere Ansichten und unseren Geist zu verändern sowie diejenigen Energiemuster neu zu weben, die wir auf unseren individuellen Abschnitten im Traumgeflecht erzeugt haben. Indem wir es einfach nur zulassen, daß Gott, der Schöpfer, das Große Geheimnis, die höhere Macht ist, werden uns unbegrenzte Möglichkeiten und Wunder zur Verfügung gestellt. Warum sollten wir also jemals versuchen, die Art und Weise zu steuern, in der sich das Geheimnis in unserem Leben entfaltet? Wenn unser Vertrauen schwach ist oder wir das Bedürfnis haben, auf die Art Einfluß zu nehmen, wie sich das Geheimnis entfaltet, stärken wir die Schattenseite des menschlichen Wesens, und es wird die Oberhand gewinnen. Dies zu tun bedeutet, die Macht des Großen Geheimnisses aus unserem Leben auszuschließen. Eine Einflußnahme dieser Art ist wie Gott zu spielen, und sie stellt eine weitere Erleuchtungsfalle dar. Sie erzeugt Ansichten, Gedanken und Gefühle, die dem weiteren Wachstum nicht förderlich sind, sondern den Schattenseiten unseres Wesens erlauben, die Kontrolle über unsere Wahrnehmungen und Erfahrungen zu übernehmen.

Zulassen, daß das Große Geheimnis unser Leben berührt

Wenn sich Wunder oder göttliche Fügungen ereignen, ist das zunächst erschreckend, weil sie normalerweise ein nicht zu erklärendes Aufblitzen der Synchronizität darstellen. Großmutter Twylah erzählte mir eine Geschichte aus ihrem Leben, die zeigt, wie die göttliche Einmischung des Großen Geheimnisses Einfluß auf ihre Entscheidung nahm, ihr Wissen mit anderen Menschen auf der ganzen Welt zu teilen. Sie war an einem ausgesprochen schwierigen Punkt ihres Lebens angekommen. Sie arbeitete schwer, um ein Auskommen zu haben, und mußte für vier Kinder sorgen. Eines Tages kam ein Mann vorbei und fragte unter ihrem Mädchennamen nach ihr. Er erzählte ihr, daß er, als sie im Alter von sechs Jahren von ihrer Familie weggenommen und in ein Pflegeheim gebracht worden war, ihren Großvater, Moses Shongo, getroffen hatte. Sie waren an einem kleinen Fluß entlanggewandert, und Großvater Shongo hatte einen Stein gefunden. Er hatte ihn hochgehoben, gegen den Himmel gehalten und den Mann gebeten, ihn irgendwann später einmal Twylah zu geben. Großvater Shongo sagte, er würde nicht mehr am Leben sein, wenn der Mann sich daran erinnern würde, Twylah den Stein zu geben, daß sie ihn aber brauchen würde, wenn die Zeit gekommen war.

Twylah war bereits von einer Erblindung während ihrer Oberschulzeit und von einer Lähmung genesen, die durch ein Narkosemittel verursacht worden war, das man ihr während der Geburt ihres vierten Kindes verabreicht hatte. Zu dem Zeitpunkt, als der Fremde sie besuchte, war die Last, die sie trug überwältigend, verunsicherte sie und laugte sie aus. Sie hatte keine Kraft mehr, anderen zu helfen. Ihr größter Kummer war, daß ihr Großvater, der ihr seine Medizin hinterlassen hatte, während der Zeit gestorben war, als sie im Pflegeheim untergebracht war, und daß sie sich nie von ihm hatte verabschieden können. Als der Mann Twylah den Stein überreichte, sah sie, daß er vollkommen rund und schwarz war mit einer breiten Linie in der Mitte. Jeder Stein, durch den eine verschiedenfarbige Zeichnung verläuft, wird als Stein des Heiligen Pfades bezeichnet. In diesem Augenblick sprach der Geist Großvater Shongos zu seiner Enkelin, teilte ihr mit, daß sie auf diesem Pfad bleiben sollte, und lieh ihr aus der geistigen Welt seine Kraft.

Wenn wir diesen dunkleren Zeitabschnitten gegenüberstehen, in denen wir verzweifeln könnten, müssen wir erkennen, daß wir das Geheimnis des Lebens sich ausbreiten lassen müssen, denn sonst sind wir nicht in der Lage, die kleinen Wunder der Hilfe zu erkennen, die uns die Geister der Natur anbieten. Ebenso müssen wir beobachten, wie Verachtung und Herablassung gegenüber anderen von Ego und Verstand geschaffen werden. Wenn wir glauben, mehr zu wissen, mehr gesehen zu haben und besser dran zu sein oder eine bessere Einstellung zum Leben zu besitzen als andere, haben wir vergessen, daß jeder Reisende auf der Straße des Lebens ein Bote ist. Um in diesen Situationen das Gleichgewicht wiederherzustellen, werden wir aufgefordert, einige Lebenserfahrungen zu sammeln, die uns erkennen lassen, wie wir unsere eigenen Erleuchtungsfallen geschaffen haben.

Wenn wir nicht erkennen, wie unsere Einstellungen im Traumgeflecht ein chaotisches Ungleichgewicht geschaffen haben, und wenn wir nicht verstehen, wie diese inneren Standpunkte und Gefühle sich auf unser Leben auswirken, bauen wir uns Hürden auf, deren Überwindung angesichts unserer Lebenserfahrungen schwierig sein wird. Ein Beispiel ist der Verlust materieller Dinge, die manchen Menschen das Gefühl der Überlegenheit geben. Wenn ein Mensch an dem Punkt angelangt ist, an dem für ihn der Prozeß der Einweihung begonnen hat, und er immer noch seine Energie fälschlicherweise in Zeichen der

Macht und des Erfolges investiert, verschwinden die Symbole des Wohlstandes, der Macht, des Einflusses und der Stellung langsam aus seinem Leben.

Diese Lektion kann Menschen aller Gesellschaftsschichten betreffen. All diejenigen, die ihren Wert über den Broterwerb bestimmen, können diese falschen Selbstwertgefühle mit dem Ertönen der Weckrufe ablegen. Wenn wir auf alles stolz sind, was wir tun, verfügen wir über Würde und Ehre, egal wie bescheiden unsere Rolle auch sei. Wenn wir unsere Rolle im Leben dazu benutzen, uns in unseren eigenen Augen oder denen anderer wichtig zu machen, verlieren wir unsere authentische Identität. Der spirituelle Krieger versteht genau, daß jedes menschliche Wesen ein vollkommenes Geschöpf ist, das die Grenzenlosigkeit des Großen Geheimnisses widerspiegelt, und daß er aufgefordert ist, mit allen menschlichen Wesen durch eine würdevolle Haltung Kontakt aufzunehmen.

Wer sich auf dem dritten Pfad befindet und seine Identität auf einem trügerischen Selbstbild aufgebaut hat, baut sich mit Sicherheit einen Weg auf, durch den die Kette aus Illusionen oder Täuschungen unterbrochen werden kann. Ich habe Menschen auf diesem Pfad erlebt, die auf unterschiedliche Weise zeigten, wie man alte Identitäten losläßt. Sie können diese Energien in die Heilung einfließen lassen oder um sich treten und schreien und den Schöpfer für ihr Unglück verantwortlich machen. Welchen Weg auch immer Sie wählen, die falsche Illusion, daß Verantwortung einfach weggeschoben werden kann, löst sich schließlich auf.

Als ich mich auf den Weg der Heilung begab, verschwand der Mann, den ich liebte, aus meinem Leben. Ich verlor sein Kind, mit dem ich schwanger war. Ich verlor meine Arbeit, weil mein Arbeitgeber pleite ging und mein allmonatlicher Gehaltsscheck platzte. Ich verkaufte alle meine Möbel und alles andere, für das ich genug Geld bekam, um nach Mexiko zu fahren und dort bei meinen spirituellen Lehrern Unterricht nehmen zu können. Ich mußte meinen Traum, Ehefrau und Mutter zu sein, begraben und den Kummer in meinem Leben heilen, aber ich hatte immer noch meine Verbindung zum Schöpfer, zur Mutter Erde und zu den Geistern der Vorfahren. Es brauchte seine Zeit, die Wunden meines gebrochenen Herzens zu heilen, aber ich fand trotz meines Schmerzes Freude, denn ich öffnete meine Sinne dem Leben und entdeckte, was im Leben wirklich wichtig war.

Während ich gesundete, wurde ich täglich mit Träumen und Visionen darüber gesegnet, warum sich mein Pfad geändert hatte, mich zu dem zurückgebracht hatte, was das Große Geheimnis für mich und mein Leben vorgesehen hatte.

Ich wußte, daß ich mich selbst heilen und noch vielen Feuerproben unterziehen mußte, um mein Versprechen zu dienen zu erfüllen. Mit 19 Jahren erkrankte ich an Mononukleose, und jahrelang litt ich unter chronischer Müdigkeit. Durch eine Blutuntersuchung wurde eine schwere Infektion mit dem Epstein-Barr-Virus entdeckt, das von der Medizin erst 15 Jahre später als Krankheit anerkannt wurde. Mein Zustand verschlimmerte sich noch, als ich in Mexiko an Bruzellose erkrankte und Fieberanfälle bekam, weil ich unpasteurisierte Milchprodukte gegessen hatte. Während der nächsten 19 Jahre lebte ich tagaus tagein mit einer Temperatur zwischen 38° und 39°C. Nachdem ich dreieinhalb Jahre in Mexiko gelebt hatte, brach ich durch das Dach einer Lehmziegelhütte, war drei Wochen lang gelähmt und mußte während der nächsten sechs Monate einen stählernen Stützapparat für meinen Rücken tragen.

Ich war aufgerufen, die auf meinen Schultern lastenden emotionalen, körperlichen und seelischen Schmerzen zu ertragen. Oft glaubte ich, daß ich diese Dunklen Nächte der Seele nicht überstehen könnte. Während dieser Zeit lernte ich den Wert des Loslassens und des Sich-Trennens von allem und jedem, was mich von der Heilung abhielt. Ich entwickelte Durchhaltevermögen und Glauben, und diese stützten mich im Verlauf des 16 Jahre lang anhaltenden Fiebers und während des Heilungsprozesses und geben mir noch heute die Kraft zum Leben.

Ich will damit nicht sagen, daß diese verheerende Art des Loslassens für jeden Menschen auf dem dritten Pfad notwendig ist, aber ich habe erlebt, daß verschiedene solche Lektionen im Leben von Menschen auftraten. Es passiert letztendlich im Leben eines jeden Menschen, daß er den Weg freimacht für die Heilung. Wie sich aber die Geschichte eines jeden einzelnen entwickelt, ist nicht vorhersehbar. Die Entwicklung eines Menschen beinhaltet auf die eine oder andere Weise das Loslassen der Vergangenheit. Dieser Tod der Vergangenheit kann auch in angenehmer Form auftreten. Besonders dann, wenn wir die Veränderungen langsam durchführen. Einige von uns studieren jedoch auf der »Universität der harten Schläge«, und zufällig bin ich einer dieser Studenten.

Muß das Leben mich mit einer Flutwelle überrollen, weil ich nicht auf das Tropfen des Wasserhahns gehört habe?

Vielen Menschen müssen erst schwere Schicksalsschläge widerfahren, damit sie ihre Lebenspfade drastisch und schnell ändern können. Ich habe viele Menschen beobachtet, die berühmt oder reich waren und ihre Stellung zum Wohle anderer hätten nutzen können. Sie waren aber so mit sich selbst beschäftigt, daß sie nicht wußten, wie sie teilen oder etwas zurückgeben sollten. Ich kenne andere, die aufrichtige Hilfe anboten und dann ihre Sache nicht zu Ende brachten und ihre Versprechen denjenigen gegenüber brachen, die auf den ihnen versprochenen Beistand vertrauten. Einige dieser Menschen hatten den dritten Pfad der Einweihung erreicht, und dennoch landeten sie in einer ernsten Notlage, weil sie nicht in sich hineinsehen und für ihr Verhalten keine Verantwortung übernehmen konnten.

Eine in der Öffentlichkeit bekannte Person hatte die Angewohnheit, viele geistige Führer aller verschiedenen Glaubensrichtungen aufzusuchen, und verschleierte ihr unsicheres Bedürfnis nach Anerkennung als entwickelte Seele nur mühsam. Dieser Mann vollbrachte von Zeit zu Zeit gute Werke und half verschiedenen Organisationen und Einzelpersonen. Als auf dem dritten Pfad die schwere Arbeit der authentischen Selbstbeobachtung gefordert war, nahm er eine andere Haltung an: Verdrängung. Der verunsicherte Mann fühlte sich anderen geistig überlegen, schätzte jeden Menschen guten Willens ab, der in sein Leben trat, und taxierte im Geiste, ob diese Person ihm geistig ebenbürtig war oder nicht. Er benutzte Menschen zu seinem Vorteil und warf sie danach weg, erkannte seinen Machtmißbrauch nie und bemerkte nicht, daß er im Traumgeflecht ein riesiges Durcheinander verursachte. Ich war tieftraurig, weil ich wußte, daß das Durcheinander im Netz, das er in seiner Arroganz unbewußt gewoben hatte, ihn eines Tages einholen würde.

Egal, wie wichtig oder erfolgreich ein Mensch auch wird, niemand kann die unsichtbaren Welten des Geistes auf die gleiche Art und Weise steuern, wie Angestellte, Ehepartner oder Kinder. Wir können das Traumgeflecht nicht manipulieren. Das Netz des Lebens, das wir erfahren, wird entsprechend unseren innerlichen Einstellungen, Gedanken, Gefühlen und Ansichten gewoben. Der Versuch, sich in einen

Zustand der Erleuchtung einzukaufen, ist lächerlich und unmöglich. Wenn wir uns im Umgang mit anderen menschlichen Wesen wie Tyrannen verhalten, bewirken auch gute Taten keine Veränderung im Netz des Lebens. Wenn wir alte Vorurteile hegen, spiegelt das Netz unserer verstrickten Energie die innerlichen Kriege wider, die zwischen unserem Schatten und unserem Licht toben, und selbst minutiös geplante Erfolgsstrategien versagen. Wir brauchen ein hohes Maß an Mut, um genau zu erkennen, was wir mit jedem Gedanken, jeder Einstellung oder jeder Tat erschaffen. Ehe eine authentische Heilung stattfinden kann, muß jeder Versuch, zu schummeln oder sich unbemerkt durchzumogeln, ausgemerzt werden.

Im Gegensatz zur Selbstgefälligkeit stehen Menschen, die im Leben sehr gelitten haben und überhaupt kein Selbstwertgefühl mehr besitzen. Sie können so tief verwundet sein, daß auf dem dritten Pfad die Möglichkeiten zum Aufbringen des notwendigen Mutes weitergeführt werden, damit sie ihr Gefühl des Wohlbefinden wiedererlangen. Angesichts der unaufhörlichen menschlichen Tragödien entschlossen sich einige, die Heiligkeit des Lebens zu verschmähen, und scheren sich nicht darum, ob sie sich und andere zerstören. Für diese Menschen enthalten der erste und der zweite Pfad die Lektion, zum erstenmal in ihrem Leben eine Hoffnung auf die Zukunft zu erkennen. Wenn sie dann den dritten Pfad erreichen, ist es ihre Aufgabe, das Selbst zu stärken, indem sie sich und anderen tiefen Respekt entgegenbringen. Diese Menschen sind normalerweise dankbar für Dinge, die andere für selbstverständlich halten, weil ihnen selbst das kleinste Glück vorher versagt blieb. Vor dem ersten Weckruf, der sie auf die Pfade der Einweihung gebracht hatte, waren ihre Leben vielleicht das gewesen, was die meisten Menschen unter einem realen Alptraum verstehen.

Wenn alle unsere Lebenserfahrungen aus Leid, Armut, Demütigungen und Schmerz bestehen, übernehmen wir diese Grausamkeiten in unserem eigenen Verhalten. Tief verletzte menschliche Wesen erkennen bei solchen Gelegenheiten, daß sie ihrem Leben einen neuen Sinn geben können, wenn sie ihre Hände nach anderen mit gleichem Hintergrund ausstrecken. Das Gefühl einer vergrößerten Familie gibt diesen Menschen ein Gefühl der Unterstützung und kann sie für immer verändern, indem es ihnen zeigt, daß sie wertvoll und liebenswert sind. Der Pfad der Rückeroberung des Selbstwertgefühls ist schwer und erfordert Ausdauer, aber der Mensch, der den Mut aufbringt und diesen Weg geht, verfügt über wahre Stärke. Die Heilung aus den Tiefen der Verzweiflung, einschließlich der Erinnerungen an Gewalt und Mißbrauch, kann alle, die durch diesen Sturm gegangen sind, mit einer ruhigen Kraft erfüllen. Wenn andere angesichts einer Gefahr oder einer Katastrophe in Panik geraten, kann ein Mensch, der bereits viel Schlimmeres erlebt hat, die notwendige Kraft aufbringen und sich diesem Ereignis stellen.

Menschen zu beobachten, die gerade ihren Wachstumsprozeß durchlaufen, kann oft schmerzlich sein. Wenn eine geliebte Person durch schwere Schläge oder Kummer lernt, ist es möglich, daß auch wir leiden. Wie sollen wir uns verhalten, wenn sie oder er mit zehnfacher Schallgeschwindigkeit und mit lautem Getöse auf eine Mauer zurast? Wir können auf die Gefahr hinweisen, und solange wir darauf vorbereitet sind, daß unser Hinweis auf taube Ohren stoßen wird, können wir mahnen und reden. Wir können schweigen und zusehen. Wir können uns zurückziehen und es zulassen, daß diese Person auf ihre Weise lernt, und es vorziehen, sie aus der Entfernung zu beobachten. Wenn wir das Verhalten der betreffenden Person nicht gutheißen und spüren, daß es zerstörerisch wirkt, können wir uns aus seinem oder ihrem Einflußbereich entfernen. Wenn dieser Mensch süchtig ist, können wir bei seinen Angehörigen für ihn eintreten, um ihn so wieder zur Besinnung zu bringen. Bei allen Entscheidungen kommt es darauf an, wie die Einzelperson reagiert. Auf jeden Fall aber sind wir aufgefordert, keine Vorurteile zu haben, für das höchste Gut dieses Menschen zu beten und die Situation in die Hände des Großen Geheimnisses zu legen. Die Lektion des dritten Pfades besteht darin, die Vorstellung darüber loszulassen, wie andere Heilung finden sollten.

In der Tradition der Seher des Südens wird dieser Wandlungsprozeß der Heilung unseres inneren Gleichgewichts »Tod und Wiedergeburt des Schamanen« genannt. Der Tod falscher Vorstellungen, das Ende zerstörerischer Illusionen und der Beziehungen zu Menschen, die sich unangemessen oder ungesund verhalten, wird auf diesem Zyklus der Einweihung in Erscheinung treten. Der Kreislauf des Todes kann auch Dunkle Nächte der Seele mit einschließen. Sie werden uns schließlich zwingen, Wachstumsmöglichkeiten zu sehen, die uns durch den Zyklus des Todes und der Wiedergeburt geschenkt werden. Wenn wir diesen Wandlungsprozeß des dritten Pfades verleugnen und uns weigern, ihn als Mittel zu sehen, um unsere Ausdauer (oder die Medizin des Elches) zu stärken, werden uns die Ereignisse in unserem Leben so lange weiter herausfordern, bis wir bereit sind, den Fehdehandschuh aufzuheben und uns würdevoll dem Heilungsprozeß zu unterwerfen. Wenn wir weiterhin die uns vom Leben geschickten Warnsignale übersehen, werden die folgenden Dunklen Nächte der Seele um so stärker ausgeprägt sein. Unsere Gesundheit kann Schaden nehmen; in diesem Abschnitt der Einweihung kann er den Magen, die Leber, die Milz und den Darm betreffen, denn sie sind am schwächsten, weil sie sich im gleichen Bereich befinden wie der Traumkörper, unsere Lebenskraft und die Verbindung zu den unsichtbaren Welten der Gedanken und Träume.

Wir erfühlen die Welt durch unseren Traumkörper

Der Traumkörper besitzt die Gestalt eines leuchtenden Eies, das im Torso des menschlichen Körpers seinen Wohnsitz hat. Das untere Ei-Ende ruht auf dem Schambein, und das obere Ende befindet sich knapp unterhalb des Herzens. Von der Mitte des Eies aus, ungefähr drei Zentimeter über dem Nabel, strecken sich viele Hunderte von goldenen Energiefäden aus, die unsere menschlichen Sinnesantennen darstellen und sich in jede Richtung des Universums ausstrecken. Dies sind die Fäden unserer Energie, die uns mit unserer Intuition verbinden und uns erlauben, die Welt um uns herum zu verstehen und zu fühlen. Dieselben Fäden strecken sich in unsere unsichtbaren Welten hinein; durch sie kann ein Mensch, der sein Leben ausreichend geheilt hat, die Wirklichkeit jenseits der üblichen Grenzen wahrnehmen.

Der Traumkörper ist unsere Verbindung zur Welt der Gefühle, der Intuition, der Inspiration und der Gedanken im Traumgeflecht. Jede Wahrnehmung der sichtbaren und unsichtbaren Welten fängt mit den goldenen Fäden des Traumkörpers an und endet schließlich als Empfindung oder als Eindruck. Ob wir nun schlafen oder wach sind, das leuchtende Ei des Traumkörpers sammelt Lebenskraft und führt uns die Energie zu, die wir zur Kräftigung unserer Kreativität benötigen. Nur wenn wir uns von unseren alten einengenden Mustern befreit haben, können wir den Traumkörper vollständig nutzen. Wenn wir zulassen, daß diese einschränkenden Gewohnheiten, Gedanken oder Haltungen absterben, werden wir in neue Ebenen des Verstehens und der Klarheit geboren. Wir sind dann in der Lage, die vom Großen Geheimnis stammende universelle Energie zu nutzen und unsere physischen Körper sowie die Reichweite unserer Wahrnehmung zu erhöhen. Während wir gesunden, entfalten sich die goldenen Fäden in immer größere Bereiche der Existenz und ermöglichen, daß wir uns aus den verworrenen Fäden befreien, die durch Schmerz, Trauma oder Mißbrauch entstanden sind. Indem wir uns beobachten und dem Prozeß des Sterbens und der Wiedergeburt unterziehen, werden wir in der Lage sein, das Leben effektiver zu bewältigen und die uns gegebene Energie richtig anzuwenden. Während wir unsere verwundeten Bruchstücke zurückgewinnen und sie heilen, entdecken wir die Selbstachtung wieder. Dann stärken sich unsere persönliche Autorität, Kompetenz und unsere Effektivität im Leben auf eindrucksvolle Weise.

Wie viele Fäden der Wahrnehmung in neuen Bewußtseinszuständen aktiviert werden, ist von Mensch zu Mensch verschieden und hängt davon ab, wie weit man geheilt ist. Hat eine Person ein Trauma erlitten oder wurde sie verwundet, ziehen sich die Fäden zurück, die sich aus dem leuchtenden Ei des Traumkörpers zu anderen ausstreckten. Es kommt darauf an, ob die betreffende Person ihre Gefühle geheilt und vergeben hat und ob die Situation, in der sie verletzt wurde, abgeschlossen ist und der Mensch sich wieder für Gefühle öffnet. Anderenfalls bleiben die Fäden verworren oder verknotet. Bleibt dieser Mensch verschlossen und läßt es nicht zu, daß Heilung und Vergeben die blockierten Bereiche innerhalb des Traumkörpers befreien, können die alten nicht geheilten Wunden von jenen Menschen, die Energie wahrnehmen, als klaffende Löcher wahrgenommen werden.

Ich hatte meine erste Erfahrung mit der erneuten Öffnung der Wahrnehmung meines Traumkörpers, als ich an einen authentischen Ort des Vergebens kam, nachdem ich im Alter von neun Jahren brutal vergewaltigt worden war. Als ich gesundete, begannen sich die goldenen Fäden meines Traumkörpers auszubreiten. Jedesmal, wenn ich mich im hellen Tageslicht aufhielt, sah ich sie als winzige kometenartige oder spermien-förmige Lichter, die sich im Freien ausbreiteten. Ich hatte während meines ganzen Lebens Farben um Menschen herum gesehen, aber dieses optische Phänomen veränderte sich mit meinem Bewußtsein. Ich begann auch Energiebahnen zu sehen, die ich in Rot oder Magenta erlebte und die zwischen meinem Körper und dem von mir betrachteten Gegenstand auftauchten. Das Gitter sah aus wie das Schema im Inneren eines Radios oder Fernsehers, mit hellen Energieströmen, die sich gegenüber dem labyrinthähnlichen Äußeren abzeichneten und sich wie ein Farbdia zwischen mich und die Welt schoben. Dies war für mich das Zeichen, daß vergangene Wunden geheilt waren und ich die Magie des Lebens zurückgewinnen konnte.

Erweitern statt aufgeben

Wenn wir Erfahrungen fürchten, die unserer Erziehung fremd sind, oder wenn wir Situationen meiden, die unsere Freunde als unannehmbar erachten, haben wir im Grunde Angst davor, daß wir ausgeschlossen werden. Wir betrachten nur einen winzigen Lebensausschnitt als akzeptabel. Diese schmale Allee aus Erfahrung wird zum einzigen begehbaren und bequem zu ertragenden Weg. Wir können die Sicherheitszone erweitern, wenn wir bereit sind, uns unseres Bedürfnisses nach Anpassung oder Akzeptanz zu entledigen, durch das unsere Wahrnehmung eingeschränkt wird. Wenn unsere einzige Selbstbestätigung im Leben darin besteht, ein Mensch unter vielen zu sein, wird es uns schwerfallen, diese Geborgenheit aufzugeben. Das Verhalten einiger wird von der Angst vor Bestrafung bestimmt, bei anderen vom Bedürfnis nach Liebe oder Zustimmung. Wenn wir Kummer erlitten haben, sträuben wir uns vielleicht – aus Angst vor Veränderungen, davor, andere zu verlieren oder Kritik zu ernten, verlassen oder links liegengelassen zu werden – gegen eine Veränderung.

Eine der schwierigsten Lektionen des dritten Pfades ist, unserer Angst vor dem Verlassenwerden entgegenzutreten. Wenn wir eine neue Identität finden wollen, müssen wir auf diesem Pfad unter Umständen die Orte verlassen, an denen wir gelebt haben. Wenn alle Menschen, denen wir je im Leben begegnet sind, feste Vorstellungen davon haben, wie wir handeln, wie wir aussehen oder wie wir fühlen und leben sollen, wird es uns schwerfallen, einen neuen Lebensstil anzunehmen. Wenn wir mit den Veränderungen beginnen und merken, daß sich uns nahestehende Menschen entfremden, können wir eine Entscheidung treffen. Wir können uns dazu entschließen, unseren Wachstumprozeß und unser Heilungspotential nicht zu vernachlässigen, oder wir können dem Drängen unserer Mitmenschen nachgeben und unser Bedürfnis nach Veränderung dadurch verdrängen, daß wir unsere Gefühle unterdrücken. Wenn wir uns nicht stark genug fühlen, einen Schlußstrich zu ziehen, und blind auf uns selbst vertrauen, können wir darauf hinarbeiten, stärker zu werden, oder wir können weiterhin eine Verweigerungshaltung einnehmen und unsere Sinne abstumpfen, indem wir uns weigern, das Unbehagen in unserem Innern und unsere Selbstanschuldigungen zu registrieren.

Wenn wir uns dazu entschließen, unser Selbst nicht im Stich zu lassen, haben wir nachhaltig diejenigen Fäden zu neuen Mustern unserer Lebenserfahrung verwoben, die uns in unserem Vorwärtskommen und unserer Heilung stützen. In dem Augenblick jedoch, wenn wir uns dazu entschließen, unser inneres Wissen um die Notwendigkeit einer Veränderung zu verdrängen, haben wir Fäden im Traumgeflecht erzeugt, die uns die Lektionen zum Thema Verlassenwerden präsentieren, die wir noch lernen müssen und die vielerlei Gestalt annehmen können: Unser Liebster kann eine Affäre haben, unser Ehepartner kann die Scheidung einreichen, eine Gruppe kann sich von uns distanzieren, eine Freundin oder ein Freund ruft nicht mehr an.

Diese Szenarios des Verlassens stellen Weckrufe dar. Wir können aufgefordert werden, in uns zu gehen, das Ereignis oder den Gedanken aufzuspüren, durch den wir von unserer persönlichen Integrität, unseren Gefühlen, unserem Selbstwertgefühl und unserem eigenen Glauben abfielen. Wenn wir uns selbst im Stich lassen, haben wir im Traumgeflecht Fäden gewoben, die den Gleichklang unserer Intuition, unseres Wohlbefindens und unseres Wissens zerstören. Es wird leichter, sich in Illusion oder Verdrängung zu flüchten und anderen die Schuld für unseren Schmerz oder unsere Einsamkeit zuzuschieben, wenn wir die sanfte und leise Stimme überhören, die uns zuflüstert, daß da etwas nicht stimmt. Wenn wir jedoch herausfinden, wo und wann wir uns selbst im Stich gelassen haben, müssen wir vielleicht zugeben, daß wir gar nicht mehr die Gesellschaft von Menschen suchen, die aus unserem Leben verschwinden. Das »Leben läuft ab, während wir andere Pläne machen« – und so eröffnen sich uns Möglichkeiten, an die wir nicht gedacht hatten. Der unerwartet auftauchende zweite Weg kann uns drängen, unsere bisherige Lebensweise und Identität hinter uns zu lassen und uns neuen Menschen anzuschließen, die uns diejenigen sein lassen, die wir sind.

Jedesmal, wenn auf unserem Weg kein Durchkommen mehr möglich zu sein scheint und wir eine alte Illusion durchschaut haben, stehen wir plötzlich vor neuen Möglichkeiten oder Alternativen. Manchmal zerstreuen sich diese Täuschungen durch göttliche Fügung. In anderen Fällen lassen wir selbst los, oder das, was bislang ein verschwommenes Durcheinander darstellte, tritt plötzlich klar hervor. Diese Gelegenheiten können im unerwarteten Auftauchen eines Tieres in der Natur bestehen. Sie können aber auch das Ergebnis einer zeremoniell hervorgerufenen Vision darstellen oder als Zeichen von Naturgeistern auftreten. Sie können in Traumbegegnungen, dem Erscheinen spiritueller Führer oder Engel sowie im plötzlichen Gefühl bestehen, ohne ersichtlichen Grund eine Last abgenommen zu bekommen. Manchmal geht bei etwas, das wir lesen oder sehen, in unseren Köpfen das Licht an und schenkt uns das große Aha-Erlebnis, wenn sich die Teile eines Puzzles ineinanderfügen.

Du bist dort zu Haus, wo dein Herz ohne Angst lebt

Vor ein paar Jahren erlebte ich einige aufreibende Tests, bei denen verwundete und von Haß und Unwissenheit vergiftete Menschen mich angriffen. Ich wurde in der Öffentlichkeit von Fremden nur deshalb getadelt, weil ich ein Halbblut bin und sie selbst zufälligerweise Indianer waren. Ich wurde von weißen Eiferern angegriffen, als ich bei Zeremonien vor Publikum in indianischer Aufmachung erschien. Nach einer Autogrammstunde, in der ich Bücher signierte, brach ich zusammen, denn ein wiedergeborener Christ hatte versucht, mir einem Jagdmesser in den Rücken zu stechen, weil er der Ansicht war, daß die Lehren der Indianer des Teufels seien. Ich fühlte mich schutzlos, und die von Unwissenheit und Vorurteilen verursachten Wunden erzeugten in mir das Gefühl, daß ich nirgendwo hingehöre und daß ein liebevoller Mensch der allen Glaubensrichtungen Respekt entgegenbrachte, seines Lebens nicht mehr sicher war. Ich wurde an ähnliche Ereignisse erinnert, die ich sieben Jahre zuvor erlebt hatte. Damals hatte mir ein Traum bei der Bewältigung der Vorkommnisse geholfen.

In diesem Traum erzählte mir Großvater Shongo, ich solle in das Reservat kommen und an den Cattaraugas Creek gehen und er würde mir dabei helfen, meinen Schutzstein zu finden. Das Auffinden eines Schutzsteines ist in unserem Glauben ein sehr heiliger Vorgang. Nur einmal im Leben findet ein Mensch den Stein, der ihm zeigt, wie sie oder er das Leben heilen kann, und er schenkt dem Menschen bis zu dem Tag, an dem er auf die andere Seite überwechselt, eine feste Bindung an Mutter Erde. Ich ging zurück in das »Rez« (Reservat) und fand den Abschnitt des Flusses, den ich in meinem Traum gesehen hatte. Ich suchte eine dreiviertel Stunde lang an der Sandbank, setzte mich dann hin und versuchte, mit Großvaters Geist Kontakt aufzunehmen. Ich sagte ihm, daß es mir leid täte, ich den Stein aber nicht finden könne. Ich spürte seine Gegenwart und ein herzliches Lachen. Dann tönte eine leise Stimme aus der Sandbank, die sagte: »Hier bin ich, hier bin ich!« Ich begann, an der Stelle zu graben, an der ich die Stimme hörte, und sah das obere Ende eines Steines aus dem Sand herausragen. Als ich den ganzen Stein ausgegraben und abgewaschen hatte, staunte ich.

Ehe ihn die Eiszeit oder ein Vulkanausbruch in einen Stein verwandelte, hatte mein persönlicher Schutzstein damals vor Hunderttausenden von Jahren aus Schlamm bestanden, in den sich Seemuscheln, Zweige, Schalentiere und andere Abdrücke tief eingeprägt hatten. In den nächsten Stunden untersuchte ich ihn und entdeckte immer mehr in den Abdrücken. In den Stein waren drei meiner Totems eingeprägt, die für die Medizin meines Lebens stehen. Andere Symbole spiegelten meine Gaben des Geistes und meiner Wesenszüge wider. Ich erschrak, als Großvater Shongos Stimme in meinem Kopf dröhnte, und sprang hoch, als ob man mich gezwickt hätte. Er sprach: »So bist du. Du gehörst zur Erde wie dieser Stein. Dein Blut ist eine Mischung verschiedener Anteile der Menschheit, weil du dein Leben nutzen sollst, um eine Brücke zwischen Menschen zu schlagen, durch die die Einheit aller Rassen verdeutlicht werden soll. Du brauchst dich niemals zu schämen, daß du nirgendwo hingehörst, denn du gehörst zur Erde.« In diesem Augenblick begann die Heilung, und sie enthüllte sich im Verlauf vieler Jahre immer wieder Schritt für Schritt.

Die Maya benutzten die Zwiebel, wenn sie das geistige Wesen des geheilten Menschen darstellen wollten, zu dessen Heilung die verschiedenen Schichten abgeschält werden mußten. Es liegt im Wesen der Menschen, zu wachsen und sich zu verändern, sich in verschiedene Richtungen von denjenigen Mustern fortzubewegen, denen sie im

Kindesalter folgten. Jedoch bringt nur der mutige Mensch den Willen auf, die geforderte Arbeit zu leisten und Schichten der Zwiebel zu entfernen, die notwendig sind, um authentische Freiheit zu erlangen. Wenn wir im Leben jede Notlage und jede Herausforderung als eine Gelegenheit zur Stärkung unseres inneren Kampfgeistes zu strahlend starkem Mut, innerem Wissen und Wahrheit nutzen, verwirklichen wir diese Art der Freiheit. Wir lernen, daß die Zwiebelschichten entfernt werden, sobald wir das Leben mit all seinen Freuden und Sorgen annehmen und verstehen, sowie daß alle Erfahrungen wichtige Einweihungen darstellen, die uns die Macht der Wahl zugestehen. Mittels dieser Urteilsfähigkeit können wir entscheiden, wie wir auf Ereignisse in unserem Leben reagieren, und wir können durch die Türen hindurchgehen, die sich durch diese Erfahrungen für uns geöffnet haben.

Unsere Schattenseiten sähen es liebend gerne, wenn wir bei jedem Anzeichen von Leid oder bei allen schmerzvollen Begegnungen ein Bild des Grauens und der Finsternis zeichneten. Sie würden uns gerne zuflüstern, daß wir nicht stark genug seien zum Überleben oder zum Weitermachen. Indem er die inneren Schatten sprechen läßt, ist unser Geist in der Lage, unser Vorwärtskommen zu behindern. Jeder flüchtige Gedanke, der Sinnlosigkeit oder Selbsthaß zum Inhalt hat, schränkt die Fähigkeit des Geistes zur Überwindung der vor ihm stehenden Hürden ein. Wenn wir dem Wunsch der Schatten nachgeben, können Hoffnungslosigkeit, Hilflosigkeit und Verzweiflung von uns Besitz ergreifen. Indem wir die Schattengedanken registrieren, wann immer sie auftauchen, und indem wir uns bewußt wandeln, verändern wir deren Inhalt und räumen nachhaltig deren Macht aus.

Schließlich lassen wir auf diesem Pfad unsere Ängste vor den dunklen Mächten und vor dem Bösen los und erreichen eine Ebene des Verständnisses, auf der Dunkel und Licht nicht als getrennte Kräfte, sondern als Teil des gleichen Universums gesehen werden. Diese Auffassung bietet uns die Gelegenheit, durch das Beobachten und Erfahren von Gegensätzen zu lernen. Genauso, wie wir nie wüßten, was Hitze bedeutet, wenn wir nicht auch Kälte gespürt hätten, so veranlassen uns die Dunkelheit oder das Böse zur Suche nach Licht, Ganzheit und innerem Frieden. Die Schattenseite des menschlichen Wesens ermöglicht uns die Entscheidung. Großmutter Twylah sagte: »Es hat immer solche und solche Menschen gegeben. Wir sollten dankbar für ›die einen‹ sein, weil ohne sie ›die anderen‹ bequem würden und ihrem Pfad nicht mehr folgen würden.« Spirituelle Krieger nehmen Negatives, das fehl am Platz ist, als Herausforderung an. Wir können das erkennen, was wir nicht annehmen wollen, und wir wählen den Pfad, der vorteilhafter ist und unseren Zielen eher entgegenkommt.

Wenn wir uns zum Beispiel eines Tages verletzlich fühlen, denken wir vielleicht: »Ich schaffe es nicht, ich bin es nicht wert, in diesem Bereich meines Lebens Erfolg zu haben.« Wir haben die Wahl, jenen uns von unseren Schattenseiten präsentierten negativen Gedanken entweder Glauben zu schenken oder sie im Traumgeflecht durch unseren Widerstand neu zu weben. Wenn wir den Entschluß fassen, an das Schlechte zu glauben, haben wir unsere Autorität verschenkt und unseren freien Willen ausgeschlossen. Wenn wir uns zum Widerspruch entschließen, können wir diesen Gedanken durch einen positiveren ersetzen und unsere Energie aus der Selbstverleugnung abziehen. Wir können unsere Energie und unsere Autorität durch diese einfache Aussage zurückgewinnen: »Alle Teile der Schöpfung des Großen Geheimnisses sind vollkommen. Ich ehre die Vollkommenheit in mir und halte die Perfektion in allen lebendigen Dingen in Ehren.«

Die Dinge, die wir verleugnen, werden bestehen bleiben. Eine wichtige Erleuchtungsfalle auf dem dritten Pfad ist die Verdrängung unpassender Verhaltensweisen, die wir unter Umständen an den Tag legen. Jedes menschliche Wesen besitzt eine Schattenseite, die zur Kenntnis genommen werden muß. Wenn wir behaupten, keine dunklen Verhaltensweisen zu haben, dann bestreiten wir, jemals ungeduldig, eifersüchtig, wütend, ängstlich, neidisch, unehrlich, herrisch, wertend, beherrschend, manipulierend oder kritisch gewesen zu sein. Alle menschlichen Wesen tragen Verantwortung für ihre guten und auch für ihre schlechten Seiten. Wenn wir unsere beiden Seiten nicht zur Kenntnis nehmen, können wir keine Heilung finden. Wenn wir authentisch erkennen, wann wir unsere Schattenseite benutzen, können wir auch erkennen, wo unser Licht ist, und die Schatten annehmen, um zur Ganzheit zu gelangen. Danach können wir Ungleichgewichte in unserem Verhalten beseitigen und neue Ebenen des Verstehens sowie längere Phasen ausgeglichener Harmonie erleben.

Das Ziel der Einweihung in das Leben besteht nicht darin, die strengen Gesetze der Perfektion zu meistern. Es ist unser Ziel, uns unserer Gedanken, Gefühle und Taten vollständig bewußt zu werden, damit wir Harmonie und Einssein mit allem erlangen, was uns im Leben begegnet. Alle Gefühle und Gedanken anzunehmen bedeutet, das Gute und das Schlechte zu akzeptieren, das Licht ebenso wie die Schatten. In diesem Integrationsprozeß entdecken wir den Wert unseres freien Willens und die Macht der eigenen Entscheidung. Wir haben die Wahl, unsere Autorität an das Schlechte oder an das Gute zu verschenken. Jedesmal, wenn wir uns zu einer Änderung unseres Heiligen Standpunktes entschließen und die Rolle des unvoreingenommenen Beobachters einnehmen, rücken wir von einem Werturteil ab, das unsere Fähigkeit der Heilung beeinträchtigen könnte.

Rede nichts Böses

Weltweit praktizieren die Eingeborenenstämme Formen der Etikette, die so individuell und so unterschiedlich sind wie die Stämme selbst. Ein allen gemeinsamer Brauch ist jedoch der, sich der üblen Nachrede zu enthalten. Durch die Gepflogenheit, während der Arbeit zu schweigen, zu singen oder Geschichten zu erzählen, wird das Bedürfnis der Gemeinschaft gestillt, sich zu Gruppen zusammenzuschließen und miteinander Kontakt aufzunehmen. Somit bleibt kein Platz für gedankenlose und verletzende Worte oder Tratsch. Die Erkenntnis, daß alle Worte in den unsichtbaren Welten positive oder negative Energien widerspiegeln und erzeugen, verhindert, daß negatives Geschwätz Zwietracht in den Alltag bringt. Indem sie die Stille zu ihrer Lebensweise erkoren haben, können die Mitglieder des Stammes ihren Geist reinigen und Energie erzeugen. Durch diese Stille eröffnen sich ihnen andere in der Natur existierende Welten, und folglich besteht innerhalb des Stammes eine größere Harmonie. Geht Energie nicht durch Negatives verloren, kann die zur Verfügung stehende grenzenlose Inspiration zur Gestaltung von Tänzen, Geschichten und Zeremonien genutzt werden, die ein jedes Stammesmitglied als wertvolles Mitglied preisen. Als er sich auf dem dritten Pfad der Einweihung befand, kam der moderne Mystiker und Erfinder BUCKMINSTER FULLER zu der Erkenntnis, daß negative Gefühle, Kritik und Beleidigungen unsere Lebenskraft mindern. Gegen Ende seiner Militärlaufbahn wurde er sich schmerzlich der Tatsache bewußt, daß seine Alkoholabhängigkeit und die damit verbundenen Wutanfälle seine Ehe und seine Familie zerstörten. Er erkannte, daß er durch den Mißbrauch seiner Schattenseite seiner Familie schadete, versuchte mehrfach, sich zu ändern, und scheiterte. Er weigerte sich schließlich, zum Opfer seiner Schattenseite zu werden, griff zum letzten Mittel und benutzte sich selbst als Versuchskaninchen. Mit Zustimmung seiner Frau ließ er sich von einem Arzt den Kiefer mit Draht zusammenbinden, damit er niemanden mehr durch Worte verletzen konnte. Seine Ernährung wurde überwacht, und seine Frau fütterte ihn durch einen Strohhalm mit flüssiger Kost. Während dieser selbstgewählten Zeit der Stille entdeckte er, daß er gezwungen war, sich seine Sucht, seine zerstörerischen Gefühle und seine negativen Gedanken eingestehen zu müssen, ohne sich in seine ehemaligen Verdrängungsmechanismen flüchten oder andere quälen zu können. Mr. Fuller heilte seinen Schatten, und zum Lohn wurde er mit Ideen und Inspirationen beschenkt. Die Ideen zu vielen seiner von uns geschätzten Erfindungen, wie zum Beispiel die geodäsische Kuppel, kamen ihm während dieser Zeit der Stille.

Auf dem dritten Pfad der Einweihung kommen wir zu der Erkenntnis, daß unsere Lebenskraft in allem, was wir denken, fühlen, träumen und tun, enthalten ist. Diese Lebenskraft wird durch unsere Tatkraft angetrieben und von unserem persönlichen Willen gesteuert. Wenn uns nicht genügend Lebenskraft zur Verfügung steht, können wir im Leben keinen Erfolg haben. Wenn wir unsere Lebenskraft darin investieren, andere und uns selbst zu kritisieren, plündern wir unser Bankkonto der Lebenskraft, das zu Inspiration, körperlicher Vitalität oder Kreativität genutzt werden könnte. Je bewußter wir uns darüber werden, wie wir unsere Energie investieren, um so leichter wird es, diese Lebenskraft zurückzugewinnen und in Bereiche zu leiten, die uns eine Verwirklichung unserer Herzenswünsche erlauben. Muster oder Verhaltensweisen, die uns durch negative Gedanken oder Kritik Energie entzogen haben, gehören in das Reich der Schatten.

Menschliches Schattenverhalten entdecken wir bei vielen Gelegenheiten. Wir können es in den Fernsehnachrichten beobachten, die über die Verbrechen der vergangenen Woche berichten. Wir können es in der allgemeinen Gier erkennen. Wir können es in Filmen entdecken, in denen der Böse fürchterlich brutale Taten verübt, und wir können es in Heuchelei und Intrigen am Arbeitsplatz feststellen. Wenn wir es diesen Verhaltensweisen erlauben, unsere Lebenseinstellung zu dominieren, werden uns unsere Äußerungen entmutigen, uns in Angst oder Wut versetzen, Alpträume verursachen oder unsere

Hoffnung schwinden lassen. Wir können das Leben als schwarz oder weiß betrachten, aber indem wir dies tun, fordern wir eine Erleuchtungsfalle heraus. Die zur Einordnung des Lebens in die Schublade des »Wir und die anderen« benötigten radikalen Ansichten erzeugen ganze Gedankennetze, die in Sackgassen oder in den Stillstand führen. Damit soll nicht gesagt sein, daß wir kriminelle Verhaltensweisen gutheißen oder uns an Gewalt gewöhnen sollen. Statt dessen sind wir aufgefordert, die Bereiche in uns selbst aufzuspüren, in denen wir noch Verhaltensweisen unserer Schattenseite vorfinden. Wenn wir erkennen, daß alle menschlichen Wesen eine helle und eine dunkle Seite besitzen, haben wir einen Schritt in die richtige Richtung getan. Wenn wir uns entschließen, an denjenigen Bereichen in uns selbst zu arbeiten, die eine Veränderung notwendig haben, anstatt mit dem Finger auf andere zu zeigen, werden wir zwar nicht die Gesellschaft ändern, können aber in uns selbst eine Veränderung vornehmen.

Während des Prozesses der Begegnung mit unseren dunkleren Seiten entwickeln wir unser Verständnis des Ganzseins innerhalb des menschlichen Bewußtseins. Meine Lehrer zeigten mir, wie Menschen der Angst zum Opfer fallen können und wie die Angst den Schatten die Autorität über unsere Gedanken, Gefühle und Ansichten gibt.

Das Zeichen für die Unendlichkeit in der untenstehenden Darstellung wird nach dem deutschen Mathematiker, der seine einzigartigen geometrischen Eigenschaften entdeckte, auch Möbius-Band genannt. Das Symbol stammt jedoch aus dem Altertum und wird seit Jahrhunderten von den Eingeborenen benutzt, um aufzuzeigen, wie die beiden Welten des Sichtbaren und des Unsichtbaren, der Materie und der Energie durch zwei unendliche Kreise verbunden sind.

Angst hindert uns am Gegenwärtigsein

Mein Lehrer JOAQUIN MURIEL ESPINOSA malte dieses Symbol mit einem Stock auf die Erde und zog eine Linie durch den Schnittpunkt. Über die Linie schrieb er JETZT. Dieser Zustand des vollständigen Gegenwärtigseins tritt auf, wenn wir im Gleichgewicht mit uns selbst und unserem Leben sind, wenn wir Ruhe und Frieden gefunden haben. Die linke Schleife bezeichnete er als die Vergangenheit und die rechte als die Zukunft. Er zeigte mir, daß wir nicht vollständig gegenwärtig sein

Das Symbol für die Unendlichkeit

können, wenn uns Gedanken und Gefühle aus der Vergangenheit verfolgen. Dann zeigte er auf die Zukunft und sagte mir, daß wir, wenn wir die ungewisse Zukunft fürchten, auch aus dem Gleichgewicht geraten können. Denn dann haben wir unsere Energie in das investiert, was passieren könnte, anstatt in das, was uns in der Gegenwart widerfährt. In beiden Fällen wurde der Wert des Augenblicks ruiniert, und wir können nicht an der uns vom Schöpfer angebotenen Freude am JETZT teilhaben. Wenn wir unsere Energie in Bedauern, Angst oder in die Erwartung unseres Verhängnisses investieren, können wir die unmittelbaren Segnungen des Glückes und der Zufriedenheit nicht empfangen.

Jahrelang arbeitete ich mit diesen Bildern und machte selbst noch ein paar Entdeckungen. Weil die »Gabe« das Geschenk ist, das den Menschen vom Großen Geheimnis gemacht wird, kam ich zu der Erkenntnis, daß es in der englischen Sprache einige Anagramme gibt, die das Phänomen des Abgleitens in düstere Gedanken oder in negative Gefühle genauer verdeutlichen.

Wenn wir Dinge, die wir in der Vergangenheit getan haben, oder unseren früheren Lebensstil bedauern, investieren wir unsere Energie in eine Reise in die Vergangenheit. Aus dem Wort »lived« (gelebt) wird beim Rückwärtslesen »devil« (Teufel). Wenn wir uns Gedanken darüber machen, wie wir etwas anders gemacht haben könnten, erzeugen wir unseren eigenen Teufel sowie die Dämonen des Bedauerns und der Selbstanklage in unserem Inneren, weil wir in der Vergangenheit steckenbleiben. Die Buchstaben von »lived« und »live« (gelebt und leben) bilden zwei weitere treffende Wörter: »veiled« und »veil« (verhüllt und Schleier). Diese Anagramme zeigen uns, wie unsere Vergangenheit verhüllt wird, wenn wir im Bedauern steckenbleiben, und wie wir die Zukunft mit einem Schleier verhüllen, durch den unsere Ängste die Gegenwart verändern können.

Wenn wir angstvolle Gedanken nicht anpacken, sobald sie auftauchen, häufen sie sich an, und wir können in Zukunftsangst und in die Angst vor dem Unbekannten abgleiten. Indem wir unsere Energie in die Angst davor investieren, wie wir in der Zukunft leben werden, verzögern und verlieren wir Energie, die wir zur Verwirklichung dessen hätten nutzen können, was wir heute benötigen. Wenn wir in diese Schattenfalle hineintappen, erzeugen wir unser eigenes Unglück oder düstere Zukunftsaussichten, weil wir uns über eine noch gestaltlose spätere Zeit Sorgen gemacht haben. Somit üben wir in der Gegenwart durch unsere negative Haltung und unsere Angst Einfluß auf die Zukunft aus. Durch diese Handlungsweise messen wir der Zukunft einen höheren Stellenwert bei als dem JETZT und bewegen uns wieder rückwärts. Das Wort »live« (»leben«) buchstabiert sich rückwärts als »evil« (»böse«). Immer, wenn wir uns vor der Zukunft fürchten, geben wir unsere Verantwortlichkeit, unseren Willen und unsere Lebenskraft an die Schatten ab und lassen es zu, daß unsere Energie auf rückwärts gerichtete Weise genutzt wird. Indem wir ihnen die Nutzung unserer Lebenskraft überlassen, erzeugen wir unsere eigenen Ängste. Der in uns leuchtende Lebensfunke wird schwächer, denn wir verlieren unsere Lebenskraft an die Vergangenheit oder an die Zukunft.

Durch eine List lockt uns der Kojote in die Heilung

In der Tradition der Seher des Südens kommt jede Selbstsabotage von den Schatten und stellt eine höchst wirksame Medizin des Schelmengottes Koyote dar. Die meisten unter uns sind sich nicht bewußt, daß sie in diese Art des Konflikts verwickelt sind. Wir glauben, eine Sache anzustreben, in Wirklichkeit aber investieren wir unsere Lebenskraft gleichzeitig in widersprüchliche Gedanken und Gefühle. Normalerweise treten Alpträume dann auf, wenn die durch eine Selbstsabotage erzeugte Unsicherheit unsere bewußte oder unbewußte Unsicherheit widerspiegelt. Auch widersprüchliches Reden und Handeln spiegelt unsere Selbstsabotage. Wenn wir dies sagen, aber jenes denken und fühlen und wiederum völlig anders handeln, kann durch die Kunst der Selbstsabotage jeder unserer inneren Ängste oder verwundeten Fragmenten der Persönlichkeit eine Stimme gegeben werden. Auf dem dritten Pfad beginnt die Aufgabe der Heilung dieser gegensätzlichen Teile des Selbst.

Der Totem des Kojoten präsentiert uns unerwartet versteckte Lektionen, damit wir klar erkennen, wie wir uns selbst einen Strich durch die Rechnung machen. Jeder Mensch, der inständig auf gute Ergebnisse hofft, insgeheim einen Fehlschlag fürchtet und im Geiste eine Liste führt, was und warum etwas nicht erreicht werden kann, wird von Zweifeln und Unentschlossenheit verfolgt. Alle, die sich verbissen auf das gewünschte Ergebnis konzentrieren oder sich in die Dramatik ihres eigenen Lebens verstricken, können der Humorlosigkeit oder Besessenheit zum Opfer fallen. Auf irgendeine Weise wird die Medizin des Kojoten in Erscheinung treten, die Ernsthaftigkeit beseitigen und die Lächerlichkeit unserer menschlichen Torheit widerspiegeln. Wenn wir todernst reagieren, lacht der Kojote und erinnert uns daran, daß Humorlosigkeit doppelt so tödlich sein kann wie ein Herzinfarkt, denn wir haben unser Herz dann zweimal verloren. Wenn wir ein Herz besitzen und auch Gebrauch davon machen, können wir herzhaft lachen, und eine Leichtigkeit des Seins wird möglich, die alle Arten der Heilung fördert. Verharren wir in der Humorlosigkeit, entwickeln wir Krankheiten, die den Körper töten. So wird der Geist aus dem selbstgeschaffenen Gefängnis befreit, das durch unsere Weigerung entstand, Freude zu spüren.

Auf dem dritten Pfad ist es von überragender Bedeutung, daß wir lernen, über unsere Selbstherrlichkeit, unsere Arroganz, unsere Theatralik und unseren falschen Glauben, unentbehrlich zu sein, zu lachen. Menschen, die die Lektionen der persönlichen Autorität erlernen, verlieren sich auf diesem Pfad sehr oft in der falschen Ansicht, sie seien einzig auserwählt oder wegen ihrer besonderen Fähigkeiten zur Veränderung der Welt auserkoren. Die mit dieser Entwicklungsphase verbundenen Lektionen zeigen, ob wir Bescheidenheit an den Tag legen und ob wir mit unserer Kraft gewandt umgehen können. Nur allzu oft kommt das Besserwisser-Syndrom ins Spiel: Aus einer Machtposition heraus werden dann pseudo-intellektuelle Reden geschwungen, doch die betreffende Person kann nicht der von ihr vertretenen Philosophie gerecht werden. Der Kojote ist der große Gleichmacher, er unterzieht uns vielen verschiedenen Prüfungen und zeigt uns genau, wo wir uns selbst im Wege stehen.

Die Friedhöfe sind voll von Menschen, die glaubten, unentbehrlich zu sein

Einige Menschen stecken auf dem dritten Pfad fest und geben ständig nur – so lange, bis sie selbst nicht mehr über ausreichend Lebenskraft verfügen, um ihre eigene Gesundheit aufrechtzuerhalten. Dies ist eine weitere Erleuchtungsfalle. Ein Freund erzählte mir einmal, daß die Friedhöfe voll von Leuten seien, die glaubten, unentbehrlich zu sein. Auf dem dritten Pfad wird uns genau gezeigt, wie wir uns selbst überbewerten, und wir werden aufgefordert, gesunde Grenzen zu ziehen, um ein Gleichgewicht zwischen Geben und Nehmen, zwischen Ruhe und Aktivität herzustellen. Dieses Geschenk der Ausgewogenheit findet sich in den urbildlichen Lektionen der Medizin des Otters, bei denen Arbeit und Vergnügen ins Gleichgewicht gebracht werden. Auch die Bäume, die »stehenden Menschen«, lehren uns die Lektionen von Geben und Nehmen. Menschen, die ihr eigenes Wertgefühl eng mit der Rolle verknüpfen, die sie in dem von ihnen gewählten Beruf spielen, können oft schwer nein sagen. Wir erkennen diese Muster in allen Lebensbereichen, sei es in der Elternschaft, beim Aufstieg auf der Karriereleiter, in den Dienstleistungsberufen oder in der Heilkunst. Wenn wir uns einbilden, unentbehrlich zu sein, können wir vergessen, daß wir Menschen sind und unserem Körper Aufmerksamkeit schenken müssen. Wenn wir glauben, Superman oder Superwoman zu sein, können wir Krankheiten erleiden, die uns zwingen, kürzerzutreten und uns selbst mehr Aufmerksamkeit zu schenken. Wenn wir anfangen, uns stärker zu beachten, fällt uns vielleicht auf, daß unser Verhalten von falschen Zielen geprägt war, wie zum Beispiel von der Jagd nach Geld und Anerkennung, vom Bedürfnis, gebraucht zu werden, und von der Versagensangst.

Auf dem zweiten bis vierten Pfad wählen einige Menschen zur Heilung ihres Lebens Berufe, die andere in ihrem Heilungsprozeß unterstützen. Sie werden vielleicht Masseure, Familienberater, Psychotherapeuten, Handaufleger oder Hellseher bzw. spirituelle Berater. Wenn diese Menschen nicht aufpassen, können sie mit einer bestimmten Art von Erleuchtungsfalle konfrontiert werden: Durch die Ausübung eines Berufes, der von der Bedürftigkeit anderer abhängt, können bei der Genesung eines Patienten Ängste vor einer Einkommenseinbuße entstehen, wenn dieser die angebotenen Dienste nicht mehr benötigt. Auch kann die Energie, die zur Durchführung der Sitzungen und zum Bezahlen von Rechnungen benötigt wird, ein schwindelerregendes Maß erreichen, und das kann bei diesen Heilern dazu führen, daß sie zur Aufrechterhaltung ihrer eigenen Gesundheit zu erschöpft sind. Jeder auf diesem Gebiet tätige Mensch wird durch eine zweite Einkommensquelle davor bewahrt, in die Fallen der Geldängste zu tappen.

Werden Sie Ihre Ohrstöpsel und Ihr inneres Geplapper los

Eine der grundlegenden Lektionen des dritten Pfades besteht im Zuhören. Wirkliches Hören entsteht, wenn wir jeden Teil unserer Körper als Ohren benutzen. Um die entscheidenden Punkte einer jeden Situation wahrnehmen zu können, müssen wir mit mehr als nur unseren Ohren hören, all unsere Wahrnehmungen nutzen und uneingeschränkt aufmerksam sein. In der Beobachtung dessen, was offensichtlich ist, liegt ein Teil des Zuhörens. Dies heißt auch, daß wir die Worte und Absichten eines anderen Menschen wahrnehmen und verstehen sollen. Wenn wir an das denken, was wir als nächstes sagen oder wie wir antworten werden, sind wir in der Zukunft und nicht präsent genug, um zu verstehen, aufzunehmen und zu verinnerlichen, was uns der andere mitzuteilen versucht. Wir unterbrechen den Kreis der Kommunikation in dem Augenblick, in dem wir nicht aufmerksam sind, und dadurch schmälern wir unser Potential, durch das Teilen von Gefühlen und Informationen zu lernen und zu wachsen.

Eine weitere Lektion des dritten Pfades besteht darin, auf unsere eigenen Worte zu hören und sie als heilig zu achten. Unser eigener Geist zieht uns dafür zur Verantwortung, wie wir Versprechen machen oder

Verpflichtungen eingehen. Dies gilt auch dafür, wie wir unsere Worte zur Einflußnahme, zur Manipulation, zur Machtausübung oder zur Ermutigung anderer einsetzen. Zu sagen, was andere hören wollen, oder Psycho-Spielchen zu spielen, ist auf dieser Stufe der Entwicklung tödlich. Die Folgen dieses Verhaltens werden hier zum Bumerang und führen dazu, daß die daraus entstehenden Einweihungen von Grund auf chaotisch werden und jede Anerkennung zunichte machen, die wir durch das Befolgen der Lektionen zu ernten hofften. Diese von den Schatten erzeugten Tests und Erleuchtungsfallen sind von noch größerer Tragweite, wenn wir nicht an unserer Integrität feilen und nach weiterer Makellosigkeit in unserem Leben streben, indem wir uns weigern, das Schattenverhalten in uns selber oder in anderen zu fördern.

Wenn Gelöbnisse, Versprechen und Verpflichtungen nicht eingelöst werden, können uns andere ihr Wohlwollen und ihre unterstützende Energie entziehen, was einen plötzlichen Verlust an Synchronizität nach sich zieht. Ich habe beobachtet, wie diese nach unten gerichtete Energiespirale im Leben eines Mannes großes Leid verursachte. Er brach immer wieder seine Versprechen und benahm sich so lange arrogant, bis andere schlicht und einfach und ohne böse Absicht ihre Lebenskraft von ihm abzogen und sie lieber in andere Bereiche investierten. Dieses Zurückziehen des Wohlwollens war so ausgeprägt, daß seine bis dahin bestehende Synchronizität schwand und sein Leben auf die schiefe Bahn geriet. Sogar dann erkannte er nicht, daß sein eigenes Verhalten die Probleme verursachte, die er eingebildeten Feinden zur Last legte.

Warum fühle ich mich, als ob meine Nerven blank lägen?

Zu gewissen Zeiten können uns auf allen Pfaden der Einweihung eine heftige Empfindlichkeit gegenüber Geräuschen, Gewalt, Gerüchen, elektrischen Geräten, Licht und anderen Elementen aus unserer Umgebung das Gefühl geben, krank zu sein oder verrückt zu werden. Diese Überempfindlichkeit beginnt normalerweise auf dem dritten Pfad, nämlich dann, wenn wir die Teile von uns zurückgewinnen, die sich verschließen mußten, um unser Überleben sicherzustellen. Wenn diese Fragmente zurückgewonnen werden, können wir die Erfahrung machen, daß unsere Empfindlichkeit und unsere sinnlichen Wahrnehmungen so ausgeprägt sind, daß sie körperliche Schmerzen verursachen. Das ist normal. Die Umstrukturierung der Art und Weise, wie wir das Leben wahrnehmen, ist ein Bestandteil des Heilungsprozesses. Wenn wir die unserem Empfindlichkeitsgrad entsprechend auftretenden Veränderungen fürchten, entwickeln wir möglicherweise auf dieser Stufe Umweltkrankheiten. Wenn wir diese Empfindlichkeit und unsere Angst, mit uns könne etwas nicht stimmen, nicht überbewerten, wird sich die Empfindlichkeit wieder normalisieren. Je stärker wir uns an eine feste Meinung zu den von uns erlebten körperlichen Symptomen klammern, um so schwieriger wird es, wieder ein natürliches Gleichgewicht zu erreichen.

Wenn wir über andere ein Urteil fällen, setzen wir uns einer Erleuchtungsfalle nach der anderen aus. Manche Menschen tragen ihre Sensibilität wie ein Verdienstabzeichen vor sich her, um zu zeigen, wie spirituell hoch entwickelt sie doch sind. Andere verurteilen Menschen, die bestimmte Lebensmittel essen, Alkohol trinken oder Tabak rauchen, und sind stolz darauf, wie rein ihr Leben geworden ist, seitdem sie ihre eigene Sucht in den Griff bekommen haben. Durch die Übertragung dessen auf andere, von dem wir glauben, es sei gut für uns, können wir ein ganzes System an geistigen Vorurteilen entwickeln. Diese Gedanken haben die gleiche Wirkung auf unser Immunsystem, wie der Raubbau an unserer Gesundheit für unseren Körper schädlich sein kann. In einigen Fällen können wir wegen unserer Vorurteile Allergien entwickeln.

Wenn wir uns andere Kulturen betrachten, stellen wir fest, daß diese sich häufig nicht von den natürlichen Gerüchen des menschlichen Körpers ekeln. Wir wurden von der Werbung für Seifen, Parfüm und Deodorants darauf gedrillt, den Geruch des menschlichen Körpers als unerwünscht zu betrachten. Auf dem dritten Pfad werden wir aufgefordert, uns von noch vorhandenen Empfindlichkeiten zu verabschieden, die wir aus den Vorurteilen, verursacht durch allgemeingültige Ansichten, den Medien oder aus Werbekampagnen übernommen haben. Dies gilt zum Beispiel für die Meinung, daß bestimmte Körpertypen erwünscht oder unerwünscht sind, bestimmte Autos und Kleidung »nach Erfolg« riechen bzw. daß manche Menschen verhätschelt und umworben werden sollten, weil sie wichtig oder berühmt sind. Diese Informationsquellen können durch die der Öffentlichkeit präsentierten starken optischen Eindrücke und unterschwelligen Botschaften die Herrschaft über unserer inneres Wissen übernehmen. Somit vermitteln sie der Öffentlichkeit ein illusorisches Weltbild, das diese bewußt oder unbewußt annimmt.

Der dritte Pfad lehrt uns, wie wir unsere Individualität und persönliche Integrität angesichts moderner Technologie und den weltlichen Verlockungen aufrechterhalten. Die Herausforderung besteht im Respektieren unserer Gefühle und unserer authentischen persönlichen Realität sowie in der Wahrung unseres Heiligen Standpunktes. Der Balanceakt zwischen dem, was wir aus den auf uns einwirkenden Reizen ableiten, und dem, was wir aus unserem inneren Wissen folgern, kann viele Herausforderungen für unser Gespür für Integrität mit sich bringen. Wir tauchen tiefer ein in den Prozeß der Selbstbetrachtung und beobachten, wie bestimmte Überzeugungen innerhalb des Massenbewußtseins Einfluß auf unseren freien Willen ausüben und wie sie unseren Heiligen Standpunkt verändern können. Wir haben die Gelegenheit zu erkennen, was wir beibehalten und was wir ablegen wollen.

Wir folgen unserer persönlichen Wahrheit und unserer Intuition

Auf dem dritten Pfad ernten wir die Segnungen, die jeden Menschen in die Lage versetzen, inneres Wissen und persönliche Kraft zu nutzen. Von einer weiteren Schicht aus Lektionen wird überprüft, ob wir gelernt haben, authentische Selbstachtung und persönliche Autorität im Leben einzusetzen. Diese Tests können alles zum Inhalt haben, was wir gelernt haben. Während wir verschiedene Schlagworte und allgemeine Ansichten ausmerzen, entdecken wir unsere eigene Wahrheit. Wir erleben eine stärkere Intuition, die ein Vertrauen in uns selbst und in unser ureigenes Gespür für das, was uns selbst wichtig ist, entwickeln und respektieren läßt. Wir akzeptieren keine pauschalen Wahrheiten mehr, ohne vorher selbst zu prüfen, ob diese Aussagen Gültigkeit besitzen.

Durch diese Fähigkeiten zur Beobachtung, zum Fühlen, zum Hören und zum Spüren von Dingen aus der Sichtweise der persönlichen Autorität heraus eröffnen sich neue Türen des Bewußtseins. Diese intuitiven Fähigkeiten können in der Heilkunst angewendet werden, im Berufsleben, bei der Beratung, in der Kunst, der Elternschaft oder bei allen anderen Vorhaben. Es wäre töricht, die Entwicklung der Intuition streng auf einen einzigen Bereich festlegen zu wollen. Wie ein Mensch seine erweiterte Fähigkeit nutzt, das Leben als solches zu verstehen, ist seine persönliche Entscheidung. Ich würde gerne ein paar verschiedene Beispiele mitteilen, wie der Heilungsprozeß uns in allen unseren Lebensbereichen hilfreich sein kann.

Wenn wir lernen, dem intuitiven Teil unseres Wesens zu vertrauen, erkennen wir, daß wir ständig dazu aufgefordert sind, bestimmte Lebenswege einzuschlagen. Inspiration ist eine Methode, den Geist in das Selbst aufzunehmen. Sie fragen sich vielleicht, was der Geist ist. In der Überlieferung der Indianer sehen wir den Geist als die Energie der Lebenskraft, als das verbindende Gewebe zwischen allem, was lebt, und dem Großen Geheimnis, dem Schöpfer, Gott. Bei jeder Einatmung ver-geistigen wir den Körper durch die Atmung. Jedesmal, wenn wir unseren Geist reinigen und die Stille zulassen, können wir Inspiration dadurch erfahren, daß wir dem Geist oder der universellen Lebenskraft einen Platz in unserem Heiligen Raum einräumen. Im weiteren Verlauf der Heilung unseres Lebens werden wir des Auftretens von blitzartiger Intuition bewußter, durch die wir dazu gedrängt werden, alle Aspekte des menschlichen Potentials zu erforschen.

Der Schlüssel zu einem Leben in Synchronizität mit allem Leben und dem Großen Geheimnis liegt im Befolgen der Intuition. Die Leichtigkeit, mit der wir zum universellen Lebensstrom finden, wird davon bestimmt, wieviel Aufmerksamkeit wir der Intuition schenken und sie als schöpferische Kraft ansehen. Lassen wir es zu, daß dieser Strom ein harmonischer Teil unseres persönlichen Rhythmus wird, kommen wir zu intuitiver Erkenntnis. Wir alle haben von Leuten gehört, deren Intuition sie vor dem Besteigen eines Flugzeugs warnte, das später abstürzte. Es gibt unzählige Geschichten darüber, wie intuitives Verhalten das Leben eines Menschen für immer verändert hat. Ich möchte mich nicht zu pathetisch über die Bedeutung der Intuition äußern und einfach nur sagen, daß diese Botschaften allen Personen zur Verfügung stehen, die ihren Geist vom chaotischen Plappern befreit haben. Intuition ist göttliche Fügung und kommt dann ins Spiel, wenn wir zuhören oder fühlen. Wenn wir unsere mit der menschlichen Seite unseres Wesens verbundene Fähigkeiten weiterentwickeln, wird diese Führung zum selbstverständlichen Bestandteil unseres Lebens.

Wenn wir eine Erweiterung unserer Sinne auf neuen Ebenen zulassen, werden unsere Sicherheit und unser Selbstvertrauen wachsen, und unsere Einstellung zum Leben wird sich verändern.

Die uns durch die Intuition geschenkten Segnungen erlauben uns ein schubweises Wachstum. Wir lernen, wie die Urbilder innerhalb unserer Welt uns beim Erkennen dessen helfen können, wer wir sind, wohin wir gehören und wie wir unsere Gaben, Talente und Fähigkeiten nutzen können. Ich habe drei Deutungssysteme entwickelt, aus denen Menschen auf dem Pfad der Heilung lernen können, wie sie die ihnen geschenkte Intuition nutzen können. *Medicine Cards* (»Medizinkarten«), geschrieben mit DAVID CARSON, benutzt die Urbilder der Totems oder der Krafttiere, um dem Leser zu vermitteln, was er über die persönliche Medizin oder die ihm oder ihr zur Verfügung stehende innere Stärke lernen kann und wie diese Geschenke auf ausgewogene Art und Weise genutzt werden können. *Medicine Cards Just For Today* (»Medizinkarten nur für heute«) ist ein kleiner Satz Tierkarten, durch die täglich daran erinnert wird, wie wir unsere Vorhaben klar erkennen und unsere Intuition einsetzen. *Sacred Path Cards* (»Karten des Heiligen Pfades«) benutzt Symbole der Indianer als Urbilder, die die Lektionen des Lebens und die Herausforderungen darstellen, denen wir auf allen sieben Pfaden der Einweihung begegnen. Diese Hilfsmittel erlauben es den Menschen, ihre persönlichen Gaben der Intuition zu erforschen, und vermitteln ihnen einen Leitfaden, nach dem sie lernen, Schritt um Schritt auf den Prozeß der menschlichen Wandlung zu vertrauen.

Eine der verführerischsten Erleuchtungsfallen auf dem dritten Pfad kann das Bedürfnis sein, mit einer Person in Konkurrenz zu treten, die über ähnliches Wissen verfügt. Nur zu oft zieht es uns in die Arena der Konkurrenz, weil wir uns selbst beweisen wollen, daß das von uns Gelernte dem Wissen einer anderen Person überlegen ist. Diese Art des Wettbewerbes tritt auf, wenn wir uns bedroht fühlen, und dabei können alte Neidmuster mit im Spiel sein. Wenn wir spüren, daß wir eine Menge erreicht haben, und unsere wiedergefundenen Geschenke der Autorität zu nutzen beginnen, können wir dem Bedürfnis des Schattens nach Anerkennung zum Opfer fallen. Wenn wir andere wegen der Art kritisieren, wie sie ihr Wissen präsentieren, wurden wir zum Opfer unserer eigenen Unsicherheit. In diesem Falle heißen wir das Verhalten einer anderen Person nicht gut, obwohl es uns nicht zusteht, andere zu kritisieren. Wenn wir wirklich geheilt sind, können wir dem Heiligen Standpunkt einer anderen Person auch dann mit Respekt begegnen, wenn dieser uns ärgert oder im Widerspruch zu dem steht, was wir für angemessen halten.

Die Waffen des spirituellen Kriegers

Der dritte Pfad bietet uns auch Lektionen in der Medizin des Gürteltiers oder der Grenzen, die uns zeigen, wie wir uns fühlen, wenn unsere eigenen Grenzen nicht eingehalten werden, und warum wir die Grenzen anderer Personen respektieren sollten. Fühlt sich ein Mensch unwohl, wenn er gebeten wird, über persönliche Dinge zu sprechen, dann sollte diese Grenze ohne Kommentar, der diese Person verunsichern könnte, akzeptiert werden. Wenn wir aktiv den Prozeß unserer Heilung vorantreiben, gibt es Zeiten, in denen wir verletzlich sind oder überempfindlich reagieren. Es ist völlig unangebracht, einen Menschen, der sich derart aufgerieben fühlt, dazu aufzufordern, mit anderen an lauten oder ausgelassenen Aktivitäten teilzunehmen. Auf dem dritten Pfad werden wir dazu aufgefordert, unsere Intuition und Sensibilität bis zu dem Grade zu entwickeln, an dem wir die Grenzen anderer respektvoll beachten können. Diese Grenzlektionen sind Teil des Respekts gegenüber dem Heiligen Raum anderer sowie der Beachtung unserer eigenen physischen und emotionalen Grenzen.

Während wir mehr darüber lernen, was für uns angemessen ist, gewinnen wir durch den Heilungsprozeß weitere Einsichten über uns selbst. Danach werden wir aufgefordert, das gleiche Mitgefühl und Verständnis auch anderen gegenüber aufzubringen. Vor ein paar Jahren konnte ich eine Frau beobachten, die sehr sensibel war, wenn sie persönliches Trauma oder Verletzungen erlebte, die sich aber laut, rüde und unangemessen verhielt, wenn jemand anderes aus ihrem Freundeskreis sensibel reagierte oder verletzt war. Sie wurde von der Theatralik einer Situation mitgerissen und zog über die Person her, die ohnehin schon ein Trauma erlitten hatte. Nie bemerkte sie, wie schmerzlich das Fehlen ihrer Grenzen für ihre Freunde war, die ihre gedankenlos ausgeteilten intimen Details zu hören bekamen.

Als sie schließlich als Drahtzieherin dieser verletzenden Gerüchte zur Rede gestellt wurde, weigerte sie sich, die Verantwortung für die

Verbreitung des Klatsches zu übernehmen, und meinte nur, sie habe alles von anderen gehört. Diese Frau wütete, stieß gellende Schreie aus und knallte den Telefonhörer auf, wenn sie auf ihr Verhalten angesprochen wurde, und suchte die Schuld bei anderen. Dieses Verhaltensmuster ist weiter verbreitet, als man annehmen möchte, und steht als Beispiel für die Art und Weise, wie wir für unsere Gedanken, Worte und die Anwendung unserer Autorität verantwortlich sind. Wenn wir tratschen, mißbrauchen wir unsere Autorität und verletzen die Grenzen einer anderen Person. Wenn man sich dann wiederum gegen uns wendet, können wir voll und ganz nachvollziehen, wie es ist, wenn man zum Sündenbock gemacht wird.

Von Zeit zu Zeit kommen wir alle in Versuchung, ein Urteil über etwas zu fällen, das uns nichts angeht. Wenn etwas, das wir sagten, von anderen verdreht oder zum Gerücht gemacht wird und andere Menschen dadurch verletzt werden, kann diese Lektion sehr schmerzhaft sein. Zu lernen, wem wir vertrauen können, braucht Zeit, und dafür müssen wir unter Umständen einiges einstecken. Im Gespräch mit allen Menschen müssen wir lernen, mit Aussagen zu unserer persönlichen Meinung vorsichtig umzugehen und vollständig gegenwärtig zu sein. Es ist traurig, daß die Medien heutzutage zugunsten einer Sensation Tatsachen falsch darstellen und die Aussagen von Menschen verkehrt wiedergeben. Diese traurige Situation zeigt aber, daß die Integrität der Menschheit in allen Bereichen auf dem Spiel steht. Es wird nicht von uns gefordert, mit dem Finger auf andere zu zeigen, vielmehr sollen wir auf unser eigenes Verhalten zeigen und die Muster beseitigen, die uns nicht gefallen.

Auf dem dritten Pfad begegnen wir in vielen Fällen noch weiteren Lektionen, die das Thema Grenzen zum Inhalt haben. In der Vorstellung der Indianer lehrt uns die Medizin der Krähe das göttliche Gesetz. Die Krähe zeigt uns, daß wir noch mehr positive Erfahrungen machen, wenn wir uns auf das Gute konzentrieren. Konzentrieren wir uns auf das Negative, wird die Schattenseite unseres menschlichen Wesens durch unsere negative Haltung gestärkt und lebendig, wodurch wir ein noch größeres Maß an Negativem erleben. Diese Lektionen können sich auf die innere mentale Kritik beziehen oder auf äußere mündliche Zurechtweisungen, die uns oder andere demütigen. Es besteht ein großer Unterschied zwischen dem Erkennen dessen, was aus dem Gleichgewicht geraten oder unangemessen ist, sowie der Arbeit, die wir leisten müssen, wenn wir ein solches Verhalten ablegen wollen, einerseits und einem Benehmen, bei dem wir uns selbst ablehnen oder durch Selbsthaß zerstören, andererseits. Genauso unangemessen ist es, wenn wir es unserem Schattenwesen erlauben, uns unserer Würde zu berauben oder uns in die Hoffnungslosigkeit zu treiben. Dies gilt auch für den Fall, daß wir uns von ihm überzeugen lassen, wir seien etwas Besonderes. In allen Fällen verschenken wir unsere Lebenskraft an das Positive oder aber an die Schatten, und wir überlassen unsere Autorität dem einen oder aber dem anderen. Wir ernten genau das, was wir durch unsere Lebenskraft gesät haben.

Durch von der Krähe in unser Leben gebrachte Lektionen können wir dazu aufgefordert werden, positiv über alle Menschen und alle Situationen zu denken und zu fühlen. Wir müssen nicht über die Fehler anderer Menschen urteilen, statt dessen können wir lernen, jede Situation oder jede Person als hervorragende Lehrer anzusehen. Jeder Mensch, der sich falsch verhält, kann uns zeigen, wie wir nicht werden oder handeln wollen. Indem wir dieser Person für die Lektion danken, können wir lernen, der Tatsache ins Auge zu sehen, daß jedes menschliche Wesen für uns ein Bote oder ein Lehrer ist. Darüber hinaus werden wir aufgefordert, unsere Urteilsfähigkeit oder die Medizin der Eule zu nutzen. Durch sie bekommen wir die Möglichkeit, zu vergeben und alten Schmerz loszulassen. Es liegt ganz an uns, den Tätern, denen wir verziehen haben, in Zukunft jederzeit den Zutritt zu unserem Heiligen Raum zu gewähren. Ich möchte jedoch noch anmerken, daß Sie einen Kojoten nicht in Ihren Hühnerstall hineinlassen müssen, um spirituelle Erleuchtung zu finden!

Das Offensichtliche zu beobachten hat seinen Wert

Auf dem dritten Pfad erkannten wir, wie wertvoll es sein kann, in uns selbst oder einer anderen Person etwas Bewundernswertes zu suchen. Dies stärkt unsere Grenzen im Traumgeflecht und verhindert das Eindringen von Negativem in unsere Gedanken und Gefühle. Dadurch wird verhindert, daß diese negativen Fäden als gesprochene Worte in unsere physischen Leben eindringen. Meine Lehrer bezeichneten diese Arten spiritueller Grenzen als die Grenzen des Traumgeflechtes.

Indem wir die scheinbar unsichtbaren Bereiche unseres Heiligen Raumes schützen, wo sich aber Gedanken, Gefühle, Energie und Träume befinden, nutzen wir eine spirituelle Form der Präventivmedizin. Wir müssen aufmerksam beobachten, was wir in unsere Heiligen Räume hineinlassen. Wir sind aufgefordert, jede Emotion zu fühlen, durch die unsere menschliche Erfahrung beeinflußt wird, diese Gefühle durch uns strömen lassen und sie als neutrale Energie wieder freizusetzen. So beginnt für uns eine Lektion des vierten Pfades, durch die wir alles Leben entspannt wahrnehmen können.

Wenn wir es zulassen, daß der Geist uns bei der Läuterung unserer Gedanken, Emotionen, Verhaltensweisen und Einstellungen hilft, bleiben Dankbarkeit und die Bindung an den Schöpfer auch weiterhin wesentliche Bestandteile des dritten Pfades. Wir werden aufgefordert, für jede Segnung unseres Lebens dankbar zu sein und den Stufen unserer eigenen Heilung sowie der Heilung, die im Leben anderer stattfindet, zu respektieren. Wir lernen, für das Wohlergehen aller menschlichen Wesen zu beten, egal wie sie ihr Leben gestalten. Wir schicken Liebe zu denen, die uns verletzt haben, und beziehen aus dieser Liebe unsere Stärke. Wir versammeln uns, beten und teilen die von uns während der Heilung gemachten Erfahrungen mit anderen. Wir bitten um Führung und die notwendige Kraft, liebevoll und stark zu sein, sogar angesichts unserer stärksten Ängste. Wir lernen, zu Beobachtern zu werden und aus dem Blickwinkel des unvoreingenommenen Zeugen allen uns begegnenden Erfahrungen Beachtung zu schenken.

Indem wir unangemessenes Verhalten beobachten, ohne die Kampfarena zu betreten, sind wir in der Lage, negative Begegnungen zu meiden. Wir beobachten jede Situation und sind dankbar für den uns vermittelten Lehrstoff. Wir haben uns davor geschützt, etikettiert zu werden oder als Feind ins Kreuzfeuer zu geraten. Wenn wir uns an einem Konflikt beteiligen, indem wir auf das schlechte Verhalten einer anderen Person aufmerksam machen, haben wir bildlich gesprochen den Entschluß gefaßt, in einen Boxring zu steigen, in dem wir allen Arten von Angriffen ausgesetzt sind. Andererseits können wir tun, was mir eine Freundin einmal riet: sich einfach im stillen bei der Person zu bedanken und zu sagen: »Ich danke dir, daß ich dich besser kennenlernen konnte.«

Lachen schützt uns vor Verletzungen

In der heutigen Welt ist die stärkste Art des geistigen Angriffs Neid und Eifersucht. Einige Menschen glauben, daß Schwarze Magie, Verwünschungen, Flüche, Zauberei und das Hexen die schädlichsten geistigen Angriffe auf andere seien. Diese Rituale werden aber durch Eifersucht oder Neid, das Bedürfnis nach Rache oder Vergeltung verursacht. Ich habe gesehen und gefühlt, wie häßliche, hemmungslos haßerfüllte Emotionen den Energiefeldern anderer Schaden zufügen können. Dieses Einschlagen auf die unsichtbaren Welten des Traumgeflechtes kann die geistigen Grenzen eines Menschen schwächen und diese Person schließlich krank oder anfällig für Unfälle machen, insbesondere dann, wenn die angegriffene Person ebenfalls ihre Energie durch Angst, Haß, Bitterkeit oder Neid schwächt. Die vom tolpatschigen Dilettanten praktizierten Racherituale stellen einen Mißbrauch der magischen Medizin des Raben dar. Dilettanten, die Zaubersprüche und Flüche einsetzen und dadurch Schaden auf andere menschliche Wesen lenken, richten auch in ihrem eigenen Leben großen Schaden an, denn ihre schlechten Absichten werden sich als Bumerang erweisen.

Vor dem Lachen kann keine böse Absicht bestehen. Gelächter ist das Schmiermittel, das das Negative davon abhält, anzuhaften. Wenn wir nicht mit Furcht, sondern mit Gelächter, Freude und Liebe reagieren, schütteln wir den Würgegriff jeder böswilligen Absicht ab. Je geschickter wir werden und uns nicht mehr in Negatives verstricken, um so stärker werden wir spirituell, emotional, geistig und körperlich. Die Angst vor dem Schatten macht es möglich, daß negative Energie in unserem täglichen Leben und in den Reichen der Energie die Oberhand gewinnt. Dort spiegeln sich in Alpträumen die unbewußten Ängste vor unseren negativen Gefühlen wieder. Wenn wir die Tatsache anerkennen können, daß alles Leben aus Schatten und Licht besteht, verringert sich die Angst vor dem, was uns das Böse antun kann, bis zu dem Maß, an dem es für unsere eigene Meinung bedeutungslos geworden ist.

An verschiedenen Punkten auf dem dritten Pfad bekommen wir die Gelegenheit zu sehen, wie weit wir in der Entwicklung unseres persönlichen Wohlbehagens und in der Anwendung unserer persönlichen Autorität tatsächlich fortgeschritten sind. Jedesmal, wenn wir auf die

Anwendung der von uns gewonnenen Autorität, unseres Könnens sowie des uns zur Verfügung stehenden Einflusses überprüft werden, machen wir diese Entdeckung. Gerade so, als ob der Kojote all unseren persönlichen Müll und unsere unangenehmen Themen unter ein Elektronenmikroskop gelegt hätte, bekommen wir einen Überblick über die von uns während des Prozesses gezeigten Schwächen geboten!

Ich weiß aus eigener Erfahrung, wie demütigend dieses Ereignis sein kann. Durch die Betrachtung unseres eigenen Drecks, vergrößert und aus nächster Nähe, verändert sich die Einstellung unseres Geistes in puncto Selbstüberschätzung entscheidend. Der Kojote erzählte mir schmunzelnd, daß dieses ausgleichende Ereignis die erste psychedelische Erfahrung ist, die das Ego eines jeden Menschen während der Einweihung in den alten Mysterienschulen durchlaufen mußte. Wenn wir Entscheidungen treffen, die unsere Fähigkeiten über diejenigen anderer stellen, oder wenn wir versuchen, Macht über Situationen und Menschen auszuüben, werden wir sofort dieser Art von Test begegnen.

Wenn wir uns in einem Bereich stark genug fühlen und diese Fähigkeiten mißbrauchen, können sich die Auswirkungen auch auf andere Gebiete unseres Lebens erstrecken, in denen wir nicht so belastbar sind. Wenn wir zum Beispiel endlich eine Position im Management bekommen haben, aber keine emotionale Reife besitzen, stellen wir vielleicht zur Demonstration unserer Macht unangemessene Forderungen an andere. Durch diese ungünstige Handlungsweise kann eine Kette von womöglich sehr demütigenden Ereignissen ausgelöst werden, bei denen uns der Chef wieder auf den Teppich zurückholt. Vielleicht wissen wir auch nicht, wie wir nach dem Verlassen des Arbeitsplatzes das Verhalten des kleinen Tyrannen ablegen sollen, und wir befremden dadurch Familienmitglieder und Freunde. Der Test kann dergestalt aussehen, daß niemand mehr unsere Gesellschaft teilen will.

Eine Lektion des dritten Pfades besteht im Umgang mit der von uns erworbenen Autorität oder dem von uns erreichten Erfolg. Der Umgang mit Ruhm oder Anerkennung umfaßt gleichzeitig die Erkenntnis, wie wir dazu verführt werden können, ein kleiner Tyrann, ein arroganter Snob oder ein Besserwisser zu werden. All diese auf das Ego gerichteten Verhaltensweisen sind Erleuchtungsfallen des dritten Pfades. Sie verführen uns zu glauben, daß wir Verhaltensweisen annehmen müssen, von denen wir annehmen, sie entsprächen einer

Autoritätsperson, seien Zeichen öffentlicher Anerkennung oder von Reichtum. Nichts könnte weiter von der Wahrheit entfernt sein. Das authentische geheilte menschliche Wesen, das seine Autorität angenommen hat und leicht an der Macht trägt, zeigt Bescheidenheit und Mitgefühl auf zurückhaltende Art und Weise. Wenn wir unser Bedürfnis nach Anerkennung loslassen, beflügelt dies unsere Weltanschauung, und ein authentisches Sein ersetzt die Geisteshaltung.

Der Dominoeffekt:
Hindernisse fallen in sich zusammen!

Das aktive Verarbeiten persönlicher Themen, durch das Sie Ihre alten Grenzen überwinden, kann als ein Dominoeffekt gesehen werden. Stellen Sie sich eine gewundene Reihe aus aufgestellten Dominosteinen vor. Wenn Sie mit dem Finger den ersten Dominostein antippen, kippen nach und nach alle, bis die ganze Reihe umgefallen ist. Man kann die Ergebnisse der Klärung unserer persönlichen Themen genauso sehen: Wenn wir eine falsche Vorstellung oder ein falsches Verhaltensmuster aus unserem Leben entfernen, fällt der erste Dominostein, und alle der mit dem ersten verbundenen Gewohnheiten, Themen oder falschen Vorstellungen fallen um.

Da wir die Muster loslassen, die uns in Angst oder Schmerz festhielten, öffnen sich immer wieder unsere Herzen. Während wir wachsen und an jedem Punkt unserer persönlichen Verwandlung neue Wunder erleben, lernen wir, unsere Herzen über längere Zeiträume hinweg offenzuhalten. Manchmal müssen wir völlig erschöpft und mit unserer Weisheit am Ende sein, bevor wir die uns angebotenen authentischen Segnungen empfangen können. Die folgende Geschichte steht als Beispiel und beschreibt, wie ich einem dieser Ereignisse begegnete, die das Herz öffnen.

Monatelang war ich unterwegs gewesen, und das mit dem Unterrichten und der Hilfestellung zur Heilung verbundene ständige Geben hatte mich ausgelaugt. Ich befand mich in Washington (D.C.) und war so müde und emotional ausgelaugt, daß ich in den hinteren Bereich des Parkplatzes der Unity Church ging und vor meinem Vortrag weinte. Ich dachte, daß ich zusammenbrechen würde, wenn mich auch nur ein Mensch um eine Kleinigkeit bitten würde. Ich blickte hinunter auf einen Haufen Schotter, mit dem man Schlaglöcher auffüllt, und sah einen Stein, der nach mir rief. Ich hob ihn auf und sah, daß er die Form eines Herzens besaß. Auf der Oberfläche war tief ein Symbol eingraviert, das sich im allgemeinen in der alten Mythologie findet, nämlich die doppelseitige Axt des Stammes der Kriegerfrauen. Gerade als ich erkannte, daß dies das Symbol für das Herz des Kriegers war, hörte ich die Stimme der Mutter Erde sagen: »Das Herz einer jeden spirituellen Kriegerin weiß, wie stark sie sein muß, um anderen helfen zu können, die weise Frau aber ruht und stärkt sich, bevor sich ihr Herz ihren Bedürfnissen oder denen anderer gegenüber verhärtet.« Ich werde diesen Stein immer als Erinnerung daran bei mir tragen, daß ich mir selber mit genauso offenem Herzen begegne, wie ich das bei anderen tue.

Auf dem dritten Pfad werden unsere persönlichen Ansichten über die Wirklichkeit neu strukturiert, und wir erleben dramatische Veränderungen der Art und Weise, wie wir auf schwierige Situationen reagieren. Wir können nun mit Situationen entspannt umgehen, die uns in der Vergangenheit große Schwierigkeiten bereitet hätten. Für diese Veränderung tragen wir ebenso die volle Verantwortung wie dafür, es zuzulassen, daß wir unser Dasein von einer neuen Seite aus erleben. Wenn wir die unglaubliche Vielzahl untereinander verbundener Antworten entwirren, an die wir uns im Lauf unseres Lebens geistig und emotional hielten, schaffen wir viel Platz für Veränderungen unseres Denkprozesses und unserer emotionalen Reaktionen.

Indem wir, statt ein reflexähnliches Verhalten an den Tag zu legen, den Entschluß fassen, lieber zu agieren, als einfach nur zu reagieren, fordern wir unsere persönliche Autorität wieder ein. Während wir uns von den Wunden oder von unseren Familien gezeigten gestörten Verhaltensmustern befreien, gewinnen wir eine größere persönliche Autorität. Immer dann, wenn wir unsere mit althergebrachten Wahrnehmungen und emotionalen Reaktionen verbundenen alten Mechanismen ausmerzen, werden unsere angelernten Verhaltensmuster, auf die wir uns bislang stützten, im bildlichen Sinne gesprochen neu verbunden. Persönliche Durchbrüche lassen unsere gegenwärtigen Herausforderungen oder Schwierigkeiten in einem neuen Licht erscheinen. Wir lernen, die uns gegebenen Chancen zu erkennen, und können so unsere bisherigen Grenzen erweitern. Während wir einen größeren Teil unseres Bewußtseins und unseres ausgeglichenen Selbstwertgefühls in der Gegenwart sammeln und wir diese Geschenke dazu nutzen, Harmonie und Ganzsein zu entdecken, wird unser Verständnis für den Umgang mit der Welt erweitert. Dadurch gelangen wir im Verlaufe der Heilung und Läuterung unseres Lebens zu einer besseren Ausgeglichenheit. Auch in Zukunft legen wir neu fest, wer wir sind und wie wir leben wollen, und wenn das Leben uns vorwärtsdrängt, nehmen wir einen Richtungswechsel vor. Der Tod des Schamanen und seine Wiedergeburt werden lediglich zu einer Art Umschalten in einen anderen Gang, sobald unsere Gedanken, Taten, Gefühle und Funktionsweisen flexibler werden. Auf den nächsten Pfaden kann unser Fortschritt durch echtes Mitgefühl und authentische Bescheidenheit unterstützt werden.

6

Menschliche Wesen verfügen über fünf Elemente, die die Fähigkeit des Geistes zum Aufsteigen im Keim ersticken: unerschütterliche Ernsthaftigkeit, Selbstherrlichkeit, Phantasielosigkeit, negatives Geschwätz des Geistes und die Angst.
BERTA BROKEN BOW

Der Pfad der Weisheit

Das Feuer der Weisheit lodert auf
Mit sengenden Flammen,
Während die Feuertaufe alle
Meine Worte überprüft.

Der Kojote sucht mich auf,
Um zu sehen, was ich gelernt habe.
Kann ich mit dem Lauffeuer spielen?
Oder verbrenne ich mich?

Werde ich mich in Gefahr begeben?
Werde ich wetteifern müssen,
Es zulassen, daß die Selbstherrlichkeit
Die Weisheit zu Fall bringt?

Kann ich all meine Weisheit teilen,
Durch den Willen zur Erleuchtung
Anderen das Recht zugestehen,
Das Feuer ihres Geistes einzufordern?

Wenn der Kojote zu mir kommt,
Werde ich auf seine Ankunft vorbereitet sein,
Werde Ausgewogenheit im Lachen finden,
Umgeben von den Fallen, die er ersinnt.
JAMIE SAMS

Der vierte Pfad der Einweihung
Der nördliche Teil
des Medizinrads

Der Norden stellt auf dem Medizinrad den Ort der Weisheit dar. Den Kern der Weisheit bilden die im Laufe unseres Lebens von uns gesammelten Erfahrungen und die Art und Weise, wie wir aus diesen Begebenheiten gelernt haben. Durch eine vorbildliche Gestaltung unseres Lebens lernen wir, intellektuelles Wissen aufzunehmen. Der nördliche Teil bietet uns die Möglichkeit zur erneuten Überprüfung des bereits Gelernten. Wir können auch lernen, wie und wann wir unsere Weisheit mit anderen teilen sollen. Der vierte Pfad wurde von vielen Reisenden gegangen, die der Menschheit neue Weisheit als Geschenk der Einsicht gebracht haben. Die riesigen Welten des Bewußtseins, der Energie und des Geistes in unserem Universum sind zugänglich, weil ein menschliches Wesen den Mut hatte, in das Unbekannte vorzudringen und der kühne Geist zu sein, der bereit war herauszufinden, welche unerforschten Möglichkeiten der Menschheit zur Verfügung stehen.

Die nicht sprachlichen Ausdrucksweisen von Tieren, Pflanzen, Steinen und der Urgewalten der Naturgeister ermöglichen uns zusätzliches Wissen über die Rolle der Menschen in der natürlichen Welt. Wir erkennen, wie wir die wundervollen uns durch die Lebensformen auf der Mutter Erde angebotenen Geschenke entdecken und wie wir deren Lektionen auf unser Leben übertragen. Die Reiche der Engel, der spirituellen Führer und der unsichtbaren Kräfte des Bewußtseins halten göttliche Inspiration bereit. Auf dem vierten Pfad nehmen wir alle Botschaften auf, die wir vom spirituellen Bewußtsein anderer Lebensformen zu unserem persönlichen Verständnis des Lebens auf dem Planeten Erde übermittelt bekommen. Diese Lektionen der Weisheit lassen uns erkennen, daß alle Lebensformen in unserem Universum mehr darstellen als rein biologische oder geologische Formen. Sie alle haben Bewußtsein oder Geist.

Jahrhundertelang kam die Menschheit kaum bis zum Anfang der Lektion des dritten Pfades der Einweihung, und nur ein paar wenige vollendeten diese Lektionen. Noch kleiner war die Zahl derjenigen, die dem vierten Pfad folgten, und auf den nachfolgenden Pfaden, vom fünften bis zum siebten, büßten viele der Eingeweihten ihr Leben ein. Heute stellt sich uns das Bild völlig anders dar. Das Gebiet wurde von zahllosen Individuen beschrieben, die das Traumgeflecht für die gesamte Menschheit erschlossen haben, so daß diese sich jetzt sicher in die bislang den Massen unbekannten Reiche des Bewußtseins begeben können.

Jede Lebensform im Universum besitzt einen Heiligen Raum, der die physische Materie des Wesens, des Geistes oder des damit verbundenen Bewußtseins und dessen Standpunkt umfaßt. Menschliche Wesen besitzen einen Heiligen Raum, der auch persönliche Gedanken, Emotionen, Besitz und eine vorläufige Lebensanschauung enthält. Der Heilige Standpunkt ist der Ort, an dem wir unsere Wahrnehmungen der persönlichen Wirklichkeit sammeln. Jedesmal wenn wir unsere Meinung darüber ändern, *was möglich ist* und *welche Erfahrung wir sammeln können*, verändert sich unser Heiliger Standpunkt. Wenn wir in unserem Leben eine Erfahrung machen, die nicht den von der Wissenschaft diktierten Gesetzen und Regeln oder dem von der breiten Masse akzeptierten Standard entspricht, erweitern wir kontinuierlich unsere Wahrnehmung dessen, was jenseits der von uns übernommenen Wirklichkeit existiert.

Auf dem vierten Pfad sind wir gefordert, Erfahrungen über die Dinge zu sammeln, die nicht physisch durch Gewicht, Beschaffenheit oder Inhalt bewiesen werden können, wie zum Beispiel Bewußtsein oder Geist. Dieser Pfad beinhaltet auch die Begegnung mit unerklärlichen Situationen, die mit dem Herzen erfaßt werden müssen, denn dem Verstand ist es unmöglich, in die Bereiche des Nicht-Greifbaren vorzudringen, die nur durch Fühlen und inneres persönliches Wissen zu erfassen sind. Auf dem vierten Pfad trägt uns die individuelle Erfahrung über die herkömmliche Ausbildung oder das intellektuelle Fachwissen hinaus.

Unsere Heiligen Standpunkte erfahren immer dann eine tiefgreifende Veränderung, wenn wir die in den unsichtbaren Naturgewalten verborgenen Weisheiten wiederentdecken oder die göttliche Hand des Schöpfers unser Leben segnet. Jedesmal, wenn wir im Traum, durch Meditation oder durch Visionen dem Geist begegnen, fühlen wir die Anwesenheit von etwas, das weder bestritten noch anderen mitgeteilt werden kann, die noch keinen Zugang zu diesen Bewußtseinsebenen haben. Jedesmal wenn wir in unserem Verhalten, mental, spirituell oder physisch unsere alten Grenzen überwinden, wird uns durch diese Erfolge ein Übermaß an neuer Lebenskraft zuteil.

Die nächste Grafik stellt dar, wie wir die von uns gesammelte Energie dazu einsetzen, Zugang zu mehr als nur einer Lektion und einem Pfad der Einweihung gleichzeitig zu erlangen. Jeder der Pfade der Einweihung wird durch eine genau eingestellte goldene Uhr dargestellt, in der sich viele kleine Rädchen befinden. Jedes der kleinen Räder im Inneren steht für die von uns selbst bearbeiteten Themen. In jeder Uhr befinden sich alle Räder oder Themen, denen wir uns zur Vollendung unseres Wachstums auf dem betreffenden Pfad stellen müssen. Während sich die Räder drehen, lernen wir diese Themen aus jeder Richtung zu betrachten. Alle Lektionen oder persönlichen Themen auf einem Pfad der Einweihung verfügen über ein eigenes Rad, das mit den anderen Rädern und den von uns zu erlernenden Fähigkeiten in Wechselwirkung steht.

Es mag den Anschein haben, als ob die Uhr entsprechend dem von der einzelnen Person erzielten Fortschritt schneller oder langsamer ginge, aber die zeitliche Abstimmung verläuft stets einwandfrei und in absoluter Übereinstimmung mit dem Bewußtsein des Großen Geheimnisses für die göttliche Ordnung. Der Schwierigkeitsgrad, der Rhythmus und die Beherrschung, die jedes der Räder antreibt, wird durch unsere Bereitschaft zur Annahme unserer Lebenslektionen bestimmt.

Wenn wir alle notwendigen Fähigkeiten gesammelt haben, um uns zum nächsten Pfad zu begeben, und die Drehung der vorhergehenden Räder beibehalten, haben wir Zugang zu allen sieben Uhren bzw. Pfaden. Die damit verbundenen Fähigkeiten und die Energie der Lebenskraft stammen aus dem Traumgeflecht. Und stehen uns dann zur Verfügung, wenn wir uns aus unseren Beschränkungen lösen und die Lektionen eines bestimmten Pfades gemeistert haben. Wir sind aufgefordert, alle Zahnräder eines jeden Rades der Erfahrung zu erforschen, zu deren Erlernen wir uns entschlossen haben. Die Zahnräder stehen für all die Fähigkeiten, die wir Schritt um Schritt bis zur Beherrschung erlernen. Wenn wir die zur Begegnung mit dieser Bewußtseinsebene notwendigen Fähigkeiten entwickelt haben, bekommen wir die Erlaubnis, voranzugehen und auf eine neue Stufe des Bewußtseins zu ge-

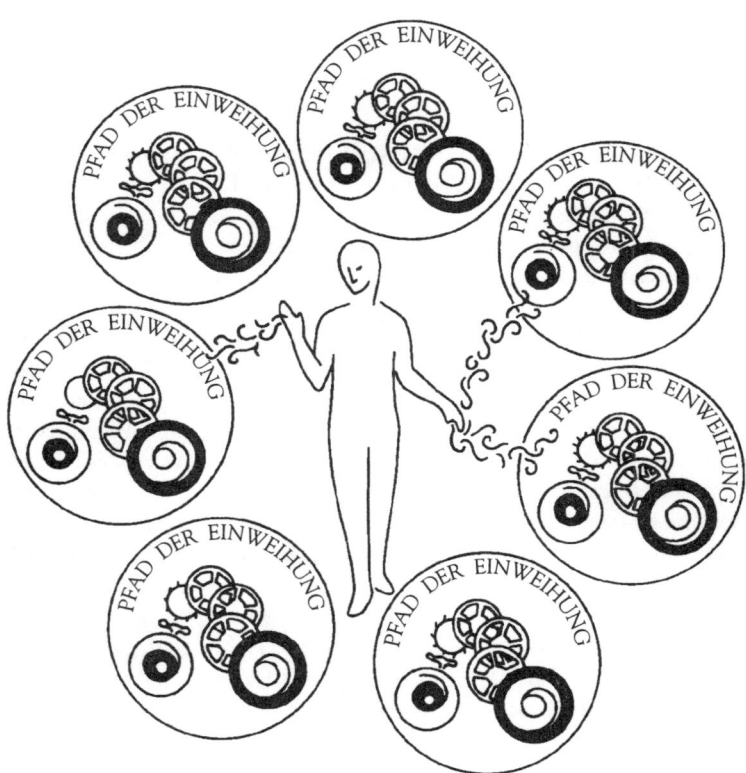

Wir lernen die Lektionen verschiedener Pfade zur gleichen Zeit. Alle Lektionen, denen wir begegnen, erfordern den Einsatz von Energie und schenken uns wieder Energie.

langen. Zur Erforschung dieser neuen Bereiche müssen wir jedoch auch Mut und Bereitschaft aufbringen.

Achten wir die Fähigkeiten und die Weisheit, die wir erobert haben, können wir in der Regel auch die früheren Räder der persönlichen Meisterschaft einwandfrei und rhythmisch in Schwung halten. Wir verfügen dann über genügend Energie oder zusätzliche Lebenskraft, um neue Anstrengungen zu unternehmen und neue Fähigkeiten zu entwickeln, ohne unsere Konzentration von den augenblicklich vor uns liegenden Aufgaben abzuziehen. Die Grafik stellt ein Modell dar, das aufzeigt, wie menschliche Wesen auf vielen Bewußtseinsebenen gleichzeitig funktionieren.

Mit einem leisen Kichern kommt der Kojote vorbei

Der vierte Pfad der Einweihung ist der Ort, an dem wir auf alles hin geprüft werden, was wir auf den vorhergehenden Pfaden gelernt haben, und wir werden zu der Erkenntnis dessen gezwungen, welche Anteile unserer Weisheit wir vergessen haben und welche wir weiterhin benutzen, welche Teile wir beherrschen und welche Fähigkeiten einer erneuten Überprüfung bedürfen. Auf dieser Entwicklungsstufe entdecken wir oft, daß durch bestimmte Ereignisse innere Reaktionen emotionaler oder seelischer Art hervorgerufen werden. Als Beobachter einer ungerechten oder unangemessenen Situation können wir darüber erstaunt sein, daß unsere Emotionen in selbstgerechte Entrüstung oder in Wut umschlagen. Wir können diese Reaktion als einen Test ansehen und all die von uns gesammelte Weisheit dazu nutzen, unser Gleichgewicht wiederzufinden, bevor wir reagieren. Müssen wir eingreifen und reagieren in unangemessener Art und Weise, sind wir zum Opfer einer Verhaltensweise geworden, durch die unsere persönliche Effektivität geschmälert und unser Gleichgewicht gestört wird. Wir werden noch einmal zur Betrachtung der Lektionen des zweiten Pfades gezwungen, wo wir lernen, Emotionen positiv zu fühlen und loszulassen. Dies ist nur ein Beispiel für die Weckrufe, wiederholte Tests und Lektionen, denen wir auf dem vierten Pfad begegnen können, wenn wir auf die Anwendung unseres Wissens hin überprüft werden.

Auf diesem Pfad werden wir aufgefordert zu unterscheiden, wann wir das Gelernte teilen sollen und wie wir diese Information an Menschen weitergeben, ohne uns zu kompliziert auszudrücken oder ihnen für ihre Ebene des Verstehens zu viele Informationen zu geben. Wenn wir mit Informationen herausplatzen oder nicht erbetene Ratschläge erteilen, dringen wir in die Heiligen Räume anderer ein. Dieses unangebrachte Verhalten kann durch allzu große Begeisterung, spirituelle Überheblichkeit oder fehlende Sensibilität entstehen. In allen Fällen aber ist es ein Zeichen dafür, daß die Person, die diese Informationen weiterleitet, die Lektionen des vierten Pfades nicht gelernt hat. Wir sind aufgefordert, die Bedeutung der Grenzen anderer zu lernen und nicht die oberste Instanz darstellen zu müssen. Wenn wir in einer Position sind, in der wir anderen Rat erteilen, kann eine der wichtigsten Lektionen darin bestehen, dem drängenden Bedürfnis nach dem Erteilen ungebetener zusätzlicher Informationen oder Weisheiten nachzugeben. Ich persönlich halte meinen Mund, wenn mich niemand nach meiner Meinung fragt oder um Rat in spirituellen Dingen bittet. Menschen, die sich auf ihr vermeintliches Wissen etwas einbilden, lehnen die Ratschläge ab, und andere, die fest an ihren Meinungen festhalten, greifen mich verbal an. Anfänger, die ein paar einfache Fragen stellen und eine Erklärung zu jedem Aspekt darüber bekommen, wie die Dinge zusammenpassen, werden überwältigt und verwirrt. Huch! Den Mund halten zu können ist eine Tugend, die schwer erarbeitet sein will.

Weil wir im Verlauf der vorhergehenden Pfade eine gewisse gehobene Ebene der Heilung und des Gleichgewichts unseres Lebens erreicht haben, prüft der göttliche Schelm jetzt unser Wissen bis zum Äußersten unserer Leistungsfähigkeit. Wenn Sie sich einen Zirkusakrobaten vorstellen, der mehrere Teller auf Stöcken rotieren läßt und alle gleichzeitig in Balance hält, haben Sie eine Vorstellung von einer Person, die damit beschäftigt ist, dem vierten Pfad zu folgen. Jeder sich drehende Teller steht für eine Reihe von Fähigkeiten, die wir durch die erfolgreiche Bewältigung der Lektionen des Lebens gemeistert haben und sich bewegen und drehen, während der Eingeweihte seinen Erfahrungen neue Erkenntnisse und Fähigkeiten hinzufügt. Gleichzeitig begegnet er unerwarteten Ereignissen, die den Grad des von ihm erworbenen Könnens überprüfen.

Auf dem vierten Pfad beobachtet uns der Kojote, während wir die Teller drehen, und kommt vorbei, um uns ans Bein zu pinkeln. Fallen alle Teller zu Boden und zerbrechen? Das hängt vom Grad unserer Konzentration und Entschlossenheit ab. Zu Beginn des vierten Pfads geraten manche Menschen aus der Fassung oder empören sich wegen des bildlich gesprochenen Urins, der ihnen an die Beine spritzt. Eventuell müssen sie zurückkehren und ein paar frühere Lektionen noch einmal betrachten. Andere Menschen haben den Kojoten aus dem Augenwinkel heraus gesehen und sind vorbereitet. Andere lassen einen vielversprechenden Teller fallen, der gerade dann auf dem Kopf des Kojoten zerbricht, wenn der Schelm das Bein hebt. Unsere Reaktion hängt völlig von unserem Sinn für Humor und dem von uns erreichten Wissensgrad ab.

JOAQUIN MURIEL ESPINOSA, mein Lehrer in Mexiko, war ein authentischer Meister. Ich sah, wie dieser Mann vor meinen Augen sein Aussehen so verwandelte, daß ihn seine Schüler nicht erkennen konnten, als er sie unerkannt beobachten wollte. Er stammte aus der Linie der Träumer der Tolteken und Yaqui und hatte das Blut der Mayas, Azteken und der Yaqui in sich. Joaquin war ein außerordentlicher Schelm. Eine der Lektionen des vierten Pfades, die er mich lehrte, wird für immer als die größte Lektion in meiner Erinnerung eingebrannt bleiben, die mir jemals zum Wert des Humors erteilt wurde. Vor dieser Lektion glaubte ich, daß Redlichkeit, Können, authentische Fähigkeiten und glaubwürdige Informationen die einzigen Werkzeuge seien, die auf dem vierten Pfad gebraucht würden. Himmel, war ich überrascht!

Es war ein warmer Tag mitten in der mexikanischen Wüste, außerhalb von San Louis Potāsi, und ich ging mit Joaquin in ein Gebiet nahe eines verlassenen Minenschachts. Er bat mich, ruhig dazusitzen und mich auf eine Frage zu konzentrieren, die ich ihm ein paar Tage lang wiederholt gestellt hatte, deren direkte Beantwortung er jedoch vermieden hatte. Ich glaubte, er säße ruhig neben mir. Nach einer Weile hörte ich flüsternde Geräusche, und meine Aufmerksamkeit richtete sich auf einen Minenschacht, woher die Geräusche zu kommen schienen. Ich wurde neugierig, und als die außerirdischen Geräusche andauerten, schlugen meine Gefühle in Angst um. Die Öffnung befand sich sechs Meter von mir entfernt, und als ich nachschaute, sah ich mein eigenes Gesicht, das da scheinbar im Dunkeln schwebte und mir etwas zuflüsterte, das ich nicht genau hören konnte. Meine Angst verstärkte sich noch, als ich spürte, wie mir die Galle bis in den Hals hochschoß und sich mein Magen verkrampfte. Ich übergab mich fast, als ich die geisterhafte Erscheinung meiner eigenen Totenmaske ohne Körper in der stockdunklen Öffnung des Schachtes sah. Unfähig, meine Augen von dem abzuwenden, was mein eigenes verschrumpeltes und blaues Gesicht zu sein schien, überkamen mich Panikattaken. Noch mehr erschrak ich, als das Flüstern plötzlich zu einem gellenden Schrei wurde. Das Gesicht verwandelte sich und schrie mir lachend zu: »Die Antwort ist nicht da draußen, Jamie! Sie ist hier drinnen, aber du hast zuviel Angst, um nachzuschauen!«

Die Totenmaske verschwand, Joaquin sprang aus dem Dunkeln heraus und lachte schallend. Mein Gesichtsausdruck muß für ihn urkomisch gewesen sein. Nachdem ich begriffen hatte, was geschehen war, mußte ich auch lachen. Schließlich verstand ich die Botschaft und daß ich mir offensichtlich selbst eine Lektion des Schelmengottes geschickt hatte. Wir müssen den Tod dessen erleben, *der wir zu sein glauben,* ehe wir nach innen gehen können und wissen, daß sich nichts wirklich außerhalb von uns befindet. Die Antworten auf die Fragen des Herzens müssen im Inneren erlebt werden. Wenn wir die Angst in unserem Herzen überwinden, nicht fähig zu sein, auf unsere Wahrnehmungen zu bauen und korrekt zu sein, fangen wir an, unserem inneren Wissen gegenüber Achtung aufzubringen und die von uns ehrlich verdiente Weisheit einzufordern.

Kojote, mach keinen Aufstand! Ich tanze, so gut ich kann

Einige Menschen finden es schade, daß immer mehr von uns gefordert wird, je weiter wir in unserem menschlichen Wachstumsprozeß vorankommen. Sie fürchten den auf verschiedenen Einweihungsstufen geforderten Grad des Könnens, weil sie sich überfordert fühlen, wenn das Leben ihnen scheinbar mehr aufbürdet, als sie ertragen können. Diejenigen Menschen, die sich bis zum vierten Pfad durchgearbeitet haben, sind weiser geworden, indem sie Dunkle Nächte der Seele und chaotische Zeiten durchgestanden haben, an deren Verlauf alles unglaublicher Anstrengung bedurfte. Wir erlangen die auf diesen Pfaden erforderliche Kraft, indem wir schreckliche Erfahrungen oder persönliches Leid erfolgreich hinter uns bringen. Ausdauer, authentische spirituelle Demut und unerschütterliche Hingabe sind die grundlegenden Fertigkeiten für die Lektionen des vierten Pfades. Wenn sie nicht über die grundlegenden Fähigkeiten und das spirituelle Verantwortungsbewußtsein verfügen, das ihrem Glauben auf jedem Pfad eine feste Basis gibt, finden menschliche Wesen diese Straße mehr als nur ein wenig steinig.

Die vier grundlegenden Fertigkeiten, aus denen das spirituelle Fundament besteht, sind: (1) urteilslose Konzentration auf positive Gedanken, (2) eine Zeit der Stille und des Gebetes, (3) eine dankbare

Haltung anzunehmen und unsere Segnungen zu preisen, (4) unsere Energie aus jeder Aktivität, jedem Gedanken und jedem Gefühl zurückzuziehen, das Schattenverhalten unterstützt, und unsere Lebenskraft wieder in positive Standpunkte zu investieren.

Wenn wir auf dem vierten Pfad sind, befinden wir uns vielleicht in der Gesellschaft von Menschen, die sich aufführen, als seien sie von Dogmen gesteuerte Nervensägen. Diese Leute können ebenbürtige Gegner oder kleinkarierte Tyrannen sein, vielleicht sind sie sich ihrer Rolle auch nicht im geringsten bewußt. Diese Situationen spiegeln wider, was uns der Kojote durch eine List lehren will, wenn sie uns zeigen, daß Menschen ohne ihr Wissen die Rolle von Lehrern übernehmen können und nicht wissen, daß sie durch ihr Verhalten, das nicht mit ihren vordergründig weisen Worten übereinstimmt, einen Lehrstoff vermitteln. Da sie unpassende Verhaltensweisen an den Tag legen und Scheuklappen tragen, können sie großartige Lehrer sein. Schüler, die über eine scharfe Beobachtungsgabe verfügen, können unschätzbare Lektionen lernen, die ihnen unbeabsichtigterweise von ihrem Lehrer durch dessen Verhalten beigebracht werden.

An dieser Stelle auf dem vierten Pfad werden wir daraufhin geprüft, ob wir durch die uns vom Kojoten erteilten Lektionen einen Sinn für Humor entwickelt haben oder ob wir noch die Fähigkeit entwickeln müssen, nicht alles zu ernst zu nehmen. Es bedarf einiger Anstrengung, die Fähigkeit zur Dankbarkeit für die uns vom Leben präsentierten urkomischen Beispiele zu entwickeln, ganz besonders dann, wenn wir über uns selbst lachen sollen. Auf dem vierten Pfad geht es um das Teilen des von uns Gelernten, viele Menschen beginnen jedoch, Seminare oder Workshops zu leiten, wenn sie sich gerade mal den Lektionen des zweiten oder dritten Pfades nähern. Vielleicht suchen sie nach einer Art Anerkennung oder nach Verbündeten. Manche Menschen erteilen Unterricht, um die Lektionen des Lernens erlernen zu können, die nicht in den von ihnen gelehrten Fächern enthalten sind. Manche Menschen unterrichten, um das zu teilen, was für sie in ihrem Entwicklungsprozeß funktioniert hat. Andere sind auf ihrem jeweiligen Fachgebiet bahnbrechende Erfinder oder Spezialisten. Auf allen Ebenen des Lehrens kreuzen die Verführungen des Kojoten den Pfad derjenigen, die zu Meinungsmachern oder Lehrern auf einem beliebigen Einsatzgebiet werden.

Als ich Schülerin war, erlebte ich eine Lektion des Kojoten, deren Kreis sich erst in späteren Jahren schloß. Im Alter von 24 Jahren lehrten mich Cisi und Berta die in den Bewegungen bestimmter Tiere vorhandenen Klangmuster. Sie benutzten dazu die Trommel und schlugen die Rhythmen, damit ich die Bedeutung des Klanges in der Energie der spirituellen Botschaft eines Tieres erkennen konnte. Nach vielen Wochen brachten sie mich in einen völlig abgedunkelten Raum. Sie selbst saßen in einem anderen Raum, wo sie die Rhythmen in immer schwächeren Mustern trommelten, damit ich spirituell spüren konnte, welche Tiere zu mir kamen, und die feinen Unterschiede wahrnehmen konnte. Ich sah viele eindrucksvolle Tiere in meine Wahrnehmungen treten, und einige schenkten mir Weisheiten, die ich mir zu Herzen nahm.

Ich war tief in der Vision versunken und hatte nicht bemerkt, daß das Trommeln aufgehört hatte. Schließlich erkannte ich, daß ich weit außerhalb meines Körpers schwebte, und spürte, wie die sanften Hände meiner Großmütter meine Glieder massierten. Ich versuchte mit aller Kraft, in meinen Körper zurückzukehren. In dem Moment, als ich merkte, daß ich aus meinem tranceähnlichen Zustand aufwachte, und einen tiefen Atemzug nahm, wurde das Licht eingeschaltet. Mir bot sich ein Anblick, der mich so sehr zum Lachen brachte, daß die Lebenskraft wieder durch mich zu strömen begann: Cisis 109 Jahre altes, entblößtes Hinterteil befand sich einen knappen Meter von mir entfernt! Cisi war war etwa 1,35 Meter groß, 75 Pfund schwer, zahnlos und hatte den winzigsten runzeligen Hintern, den man sich nur vorstellen kann. Die Methode war absolut wirksam, und sie brachte mich in die Gegenwart zurück. Berta lachte so arg, daß ich überzeugt war, der Schlag träfe sie und sie würde auf der Stelle in die andere Welt überwechseln. Insofern die beiden das beurteilen konnten, war sie fast 20 Jahre älter als Cisi.

Als ich fast 20 Jahre später in San Diego einen Workshop gab, führte ich die Teilnehmer durch eine meditative Traumreise. Das Seminar sollte mit dem Abschluß der Reise beendet sein. Ich blickte mich um und bemerkte mit Schrecken, daß die meisten Leute sehr schläfrig und völlig ungeerdet waren. Mir wurde klar, daß sie schon darauf eingestellt waren, ihre Autos über die kalifornischen Autobahnen zu steuern. Ich trug die Verantwortung dafür, sie schnell wieder zu erden. Ich sprach mit sanfter Stimme, um ihre Aufmerksamkeit zu wecken, und teilte ihnen mit, daß ich ihnen eine sehr heilige Art des indianischen Wissens enthüllen würde, die man in der Medizin des Mondes findet (Anm. d. Übs. Hier gebraucht die Autorin ein Wortspiel, denn »Moon« ist nicht nur das Wort für Mond, es wird auch als vornehmes Umschreiben des Allerwertesten gebraucht.). Plötzlich richtete sich alle Aufmerksamkeit auf mich, und ich konnte spüren, wie während meines kurzen Schweigens die Spannung stieg. Der Kojote in mir brach durch, zog seine Unterhosen aus, streckte ihnen den nackten Hintern entgegen. Ich werde nie die darauffolgende urkomische Szene vergessen.

Als einige Leute sich vor Lachen auf dem Boden wälzten, sah ich die verschiedensten Vorurteile und Erwartungen wie ein Kartenhaus zusammenfallen. Andere, die bestimmte Erwartungen an das stellten, was eine spirituelle Lehrerin tut oder unterläßt, waren schlicht für einen Moment erschrocken. Als sie die Reaktion der Nachbarn sahen, konnten auch sie darüber lachen. Die Fähigkeit, einen anderen Menschen durch einen Schock in die Gegenwart zurückzuholen und ihn zum Lachen zu bringen, gehört zur Gabe des ungezogenen Kindes in uns, das einen tollen Schabernack aus heckt!

Die Fähigkeit, über den Dingen zu stehen und uns nicht selbst zu wichtig zu nehmen oder darauf zu bestehen, daß alle anderen die gleiche Ernsthaftigkeit an den Tag legen, stellt ein sehr wichtiges Geschenk des Geistes dar. Unmögliches Benehmen kann, richtig eingesetzt, genauso heilig sein wie innere Ruhe und die Kommunikation mit dem Geist. Weisheit geht aus dem Wissen hervor, *wie* und *wann* es angemessen ist. In diesem kurzen Augenblick wußte ich, daß dies das Bestmögliche war, um diese Leute wieder zu sich zu bringen. Mir war auch klar, daß mir nichts daran lag, was andere von mir dachten, und daß die Weisheit der Medizin für sich selbst spricht. Ich konnte auch verhindern, auf einem Podest aus Erwartungen gefangen zu werden, auf das manche Menschen spirituelle Lehrer gerne stellen.

Wir sind alle Lehrer, und wir sind alle Schüler. Während wir an allen unseren Erlebnissen geistig wachsen, lernen wir, jedes menschliche Wesen auf der Straße des Lebens als Boten zu sehen, und beginnen, unsere Fähigkeiten zur genauen Beobachtung zu schärfen wie eine Rasierklinge. Durch die Gaben des vollständigen Gegenwärtigseins und des Beobachtens des Offenkundigen werden wir fähig, unsere genauen Wahrnehmungen in unser Leben einzubeziehen und unsere Urteilsfähigkeit weiterzuentwickeln. Während wir unsere Beobachtungsgabe weiter schärfen, lernen wir ständig, alle persönliche Erwartungen, Urteile, vorgefaßten Meinungen oder Vorurteile aus unseren Heiligen Standpunkten auszuräumen.

Verflixt noch mal, ich will diesen Test nicht verhauen!

Viele Tests und mit der Lehrtätigkeit verbundene Erleuchtungsfallen werden auftreten, ob Sie nun ein Lehrer sind oder nicht. Diese Lektionen erscheinen während des vierten Pfades, weil Weisheit in der heutigen Welt ein gefragter Rohstoff ist. Auch wenn Sie nicht öffentlich unterrichten, haben Sie, nachdem Sie den vierten Pfad erreicht hatten, Fähigkeiten entwickelt, die andere bewundern und die Sie erlernen wollen. An irgendeinem Punkt wird dann zu diesen Themen ein Test stattfinden, und Sie werden dahingehend überprüft, ob Sie Schüler oder Lehrer sind.

Test Nummer eins findet statt, wenn ein Lehrer von einem oder mehreren Schülern auf ein Podest gestellt wird. Wenn der Lehrer ein wie auch immer geartetes normales menschliches Verhalten an den Tag legt, das das Idealbild des Schülers zunichte macht, kann der Lehrer zur Zielscheibe von Wut, Haß, hinterhältigem Klatsch und unverhohlener Feindseligkeit werden. Dies passiert in den Lehrberufen allgemein recht häufig, aber ich habe den Eindruck, daß es in Bereichen, die mit spirituellem Wachstum zu tun haben, öfter als sonst geschieht. Es ist schon erstaunlich, wie sehr menschliche Wesen dazu neigen, ihre eigenen Vorstellungen über Moral und Vollkommenheit auf eine andere Person zu übertragen, die gewillt ist, ihnen alles beizubringen, was mit dem spirituellen Wachstum zu tun hat.

Wie ein Lehrer auf die daraus entstehenden Lektionen reagiert, hängt von ihm selbst ab. Als ich vor vielen Jahren unterrichtete, durchschaute ich diesen Test erst, nachdem ich von den nicht geheilten Projektionen der Studenten und der Bedürftigkeit der Menschen zermürbt worden war, die niemals genug Aufmerksamkeit bekommen. Ich hatte bereits den Schwerpunkt meines eigenen Pfades geändert und nahm mir mehr Zeit für mich und meine Familie. Ich hatte mit dem Reisen und dem Unterrichten von Gruppen, außer in Reservaten, aufgehört, als ich von den Stammesältesten oder den Leitern des

Human Resources gebeten wurde, eine Rede zu halten oder zu unterrichten. Ich hatte den Schwerpunkt meiner Arbeit geändert, damit ich schreiben und mich selbst durch meine Bücher klonen konnte, ohne die ganze Zeit unterwegs sein zu müssen. Der Kojote schenkte mir die seltene Gelegenheit, etwas zu erkennen, was ich vorher nicht bemerkt hatte. Drei Frauen kamen zu mir und fragten, ob ich sie unterrichten würde. Ursprünglich hatte ich mich dazu entschieden, keine persönlichen Schüler anzunehmen. Nach drei Wochen des Bittens und der Telefonanrufe ignorierte ich meine eigenen Grenzen und meinen eigenen Weg und gab nach.

Ich teilte mit ihnen mehr als 400 wertvolle Stunden, und als Gegenleistung erhielt ich drei Beutel Bull Durham Tabak im Wert von 1,59 Dollar und ein verborgenes Geschenk, das sich erst später enthüllte. Ich lehrte diese Frauen, ihre eigene Kraft zu entwickeln, und sie erzählten mir nicht, daß sie auch den Lehren eines Indianers aus einem anderen Reservat folgten. Dieser erteilte ihnen strikte Regeln, um sie unterwürfig und hilflos zu machen. Ohne es zu wissen, widersprach ich seinem Standpunkt, und die Frauen kamen zu dem Ergebnis, sein Wissen sei das einzig wahre und authentische, weil er in einem Reservat geboren war und ich nicht. Ein ganzer Korb aus neiderfüllter Kritik und Vorurteilen wurde über mir ausgeleert und mir zugetragen, als andere die Worte der drei Schülerinnen wiederholten. Der Kojote zeigte mir, daß auch das, was man weitergibt in den Dreck gezogen und herabgewürdigt wird, wenn man sich selbst und seine Grenzen mißachtet. Ich war fassungslos über meine eigenen Störmanöver und darüber, daß ich mir selbst eine Lektion des Kojoten eingebrockt hatte. Ich lernte jedoch, meinen Heiligen Raum zu respektieren, und mir wurde die Fähigkeit zuteil, meine eigenen wunden Punkte zu sehen.

100 Jahre später kam eine der Frauen zu mir, weil sie ihr Gewissen erleichtern und sich entschuldigen wollte. Sie erzählte mir Dinge, die alle drei Frauen hinter meinem Rücken über mich gesagt hatten. Sie bat mich, ihnen ihre Eifersucht und ihren Neid zu vergeben, der die Ursache für ihr Verhalten gewesen war. Sie gab zu, daß alle drei von einem Mann gesagt haben wollten, was sie tun sollen. Ich vergab ihr, und bis zum heutigen Tage sind wir Freundinnen. Ich war blind gegenüber der Eifersucht und dem Neid anderer und sah nicht, daß der Groll dieser Frauen mir ins Gesicht starrte. Diese Lektion stellte für mich einen wichtigen Weckruf dar.

Alle Lehrer sind mit Schülern konfrontiert, die das bei anderen erworbene angeblich umfangreiche Wissen zeigen und mit dem vergleichen wollen, was der Lehrer ihnen beibringt. Wenn dieser nun einen Bereich dessen zu verteidigen sucht, was er mitteilt, kommt der Kojote zu Besuch. Eine der einfachsten Methoden, diese Situation in den Griff zu bekommen, ist, die Schüler zu fragen, ob sie bereit sind, eine andere Meinung anzuhören. Wenn dem nicht so ist, sagen Sie ihnen, daß es ihnen freisteht, zu gehen und zu dem Lehrer zurückzukehren, den sie als überlegen betrachten.

Die richtige Anwendung von Weisheit ist eine schwierige Angelegenheit. Wir müssen wissen, wann wir es einem Menschen erlauben können, einen Affen aus sich zu machen, und wann wir verhindern müssen, daß er eine Lernsituation stört. Jeder Lehrer hat auch sehr hilfsbedürftige Schüler, die wegen ihrer gravierenden Unsicherheit oder ihrem Bedürfnis nach Anerkennung viel Aufmerksamkeit brauchen. Geben Sie zuviel, können diese Sie aussaugen und durch ihre wiederholten Fragen die Energie der ganzen Gruppe schwächen, ob diese nun mit den vorliegenden Themen im Zusammenhang stehen oder auch nicht.

Jeder Lehrer muß lernen, unterschiedliche Situationen in den Griff zu bekommen, die im Grunde alle auf einen bestimmten Punkt hinauslaufen, nämlich das Thema der Grenzen. Der Lehrer oder die Lehrerin trägt die Verantwortung für die Festlegung der angemessenen Grenzen, innerhalb derer das Lernen stattfinden kann. Richtlinien darüber, was passend und was unpassend ist, kommen nicht nur allein den Lehrern zugute, sondern dienen dem Wohl der gesamten Gruppe. Werden diese Grenzen mißachtet, kann ein Chaos entstehen, durch das die Konzentration und der Wille zum Lernen zunichte gemacht werden bzw. das den Umfang der vermittelten Informationen schmälert, die mitgeteilt hätten werden können.

Jeder Ausbilder, Lehrer, Gruppenleiter, Berater, Experte auf einem Gebiet oder Lehrbeauftragter, muß sich einigen oder allen diesen Lektionen stellen. Bestimmte Lehrer scheinen das schwarze Feld auf der Zielscheibe für die Abenteuer des Kojoten zu sein, während andere von allen großen Konflikten scheinbar verschont werden. Damit soll nicht gesagt sein, daß kleine Konflikte nicht von Zeit zu Zeit sogar die nettesten Lehrer aus dem Gleichgewicht bringen könnten. Ob er den Lektionen des Kojoten begegnet oder die Erfahrungen auf sanftere, behutsamere Weise macht, hängt sehr stark von der jeweiligen Persönlichkeit ab.

Ist ein Lehrer ausgeglichen und gelassen, widerspricht zu keinem Zeitpunkt den Schülern und fordert sie nicht heraus, fällt der Groschen nie, und die Schüler haben absolut keine Ahnung davon, was der Lehrer oder die Lehrerin tatsächlich denkt oder fühlt. Wenn ein Lehrer rauhbeinig oder leidenschaftlich, derb und ein wenig respektlos ist, können die bestehenden Vorstellungen darüber, wie ein erleuchteter Lehrer sein sollte, aus der Welt geschafft werden, und einigen Schülern geht ein Licht auf. Wenn der Lehrer in seinem Verhalten zu formell und in seinen Ansichten zu starr ist, investieren die Schüler, die kommen, um von dieser Person zu lernen, normalerweise sehr viel in das Bedürfnis nach Ansehen, Dogma, Disziplin und genauen Regeln, die das Auswendiglernen fördern und Individuelles nicht zulassen. Wir können von allen Lehrern und von allen Schülern lernen. Wieviel wir lernen hängt davon ab, wie wir das von uns zum gegebenen Zeitpunkt Erlebte begreifen oder fühlen.

Wenn der Geist ein Eigenleben führt

Eine weitere Erleuchtungsfalle des vierten Pfades tritt in Erscheinung, wenn ein Lehrer verhindert, daß authentische Weisheit erlangt wird, indem er bewußt notwendige Informationen zurückhält. Meine Medizinlehrer in Mexiko brachten mir bei, daß wir nur so gut und makellos sind wie die Lehrer, die uns unterrichteten. Viele Lehrer glauben, ihren Status als Erleuchtete oder Bergkönige dadurch aufrechterhalten zu können, daß sie den Inhalt ihres Wissens und dessen, was sie mit ihren Schülern zu teilen bereit sind, kürzen oder verändern. Hierdurch wird beim Lehrer ein trügerisches Gefühl der Selbstgefälligkeit am Leben erhalten, und es werden weitere Generationen schlecht ausgebildeter Schüler erzeugt, die dann in der Regel die Arroganz und Schwäche derjenigen übernehmen, von denen sie unterrichtet wurden. Meine Lehrer brachten mir bei, daß ein authentischer Meister, geheilter Heiler oder weiser Lehrer immer danach strebt, daß seine Schüler die gleichen oder gar bessere Fähigkeiten erlernen.

Während meines Studiums beobachtete ich Professoren, die stets dann mit Neid reagierten, wenn sie auf einen Studenten trafen, der außergewöhnlich intelligent war. Diese Studenten überlisteten oftmals den Professor mit berechtigten Fragen, die zum Nachdenken anregten. Für den Professor, der sich niemals über seine Gedankenwelt hinausgewagt hatte, stellten diese Fragen jedoch eine Bedrohung dar. Jeder Lehrer, der nicht auch sagen kann: »So was, das weiß ich nicht!«, hat den Pfad seiner Weisheit noch nicht vollendet. Die Erleuchtungsfalle besteht darin, die oberste Instanz sein zu müssen, die auf jede Frage der Welt eine Antwort parat hat. Besserwisser und Pseudointellektuelle, die komplizierte Fachausdrücke und vieldeutige Begriffe benutzen, um andere zu verblüffen, sind keine Hüter der authentischen Wahrheit.

Auf dem vierten Pfad müssen wir das von uns Gelernte integrieren und mit dem Herzen anwenden. Eine Sache vom Verstand her begriffen zu haben, macht noch keine Weisheit aus. Der Pfad der Weisheit besteht darin, Gedanken in Konzepte einzubetten, die täglich gelebt werden. Die Gaben authentischer Weisheit fordern eine Verbindung, die in jedem einzelnen Menschen stattfinden muß. Wenn wir Weisheit finden wollen, müssen Kopf und Herz zu gleichen Teilen eingesetzt werden. Bei vielen Menschen erzeugt die Trennung von Körper, Geist und Herz einen Verdrängungsmechanismus. [Der englische Begriff *thimking* umschreibt einprägsam und humorvoll, wie der Geist vorgeht, wenn er verhindern will, daß wir Gedanken verstehen und in Weisheit umwandeln.] Wenn der Geist glaubt, etwas zu wissen, das Herz aber unbeteiligt bleibt, dann fühlen wir nicht, wie sich diese Information oder diese Erfahrung auf unser Leben auswirkt. Wenn wir denken und fühlen, finden wir ein Gleichgewicht statt unpassender Gedanken oder *thimking*.

Ich habe zahllose Menschen erlebt, die für die tiefgründigsten und weisesten Vorstellungen eintreten. Stehen sie jedoch einer Situation gegenüber, die leicht hätte gelöst werden können, wenn sie exakt die Prinzipien anwendeten, die sie auch lehren, waren sie verloren und ratlos. Dies tritt oftmals auch auf früheren Pfaden der Einweihung auf. Wenn wir sie auf dem vierten Pfad nicht bewältigen, kann uns der Kojote eins überbraten, indem er uns mit einem Test, einer Lebenslektion oder einer Dunklen Seelennacht überrascht. Die Botschaft heißt: »Komm aus deinem Kopf raus.« Wenn wir die Botschaften des Herzens nicht mit dem Verstand verbinden, können wir durch Schmerz, Kummer oder Leid zur Öffnung unserer Herzen gezwungen werden.

Ich habe erlebt, wie sich ein Mensch weigerte, aus seinem Herzen heraus zu handeln, und seinen Verstand als Verteidigungsmechanismus benutzte. Dabei überhörte er einen Weckruf nach dem anderen oder ließ sie über sich ergehen. Alte Freunde distanzierten sich von ihm. Seine Ehe stand dauernd auf der Kippe. Nach ein paar Jahren, in denen sie einige Male zu scheitern drohte, wurde er durch eine Katastrophe zur Erkenntnis dessen gezwungen, was wirklich wichtig war. Erst als seine Tochter, die Papas Liebling gewesen war, bei einem Bootsunfall getötet wurde – er selbst hatte das Boot gesteuert –, begriff er die Botschaft und folgte nicht mehr einzig und allein seinem Verstand. Mit schwerem, aber bereitem Herzen begann er, authentisch den Lektionen des zweiten und dritten Pfades zu folgen.

Dieser Mann hatte sich seiner Gemeinde gewidmet und anderen durch psychologische Beratung und Heilung geholfen. Er beherrschte eine Vielzahl von Fachgebieten, hatte viele seiner künstlerischen Fähigkeiten entwickelt, sorgte gut für seine Familie und hatte bestimmte Seiten seines eigenen Lebens geheilt. Sein Verstand hatte sich jedoch derart über sein Herz hinweggesetzt, daß er berufliche Grenzen sogar bei ihm sehr nahestehenden Personen zog und sich niemals erlaubte, verletzlich oder menschlich zu sein. Er hatte jede mögliche Lösung und jede mögliche Reaktion auf das Leben in die Schubladen des akademischen Verständnisses der Psychologie eingeordnet. Als er zum Leiter einer Universitäts-Fakultät wurde, glaubte dieser Mann, daß er nicht den Anschein erwecken könne, als lerne er von anderen oder nehme deren Meinung an. So wollte er den Status seiner intellektuellen Überlegenheit in den Augen anderer bewahren. Er war der falschen Ansicht, sein Ruf erleide dauerhaften Schaden oder würde zerstört, wenn er nicht stets korrekt und professionell auftrete. Dieser Fall ist ein perfektes Beispiel dafür, wie einige Menschen die Lektionen des vierten Pfades vollenden können und immer noch die meisten Lektionen des zweiten und dritten Pfades lernen müssen.

War ich vor Glückseligkeit blind?

Während wir den Lektionen des vierten Pfades folgen, sind wir aufgefordert, genau zu erkennen, wo wir uns selbst im Wege stehen. Wir können in unserem eigenen Wachstumsprozeß derart gefangen sein und deshalb vergessen, daß andere vielleicht nicht den gleichen Grad an Integrität haben. Wenn wir unsere Dimension des Verstehens und der Heilung auf andere übertragen, die vielleicht noch überhaupt keine Heilung erfahren haben, können wir viele Enttäuschungen erleben. Wenn wir Glückszustände erleben, sehen wir in anderen oftmals eher deren Möglichkeiten statt ihrer gegenwärtigen Entwicklungsstufe. Diese fehlende Einsicht tritt dann auf, wenn wir nicht aufmerksam sind. Sie kann uns einige interessante und bisweilen schmerzliche Lektionen eintragen.

Vor vielen Jahren war ich die Gastgeberin einer spirituellen Versammlung in meinem Haus. Gegen Ende des Abends ging ich in mein Schlafzimmer und traf dort auf eine Frau, Besitzerin und Herausgeberin eines spirituellen Magazins, die wie eine Diebin oder Spionin meine Kommode durchwühlte. Ich war derart fassungslos, daß ich nur zusah, bis sie aufschaute und verlegen wurde, weil sie ertappt wurde. Ich fragte sie, was sie da zu tun glaubte. Sie versuchte, sich kommentarlos aus der Affäre ziehen zu können, und erzählte mir hastig, sie müsse gehen. Diese Art des mißbräuchlichen Übergriffes in den Heiligen Raum anderer ist verbreiteter, als wir annehmen möchten, und spiegelt eine Vielfalt an Vorfällen bezüglich Scharfsinn wider, denen wir keine Beachtung geschenkt haben. Für unsere Emotionen kann es tödlich sein, wenn wir geblendet oder zu offenherzig sind und deshalb unseren Scharfsinn außen vor lassen. Während wir unsere Emotionen heilen, kann das emotionale Pendel aus nicht geheiltem Mißtrauen bis zu übermäßiger Vertrauensseligkeit ausschlagen. Lassen wir unsere Vergangenheit los, stellt uns das Traumgeflecht grenzenlose Energie und wahre Freude zur Verfügung. Unsere Aufgabe besteht darin, Energie auf angemessene Weise zu nutzen sowie sie durch ein hohes Maß an Urteilsfähigkeit und ein genaues Bewußtsein für das Offenkundige auszugleichen.

Früher machte ich Witze über diese »Erleuchtungshäschen«, die einen spirituellen Weg gefunden hatten und vom Licht geblendet wurden, so daß sie erst dann erkannten, was um sie herum passierte, wenn sie ein Hammerschlag traf. Von Zeit zu Zeit ähnelte ich selbst dieser Beschreibung, weil ich gegenüber den Hintergedanken oder den versteckten Absichten von Menschen, in die ich mein Vertrauen gesetzt hatte, so lange blind war, bis ich zutiefst und gründlich von ihnen verletzt worden war. Im Balanceakt zwischen der Einhaltung eigener

Grenzen und dem Respektieren des Punkts, an dem Menschen in ihrer eigenen Entwicklung stehen, besteht eine der bedeutendsten Lektionen des Kojoten. Ich sehe immer das Potential in den Menschen und nicht das, was sie im Augenblick sind, also besteht darin meine persönliche Lektion. Andererseits versuche ich, den Menschen so lange weiterhin zu vertrauen, bis sie das Gegenteil bewiesen haben. Ich erwarte von ihnen nichts, damit ich nicht enttäuscht werde, wenn sie einen Mangel an Integrität an den Tag legen.

Während wir unseren Scharfsinn ausbilden und lernen, wo wir selbstgeschaffene tote Winkel haben, werden wir in vielen Fällen durch Erkenntnisse schockiert, die unsere Wahrnehmung der Realität verändern. Wenn wir Kummer erleiden, ist es nur allzu einfach, frühere Durchbrüche niedriger zu werten, bei denen uns vergeben wurde und wir unser Gleichgewicht wiederfinden durften. Immer wieder prüft der Kojote unsere Bereitschaft, sich dem Strom des Lebens erneut anzuschließen, während wir klüger werden und immer noch mit dem Herzen fühlen. Geduldiges Beobachten des authentischen Verhaltens anderer, ehe wir uns in eine unüberschaubare Situation stürzen, stellt eine wertvolle Fähigkeit dar. Wir sind aufgefordert, unsere Heiligen Räume zu respektieren, angemessene Grenzen zu haben und die Bereitschaft aufzubringen, andere immer das sein zu lassen, was sie zum gegebenen Zeitpunkt sind, darüber hinaus zu beobachten und entsprechend zu handeln. Diese Fähigkeit fordert, daß wir in allen Situationen und jederzeit vollständig aufmerksam sind, es sei denn, wir wollen blindlings in eine Lektion des Kojoten tappen, die uns schmerzlich daran erinnert, daß es uns an Gleichgewicht und persönlicher Makellosigkeit mangelt.

Ich habe erlebt, wie viele offenherzige spirituelle Menschen Opfer von Anlage-»Haien« wurden, die schnelles Geld versprachen, von miesen Trickbetrügern, herrschsüchtigen Lehrern oder Sekten. Ob sie nun von Gier, Existenzangst, Einsamkeit oder fehlender Urteilsfähigkeit getrieben wurden, bleibt gleich. Unser eigener Wille erlaubt uns, zu wählen, wo und wie wir unsere Energie investieren. Der Kojote schenkt uns die Tests, die mittels der von uns getroffenen Entscheidungen den Grad unserer Urteilsfähigkeit bestimmen. Fallen dieser Art lehren uns, wie wir die Macht der persönlichen Entscheidung nutzen, und erteilen uns die Lektionen, die wir zur Entdeckung unseres eigenen inneren Rhythmus und der Verbindung zu unserer eigenen

Weisheit brauchen. Sie lehren uns, wie wir unserer Intuition uneingeschränkt folgen. Immer, wenn wir nicht auf uns selbst hören, erzeugen wir ein Energiemuster, durch das wir in die Lage versetzt werden, genau zu erkennen, ob wir entweder ein Netz aus verwickelten Begebenheiten gewoben haben oder ob wir spielend eine Situation dadurch bewältigt haben, daß wir auf unser durch Erfahrung erworbenes inneres Wissen vertraut haben.

In vielen Fällen beschuldigen wir andere für unser Unglück und geben nicht zu, daß wir durch unsere Weigerung, die uns gegebenen Warnsignale wahrzunehmen, unseren Beitrag dazu geleistet haben. Wenn wir nicht vollständig gegenwärtig sind und unserem eigenen Willen keine Beachtung schenken, sind dies normalerweise die ersten Schritte in die falsche Richtung. Durch sie erzeugen wir ein Muster, durch das wir uns selbst ein Bein stellen. Eine meiner Schülerinnen verlor alles, wofür ihre Eltern ihr ganzes Leben gearbeitet hatten, weil sie in angeblich seltene Münzen investierte, die sich als fast wertloses minderwertiges Silber herausstellten. Die Person, die sie zum Verkauf aller Gemeinde- und Staatsanleihen aus dem Besitz ihrer Eltern überredete, war jemand, den sie aus ihrer Kirche kannte und dem sie vertraute. Der Mann verschwand, nachdem sie ihre letzte Staatsanleihe zu Geld gemacht hatte, und ließ sie und ihre alte Mutter mittellos zurück. Während sie dabei war, die Anleihen ihrer Eltern zu verkaufen, hatten viele Freunde versucht, ihr klarzumachen, daß sie betrogen wurde. Wütend bat sie sie, ihr Haus zu verlassen und nie mehr zurückzukommen. Sie hatte den Rat langjähriger Freunde in den Wind geschossen, die Warnsignale überhört, und das Ergebnis war niederschmetternd.

Verdrängung kann auf jeder Stufe der Einweihung auftreten. Wir werden ständig vom Leben überprüft und können in eine Falle tappen, wenn wir nicht aufpassen. Wenn wir unterwegs unsere Lektionen lernen, wird es leichter, die Muster unserer Eigensabotage und unseres fehlenden Scharfsinns zu erkennen. Wie wir mit unseren Prüfungen umgehen, hängt von unserer Fähigkeit ab, mögliche Szenarios zu erkennen, und davon, wie wir die durch Erfahrung gewonnene Weisheit nutzen. Es ist schon eine recht große Aufgabe, unsere Wahrnehmung bis zu dem Grad zu schärfen, der notwendig ist, um der Eigensabotage und den Hintergedanken anderer geschickt aus dem Wege zu gehen. Haben wir erst einmal diese Aufgabe gemeistert, besteht immer noch keine Garantie, daß nicht wieder von Zeit zu Zeit unser Scharfsinn überprüft wird. Wir werden aber ein Maß an Geschicklichkeit entwickelt haben, durch das wir uns außerhalb der Schußlinie des Kojoten halten können.

Wohin bin ich denn jetzt verschwunden?

Der vierte Pfad präsentiert uns auch die Lektionen, durch die wir lernen, unser Wohlbefinden oder unser gesundes Selbstwertgefühl nicht zu verschenken. Wir sind ständig gefordert, auf uns selbst und die von uns erreichte Heilung zu achten. Wir können uns in einer Beziehung sehr leicht selbst aufgeben, sei es eine intime Beziehung, eine Freundschaft oder eine Lehrer-Schüler-Beziehung. Manche Menschen schenken alles, was sie besitzen, ihren Familien, Gatten, Partnern, Liebsten oder der Menschheit im allgemeinen. Es muß ein Gleichgewicht vorhanden sein, denn wenn wir uns selbst mißachten, kommt der Kojote vorbei.

Wenn wir in einer Beziehung ständig den Bedürfnissen anderer nachgeben und unsere eigenen Wünsche zurückstellen, geraten unser Selbstwertgefühl und unsere Selbstachtung in Gefahr. Wenn ein Partner oder der andere anscheinend das Interesse an der Beziehung verliert, wird das Gefühl für uns selbst, das uns einen gesunden Respekt beiden Partnern gegenüber einflößt, vom Kojoten überprüft. Das fehlende Interesse kann dann auftreten, wenn ein Partner sein Selbstwertgefühl verloren hat und zu einem Jasager geworden ist oder kein Interesse mehr hat, einen eigenen Heiligen Standpunkt zu besitzen. Wenn in einer Beziehung keine zwei verschiedene Meinungen existieren, steht kein Raum für das Lernen zur Verfügung. Für eine Harmonie braucht es zwei verschiedene Töne. Diese Verschmelzung musikalischer Noten erlaubt den Tönen eine Wechselbeziehung. Werden beide Heiligen Standpunkte vollständig vertreten, schaffen sie einen ausgewogenen dritten Standpunkt. Fehlt ein Standpunkt, schwächt sich die Chemie zwischen den beiden Menschen ab, und die Beziehung kann scheitern. Menschen, die keine neuen Interessen oder Meinungen mehr in eine Beziehung einbringen wollen, erkennen oft nicht, daß sie durch dieses Verhalten Teile von sich selbst abtöten, durch die sie ihrer Beziehung neue Lebenskraft schenken könnten.

Für alle Beziehungen ist es notwendig, daß wir mit uns selbst im Einklang stehen. Haben wir in unserer Hingabe an unser eigenes persönliches Wachstum nachgelassen oder unsere eigenen grundlegenden Wertmaßstäbe mißachtet, um einem Freund zu dienen, nahmen wir ein Fehlverhalten an, das letztendlich unserer Beziehung die Basis entziehen wird.

Die Tradition der Seher des Südens nennt viele Arten der Beziehung zu sichtbaren und unsichtbaren Lebensformen, die als Kreise innerhalb von Kreisen betrachtet werden. Die zentrale Beziehung ist die des Selbst zum Schöpfer. Der nächste Kreis gilt der Verbindung vom Selbst zum Selbst: zu Körper, Seele, Geist, Gedanken und Gefühlen, zur Intuition und zu den Träumen. Der dritte Kreis ist die Beziehung des Selbst zu anderen Menschen. Innerhalb dieses Kreises existieren viele andere. Der Partnerschaftskreis, der Familienkreis, ein Freundeskreis, danach ein Bekanntenkreis. Weitere Kreise umschließen unsere Arbeitskollegen, unseren Gemeindeverband, unser Land und alle Menschen, die Kinder dieser Erde sind. Die vierte »Garnitur« von Kreisen enthält das Verhältnis des Selbst zur Natur: zu den Pflanzen, Tieren, Steinen, Wassern, Bergen, Tälern, Wüsten, Dschungeln, Wäldern und Ebenen der Mutter Erde. Dieses vierte Band aus Kreisen umfaßt unsere Verbindung zu den Lebensfunken oder dem in all diesen Formen enthaltenen Geist sowie der Erhaltung der Erdressourcen. Die fünfte Kreis-»Garnitur« enthält unsere Beziehung zu Planeten und Sternen, die den Geist und das Leben in unserem Universum verkörpern. Die sechste Reihe von Kreisen steht für unsere Beziehung zu den unsichtbaren Welten des Bewußtseins, die in uns enthalten sind und die innerhalb des universellen Bewußtseins existieren. Der siebte Kreis spiegelt unser Verhältnis zu den ungeborenen Welten des Bewußtseins wider, die sowohl durch unsere Bereitschaft geboren werden, uns ihrer Existenz bewußtzumachen, als auch durch unsere Fähigkeit, mit ihnen in Verbindung zu treten und das sich innerhalb des Großen Geheimnisses ständig entwickelnde Bewußtsein zu erforschen.

Wenn wir die Kunst der Erweiterung unserer Beziehungen zu allen Bereichen der Schöpfung meistern wollen, müssen die ersten drei Beziehungskreise intakt sein. Unserer Beziehung zum Großen Geheimnis, zu Gott, dem Schöpfer, kommt die höchste Bedeutung zu. Zur Aufrechterhaltung dieses Kreises müssen wir dieser Verbindung große Achtung entgegenbringen, indem wir der Quelle allen Lebens durch unsere Kommunikation mit ihr unseren Dank sagen. Der zweite Kreis der Beziehung des Selbst zum Selbst wird intakt erhalten, indem wir den Bedürfnissen und der Gesundheit des Körpers Rechnung tragen, die Bedürfnisse des Geistes dadurch erfüllen, daß wir alle Emotionen fühlen und loslassen und uns von allem befreien, von dem unser Wachstum eingeschränkt wird. Wir sind darüber hinaus aufgefordert, das negative Geschwätz des Geistes zu beachten und selbstzerstörerische Gedanken in positive Inspiration umzuwandeln. Indem wir unsere Energie aus dem Negativen zurückziehen, das wir unter Umständen im Traumgeflecht plaziert haben, recyceln wir genau diese Lebenskraft und wandeln sie um in produktive oder kreative Energie. Der dritte Kreis des Selbst zu anderen wird durch persönliche Integrität gestärkt und dadurch, daß wir anderen mit liebevollem Respekt begegnen und wir unseren eigenen Heiligen Standpunkt beibehalten.

Öffne dein Herz, und behalte den Rhythmus bei

In den meisten großen Religionen besteht die Goldene Regel im Maßstab des dritten Kreises, in der Verbindung zu anderen. In der indianischen Tradition sprechen wir bei diesem Prinzip davon, daß wir »eine Meile in den Mokassins des anderen gehen«. Auf dem vierten Pfad wird nicht nur von uns gefordert, mit anderen so umzugehen, wie wir es uns selbst wünschen, wir bekommen auch die Gelegenheit, uns in andere hineinzuversetzen und die Gefühle dieser Person zu fühlen, die Lasten dieser Person zu tragen und das Leben von ihrem Heiligen Standpunkt aus zu sehen. Dadurch werden wir zu Instrumenten des Mitgefühls, so wie es der Schöpfer von Menschen, die zur Selbsterkenntnis gekommen sind, erwartet. Wir vergeben uns nichts, wenn wir Mitgefühl zeigen. Wir erweitern sogar unser Bewußtsein und unsere Anteilnahme an anderen Heiligen Standpunkten, wenn wir die Integrität unseres ersten Kreises des Selbst zum Schöpfer und unseres zweiten Kreises des Selbst zum Selbst wahren.

Das Bild eines Menschen, der verschiedene Teller gleichzeitig auf Stöcken balanciert, gibt uns einen Hinweis darauf, wie wir es schaffen können. Der sich auf dem Stab drehende Teller ist der Schlüssel zum Verständnis dessen, wie die Räder unserer Erfahrung Bodenkontakt behalten. Wenn wir die Regeln mit dem Verstand begreifen, aber nicht danach leben, fliegen uns die Teller um die Ohren. Wenden wir diese Prinzipien aber in unserem täglichen Leben an, können wir unser Leben entsprechend dieser Weisheit gestalten. Durch die Integrität unserer Gedanken, Gefühle und Taten wird uns mehr Energie oder Lebenskraft zuteil. Dies ist die Energie, die unsere Teller oder die Ebenen unseres Wissens mühelos und harmonisch in Schwung hält.

In unseren Träumen finden wir den Schlüssel zum nächsten Pfad

Eine Methode des vierten Pfades, um alle Teller gleichzeitig in Schwung zu halten, liegt in unseren Träumen. In den Gesellschaften der Ureinwohner ist der Träumer eine heilige Person, die dem Stamm durch seine Fähigkeit hilft, im Schlaf mit den unsichtbaren Welten des Bewußtseins oder des Geistes in Verbindung zu treten. Dazu muß der Träumer die Fähigkeit zur Deutung der Träume und zum vollständigen Verstehen der angebotenen Mitteilung besitzen. Danach wird von ihm erwartet, daß er die wesentlichen Informationen dem Stamm übermittelt, ohne den Inhalt zu verändern oder etwas wegzulassen. Der Träumer gleicht einer mit dem Geist verbundenen Antenne, die keine persönlichen Absichten hegt, es aber zuläßt, daß, ausgehend vom Großen Geheimnis, verbindliche und zuverlässige Informationen durch sie oder ihn fließen.

In vielen spirituellen Traditionen werden Träume als Leitfaden für die Arbeit an sich selbst und das Wachstum angesehen. Traumkreise bestehen aus Menschen, die zusammenkommen und das mitteilen, was sie geträumt haben. Sie sehen, wie die Ähnlichkeiten ihrer Bildsymbole mit der universellen Weisheit in Einklang stehen, und teilen die individuellen Botschaften, damit alle zu einem tieferen Verständnis des spirituellen Wachstums gelangen können. Die Menschen in diesen Kreisen begegnen vielen ähnlichen Träumen und Symbolen und schließen sich einer die Menschheit als Ganzes betreffenden Bewußtseinsstufe an. Diese Signale deuten auf eine Veränderung im planetarischen Bewußtsein hin, die allen zugute kommen wird.

Die beiden Frauen, denen ich dieses Buch gewidmet habe, waren jahrelang Mitglieder von Traumzirkeln. CONNIE KAPLAN und NEELA

FORD sind erfahrene Träumerinnen, deren unterschiedliche Herangehensweisen an das Traumgeflecht ihnen durch die Weisheit ihrer Träume offenbart wurde. Obwohl sich ihre Methoden untereinander und von meiner Ausbildung unterscheiden, entstammt die Genauigkeit ihrer Informationen doch der universellen Weisheit. Ich habe großen Respekt vor beiden Frauen und schätze ihren Beitrag zur Suche der Menschheit nach Landkarten der Energie oder deren Entwürfen außerordentlich, die uns erlauben, über die bekannten Grenzen unserer Körperlichkeit hinaus in unsichtbare Welten des erweiterten Bewußtseins einzudringen. Ich möchte ein paar Standpunkte dieser beiden lieben Freundinnen hier einbringen. Es sind dies Vorstellungen, die sich auf dem Pfad der Weisheit finden.

Connie Kaplan ist eine Beraterin, die Informationen aus dem Traumgeflecht überbringt, die den Menschen beim Verständnis der spirituellen Ebenen, die sie im Traumgeflecht durchlaufen, helfen. Sie lernen, wie sich diese Lektionen auf das Engagement der Seele und das beziehen, zu dem sich die betreffende Person während ihres Lebens im menschlichen Körper zu tun bereit erklärt hat. Connie hat jahrelang Traumzirkel geleitet, und ich möchte eine allgemeine Lektion des vierten Pfades mitteilen, die sie uns übermittelt hat.

Oftmals träumen Menschen auf dem vierten Pfad davon, daß ein von ihnen verehrter Lehrer zu ihnen kommt, um ihnen notwendige Informationen mitzuteilen, die zu diesem Augenblick für ihr Weiterkommen notwendig sind. Connie lehrt ihre Schüler, daß sie nicht wirklich sie selbst sehen, die zu ihrer Belehrung in Erscheinung tritt. Sie übertragen die Weisheit, der sie selbst begegnet sind, auf eine Quelle außerhalb ihres Selbst. Wir beide glauben, daß auf dem vierten Pfad diese Projektion von uneingestandenem innerem Wissen immer dann auftritt, wenn die träumende Person sich nicht eingesteht, daß diese Weisheit aus ihrem eigenen inneren Ort der Weisheit kommt, an den sie sich im Traum angeschlossen hat. Der träumende Schüler muß sich bewußt werden, daß der Lehrer im Traum für den Teil von ihm oder ihr steht, der über die vermittelte Weisheit verfügt, die aus seinem Bewußtsein stammt und über das Traumgeflecht zugänglich wurde.

Hierin besteht eine der Lektionen, die uns auf dem vierten Pfad erteilt werden und uns an den Ursprung zurückbringen: Wir sind dann im Besitz der uns zur Verfügung stehenden authentischen Wahrheit, wenn die ersten drei Beziehungskreise intakt sind. Das gesunde Verhältnis der Kreise des Selbst zum Schöpfer, des Selbst zum Selbst und des Selbst zu anderen menschlichen Wesen öffnet den vierten Kreis, der es uns erlaubt, uns mit dem Geist in allen Lebensformen zu verbinden. Wir können daher offen sein für Botschaften der Weisheit, die durch diese offenen Türen aus unserem spirituellen Bewußtsein kommen. Wieder einmal erinnert uns der Kojote: »Es ist nicht da draußen, Kumpel! Es ist hier drinnen!« Wenn wir uns den riesigen uns zur Verfügung stehenden Welten des Bewußtseins öffnen, erlangen wir Zugang zu innerem Wissen und derjenigen Weisheit, die wir immer schon als ewiger Geist in uns getragen haben, der innerhalb des Großen Geheimnisses existiert.

Neela Ford ist eine Heilerin, die Aromatherapie einsetzt, um die Bahnen des Bewußtseins, blockierte Emotionen und einengende Gedanken zu reinigen, durch die die Fähigkeit eines Menschen beeinträchtigt werden kann, sich dem Traumgeflecht und der Erinnerung anzuschließen. Neela erinnerte mich daran, daß eine Lektion des vierten Pfades dann auftritt, wenn Menschen in einem Traum versuchen, vor einem Tier zu fliehen. Der Totem, vor dem sie im Traum wegrennen, verkörpert normalerweise die innere Stärke oder die persönliche Medizin, die sie brauchen, um eine derzeit bestehende schwierige und beängstigende Situation zu überwinden. In diesem Fall benutzt der Geist des Tieres die Jagd als Sinnbild. Der Totem, vor dem sie im Traum weglaufen, steht normalerweise für ihre innere Kraft oder für die Medizin, die sie zur Überwindung einer vor ihnen stehenden schwierigen und beängstigenden Situation aufbringen oder anwenden müssen. In solchen Fällen will er uns sagen, daß wir vor uns selbst und unseren Talenten weglaufen. Wenn wir diese Eigenschaft in uns erkennen würden, könnten wir diese Fähigkeiten auch selbst verkörpern. Der Träumende hat die Aufgabe, seinen Mut zusammenzunehmen, sich der von ihm verdrängten inneren Stärke zu stellen und diese Talente oder Gaben in der vorhandenen Situation anzuwenden. Wir können diesem Tier in unserem Traum entgegentreten, oder wir können die Botschaft verstehen und der Weisheit durch bewußte Anwendung der Medizin des Tieres folgen, das da versucht hat, unsere Aufmerksamkeit auf sich zu lenken.

Menschen, die normalerweise keinen Zugang zu den durch Träume vermittelten Botschaften haben, begegnen dieser seltenen Möglichkeit auf dem vierten Pfad. Bestimmte Gaben der Weisheit treten als lebendige oder luzide Träume auf. Diese Träume stellen normalerweise Weckrufe dar, die uns geschickt werden, wenn wir das Bedürfnis nicht wahrgenommen haben, in die Stille einzutreten, oder wenn uns die Managerkrankheit gepackt hat. Das geschäftige Treiben im Alltag kann uns der Fähigkeit beraubt haben, die Botschaften des Lebens oder seine Warnsignale klar wahrzunehmen. Wenn wir nicht mit den Prinzipien des Träumens und der Interpretation der Bilder oder mit den uns übermittelten Botschaften vertraut sind, müssen wir diese Träume aufschreiben und über sie nachdenken. Wenn wir den Geschenken der uns dargebotenen Weisheit keine Beachtung schenken, kommt ganz bestimmt der Kojote zu Besuch.

Auf dem vierten Pfad werden wir ständig überprüft. Wir bekommen Lektionen, die die Basis all dessen erschüttern, das wir für richtig gehalten haben. Wenn allzu großes Vertrauen oder Zweifel unsere wackligen Überzeugungen erschüttern, verändern sich unsere Weltanschauungen radikal. Unsere Heiligen Standpunkte ändern sich so lange, bis unsere unsicheren Gedanken durch direktes Erfahren zu einem Wissen umgeformt werden, das im Inneren verwurzelt ist. Je nach unseren Erfahrungen entscheiden wir, ob wir unsere Herzen öffnen oder schließen, ob wir unsere Autorität verschenken oder Erfahrungen machen, die uns authentische Weisheit vermitteln und uns stark machen. Wenn wir den Entschluß fassen, den uns präsentierten Herausforderungen entgegenzutreten und unser inneres Wissen, gleichgültig, wie schwer die damit verbundenen Lektionen für uns zu ertragen sein mögen, bis auf eine neuen Ebene des Verstehens entwickeln, werden wir als Folge tiefgründige Träume erleben.

Diese Träume sind wie Leuchttürme, die uns unseren Weg jenseits von allem aufzeigen, was wir wußten oder für richtig hielten. Die Tatsache, daß diese Art der Hilfestellung von allen anderen Bewußtseinsebenen innerhalb des Traumgeflechtes ausgesendet wird, stellt eine Einweihung in und für sich selbst dar. Eine Form der göttlichen Führung wird uns in Form einer unsichtbaren Hilfe zuteil, die uns dazu drängt, mehr von dem zu verwirklichen, was wir zu sein glauben. An den kritischsten Punkten unserer spirituellen Entwicklung bekommen wir oftmals Träume geschenkt, die uns neugierig genug machen, um uns weiter in Bereiche vorzuwagen, die wir verstehen wollen. Der Kojote, der göttliche Schelm, steht uns bei, indem er uns die benötigte

Hilfe immer dann anbietet, wenn wir aufgeben wollen oder es nicht mehr weiter versuchen wollen. Der wackelige, unsichere Boden wird uns stützen, und der Pfad wird uns durch einen Traum unterstützen, der uns Symbole oder Mitteilungen schenken wird, in denen der nächste Hinweis auf ein Geheimnis verborgen ist, oder uns die notwendige Unterstützung geben wird, damit wir noch ein Weilchen durchhalten.

Das Erklärbare überwinden und sich erinnern

Dieser Wendepunkt auf dem vierten Pfad besteht in der Anpassung an das tapfere Herz des Kriegers in uns, der uns drängt, den Prozeß des Entdeckens weiter voranzutreiben. An diesem Entwicklungspunkt fällen wir bewußt oder unbewußt die Entscheidung, die darüber bestimmt, ob wir in der Lage sein werden, die Lebenskraft anzuzapfen, die für die Erfahrungen des fünften bis siebten Pfades notwendig sein wird. Durch unsere Angst sowie durch jede Form der Verdrängung unserer persönlichen Themen können wir davon abgehalten werden, unsere Themen im Augenblick ihres Auftauchens zu behandeln. In vielen Fällen ist nicht klar zu erkennen, wann der entscheidende Augenblick auf dem jeweiligen Pfad gekommen ist. Wir können die gleichen Verdrängungmechanismen anwenden, die wir auf früheren Pfaden benutzt haben, als wir uns ängstigten vor den unerklärlichen Empfindungen und Erfahrungen, die zu irreal für uns waren, als daß wir sie vollständig angenommen hätten. Oder aber wir können uns in liebevoller Absicht völlig auf uns selbst konzentrieren, alles akzeptieren und auf die Gegenwart des Göttlichen Geheimnisses bauen, dessen Weisheit die unsere bei weitem übertrifft.

Während ich die Lektionen des vierten Pfades erlernte, übte ich mich eines Abends in der Meditation und darin, all meine Gedanken zum Schweigen zu bringen, als sich meine Wahrnehmung veränderte. Ich sah mich selbst in einem langen weißen Wildlederkleid durch den Schnee gehen. Ich konnte hören, wie meine Mokassins im Schnee knirschten, und in der Ferne sah ich am Rande einer Wiese einen Büffel stehen. Ich ging hinüber, setzte mich vor den Büffel hin und sah in seine dunkelbraunen Augen. Sein dampfender Atem bedeckte mein Gesicht mit sanftem feuchtem Dampf, der winzige kristallene Eisflocken auf meinem Gesicht bildete und meinen Körper warm hielt. Ich dankte diesem Geschöpf, meinem persönlichem Totem, dafür, von ihm gesegnet zu werden, und plötzlich fühlte ich, wie sich unsere Seelen vereinten. Ich schaute hoch und bemerkte, daß die Augen des Büffel himmelblau und sein Fell strahlend weiß geworden waren.

Die Szenerie veränderte sich: Ich saß in südlicher Richtung an einem Feuer im Kreis des indianischen Stammesältesten-Rates. Diese weisen Menschen lehrten mich viele Dinge, und dann wurde ich angewiesen, mich mitten ins Feuer innerhalb des Kreises zu stellen. Als ich im Feuer stand, wurde ich von den orangen und blauen Flammen in einen anderen Rat gezogen. Wieder saß ich im Süden, der für den Ort des Lernens steht. Ich schaute mich an einem Tisch aus rostrotem Stein um und sah, daß ich von Himmelsmenschen, Außerirdischen, umgeben war. Nachdem ich mich im Kreis umgesehen und festgestellt hatte, daß ich 75 verschiedene Arten von Wesen gesehen hatte, brauchte ich eine ganze Weile, um mich wieder zu beruhigen. Ein paar menschliche Wesen waren auch darunter, und ich erkannte Buddha, Jesus, Kwan Kin und verschiedene andere Frauen, von denen ich geglaubt hatte, sie existierten nur in der Mythologie als Archetypen. Ich wurde an die spirituellen Gelöbnisse erinnert, die ich abgelegt hatte, bevor ich einen physischen Körper angenommen hatte, und liebevoll zum Weitermachen aufgefordert. Als die Szene schwand, fühlte ich mich zutiefst geehrt und empfand äußerste Demut. Die Trennungsschleier lösten sich auf, und ich fand wieder zum geistigen Ganzsein. Diese Vision war für mich der Wendepunkt auf dem Pfad der Weisheit.

Auf dem vierten Pfad finden wir auch neue Arten, unseren »Mechanismus des Vergessens« aufzugeben oder die Trennungsschleier zu heben, durch die unser inneres Wissen getrübt wird, und wir entdecken andere Möglichkeiten, uns der Erinnerung anzuschließen. Die Mechanismen des Vergessens treten häufig in Form von Träumen auf, von denen wir uns schon verabschiedet hatten. Wenn Sie zum Beispiel von einem Grundschullehrer gedemütigt wurden, der da sagte: »Du wirst nie lernen, wie man ein Instrument spielt. Musik liegt dir einfach nicht«, dann ist es möglich, daß Sie dieser Lüge Glauben geschenkt haben. Die verlorengegangene Fähigkeit erzeugt einen Mechanismus des Vergessens, der Sie vom Erlernen der Musik abhielt, da Sie glaubten, die falsche Aussage einer erwachsenen Autoritätsperson entspräche der Wahrheit. Der Mechanismus des Vergessens kann sich auch auf Vorstellungen ausweiten, die Musik im allgemeinen betreffen, und vielleicht empfinden Sie in Ihrem späteren Leben Musik als bedrückend.

In der Tradition meiner Lehrer heißt es, daß das Erinnern dann beginnt, wenn wir anfangen, wieder diejenigen Teile unseres inneren Wissens zusammenzubauen, die verlorengingen, als wir die mit dem Menschsein verbundenen Risiken eingingen. Das in einen menschlichen Körper Hineingeboren-Werden ist etwa so, als nähme man ein gesamtes Universum an Information und Bewußtsein, zwänge es in einen Mikrochip hinein und pflanzte diesen mitsamt aller Weisheit in einen winzigen menschlichen Körper ein, der noch eine ganze Weile lang seine Bewegungen nicht beherrschen wird. (Lesen Sie in Kapitel 2 die ausführliche Erklärung zu den Trennungsschleiern nach.)

Das Geburtserlebnis als solches reicht schon aus, um Vergessen auszulösen. Von diesem Punkt an versetzen uns unsere täglichen Erfahrungen als Mensch in solchen Schrecken, daß wir uns immer weniger der uns innewohnenden Möglichkeiten bewußt werden. Ist das nicht ein genialer Trick des Kojoten? Nachdem Sie gelernt haben, wie Sie Ihren wachsenden Babykörper in den Griff bekommen, lernen Sie, mit allen während des Heranwachsens auftretenden Emotionen und all den Vorurteilen anderer fertig zu werden, die Ihnen sagen, was richtig oder falsch ist, ganz gleich, wie sie es mit ihren staunenden Kinderaugen sehen. Wir lernen und übernehmen die Gewohnheiten unserer Familien und der Kulturen, in denen wir aufwachsen. Kein Wunder, daß wir vergessen! Und später dann lernen wir, all das fallenzulassen, was wir aufgehoben haben und das uns nicht mehr beim Zusammenbauen all der Überzeugungen mehr hilft, die uns ein Erinnern dessen ermöglichen, wer wir sind, warum wir hier sind, woher wir kommen und wie alles zusammenpaßt. Eine schwere Aufgabe! Kein Wunder, daß man von uns verlangt, einen großen Sinn für Humor zu entwickeln, wenn wir diese Art des kosmischen Schabernacks überleben wollen!

Viele Dinge werden auf dem vierten Pfad gerade dann vollendet, wenn wir sie am wenigsten erwarten. Ich hatte die Mißhandlungen durch meine Mutter geheilt. Sie war eine Alkoholikerin gewesen und bei einem tragischen Verkehrsunfall ums Leben gekommen, als ich 16 Jahre alt gewesen war. Ich hatte ihr vergeben, mein Leben weitergelebt und ihre geistige Gegenwart seit dem Jahr nach ihrem Tode nicht mehr gespürt. Ich erwarb die letzten Fähigkeiten des vierten und einige der frühen Lektionen des fünften Pfades, als meine Mutter in einem Traum zu mir kam. In diesem Traum hatte ich den Körper eines kleinen Kindes, und sie strömte eine solche Liebe zu mir aus, daß ich glaubte, mein Körper könne das nicht mehr aushalten. In diesem Augenblick kehrte all die mütterliche Zuneigung zu mir zurück, die mir in meiner Kindheit fehlte.

Meine Mutter entschuldigte sich für die schreckliche Gewalt, die sie mir angetan hatte, und sprach von ihrer Liebe zu mir. Sie erzählte mir, daß sie sich freiwillig dazu bereit erklärt hatte, ein Stolperstein auf meinem Weg zu sein und mich zu mißhandeln, damit ich das Mitgefühl für den Schmerz der leidenden Menschheit entwickeln konnte. Ihr Verhalten gab mir die Gelegenheit, aus eigener Erfahrung die Lektionen des Heilens zu erlernen, die zur Überwindung von Schmerz und Unglück notwendig waren. Im Traum beugte sie sich vor und küßte eine Narbe auf meinem Oberarm, wo sie gewaltsam eine Zigarette ausgedrückt hatte. Sie sah mich mit tränenerfüllten Augen an und sagte, sie sei dankbar dafür, daß ich mein Leben geheilt hätte und anderen dabei helfen würde, auch sich zu heilen. In diesem Augenblick verstand ich voll und ganz. Alles, was mir im Leben widerfahren, war wurde plötzlich klar. Ich bekam einen Überblick, den ich vorher nicht besessen hatte. Die wertvolle Erkenntnis dessen, warum ich all die Ereignisse im Laufe meines Lebens ertragen hatte, brachte mich wieder zurück an den Ort authentischer Liebe.

Wer sich auf dem vierten Pfad befindet, lernt zu erkennen, daß persönlicher Schmerz persönlicher Freude gleichkommen kann. Diese Einweihung ist nur schwer erfolgreich durchzustehen, durch sie können wir jedoch lernen, alle Erfahrungen im Hinblick auf die durch jede Erfahrung gewonnene Weisheit als gleichwertig zu betrachten.

Viele Menschen berichteten mir, daß sie nach dem Erlernen dieser Lektionen wieder anfingen zu jammern, wenn sie schwere Zeiten durchmachten, anstatt das Wissen anzuwenden, in dessen Besitz sie sich wähnten. Natürlich steht es uns frei, zu fühlen, was wir fühlen, wenn wir schlechte Zeiten durchmachen. Aber wenn wir schwierigen Situationen begegnen, müssen wir alle auftauchenden Emotionen *fühlen und loslassen*, ehe wir uns wieder auf die Gegenwart konzentrieren und in unsere Mitte zurückkehren. Wir sind dann gegenwärtig, wenn wir nicht jammern, denn dann haben wir die notwendigen

Schritte unternommen, um zurück zur Mitte zu gelangen, anstatt unsere Energie für Klagen zu vergeuden. Ist unser Blickwinkel ausgeglichen, wird uns die notwendige Energie geschenkt, mit der wir schwere Zeiten der Herausforderung durchstehen können. Indem wir uns den Themen gestellt und sie erfolgreich überwunden haben, verbanden wir Erfahrung mit Weisheit.

Der Kojote lehrt uns, wie wir auf den Wellen der Gefühle surfen, während sich der Schwierigkeitsgrad unserer persönlichen Herausforderungen erhöht und unser Können durch die Fähigkeit gestärkt wird, uns mit Ebbe und Flut des Lebens zu bewegen. Die mit der Emotion verbundenen Lektionen sind Voraussetzungen für das Erreichen einer neuen Ebene des Traumgeflechtes aus allen Gefühlen, über die die Menschheit dieses Planeten verfügt. Wie wir die uns allen zur Verfügung stehenden kollektiven Schichten aus Energie und Bewußtsein beherrschen, erfahren wir auf dem sechsten Pfad. Wenn wir aber während des vierten Pfades unsere Hausaufgaben nicht gemacht haben, werden das Fehlen unserer persönlichen emotionalen Grenzen und unsere Unfähigkeit, zu unterscheiden, was zu uns und was zu den Massen gehört, auf den nächsten Pfaden seelische oder emotionale Zusammenbrüche verursachen.

Durch Gegensätze zur Ganzheit gelangen

Normalerweise müssen sich Frauen stark darum bemühen, nicht in die Rolle der Mitfühlenden abzurutschen, in der sie den Schmerz anderer oder den Schmerz der Mutter Erde übernehmen. Männer dagegen müssen normalerweise an der Öffnung ihrer Emotionen arbeiten. Dies kann angsterregend sein, sie sind jedoch die einzigen Bahnen des intuitiven Bewußtseins, die ihnen einen Zugang zu dem aus Gefühlen bestehenden Bereich des Traumgeflechts erlauben. Frauen müssen die Beherrschung der innerhalb des Traumgeflechtes existierenden Gedankenwelt erlernen, damit sie ihre Neigung, von großen Gefühlen überrollt zu werden, in den Griff bekommen. Sie können lernen, einen Sinn für logisches Denken und Intellekt zu entwickeln, und so ein Gleichgewicht ihrer Gefühle herstellen. Indem Männer mit dem Herzen fühlen und ihren eigenen Emotionen vertrauen, können sie lernen, ihre Neigung zu überwinden, streng nach dem Intellekt zu handeln. Wenn Männer lernen, ihren eigenen Gefühlen zu vertrauen, können sie diese erweitern und die Emotionen anderer mit einschließen. Sie erkennen dadurch klarer die Rolle, die die Intuition in ihrem Leben spielt.

Die indianische Tradition kennt ein drittes Geschlecht: Menschen mit zwei Seelen. Anders als Menschen mit nur einer Seele, die entweder weiblich oder männlich orientiert sind, besitzen Menschen mit zwei Seelen nach ihrer Geburt sowohl männliche als auch weibliche Prägungen und duale heilige Ansichten in einem einzigen Körper. Menschen mit zwei Seelen müssen eine zusätzliche Lektion bewältigen, die sich sowohl auf die Gedanken als auch auf die Gefühle innerhalb des Traumgeflechtes bezieht. Sie müssen beide Sichtweisen in sich vereinen, ohne daß eine Seele zugunsten der anderen verkümmert. Diese einzigartigen Wesen sind normalerweise bisexuell, asexuell, schwul oder lesbisch und müssen lernen, alle Lektionen beider Geschlechter in Einklang zu bringen. Sie müssen lernen, inneren Frieden zu finden, indem sie alle Lektionen beider Geschlechter in Einklang bringen und beide Seiten ihres Wesens vorurteilslos und ohne Wertung annehmen.

Menschen mit nur einer Seele lernen Gleichgewicht und Ganzheit, indem sie die Geschenke annehmen, die vom anderen Geschlecht verkörpert werden, diese Geschenke in sich selbst zu entwickeln und ihre heiligen Ansichten ins Gleichgewicht zu bringen. Eine Lektion des vierten Pfades besteht darin, zuzulassen, daß sich die männlichen und die weiblichen Anteile im menschlichen Wesen mischen und die dadurch entstehende Harmonie zwischen beiden die Einheit innerhalb des Individuums unterstützt. Ohne dieses Gleichgewicht können wir uns nicht an dem Geheimnis der unsichtbaren Schichten aus Gedanken und Emotionen im Traumgeflecht anschließen. Der Kojote kann uns eine Vielzahl von ungebetenen Lektionen erteilen, die uns zeigen, daß der Einsatz des Verstandes ohne das Herz genauso tödlich sein kann wie Leidenschaft oder ungezügelte Emotion ohne Verstand.

Irgendwo auf dem dritten oder vierten Pfad bemerkt der Kojote, daß sich einige von uns recht ausgeglichen fühlen. Deshalb kann wieder einmal eine unangenehme Überprüfung unserer Lektionen auf uns zukommen. Wir begegnen vielleicht einem Freund, der ein paar Lektionen früherer Pfade gelernt hat und für uns die Funktion eines verzerrten Narrenspiegels übernimmt. Diese Person kann hoch erfreut sein, uns zu sehen, und erzählt uns vielleicht von den Lektionen, die sie erfolgreich hinter sich gebracht hat, und wie wunderbar das Leben geworden ist. Da haben wir die Falle! Dieser Freund oder diese Freundin hört vielleicht zu, wie es uns geht, und beginnt dann mit einer Auflistung dessen, von dem er meint, wir hätten es zur Verbesserung unseres Lebens zu bearbeiten. Dieser autoritative Monolog kann einem Spiegel in einer Geisterbahn gleichen. Er zeigt uns nicht, wo wir selbst uns in diesem Augenblick befinden, sondern basiert vielmehr auf dummen Urteilen darüber, wo ein anderer glaubt, daß wir uns befänden, und die sich lediglich auf seine vorherigen Lektionen beziehen.

Wenn wir uns dieser Unterhaltung nicht entziehen, führt diese verzerrte Spiegelung möglicherweise dazu, daß wir uns hastig hinter dem erstbesten Busch verstecken. Wir müssen unsere Geschicklichkeit und unsere Kunstfertigkeit nutzen, um den Freund oder die Freundin freundlich zu korrigieren, oder das Thema wechseln und uns weigern, die uns vorgeschlagene Liste zu übernehmen, was angeblich in unserem Leben falsch ist. Wenn wir nicht in der Lage sind, diese fremdgesteuerten Eindrücke über das, was wir reparieren müssen, abzuschütteln, können wir eine Erleuchtungsfalle vor uns haben. Durch Zweifel am inneren Wissen kündigen sich alle Arten von Unsicherheiten an, die immer wieder auftauchen werden, um uns aus dem Gleichgewicht zu bringen. Ein Mittel gegen den Zweifel ist, unsere Bedenken noch einmal auf der Grundlage dessen zu betrachten, was wir gelernt haben und wie wir dieses Wissen in unserem Leben anwenden. Danach müssen wir die selbstzerstörerischen Gedanken wieder in den Griff bekommen, die wir dadurch verschenkt haben, daß wir unsere Autorität an falsche Ratschläge vergeuden.

Der vierte Pfad kann uns Augenblicke präsentieren, in denen wir glauben, im täglichen Leben unseren Realitätssinn zu verlieren. Während wir den Pfaden der Einweihung folgen, wird es Zeiten geben, in denen wir meinen, wegen der Vielzahl der Themen, zu deren Bewältigung wir aufgefordert sind, verrückt werden zu müssen. Zu anderen Zeiten glauben wir, niemand verstünde die Veränderungen, die wir durchmachen, und wir würden als überspannt abgetan, wenn wir jemals den Inhalt unserer Wahrnehmungen, Visionen, Träume oder Gefühle enthüllen. Diese mit den Pfaden der Einweihung verbundenen außergewöhnlichen Erfahrungen können auf andere bedrohlich wirken, die auf diesen Gebieten noch keine Erfahrung sammeln konnten.

In den Kulturen der Eingeborenen werden die im Körper, im Geist und in der Seele auftretenden Veränderungen bereitwillig als Teile der spirituellen Einweihung akzeptiert. In den Kulturen der ersten Welt jedoch kann die fehlende Akzeptanz dieser Veränderungen dazu führen, daß diejenigen uns angreifen, mit denen wir diesen Vorgang teilen. Das Sicherheitsnetz, mit dem der Kojote im Zaum gehalten wird, besteht darin, daß wir uns unsere eigene Meinung bilden und mit anderen auf einer Ebene reden, der diese folgen können.

Werde ich verrückt, oder erwachen lediglich meine Fähigkeiten?

Jedesmal, wenn wir einige Lektionen beenden, die die Art, wie wir sehen und wie wir leben, verändern, dann verwandeln diese Veränderungen auch unsere Heiligen Standpunkte und bauen die Eindrücke der physischen Realität neu auf. Wenn sich der Standpunkt radikal ändert, finden bestimmte physiologische Veränderungen statt. Manchmal stellen wir fest, daß unsere Körper nicht funktionieren und wir vorübergehend nicht in der Lage sind, Entfernungen richtig einzuschätzen. Wir stoßen an Türpfosten oder schlagen mit unserem Schienbein sogar dann an Möbel, wenn wir nicht in Eile oder unachtsam sind. Wir können das zweite Gesicht entwickeln und plötzlich in der Lage sein, die physische Objekte umgebende Energie oder Farben sehen. Manche Menschen entwickeln präzise übersinnliche Fähigkeiten, die über die Fälle hinausgehen, die sie in ihrem eigenen spirituellen Werdegang erlebt haben. Diese Gaben sind nicht allein auf das Hören, Fühlen oder Sehen von Geistern und Vorhersagen zukünftiger Ereignisse beschränkt, können diese aber mit einschließen.

Während derartige Veränderungen auftreten, spüren wir vielleicht das Bedürfnis, unsere Wahrnehmungen zu verteidigen, und sagen: »Ich bin nicht verrückt!« Ich habe Hunderte von Briefen bekommen, in denen diese Worte einer Beschreibung eines Traumes oder einer Erfahrung vorangestellt waren, für die der Absender keine Erklärung finden konnte. Diese Erfahrungen sind alle Teil des menschlichen Einweihungsprozesses. Die Menschheit durchlebt einen Prozeß des Erwachens auf breitester Ebene, und das Verständnis dieses Prozesses ist sehr beschränkt oder wird seit Jahrtausenden geheimgehalten.

Es gab Zeiten, in denen ich glaubte, verrückt zu werden, wenn es so aussah, als seien plötzliche Eruptionen übernatürlicher Energie nicht unter Kontrolle zu bringen. In anderen Fällen reiste ich zu weit aus meinem Körper und erlebte Dinge, bei denen ich wünschte, daß ich verrückt wäre und daß die Situation nicht existierte. Es begann damit, daß ich mit Anfang Zwanzig gebeten wurde, meine hellseherischen Fähigkeiten dafür zu nutzen, Mordfälle zu beschreiben und die Leichen der vermißten Opfer zu finden. Als ich aber 27 Jahre alt war, wurde die Gewalt, der ich begegnete, zuviel für meinen Körper, und ich ließ es sein. Ich half der Polizei, vermißte Kinder aufzufinden oder Flugzeuge, die während eines Sturmes notgelandet waren. Diese Tätigkeit erforderte aber viel Zeit und Energie, und da ich nie Geld für diese Dienste nahm, mußte ich immer noch 40 Stunden in der Woche arbeiten, um die Miete zahlen zu können. Ich war in eine Sackgasse geraten und nicht sicher, ob ich meine Dienste weiterhin in diesen Bereichen anbieten sollte. Da hatte ich einen Traum, der mir den Weg wies.

Der Geist zeigte mir, wie ich meine Gaben nutzen konnte, um Licht in einige verborgene und nicht überlieferte Teile der menschlichen Geschichte zu bringen. In meinem Traum befand ich mich an einem Meeresstrand in Baja California und blickte von einer Klippe hinab. Unter mir grub eine Gruppe spanisch sprechender Archäologen im Sand. Sie waren fleißig bei der Arbeit, und schließlich drehte sich ein Mann um und schrie mich an: »Están borrados!« Als ich aufwachte, war ich verwirrt, denn obwohl mein Spanisch reicht, um mich zurechtzufinden, verstand ich das Wort *borrados* nicht. Ich schlug in meinem Spanisch-Wörterbuch nach und erschrak, als ich sah, daß es »verschwunden« oder »ausgelöscht« bedeutet. Der Archäologe sagte mir, daß einiges aus der Geschichte der alten Kulturen spirituelle Praktiken enthielt, die gebraucht würden, aber aus dem menschlichen Gedächtnis gelöscht worden waren.

Binnen 48 Stunden nach dem Traum rief ein Mann an und bat mich, an einem Projekt teilzunehmen, das Informationen von Hellsehern dazu nutzte, die Ruinen alter Kulturen aufzufinden. Ziel seines ersten Projektes war es, die verlorengegangene Bücherei von Alexandria in Ägypten zu finden, die während Kleopatras Zeiten niedergebrannt war und die die größte Schatzkammer des Wissens der Antike gewesen sein soll, die jemals an einem Ort versammelt gewesen war. Einige Gelehrte glauben, daß ein paar der Schriftrollen aus der brennenden Bibliothek gerettet und an einem anderen Ort versteckt wurden. Dies war der Beginn meiner vielen Erfahrungen in der Zusammenarbeit mit Archäologen an heiligen Plätzen alter Kulturen.

Obwohl Menschen nicht verrückt sind, die Träume des vierten Pfades erleben, gibt es Menschen auf dieser Erde, die labil sind und den Illusionen und Täuschungen Glauben schenken, die ihnen ihre geistigen oder emotionalen Störungen präsentieren. Diese Menschen befinden sich nicht auf dem vierten Pfad und vielleicht noch nicht einmal auf dem ersten Pfad. Wenn Menschen die Lektionen früherer Pfade vollendet haben, haben sie auch etwa vorhandene psychische oder emotionale Ungleichgewichte geheilt. Menschen auf dem vierten Pfad sind funktionierende, stabile menschliche Wesen, die kompetent, selbständig und vertrauenswürdig sind. Sie können erwarten, Veränderungen zu durchlaufen, durch die sich neue Alleen der Energie innerhalb des Körpers öffnen, und die daraus sich ergebenden Veränderungen auf tausendfache Weise zu spüren.

Wo ist der Stromkreisunterbrecher?

Einer meiner Lehrer nannte diese physischen Veränderungen den »Neuverkabelungsprozeß«. Alle sensorischen Rezeptoren innerhalb des menschlichen Körpers werden aktiviert, um einen Grad des Bewußtseins zu erreichen, der jetzt sicher bewältigt werden kann. Das soll nicht heißen, daß ein paar Menschen auf dem vierten Pfad nicht doch noch Angst bekommen, wenn die Neuverkabelung sich auf eine Art auf ihre Körper auswirkt, die von Medizinern nicht erklärt werden kann. Oftmals erleben Menschen während des Neuverkabelungsprozesses seltsame Symptome, derentwegen sie medizinische Hilfe suchen; die Ärzte können aber nichts feststellen.

Diese Sinneswahrnehmungen sind Veränderungen der Energie, die den letzten Teil des vierten und den Anfang des fünften Pfades ankündigen. Sie können in Form von innerlich erlebten Energieausbrüchen auftreten. Manchmal äußern sich diese Ausbrüche inspirativer Energie und der weiblichen Seite der geistigen Intuition in einem körperlichen Zittern. Zitternde oder zuckende Glieder, Schlaflosigkeit und Muskelkrämpfe sind weit verbreitet. Ungewohnte Kopfschmerzen oder das Gefühl, als habe einem jemand die Stirn aufgerissen und die

Luft blase auf das ungeschützte Gehirn, kann ebenfalls mit diesem Neuverkabelungsprozeß verbunden sein. Vielleicht sehen Menschen auch Tausende kleiner Lichtblitze, ob sie nun die Augen geöffnet oder geschlossen haben. Wenn sich der Anstieg des Energiepegels im Körper bemerkbar macht, begleitet in vielen Fällen eine kribbelnde Energie, die sich anfühlt wie kleine Nadeln im Kopf, die Öffnung der neurologischen Bahnen, die aktiviert werden.

Diese und viele andere Symptome können nach dem Wendepunkt auf dem vierten Pfad auftreten. Sie sind bei jedem einzelnen Menschen unterschiedlich und können in verschiedenen Erscheinungsformen bis zum Ende des sechsten Pfades andauern, während diese Energiewellen während des siebenten Pfades in immer größeren Abständen auftreten. Wenn wir die Energie des Traumgeflechtes in unseren Alltag einbeziehen, fühlen wir in Intervallen das Auftreten dieser Symptome. Normalerweise geschieht dies während spiritueller Durchbrüche und wenn wir neue Bewußtseinsebenen erreichen. Je mehr wir uns dieser universellen Energie öffnen, um so stärker wird das kreative Feuer des Lebens durch unsere physischen Körper geschleust.

Der Anteil des Kojoten an diesem Neuverkabelungsprozeß kann teuer werden. Ich habe es am eigenen Leib erfahren, als ich einige der Lektionen des vierten Pfades beendete und mit Herausforderungen des fünften Pfades begann. Ich brachte die Elektronik meines Wagens zum Explodieren, als ich den Schalter des Radios berührte. Ich ließ sämtliche Lichter in zwei Gängen eines Warenhauses durchbrennen und rannte dann panisch aus dem Gebäude, während die Glühbirnen direkt über meinem Kopf in alle Richtungen explodierten, in die ich mich wendete.

In den folgenden sieben Jahren hatte ich keine weiteren »Unfälle« – bis zu dem Tag, als ich eine Lampe anschalten wollte und alle Sicherungen im Haus durchbrannten. Die Glühbirne zerplatzte in Hunderte von Teilen, und der elektrische Ventilator ging in Rauch auf, obwohl er nicht eingeschaltet war. Zehn Jahre später tauchten die Symptome erneut auf, und im Zeitraum von zwei Monaten brachte ich durch das Anfassen der Fernbedienung einen Fernseher zum Explodieren, einen Computer, als ich die Tastatur anfaßte, und die Elektronik meines Autos, als ich nach dem Anlassen den Zigarettenanzünder anfaßte. Verflixt! Die Frage ist: Soll man lachen oder weinen? Die Kosten für etwas, das man ersetzen muß, weil es unabsichtlich durch überschüssige elektromagnetische Energie zerstört wurde, können sich ganz schön summieren. Dieses Phänomen ist allgegenwärtig unter Heilern, Hellsehern, Träumern, Medizinmenschen und Mystikern, die ein mönchisches Leben führen. Glücklicherweise passiert das nicht allen, und wenn wir völlig geerdet sind, hören die Schocks und Störungen völlig auf.

Die Energie ins Gleichgewicht bringen

Auf dem vierten Pfad fangen wir an, unseren Heiligen Standpunkt so zu verändern, daß er sich auf dem ruhenden Nullpunkt einpendelt. An diesem Ruhepunkt lösen wir uns davon, alles zu polarisieren und in Schubladen von Entweder/Oder einzuteilen. Wir befreien uns von dem Bedürfnis, die Erfahrungen unseres Lebens zu etikettieren oder Kategorien zur ihrer Einordnung zu entwickeln. Durch unsere Fähigkeit, die Position des unvoreingenommenen Beobachters einzunehmen, können wir die Position der vorurteilslosen Beobachter beziehen, die jeden Blickwinkel des menschlichen Lebens als ein Klassenzimmer und jedes menschliche Wesen als einen Teil der Natur ansehen, von denen sie etwas lernen können. Die seltene Fähigkeit des neutralen, unvoreingenommenen Zeugen jederzeit beizubehalten ist schwer, weil wir in einer Welt leben, die auf dem Lernen durch Gegensätze aufgebaut ist. Vom Blickwinkel der Neutralität aus gesehen können alle Aspekte der Dualität oder des polarisierten Denkens losgelassen werden. Wir sehen die Welt nicht mehr durch die Linse der Gegensätzlichkeit, können aber alle Aspekte jeder Situation erkennen und müssen nicht eine Seite wählen oder unsere Meinung kundtun. Wir nehmen das an, was ist, und unternehmen nicht den Versuch, andere Menschen zu ändern oder das Leben unseren Standpunkten anzupassen.

Vor ein paar Jahren erlebte ich zum Beispiel, wie Energie den Inhalt von Gedanken und Gefühlen offenbaren kann. Während einer Schwitzhüttenzeremonie bei einem Stammestreffen im pazifischen Nordwesten betete ich mit einigen Frauen. Eine davon betrauerte den Tod ihrer Schwester. Sie klagte und ließ ihrer Trauer freien Lauf, indem sie weinte. In der absoluten Finsternis begann die Frau neben mir unruhig zu werden und die Luft um sich herum zu fächeln, um die »negative« Energie, die sie in der Hütte umherströmen fühlte, nicht aufzunehmen. Ich sah, wie die Angst dieser Frau sich über ihr wie eine leuchtende Wolke zusammenbraute und tatsächlich andere Energie anzog. Die Angstwolke wurde so dicht, daß in der Hütte zu atmen fast unmöglich wurde. Bevor die Angst dieser Frau aufgekommen war, liefen die Tränen und das Klagen der trauernden Frau wie ein Fluß in die Erde hinunter, unter die heißen Steine in der Mitte der Hütte, und wurden der Mutter Erde zurückgegeben. Die Richtung der trauernden Energie änderte sich, als sie auf die Angst der Frau neben mir traf und begann, sich mit der leuchtenden Wolke dieser Frau zu verbinden. Die Zeremonienmeisterin hatte kein zusätzliches Wasser auf die Steine geschüttet, aber die Hitze innerhalb der Lodge wurde für drei 80jährige Großmütter zu groß. Die Tür wurde geöffnet, und die Greisinnen verließen die Zeremonie.

In dieser Nacht wurde mir gezeigt, daß alle Energie im Universum neutral ist. Wir sind die menschlichen Leiter, die kraft unserer Gedanken Energie steuern. Wenn wir Worte benutzen, um unsere Emotionen oder fließende Energien zu benennen, beginnt die Energie sich zu verwandeln und wird zur Verkörperung unserer Vorurteile. Wenn wir denken und unsere Meinungen auf irgend etwas richten, fühlen wir mittels Energie. Die Art der Energie wird sich in den ausgesandten Gedanken verwandeln. Unsere Gedanken, Meinungen und Vorurteile steuern Energie, und diese reagiert, indem sie sich durch die in unseren Gedanken enthaltenen Veränderungen offenbart. Plötzlich war ich inmitten eines großen Aha-Erlebnisses. Ich habe wirklich gesehen, wie es passierte. Im Prinzip hatte ich vom Verstand her den Vorgang begriffen, niemals zuvor aber die Energieströme und den Magnetismus gesehen, die durch Gedanken umgewandelt werden.

Wenn wir sehen wollen, wie Gedanken Energie verändern, können wir uns dazu entschließen, jede Situation, die wir in der Vergangenheit erlebt haben, noch einmal zu überdenken und uns dessen bewußt zu werden, daß uns die Weisheit, zu der wir gelangt sind, aus einer unvoreingenommenen Perspektive heraus einen Überblick über das Geschehene gibt. Wir lernen, die individuell gespielten Rollen und deren Gültigkeit anzuerkennen und die verschiedenen Perspektiven aller daran beteiligten Parteien zu respektieren. Die krönende Lektion des vierten Pfades lehrt uns, *daß alle Energie im Universum neutral ist* und daß wir Zugang zu ihr bekommen können, wenn wir uns genau an das halten, was wir aus der unvoreingenommenen Perspektive gesehen haben. Wenn es nicht die mentalen Vorstellungen von Gut und Böse übernimmt, ist das menschliche Bewußtsein imstande, diese universelle neutrale Energie zu nutzen. Vor dieser Verwandlung erfahren wir das Leben durch einen Heiligen Standpunkt, der unsere positiven oder negativen Urteile über die Ereignisse des Lebens enthält. Der menschliche Beobachter ist der allein bestimmende Faktor, der festlegt, wie Ereignisse mental durch die Dualität des Gehirns erlebt werden.

Aus dem gleichen Grund entdeckten Physiker, daß subatomare Teilchen sich auf eine Art und Weise zusammenschließen, durch die Überlegungen oder Erwartungen des Forschers bei weitem übertroffen werden. Diese Variable führt dazu, daß die meisten Experimente für andere Wissenschaftler absolut nicht zu wiederholen sind, da unterschiedliche Forscher eine vorgefaßte Meinung zum erwarteten Ergebnis haben. Der Gedanke geht der Form voraus: Was wir denken, werden wir erleben. Gedanken nehmen eine Gestalt an, wenn wir Emotion in die Gleichung einbringen. Sie wird zu einer Form der Gedanken, die so lange alle Bemühungen zunichte machen kann, bis wir wieder zu unserer neutralen Position zurückkehren und unsere Energie von Vorstellungen oder Emotionen abziehen, die in unserem Inneren gegensätzliche Kräfte erzeugen.

Die erhabene Stille an der Tür zwischen den Welten

Wenn wir unser Denken nicht polarisieren und in der Lage sind, eine neutrale und unvoreingenommene Meinung anzunehmen, können wir auf einer spirituellen Ebene alle im Traumgeflecht existierenden Möglichkeiten, Wahrscheinlichkeiten und alle potentiellen Ergebnisse sehen. Deshalb können viele Menschen, die mit der Entwicklung ihrer Fähigkeiten begonnen haben, auf dem vierten Pfad zu begnadeten Sehern oder Träumern, Heilern, Hellsehern oder Visionären werden. Diese Menschen haben ihre Mitte gefunden und sind ohne vorgefaßte Meinungen auf ein neutrales Gebiet vorgedrungen. Meine Vorfahren nannten diesen Bewußtseinszustand oder diesen Ort innerhalb des menschlichen Bewußtseins »die Spalte im Universum«. Diese Tür, die zu allen nicht physischen Bewußtseinsebenen in unserem

Universum führt, wird geöffnet, wenn wir in Übereinstimmung mit uns selbst, mit offenem Herzen, das Leben und andere bedingungslos liebend, zum neutralen Zustand des Seins gelangen.

Die Genauigkeit unserer Beobachtungen und unserer Eindrücke dessen, was wir in den unsichtbaren Welten des Bewußtseins erkunden, hängt völlig von unserer Fähigkeit ab, in einem Zustand unvoreingenommener Neutralität und innerer Stille bar jeden Geschwätzes unsere Mitte zu finden. Dieser Zustand des Seins hält die Tür zum Traumgeflecht offen, sei es im Wachzustand oder während des Schlafes. Die Lektionen des fünften Pfades sind der Ort, an dem wir die Fähigkeiten zur Konzentration unseres Willens stärken, der in diesen Bereichen des Bewußtseins gefordert ist.

Einige Menschen erleben derart beängstigende übersinnliche Begebenheiten und unerklärliche körperliche Symptome, daß sie zu den Sicherheitszonen zurückkehren, die sie auf dem dritten Pfad vorgefunden haben. Es kann sein, daß sie ihre Angst vor dem Unbekannten in einer Tretmühle festhält, in der sie fortwährend die Verarbeitungs- oder Heiltechniken des dritten Pfades benutzen, um das zu reparieren, was mit ihnen (eingebildet oder wirklich) nicht stimmt. Die Weigerung, ein geheilter Heiler zu werden und sich vorwärts zu bewegen, stellt eine von der Angst erzeugte Art der spirituellen Verdrängung dar. In einigen Fällen könnten wir die Bezeichnung »Erleuchtungs-Junkie« auf diejenigen anwenden, die sich nebenbei mit der Heilung der gleichen Themen befassen, die sie über Jahre hinweg beschäftigten, und die diesen Vorgang als einen Vermeidungsmechanismus benutzen, um mit ihrem Leben nicht vorankommen zu müssen.

Jeder vollkommen gegenwärtige Mensch, der seine früheren Erfahrungen, Themen, Gefühle und Ängste losgelassen hat, ist ein geheilter Heiler. Er stellt sich allen neuen Themen, bewältigt sie, sobald sie auftauchen, und läßt es nicht zu, daß die Wunden der Vergangenheit Einfluß auf den gegenwärtigen Augenblick nehmen. Dieses Individuum kann dann anderen liebevolle Hilfe anbieten, die gleichfalls ihre Leben heilen. Es gibt viele Arten von Heilern. Das Unterstützen anderer in ihrem Wachstumsprozeß macht alle zu Heilern, die zuhören, Aufmerksamkeit schenken, Zuspruch geben und dadurch zu einer lebendigen Erweiterung des Prinzips Liebe werden.

Der vierte Pfad geht dann in den fünften über, wenn wir die Reise unserer Seelen durch Raum und Zeit akzeptieren und im täglichen Leben unsere Erdung und unser Gleichgewicht beibehalten. Wenn wir lernen, während der Erforschung der unsichtbaren Welten des Traumgeflechtes unser physisches Leben leicht und harmonisch zu leben, erhöht sich der Grad der Intensität.

Wenn wir im Pokerspiel der spirituellen Evolution den Einsatz erhöhen, gehen die symbolischen Feuertaufen des vierten Pfades weiter. Der Kojote mischt die Spielkarten und teilt sie von oben und unten her aus, um uns an unsere vorhergehenden Lektionen zu erinnern. Er erinnert uns auch daran, wie wir die Karten, mit denen wir gerade spielen, einsetzen sollen. Ein stoisches Pokergesicht ist weder gefragt noch zugelassen, wenn wir das Spiel erfolgreich und mit dem Humor authentischer Meister spielen wollen.

Als Sie sich am Tisch nach anderen Spielern umsehen, überrascht es Sie nicht, daß keine anwesend sind – lediglich Spiegelungen der vielen Gesichter, die Sie selbst von Zeit zu Zeit getragen haben. Der Kojote geht auf die den Pokertisch umgebenden Wände zu und lächelt weise. Da bemerken sie, daß alle Wände aus Spiegeln bestehen, Raum um Raum gefüllt mit Pokertischen und Spielern, und alle werden in die Unendlichkeit hinaus reflektiert. Alle diese in den Spiegeln zu erkennenden menschlichen Wesen konzentrieren sich auf einen Gedanken. Sie glauben ausnahmslos, daß ihr Pokerspiel das einzige in der Stadt ist. Erwischt!

7

Die Menschen sind mit der Erde verwurzelt, der Geist besitzt Flügel. Wenn wir uns zu unserer Abstammung als Kinder der Mutter Erde bekennen und unsere geistigen Wurzeln im Traumgeflecht finden, vereinen sich unser Geist und unser Körper, und zusammen können sie fliegen.
CISI LAUGHING CROW

Vereinigung der Welten

Ich höre auf das Flüstern
Der sanften, leisen Stimme im Inneren,
Ich fühle die überwältigende Kraft
Des Heiligen Geheimnisses darinnen.

Und dort, inmitten des Geheimnisses
Der Materie und des Unsichtbaren,
Entdecke ich mein wahres Wesen dort,
Wo beide Welten aufeinandertreffen.

Ich verbinde den Zustand der Gnade
Mit meines Geistes Wesen,
Während ich die heiligen Lektionen
Zu vereinen lerne.

Ich stehe zwischen beiden Welten,
Nehme beide Standpunkte ein,
Denn ich weiß, sie beide sind eins.
Und meine heilige Reise beginnt aufs neue.
JAMIE SAMS

Der fünfte Pfad der Einweihung
Der obere Teil des Medizinrads

Der fünfte Pfad auf dem Medizinrad ist der obere Teil. Er steht für den Bereich des menschlichen Wesens, das der Himmel, die Sterne und andere Galaxien, das Spirituelle, das Formlose, das Unsichtbare, das nicht Greifbare oder das Unbekannte verkörpern. Auf dieser Stufe der Einweihung begegnen wir allem, was jenseits unserer natürlichen Welt existiert, sowie allen Bereichen unseres spirituellen Wesens, in denen das Streben unserer Seele enthalten ist. Als Krieger des fünften Pfades verbinden wir uns lückenlos mit unserer inneren Führung und erlangen ein grundlegendes Wissen unseres authentischen Selbst, unseres spirituellen Wesens.

Nach der Vollendung dieses Pfades schwinden schlicht und einfach alle bisherigen Zweifel darüber, wie wir mit allem Leben und dem Schöpfer in Verbindung stehen. Auf diesem Pfad eröffnet sich uns ein schematischer Einblick in die Funktionsweise des Universums und wie die Bestandteile unseres geistigen Wesens mit dem Großen Geheimnis in Wechselwirkung stehen. Wir lernen auch, wie alles in unserem Universum durch Energie und Geist miteinander verbunden ist. Während wir den Lektionen des fünften Pfades folgen, werden alle noch verbliebenen Trennungsschleier Schicht um Schicht zerrissen. Die Basis alter Weltanschauungen wird zerstört, und dadurch werden wir in neue Bewußtseinszustände katapultiert, die es uns erlauben, das Leben gleichzeitig aus zwei ungeteilten, harmonischen Heiligen Standpunkten zu betrachten, von denen sich einer im Traumgeflecht und einer in der physischen Welt befindet. Durch diese radikale Abkehr von unseren bisherigen Scheuklappen brechen unsere vorgefaßten Meinungen über Zeit und Raum zusammen, und wir müssen lernen, unser Bewußtsein in beiden Welten zu verankern.

Wir nehmen eine andere Staatsbürgerschaft an

Diejenigen, die nicht bereits gegen Ende des vierten Pfades eine neue Identität und das Verhalten eines Bürgers des Universums angenommen haben, müssen dies jetzt tun. Erst dann können sie damit weitermachen, neue Bewußtseinsstufen in diesem Universum zu erforschen. Ein Bürger des Universums ist ein menschliches Wesen, das über Mitgefühl verfügt und die Menschheit als Ganzes liebt, egal welcher Religion, politischer Weltanschauung, Nationalität, Rasse, Geschlecht, Glaubensgemeinschaft er oder ein anderer angehört bzw. welcher Hautfarbe er ist. Er bringt allen spirituellen Bräuchen Respekt entgegen und hält keinen davon für den einzig wahren Weg. Er ist dankbar für die in der Wahrheit verborgene Schönheit und weiß, daß in allen spirituellen Praktiken spirituelle Wahrheit enthalten ist. Ein Bürger des Universums diskutiert nicht über die Bedeutung von Worten oder Glaubenssätzen und unternimmt keinen Versuch, den Glauben oder die geheiligten Sitten anderer abzuwerten. Er achtet die Pfade eines jeden menschlichen Wesens und erlaubt anderen, das Leben auf ihre Art und Weise zu erforschen, ohne sie daran zu hindern oder sie zu kritisieren. Er bekennt sich zum Credo des Lebens, der Einheit und der Gleichheit für alle Ewigkeit und alle menschlichen Wesen.

Um nach diesen Prinzipien leben zu können, müssen wir als Bürger des Universums zu jedem Augenblick mit unserem geistigen Wesen und dem Schöpfer in Verbindung stehen. Zur Aufrechterhaltung dieser Verbindung müssen wir ständig auf alle Energie, alle Gedanken und alle Gefühle achten, die durch unsere Heiligen Räume strömen. Auf dieser Stufe des Tanzes kommt dem Begriff der Selbständigkeit eine völlig neue Bedeutung zu. Wir erkennen, daß wir einzig und allein dafür verantwortlich sind, unsere Verbindung zum Göttlichen zu finden und aufrechtzuerhalten und unsere persönliche Makellosigkeit im Umgang mit allen Menschen dazu zu nutzen, ihre Würde zu achten und sie zu respektieren.

Die Erforschung des geistigen Wesens im Menschen geht einher mit der Entdeckung der authentischen Stimme unserer eigenen Seele oder unseren geistigen Wesens. Es handelt sich nicht um die Stimme, die wir in der materiellen Welt benutzen, oder um die Stimme des Verstandes, sondern um die des klaren Wissens. Sie verleiht dem authentischen Streben der Seele nach Entwicklung Ausdruck. Dieses Verlangen ist der erste Schritt zu jeglicher Schöpfung. Der zweite Schritt besteht in der bewußten Entscheidung, diesem Verlangen nachzugeben. Zu Beginn des fünften Pfades wird ein Mechanismus in uns ausgelöst, der sich grundlegend von allem unterscheidet, was wir vorher bewußt gefühlt oder gedacht haben. Meine Lehrer bezeichneten dies als »das Echo«. Wenn die Stimme des geistigen Wesens durch den Körper, die Seele und die Emotionen dringt und auf keinen Widerstand trifft, dann hallt ihr Echo bis zum Kern unseres Seins. Dieses Echo der Wahrheit wird als das Drängen des geistigen Wesens erkannt. Diejenigen, die auf diesen Ruf reagieren, folgen bewußt ihrem Wunsch, die Lektionen des fünften Pfades zu lernen, indem sie sich zum Weitermachen entschließen. Wir zeigen unsere Bereitschaft, über das uns Bekannte hinaus und in das Unbekannte zu gehen, indem wir dem Verlangen oder dem Entschluß zur Erforschung der unsichtbaren Ebenen des Bewußtseins folgen, die jenseits unserer physischen Realität existieren. Wenn wir diesem Pfad folgen, brauchen wir einen tiefen Glauben, das Vertrauen in unseren eigenen Fortschritt und unsere persönliche Verbindung zum Großen Geheimnis, zu Gott, dem Schöpfer aller Dinge.

Auf allen früheren Pfaden lernten wir, unsere Emotionen, Gedanken und das Muster unserer Gewohnheiten auf verschiedene Weise zu ordnen, und wir wissen, wie wir unsere Vergangenheit heilen. Während dieses Prozesses haben wir unser Leben verändert. Im Grunde genommen haben wir den Weg für das wertneutrale Erscheinen der wahren Absicht unserer Seele bereitet. Auf dem fünften Pfad strebt die Seele dergestalt nach Entwicklung, daß Himmel und Erde mit vollem Bewußtsein zueinander gebracht werden. Ehe wir uns ernsthaft auf den fünften Pfad begeben können, müssen wir bewußt den Willen unserer Seele annehmen. Das soll heißen, daß wir bewußt zu unserem Entschluß stehen müssen, auf der *terra infirma* weiter vorwärts zu marschieren. Indem wir den uns erwartenden Möglichkeiten mit Begeisterung entgegensehen, anstatt uns zu fürchten oder zu ängstigen, erklären wir uns zur Erforschung der physischen und nicht physischen Teile des menschlichen Lebens bereit. Wir lassen es bereitwillig zu, daß wir in beiden, der sichtbaren und der unsichtbaren Welt, zu Hause sind. Die beiden Welten werden eins. Durch ihre Vereinigung lernen wir, uns des Traumgeflechtes bewußt zu sein, aktiv daran teilzunehmen und uns nicht davon abzuspalten. Darüber hinaus nehmen wir auch weiter am Alltag teil, indem wir unsere Wahrnehmungen aus beiden Welten mit einbeziehen.

Die Verbindungen, die aus dem Einssein entstehen

Wenn wir zum Entschluß kommen, in beiden Welten gleichzeitig leben zu wollen, entstehen augenblicklich mehrere Vereinigungen des Herzens, des Körpers, der Seele und des Geistes. Wir erkennen, was für uns selbst richtig und was für uns unangebracht ist. Wir verstehen den Prozeß unseres spirituellen Wachstums, ohne dessen nicht zu erklärenden Aspekte zu verdrängen, die uns bisher zögern ließen. Durch unser neues Verständnis können viele Gefühle hervorgerufen werden, die von uns fordern, uns selbst zu achten. Einige Menschen empfinden die Sehnsucht, »nach Hause zu gehen«. Diese tiefe, unerklärliche Sehnsucht gilt nicht einem Ort, sie ist vielmehr das Verlangen, zum wahren Selbst zurückzukehren, zum geistigen Wesen und zur Achtung all dessen, was das Selbst zu seinem Wachstum braucht. Diese Sicherheit tritt in Erscheinung, weil wir an unserem Inneren gearbeitet haben, genau wissen, wer wir sind, und unsere Stärken und Schwächen kennen. Unsere hart erarbeitete Weisheit fußt auf erfolgreich abgelegten Prüfungen und dem inneren Wissen, das der Selbsterforschung und Reinigung entstammt. Die Stimme der Sicherheit, die wir im täglichen Leben benutzen, wird zum Echo der Stimme unseres geistigen Wesens.

Wir alle fragen uns von Zeit zu Zeit: »Wo kommt denn diese Aussage her?« oder »Warum habe ich das gesagt?« Auf den vorhergehenden Pfaden haben wir das gesagt, was wir dachten. Oftmals wurden die von uns geäußerten Worte durch einen unserer nicht geheilten Anteile gesteuert, in denen Emotion enthalten ist, und deshalb ausgesprochen, weil wir diese nicht losgelassen hatten. Ab dem dritten und vierten Pfad staunten wir vielleicht über die Weisheit der Worte, die uns da über die Lippen kamen. In diesen Fällen setzt sich die Stimme des geistigen Wesens mit aller Kraft über andere widersprüchliche Gedanken und Gefühle hinweg, um sich Gehör zu verschaffen. Wenn wir den fünften Pfad betreten, entwickeln wir die Sicherheit einer vereinten Stimme der persönlichen Autorität, die dann zu hören ist, wenn

Seele, Herz, Willen, Körper und Geist sich im Einklang befinden. Diese Vereinigung bewirkt die Anbindung unseres physischen Selbst an unser spirituelles Selbst. Wenn diese beiden Standpunkte zu einer Stimme werden, sind wir im Besitz unserer Kraft und unserer Autorität. Wir nutzen unsere Sicherheit, da wir sowohl in der sichtbaren als auch der unsichtbaren Welt leben.

Auf den früheren Pfaden benutzten viele Eingeweihte die geistigen Werkzeuge der jeweiligen Pfade, um unausgeglichenes Verhalten, alten Schmerz oder Wunden zu bewältigen und den Körper, die Seele, die Emotionen oder den Geist zu wandeln oder zu heilen. Auf dem fünften Pfad wird es notwendig, sich aus der Tretmühle der Erfahrung zu befreien und selbständig zu werden. So haben wir zum Beispiel auf dem vierten Pfad unser Leben geheilt, einen Sinn im Leben gefunden und gelernt, wie wir etwas in der Welt bewegen können. Wenn wir diese Basis geschaffen haben, brauchen wir uns nicht mehr darauf zu verlassen, daß uns andere von außen die Richtung weisen. Durch die authentische göttliche Führung unseres geistigen Wesens gelangen wir während unseres Lebens auf allen Bewußtseinsstufen zu geistiger Autorität.

Auf dem fünften Pfad beginnen die für die vergangenen Lektionen zutreffenden Wahrheiten, sich aufzulösen. Diese Zerstörung dessen, was wir auf früheren Pfaden für uns als richtig hielten, ist eine gute Sache. Um die neuen Wahrheiten erleben zu können, die uns auf dem fünften Pfad begegnen, müssen wir unser Festhalten an der Vergangenheit aufgeben. Wenn wir an alten Wahrheiten festhalten, erleben wir einen Stillstand und rufen eine Situation hervor, durch die wir unserer Sicherheitszonen beraubt werden. Früher funktionierende Lösungen zeigen keine Wirkung mehr, und wir müssen uns von ihnen trennen und statt dessen dem aus dem geistigen Echo stammenden Standpunkt folgen. Dieser zweite Blickwinkel gehört zum geistigen Wesen und enthält den Einblick in die unsichtbaren und in die physischen Welten. Er birgt einige Erkenntnisse, durch die unsere falschen vorgefaßten Meinungen über die Funktionsweise des Lebens beseitigt werden. Wir werden daran erinnert, daß wir noch immer die grundlegenden spirituellen Grundlagen beibehalten müssen, die uns im Gleichgewicht halten.

Willkommen auf der terra infirma!

Auf dem fünften Pfad lernen wir die Medizin der Eidechse, der Träumerin und der Hüterin der Träume, aus einem anderen Blickwinkel kennen. Die Eidechse fragt uns: »Träumt ihr, oder werdet ihr geträumt?« Träumen unsere geistigen Wesen unser körperliches Dasein, oder sind wir über physische Wesen, die das universelle Bewußtsein während des Schlafes durch die Träume erkunden? Wir entdecken, daß wir beides und sehr viel mehr sind. Während wir tiefer und tiefer in das menschliche Potential eintauchen, entdecken wir, daß unser geistiges Bewußtsein auf einer Vielzahl von Stufen existiert und daß wir während der Erforschung dieser Reiche immer mehr Lebenskraft und Energie zurückgewinnen. Wir lernen, unseren Heiligen Standpunkt zu erweitern, und beziehen andere Wirklichkeiten mit ein, die wir niemals für möglich gehalten haben.

Als ich in meiner eigenen Entwicklung an diesen Punkt gelangte, erfuhr ich eine Ausweitung meines Heiligen Standpunktes, wodurch sich meine Meinung zum Universum veränderte. Ich saß in Tiyoweh, einem Zustand innerlicher Ruhe und des Schweigens, als ich meinen Körper verließ und begann, während Millionen von Sternen vorbeirasten, in den Himmel aufzusteigen. Ich flog vorbei an den anderen Planeten unseres Sonnensystems, die sich auf einer der Sonne näheren Umlaufbahn bewegen. Plötzlich flog ich auf eine Feuerwand zu, die den Großen Vater Sonne umgab. Ich spürte, daß mein physischer Körper Angst hatte, er würde von den Flammen zerstört. Ich atmete langsam durch, und während ich in die Feuerwand hinflog und auf der anderen Seite wieder herauskam, ließ ich meine Angst los. Ich sah einen bisher hinter der Feuerwand verborgenen Planeten aus Energie.

Als ich landete, wurde ich von leuchtenden Wesen begrüßt, die mir sagten, daß sie die Gebieter und Gebieterinnen der Sonne seien. Ich war erstaunt, weil ich auf den Pfaden, die meine Lehrer Jahre vorher für mich gezeichnet hatten, niemals von diesen geistigen Wesen gehört hatte. Als jedoch ein Mann hinter mir auftauchte und ich mich zu ihm umdrehte, erkannte ich schlagartig, wo ich schon von ihnen gehört hatte. Meine Lehrer nannten diese Geister »die mit den Kapuzen«. Der Mann vor mir war in hauchdünne Gewänder gekleidet und trug eine Kapuze, die denen ähnelte, die christliche Mönche im 12. Jahrhundert trugen.

Er erzählte mir, daß ich den geistigen Wesen begegnen würde, die im Besitz der Energie des Lichtes unseres Solarsystems seien, und daß die Gebieterinnen und Gebieter der Sonne metaphorische Kapuzen trügen, weil ihre Art der geistigen Energie von den menschlichen Wesen physisch nicht wahrgenommen werden könnte, die lediglich an die Existenz einer greifbaren Wirklichkeit glaubten. Dann erzählte er mir, daß, wenn das menschliche Herz offen sei und die Energie des Traumgeflechtes mühelos durch den Körper des Menschen ströme, der Geist in der menschlichen Wahrnehmung lebendig sei. Von einer neben ihm stehenden Frau wurde ich darüber in Kenntnis gesetzt, daß meine Prüfung vollendet sei und es mir nun freistünde, mich zur nächsten Stufe des Tanzes zu begeben. Wenn mein geistiges Wesen jedoch in meinen physischen Körper zurückkehren solle, müßte ich noch einmal durch die Feuerwand fliegen.

Sie erzählte mir, daß durch mein erneutes Durchqueren der Feuerwand eine Kette von Ereignissen ausgelöst würde, die mein Leben für immer verändern würden. Sie rief mich mit einem geheimen Namen an, den nur ich und derjenige, der ihn mir gegeben hatte, kennen, und ließ damit erkennen, auf welche Weise unsere Seele in der geistigen Welt identifiziert wird. Dann segnete sie mich, und ich nahm den mir von ihr geschenkten Mut an und stieg ein zweites Mal durch die Feuerwand. Als ich, vorbei an den Sternen des Himmels im nächtlichen Firmament, zurück zu meinem Körper reiste, erlebte ich ein neues Gefühl der Spannung und den festen Entschluß, meinen Pfad durch das Unbekannte fortzusetzen, egal, welche Hindernisse mich in der Zukunft erwarteten.

Auf dieser Stufe der Einweihung erkennen wir, daß die Zeit für die jungen Adler gekommen ist, das Nest zu verlassen und die Flügel zu benutzen, die uns zum Fliegen gegeben wurden. Unsere neue Selbständigkeit erlaubt uns, eine größere Verantwortung für die Vergangenheit, die Gegenwart und die Zukunft zu übernehmen. Wir müssen nicht mehr jedes Ereignis in unserem Leben verarbeiten oder herausfinden, warum etwas geschehen ist. Die von uns in der Vergangenheit erfolgreich eingesetzten Heilmethoden sind auf dem unerforschten Gebiet, dem wir uns jetzt nähern, nicht mehr wirksam. Wir kommen zu einem Ort, an dem wir, unabhängig von unseren Erfahrungen, vollständig gegenwärtig sind, und wir haben die Fähigkeit, uns neuen Themen augenblicklich zu stellen, sie loszulassen und weiterzumachen.

Wir verlieren allmählich den bisherigen Wunsch, den Ereignissen im Leben eine Bedeutung zuzuordnen oder die psychischen, emotionalen und seelischen Lebenserfahrungen in Kategorien einzuordnen. Geschieht dies nicht auf natürliche Art und Weise, so werden wir Erleuchtungsfallen erleben, die dies ermöglichen.

Wieder loslassen?

Ich habe bei vielen Gelegenheiten beobachtet, daß Menschen in der Rolle des spirituellen Ratgebers oder des Sehers steckenblieben, um sich davor zu drücken, mit der Arbeit an ihrem eigenen Inneren weiterzumachen und eine Erdung zu erlangen, die ausreichte, um die gleichen Weisheiten in ihrem eigenen Leben anwenden zu können. Sie mußten ständig Lehrer oder Kanal sein, und manchmal achteten sie sich selbst nur bis zu dem Maß, in dem sie ihre besonderen Gaben anwenden konnten. Andere Menschen werden zu ewigen Schülern und fürchten sich davor, aus eigener Kraft zu fliegen.

Ich habe einmal eine Frau beobachtet, die sich dem fünften Pfad näherte. Sie hatte ihre Intuition und ihre innere Weisheit zu einem hohen Grad entwickelt, stellte aber ihre Fähigkeiten dadurch in Frage, daß sie bei jedem kleinen Ereignis, das ihr widerfuhr, andere in dessen Bedeutung herumstochern ließ. Sie hatte sich in der Frage, was ihr zukünftig begegnen würde, festgebissen und besuchte jeden Wahrsager und jeden Hellseher, von dem sie hörte. Wenn diese Leute ihr etwas über ihre Verhaltensmuster erzählten, das ihr nicht gefiel, schimpfte, schrie und brüllte sie. Aber niemals suchte sie nach den Antworten, die sie im Vertrauen auf ihre eigene Weisheit und ihren eigenen Rat hätte finden können, in sich selbst. Dieses Verhalten hielt sie jahrelang in einer Tretmühle aus Erleuchtungsfallen des vierten Pfades und den Tests des fünften Pfades gefangen.

Andere Menschen, die durch Therapie herausfinden wollen, wie sie den Sinn in den Erfahrungen des Lebens erkennen können, kommen nicht weiter, weil sie Beratung suchen, anstatt über ihr eigenes Leben die Regie zu übernehmen und durch eigene Anstrengung zu lernen. Manche Menschen benutzen gewohnheitsmäßig Ritual und spirituelle Zeremonien, um soziale Kontakte zu anderen zu knüpfen, und sind nicht in der Lage, allein zu sein, zu beten oder dankbar zu sein. Einige dieser Leute sind, solange sie an der Zeremonie teilnehmen, empfindsam und warmherzig, fallen aber sofort nach der Beendigung des Gebetskreises oder der Zeremonie in ihr unsensibles Verhalten gegenüber anderen zurück.

Hierbei handelt es sich um Verhaltensmuster und Ängste aus vorhergehenden Pfaden, die wieder auftreten oder noch einmal betrachtet werden sollten. Auf allen früheren Pfaden haben wir die Lektionen des Vertrauens in uns selbst, des Scheiterns, des erneuten Versuches und der Entwicklung von benötigten Fähigkeiten erlernt. Wenn wir die Stimme unseres spirituellen Kriegers in uns entdecken, die unsere Verbindungen zum Großen Geheimnis bestätigt, taucht eine neue Stufe des Lernens auf. Es ist notwendig, daß wir die Stimme der geistigen Macht hören und, bevor wir fortfahren können, blind auf ihre Führung vertrauen. Wenn wir das Nest eines alten Musters nicht verlassen und unsere alten Gewohnheiten nicht überwinden können, erleben wir einen Stillstand. Solange wir nicht erkennen, daß wir uns selbst an Veränderungen hindern, durch die wir uns aus den von uns selbst geschaffenen Lektionen des Kojoten befreien, werden weiterhin steinige Umwege, Tests und Erleuchtungsfallen in unserem Leben auftauchen, denen wir auf den früheren Pfaden begegnet sind.

Auf früheren Pfaden haben wir möglicherweise eine Führung erhalten, die durch unsere eigenen Themen eingefärbt war, wodurch die Klarheit der Botschaft in Mitleidenschaft gezogen wurde. Es kann immer noch Seiten in unserem Leben geben, an deren Verbesserung wir arbeiten, aber wir sollten bedenken, daß alles im Leben eine Fähigkeit darstellt. Wir fangen an, aufmerksam zu sein und zuzuhören. Dann lernen wir, wie wir das Radio auf die richtige Frequenz einstellen, auf der die Stimme unseres individuellen geistigen Wesens laut und klar zu hören ist. Durch Entdeckung der Stimme, die unseren Heiligen Standpunkt in beiden Welten, der greifbaren und der nicht greifbaren Kräfte, wiedergibt, sind wir in der Lage, den geistigen Inhalt unseres Universums zu erkennen. Wenn wir uns auf beide Welten ausrichten, können wir den Stimmen von spirituellen Führern, Engeln, Naturgeistern, Mutter Erde, geheiligten Vorfahren, Kachinas, Außerirdischen oder spirituellen Meistern wie Lao Tsu, der Jungfrau Maria, Buddha, Kwan Yin oder Jesus hören. Diese geistigen Wesen stehen normalerweise in Verbindung mit unserer individuellen spirituellen Herkunft oder unseren früheren Erfahrungen, aber es gibt keine Regel, die uns davon abhält, irgendeinen anderen Teil des geistigen Traumgeflechtes zu entdecken.

Viele Wege führen zur Entwicklung der Fähigkeit, den ausgeglichenen Standpunkt des Göttlichen einzunehmen, durch den wir die Stimmen der himmlischen Wesen hören können. Manche Menschen erreichen dies durch das automatische Schreiben, das Channeling oder durch hellseherische Methoden, durch die sie Botschaften empfangen können. In jedem Fall aber besteht der erste Schritt zum Empfangen der Botschaften oder Mitteilungen darin, daß wir das Verlangen danach verspüren. Es kann Jahre dauern, bis sich unsere erwachenden Anlagen zu präzisen Fähigkeiten entwickelt haben, die die Stimme des geistigen Wesens vor den Einflüssen des Ego schützen. Es ist eine Kunst, das Gleichgewicht der beiden Welten aufrechtzuerhalten. Oft kommt es vor, daß man unterwegs abgelenkt wird oder in Versuchung gerät. So können zum Beispiel Menschen, die seit ihrer Kindheit hellseherisch begabt waren und die diese Art geistiger Führung empfangen haben, reine Informationen durch ihre eigenen nicht geheilten Themen oder ihr fehlendes Gleichgewicht filtern. Einige begabte Menschen können nur auf der Ebene ihrer eigenen persönlichen Erfahrung sehen.

War dieses Schlagloch im Pfad ein Loch in meiner Ganzheit?

Ja, bei diesem Schlagloch auf der Straße könnte es sich um ein Loch in Ihrer Ganzheit handeln. Wenn Sie zum Beispiel ein Familienberater sind und Sie bearbeiten noch immer Themen, die sich auf Ihre persönlichen Beziehungen und die Angst vor Nähe beziehen, könnten Sie leicht in Versuchung kommen, einen Rat zu erteilen, der durch Ihren eigenen nicht geheilten und durch Angst erfüllten Standpunkt vorbelastet ist. Auch wenn Sie ein Heiler sind und in Versuchung kommen, Ihre Macht dergestalt auszuüben, daß Sie vorgeben, im Besitz der alleinigen Wahrheit zu sein, und wenn Sie behaupten, Gott oder irgendein Geist hätte die Befolgung eines bestimmten Pfades empfohlen, dann ist diese Information entweder falsch, oder sie wurde durch die Schattenseite ihres Ego gefiltert. Sogar von unsichtbaren Geistern empfangene authentische Information oder Botschaften können leicht verfälscht werden. Wenn sie eine persönliche Ordnung haben oder nicht in der Lage sind, den Herausforderungen ihres eigenen Lebens entgegenzutreten, erzeugen diese persönlichen Themen ein Störgeräusch, das die Klarheit der von Ihnen empfangenen Informationen beeinträchtigt. Wenn Sie nicht unterscheiden können, wer da im Einzelfall spricht, könnte die Information, die Sie empfangen, von einem fragwürdigen Geist stammen, der seine eigenen Pläne im Sinn hat. Nur weil Menschen einige Fähigkeiten des fünften Pfades besitzen, heißt das nicht, daß sie auch notwendigerweise die auf vorhergehenden Pfaden angesprochenen Themen geheilt haben.

Eine weitere Verführung kommt dann ins Spiel, wenn die Person, die Empfänger der Botschaften ist, eine Organisation oder eine Gruppe gründet, wo sie die gesamte Macht innehält. Während des Integrationsprozesses, in dessen Verlauf wir Zugang zu beiden Welten bekommen, können – wenn die Person, die die Mitteilung weitergibt, vergißt, die Arbeit an ihrem Inneren weiterzuführen – die daraus folgenden Erleuchtungsfallen sehr gefährlich werden. In diesem Fall erzeugt Nachlässigkeit oder fehlende Integrität ein Ungleichgewicht. So kann sich die betreffende Person möglicherweise nicht dessen bewußt sein, daß sie sich Schattenwesen geöffnet hat, denn diese können Besitz vom Geist einer jeden Person ergreifen, die nicht wachsam oder makellos ist.

Viele Menschen auf dieser Entwicklungsstufe erlangen ein derart hohes Maß an geistiger Sicherheit, daß sie oft in die Falle tappen und glauben, »erleuchtet« zu sein. Auf dem vierten Pfad fühlen sich die »Erleuchteten« normalerweise intellektuell überlegen, während sie auf dem fünften Pfad spirituelle Überheblichkeit an den Tag legen. Das in den Botschaften enthaltene erstaunlich hohe Maß an Weisheit kann dazu führen, daß sie vor Begeisterung in eine Erleuchtungsfalle tappen, die zuschnappt, wenn sie zu glauben beginnen, niemand sonst habe die gleichen Erfahrungen gesammelt. Was aber wirklich geschieht, ist, daß sie eines Tages auf einen Menschen treffen werden, der eine Entwicklungsstufe erreicht hat, die weit über ihrer eigenen liegt. Die höherentwickelte Person kann das Muster des »Erleuchteten« mitfühlend erkennen und hat möglicherweise zu einem früheren Zeitpunkt das gleiche Verhalten an den Tag gelegt.

»Erleuchtete« wollen normalerweise nicht hören, daß die Stufe, auf der sie stehen, zu anderen Stufen geistiger Entwicklung weiterführt, weil sie ihrer Meinung nach bereits angekommen sind! Manchmal ist es für die höherstehende Person amüsant, dieses Verhalten zu beobachten, ein andermal erregt es Mitleid oder ist unerträglich. Das hängt ganz vom Ausmaß der Überheblichkeit, des unerbetenen spirituellen Ratschlages oder der nicht ausgesprochenen Vorurteile des »Erleuchteten« ab. In beiden Fällen ist es das beste, leises Mitgefühl aufzubringen oder den »Erleuchteten« auf seinem Pfad zu segnen.

Auf dem vierten und fünften Pfad sind wir aufgefordert, der *spirituellen Überheblichkeit* in uns selbst und anderen entgegenzutreten, um zu lernen, wie sie funktioniert. Spirituelle Überheblichkeit ist ein Zustand des Nicht-bewußt-Seins oder der Scheuklappen, die dann erscheinen, wenn wir eine grundlegende Lektion der Weisheit vergessen. Eine Form der spirituellen Überheblichkeit kann man bei Heilern erleben, die derart damit beschäftigt sind, anderen zu helfen, daß sie der Heilung ihrer eigenen Themen keine Beachtung mehr schenken. Sie erfüllen die Bedürfnisse ihrer Mitmenschen, weil sie eine Konfrontation mit der eigenen Lebenssituation vermeiden wollen. Andere wiederum glauben, sie hätten es nicht mehr nötig, ihr eigenes Verhalten zu betrachten, weil sie vom Verstand her alle Antworten gefunden haben. Im Regelfall leben diese Leute nicht nach den Grundsätzen, für die sie eintreten. Ein anderes Beispiel für spirituelle Überheblichkeit ist das herablassende Verhalten derjenigen, die glauben, »erleuchtet« zu sein. Diesem Verhalten begegnen wir in Gestalt offener und versteckter Bemerkungen. Diese Leute müssen ihre Autorität fälschlicherweise dadurch bekräftigen, daß sie die Ansichten oder Handlungsweisen anderer herabwürdigen.

Viele Menschen, die sich am Beginn des vierten bis zur Mitte des fünften Pfades befinden und ein geistiges Erwachen erleben, das ihr Leben verändert, mißverstehen diesen Vorgang. Sie glauben, ihre Seelen hätten einem höherentwickelteren Wesen Platz gemacht und es ihm erlaubt, ihre Körper zu übernehmen. Wenn diese Leute anfangen, geistige Informationen zu empfangen und mitzuteilen, beginnen sie, ihre eigenen geistigen Wesen zu integrieren. Manchmal glauben sie, daß sich ihre Seelen mit engelhaften Wesen vermischten oder daß Außerirdische von ihnen Besitz ergriffen hätten. Diese Wahrnehmung kann für sie zu der betreffenden Zeit sehr real sein, aber auf dem sechsten und siebenten Pfad wird dann deutlich, daß jedes menschliche Wesen ein engelhaftes Wesen ist. Um in der brutalen physischen Welt menschlicher Erfahrungen überleben zu können, findet ein Vergessen statt, sobald wir unseren menschlichen Körper annehmen, und wir lernen, unsere »Flügel« zu verstecken. Wenn in diesem Integrationsprozeß unsere großartigen geistigen Wesen wieder erwachen, wird es erforderlich, die Schleier der Verdrängung zu heben und unsere eigene authentische und ewige Identität zu erkennen.

Alle sind auserwählt, wenige sind berufen und melden sich freiwillig zum Dienst. Wir irren uns, wenn wir glauben, unter anderen menschlichen Wesen auserwählt worden zu sein, daß wir aus freien Stücken einen Austausch unserer Seelen zugelassen hätten oder daß ein Außerirdischer die Aufgabe besser erledigen könne, zu deren Durchführung wir uns, solange wir eine menschliche Gestalt besitzen, bereit erklärt hatten. Der erste Teil des fünften Pfades wird vom Wunsch nach der Abtretung unserer geistigen Autorität überschattet. Zum Ende des sechsten Pfades hin haben wir diesen Irrglauben überwunden, der unsere persönliche spirituelle Autorität betrifft, und sind bereit, die volle Verantwortung für die Integration unseres größten Potentials zu übernehmen, indem wir das göttliche Potential mit unserem physischen Körper vereinen und ohne Trennung leben.

Die geistige Autorität einfordern, die wir verdient haben

Schließlich können wir jederzeit bequem in der Spalte zwischen den Welten stehen und die Vorstellung der Trennung überwinden. In diesem Seinszustand haben wir keine geistige Führung von außen mehr nötig. Die Aussage »*Sie* haben mir dieses erzählt ...«, die sich auf Führer, Engel oder andere geistige Wesen bezieht, verschwindet aus dem Wortschatz, und es gibt keine Trennung mehr zwischen der äußerlichen geistigen Führung und unserem Heiligen Standpunkt. Wir sind fest verbunden mit der schöpferischen Quelle des Universums, dem Großen Geheimnis, Gott, und unsere Verbindung bedarf keiner Bestätigung durch andere Bewußtseinszustände in den geistigen Reichen des Traumgeflechts. Wir erkennen, daß wir sowohl mit der physischen als auch mit der nicht physischen Welt vollständig verbunden und in der Lage sind, in beiden effizient zu funktionieren. Wir haben uns unseren Platz als aktivierter Bewußtseinspunkt im Universum verdient. Jetzt lernen wir, wie wir diese geistige Autorität mit makelloser Erhabenheit nutzen.

Durch die Lektionen des fünften Pfades erlangen wir die Fähigkeiten, durch die es dem Krieger in unserem geistigen Wesen möglich wird, zu jeder Zeit und in allen Situationen verantwortlich zu handeln. Diese weise, unentbehrliche Stimme weiß, wie sie liebevoll und respektvoll reagiert, wie sie zuhören und wie sie ermuntern kann. Diese Stimme im Innersten verfügt über Diziplin und Autorität über losgelöste Emotionen und Gedanken, die einen Menschen aus dem Gleichgewicht bringen oder die Seile kappen könnten, die uns fest auf unseren jeweiligen Pfaden verankert halten.

Einige Menschen nennen diese Stimme die Stimme des höheren Selbst. Sie entstammt einem Ort in uns, der in ständiger Verbindung mit der höheren Macht oder Gott steht. In der Tradition der Seher des Südens wird diese Stimme »der klare See« genannt. Wenn wir wie ein klarer See sprechen, fühlen und denken, lassen wir es zu, daß unsere Gedanken, all unsere Gefühle und die Worte anderer gehört und gefühlt werden und leicht durch uns hindurchfließen. Wir besitzen darüber hinaus die Fähigkeit, zu interagieren, ohne zu reagieren, alle Situationen als unvoreingenommener Beobachter zu betrachten, der das Offensichtliche erkennen und alle Emotionen entspannt wahrnehmen kann, der den Geist vom Geplapper befreit und bei alldem den Standpunkt des neutralen Beobachters beziehen kann.

Schau in die Trickkiste des Kojoten, und finde dein Werkzeug

Die Kunst des Abwendens unerwünschter Energie ist ebenfalls auf diesem Pfad zu finden. Wir lernen, wie wir verletzende Worte entschärfen, indem wir uns verständnisvoll einfühlen und liebevoll antworten, denn wir waren selbst einmal an diesem Punkt gewesen. Weiterhin setzen wir Humor und Respektlosigkeit ein, um den Würgegriff der Ernsthaftigkeit oder der Theatralik abzuschwächen. Wenn wir sie richtig anwenden, werden die vielen Techniken zur Abwendung zu unserer zweiten Natur. Wir entwickeln diese Fähigkeiten, wenn wir sie zur ständigen Aufrechterhaltung unseres Gleichgewichts als notwendig erachten. Wir zeigen eine neue Stufe des Respekts gegenüber unseren Heiligen Räumen, wenn wir präsent genug sind und die Kunst des Energie-Abwendens sowie den Balanceakt beherrschen, der notwendig ist, um die Aufnahme negativer Energie zu vermeiden. Dieser Respekt und die persönliche Verantwortung für alles, was wir in der unsichtbaren und an der physischen Welt erfahren, erlaubt uns, effektiv in beiden Welten gleichzeitig zu stehen. Wir haben die Fähigkeit, beide Welten zur selben Zeit wahrzunehmen, ohne der einen oder der anderen eine größere Bedeutung beizumessen, weil beide gleichermaßen in unserer Wahrnehmung existieren.

Meine Lehrer brachten mir viele Werkzeuge bei, durch die man während der Ableitung negativer Energie das Gleichgewicht beibehalten kann. Diese Methoden werden angewandt, um in schwierigen Situationen gesunde Grenzen ziehen zu können. Die folgende Geschichte erläutert ein paar dieser Werkzeuge. Ich kannte einen Mann, der ständig seine eigenen Themen auf andere übertrug, indem er anderen Menschen die Schuld für alles, von dem er annahm, daß es in seinem Leben schieflaufe, gab. Eines Tages war er gerade dabei, die Fehler verschiedener Freunde aufzuzählen. Als ich sprach, drehte er sich zu mir um und beschuldigte mich, daß ich versuchte, seine Tirade aus negativem Geschwätz zu unterbrechen. Ich begegnete dem durch lautes Lachen und sagte: »Gut, dann pack meine Koffer, und schick mich nach Canossa.« Er hatte immer noch nicht genug und fuhr fort, einen anderen unserer Freunde schlechtzumachen. Ich unterbrach ihn abermals und sagte: »Aber er hat eine so hohe Meinung von dir.« Diesmal wurde er wütend, und ich lachte, bis ich Seitenstechen bekam. Er verstand immer noch nicht, was ich ihm sagen wollte, und fing wieder an. Ich nahm sanft seine Hand, schaute in seine Augen und sagte: »Es sieht so aus, als ob du eine Menge Arbeit in deinem Inneren zu erledigen hast und die Dinge in dir klären mußt, durch die du dich verletzt fühlst.« Es war, als ob ich ihm einen Schlag versetzt hätte: Sein Kopf schnellte zehn Zentimeter zurück, und er begriff. All meine Manöver waren Taktiken, um das geistige Wesen eines anderen zu unterstützen, damit es die Stimmen des Vorwurfs, der Ernsthaftigkeit, der Theatralik oder der fehlenden Eigenverantwortung zum Schweigen bringe.

Der fünfte Pfad bietet uns die Gelegenheit, die Stimme des Gleichgewichts zu nutzen und dazu jede von uns erlernte Methode anzuwenden, damit andere einen Eindruck von der Makellosigkeit bekommen, die sie erreichen können. In Situationen, die chaotisch sind oder unter Umständen gefährlich werden können, spiegeln wir das ruhige Potential des klaren Sees wider. Ein Mann hatte zum Beispiel zuviel getrunken und erniedrigte andere mit Worten, machte sie lächerlich und schüchterte sie ein, um sie dadurch auf sein Maß zurechtzustutzen. Ich ging zu ihm hin, legte sanft meine Hand auf seine Brust, sammelte all meine Liebe und schickte sie in sein Herz. Dann flüsterte ich: »Bitte mach das nicht, es tut weh.« Ich hatte ihn erst eine halbe Stunde zuvor kennengelernt, und deshalb hatte er mit mir kein Hühnchen zu rupfen. Die liebevolle Energie und meine Hand auf seinem Herzen durchströmten ihn, und ein Ruck der Aufmerksamkeit schoß durch seinen Körper. Er wurde still und verließ beschämt die Party.

Andere Menschen auf der gleichen Feier meinten, daß sie den Übeltäter durch Worte zur Vernunft gebracht hätten. Einer der anderen Männer war drauf und dran gewesen, dem Typen eine Ohrfeige zu geben, weil er eine Frau brutal beleidigt hatte. Alle waren erstaunt gewesen, daß ich mich dazu entschlossen hatte, die Situation durch das Aussenden von Liebe und durch ehrlich gemeinte, liebevolle Worte in den Griff zu bekommen. Diese Freunde waren einer Meinung, daß ich die Situation richtig eingeschätzt hatte, denn in seinem betrunkenen Zustand hätte dieser Mann gewalttätig werden können. Die Fähigkeit, eine Situation richtig einzuschätzen und entsprechend zu handeln, ist ein Geschenk. Das Mitgefühl und die Gabe des unvoreingenommenen Beobachters, gepaart mit der aus Erfahrung stammenden Weisheit, erlauben uns eine angemessene Reaktion und versetzen uns in die Lage, jederzeit unsere Kraft dazu zu nutzen, unsere persönlichen Entscheidungen in diesem Sinne zu treffen. Durch eine impulsive Reaktion können wir ein mögliches Chaos nicht abwenden, wir tragen höchstens noch dazu bei. Der fünfte Pfad lehrt uns, wie wir die authentische Stimme unseres geistigen Wesens zur Heilung unseres Lebens einsetzen. Wenn eine Situation in Gewalt ausgeartet ist oder sich zu einem Wortgefecht entwickelt hat, kann es ratsam sein, sich der Situation zu entziehen. Zu wissen, wann wir unsere Stimme erheben müssen, ist eine Kunst, zu deren Beherrschung wir aufgefordert sind.

Wir haben gelernt, wie wir unsere persönliche Autorität einfordern und wie wir spirituelle Krieger werden, die über makellose persönliche Grenzen verfügen. Jetzt werden diese Lektionen erweitert. Die Aufrechterhaltung der Energiegrenzen bedarf jetzt auch eines sanften, aber entschlossenen Eingreifens. Wenn jemand ein liebevolles Umfeld durch giftige Worte verdirbt, lernen wir, unsere Gangart zu wechseln und den Strom des Negativen zu unterbrechen. Wenn jemand in einer Unterhaltung eine andere Person schlechtmacht, können wir das Thema wechseln oder humorvoll reagieren. Wir können aber auch respektvoll etwas Nettes von dem Menschen sagen, über den da hergezogen wird.

Unser Umgang mit der Situation bestimmt deren Ausgang. Wenn wir jemandem angst machen, um ihn davon abzuhalten, einen Narren aus sich zu machen, müssen wir die Verantwortung für die von uns hervorgerufene Reaktion übernehmen. Das soll jedoch nicht heißen, daß Zorn nicht auf eine angemessene Art und Weise eingesetzt werden kann. Als ich sagte: »Wie kannst du es wagen! Du hast mehr Kraft, Talent und Fähigkeit, diese Herausforderung anzunehmen, als die meisten Menschen, die ich kenne. Wie kannst du nur deine persönliche Medizin in den Dreck ziehen und jammern, daß du keine einzige innere Fähigkeit besitzt! Du bist ein großartiger Teil der Schöpfung!«, habe ich so getan, als sei ich wütend auf eine Person, die sich als Opfer betrachtete. Meine Wut brachte diese Person deutlich zur Besinnung. Die Abwehrhaltung, die sie beim ersten »Wie kannst du es wagen!« an den Tag legte, verwandelte sich in Schrecken, danach in Erstaunen, dann in ein Lächeln und schließlich zum festen Entschluß, nicht mehr Opfer zu sein. Warum? Weil jemand aufgebracht genug gewesen war, diese Person zu zwingen, ihre Schönheit und innere Stärke zu erkennen.

Im Falle des schlechten Benehmens einer anderen Person bei einer Versammlung können wir ebenso Energiegrenzen benutzen. Unsichtbare positive Energie ist eine schlagkräftige Waffe gegen das Negative, die dann am wirkungsvollsten ist, wenn sie liebevoll oder humorvoll angewendet wird. Auf dem vierten Pfad meistern wir dies aus dem Herzen heraus. Eine Kunst des fünften Pfades besteht darin, tief empfundenes Mitgefühl sowie den geheilten persönlichen Willen und die Autorität wirkungsvoll einzusetzen. Durch diese Fähigkeit können wir Resultate erzielen, die zufällige Beobachter in Erstaunen versetzen. Wenn wir Mitgefühl zusammen mit der Absicht anwenden, keinen Schaden anzurichten, ziehen wir eine Grenze, und die Person mit dem schlechten Benehmen wird nicht dazu gezwungen, sich zu verteidigen. Der Beobachter muß ebenso eine persönliche Wahl treffen: die Arena

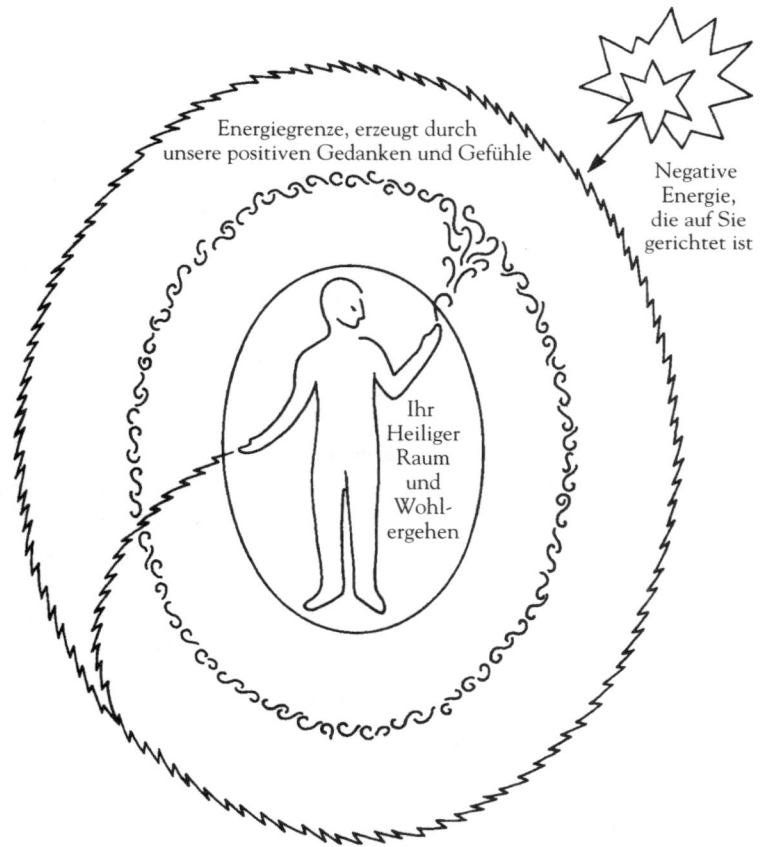

Grenzen der Energie, erzeugt durch kritisches Urteilsvermögen, intuitives Fühlen von Hintergedanken und den persönlichen Entschluß, nicht einzugreifen

betreten, in der der Konflikt ausgetragen wird, oder daran vorbeigehen. Wir können über schlechtes Benehmen hinwegsehen, es loslassen, abschütteln oder die Energie abwenden, indem wir die Person durch Taten oder Worte ablenken. Die Entscheidung liegt lediglich in der Frage, welchen Tanz wir mit dem Angreifer tanzen wollen.

Sie müssen das Übergepäck dieses Menschen nicht tragen

Energie, die nicht von uns selbst stammt, jedoch auf uns gerichtet ist, wird als äußerliche oder *fremdgesteuerte* Energie bezeichnet. Fremdgesteuerte Energie ist die Energie einer anderen Person, die sich auf uns konzentriert oder eine Absicht auf uns richtet. Der auf uns gerichtete Strom kann aus emotionaler Energie, aus hellseherischer Energie, aus heilender Energie, aus Verlangen oder Lust, aus Mitgefühl, häßlichen Gedanken, schädlichen Absichten oder aufrichtiger Bewunderung bestehen. Wenn wir uns nicht darüber im klaren sind, daß wir auch Energiegrenzen besitzen und diese einhalten müssen, können diese unsichtbaren Energieströme im Traumgeflecht mühelos bis in unsere Heiligen Räume vordringen.

Energiegrenzen werden auf zweierlei Art aufgebaut. Die erste ist im alltäglichen Leben, wenn wir unsere Absicht dazu benutzen, eine möglicherweise gefährliche oder negative Situation abzuwenden, indem wir die Situation entschärfen. Wir tun dies durch genaue Beobachtung und indem wir die Konzentration des Negativen durch Worte oder Taten in eine positive Richtung lenken. Die zweite Möglichkeit, Energiegrenzen zu ziehen, besteht darin, sich im Traumgeflecht mittels Intuition und scharfer Beobachtung abzugrenzen. Um letzteres vollbringen zu können, müssen wir vollständig gegenwärtig sein und die Energie aufmerksam beobachten, von der wir spüren, wie sie in unsere Heiligen Räume strömt. Darüber hinaus müssen wir vorsichtig mit der Energie umgehen, die wir in die Welt hinausströmen lassen. Diese Fähigkeit hängt davon ab, bis zu welchem Grad wir es uns erlauben, diese Energie zu spüren, und uns nicht von einem der in uns selbst ungelöst bleibenden Themen oder vorhandenen Situationen beeinflussen zu lassen. Sie hängt auch völlig davon ab, ob wir die Position des neutralen Beobachters einnehmen und verhindern können, daß unerwünschte Energie in unsere Heiligen Räume eindringt.

Wenn wir mit den unsichtbaren Welten innerhalb des Traumgeflechtes in Kontakt treten wollen, müssen wir lernen, auf uns gerichtete Energie zu fühlen oder zu spüren. Einige der Grenzen werden durch die Kraft der eigenen Entscheidung beeinflußt. Wenn wir den Entschluß fassen, der aus der Schattenseite des menschlichen Wesens stammenden Energie keinen Platz einzuräumen, da sie uns mißbraucht oder Schaden zufügt, haben wir im Traumgeflecht eine verläßliche Grenze errichtet. Auch durch unseren Entschluß, uns selbst zu schützen und fest zu dem zu stehen, was wir bereit sind zu erfahren, bauen wir eine Grenze auf. Diese Entscheidung gilt auch für Mißbrauch, Negatives oder unausgeglichene Verhaltensweisen, die wir in unserem täglichen Leben nicht haben wollen.

Die Entwicklung dieser Grenzen stellt eine Kunst des fünften Pfades dar, die sich durch alle folgenden Pfade ziehen kann. Wir können diese intuitive Fähigkeit zur Erkenntnis dessen, wann wir auf der Hut sein und unsere Grenzen im Traumgeflecht aufbauen müssen, auf verschiedene Art und Weise lernen. Wir beherrschen das Ziehen von Grenzen in den sichtbaren und unsichtbaren Welten richtig, wenn wir beide Standpunkte, unsere eigene Körperlichkeit und unser eigenes geistiges Wesen, in ihrem Ganzsein mit einbeziehen. Wir müssen diese Fähigkeit im Wissen darum entwickeln, daß wir beide Welten wahrnehmen, und indem wir beide Standpunkte gleichzeitig beziehen. Darüber hinaus müssen wir die Sinne des Physischen und die des nicht Sichtbaren als einen vereinten und genauen Überblick über die vielen in unserem Universum existierenden Ebenen akzeptieren.

Die Grenze fällt

Für Eingeweihte des fünften Pfades ist es unbedingt notwendig, die Fähigkeit zu entwickeln, Hintergedanken oder die Absicht hinter den Energien zu erkennen, die uns geschickt werden. Ich habe in diesem Bereich viele schwere Lektionen gelernt. Vor 17 Jahren beschuldigten mich einige meiner Schüler, daß ich nicht willens sei zu empfangen, und meinten, daß ich nur bereit sei, anderen zu geben. Das war nicht der Fall, aber einige von ihnen hatten Probleme mit dem Geben. Ich war nicht bereit, Geschenke anzunehmen, an die Hintergedanken geknüpft waren. Meine Grenzen waren intakt, und ich lernte, unausgesprochene Erwartungen zu spüren, wie zum Beispiel: »Wenn ich dir diese Massage schenke, möchte ich, daß du mir eine Heilbehandlung umsonst gibst.«

Ein andermal erlaubte ich es einem Fremden, der meine Bücher las, mir eine Körperbehandlung zum Geschenk zu machen. Im Endeffekt zahlte ich teuer dafür, weil er mich während der Sitzung bat, jeden

Traum zu deuten, den er in den letzten zwei Jahren gehabt hatte. Einmal redete ein Behandler, der auch mein Schüler war, während der gesamten Sitzung. Er stellte Fragen, und ich konnte mich überhaupt nicht entspannen. Ein anderes Mal wurde ich dadurch beschenkt, daß ich als »seelischer Mülleimer« diente, als mir eine Masseurin während der ersten 15 Minuten ihre Scheidung erzählte. Sie wollte nicht damit aufhören, und ich sah mich gezwungen, die Sitzung abzubrechen. Ich mußte mein Energiefeld von all den Themen und Urteilen reinigen, die sie in meinen Körper hineinhämmerte, während sie über ihren Ex-Ehemann herzog. Was für ein Schlamassel, und was für eine wertvolle Lektion für mich!

Indem ich danach enge Energiegrenzen zog und mich persönlich abgrenzte, vermied ich es, anschließend wertvolle Zeit für die Reinigung meines eigenen Energiefeldes aufbringen zu müssen. Ich lernte viel über die Bedeutung enger Grenzen, und ich lernte, den Betroffenen ehrlich dafür zu danken, daß sie so großartige Lehrer gewesen waren.

Der Erfinder und Wissenschaftler NIKOLA TESLA schüttelte niemals die Hand eines anderen Menschen, weil er nichts aus dem Energiefeld eines anderen Menschen aufnehmen wollte, das sein eigenes Bewußtsein oder seine Lebenskraft verändern hätte können. Je empfindlicher wir gegenüber Energie und Lebenskraft, Intuition und spirituellen Fähigkeiten werden, um so mehr Unterscheidungsvermögen ist vonnöten. Insbesondere zu Beginn der Lektionen des fünften Pfades erleben wir Phasen der Überempfindlichkeit und der Überlastung der Sinne. Unsere Energiefelder sind offen für die Welten des Gefühls, der Gedanken und des Geistes im Traumgeflecht. Während dieser Zeiten lernen wir, wachsam zu sein und wie wir Energiegrenzen aufstellen, durch die wir richtig unterscheiden können, welche Art der Energie durch unsere Heiligen Räume strömt.

Die Schutzwälle, die wir in den unsichtbaren Welten des Traumgeflechtes errichten, werden zum Teil durch unsere eigene Makellosigkeit bestimmt. Wenn wir in uns ruhend durchs Leben gehen, sanft auf der Mutter Erde wandeln und alles Leben respektieren, halten wir auch unsere Energiegrenzen sauber und aufrecht. Wenn wir Lebenskraft verlieren und unsere Makellosigkeit in Gefahr gerät, werden wir schwach, und die negative Energie anderer Menschen kann in unser Leben eindringen.

Wir können unsere persönliche Ehre und die uns vor Fremdbestimmung schützenden Energiegrenzen wiederherstellen, indem wir jegliche Unausgeglichenheit in uns erfassen und das Problem beseitigen. Diese neu errichteten Grenzen bieten uns Schutz vor der von anderen ausgehenden negativen Energie, es sei denn, wir brechen unsere eigenen Glaubensregeln und rufen die Energie nicht von diesem unvorteilhaften Verhalten zurück. Wenn wir ein Gleichgewicht zwischen echter Demut, unserer persönlichen Autorität und unserem inneren Wissen finden, erkennen wir, daß, *je mehr wir zu wissen glauben, wir um so stärker herausfinden, daß wir nichts wissen.* Das riesige Ausmaß des Großen Geheimnisses kann nicht völlig verstanden werden; es dehnt sich ständig aus und soll auch nicht durchschaut werden.

Wachsamkeit, Disziplin, Konzentration und die Bereitschaft, uns selbst und anderen zu vergeben, ermöglichen es, daß sich unsere Grenzen wieder stärken. Jeder Mensch durchlebt Perioden der Unausgeglichenheit, die schlicht Teil des menschlichen Zustandes und des Wachstumsprozesses ist. Tests stellen uns auf die Probe, wir werden durchgeschüttelt und verlieren das Gleichgewicht. Wir finden wieder zu uns selbst, und im Wachstum finden wir zu neuem Gleichgewicht. Mit jeder Einweihung und jedem Pfad, den wir erleben, verlagert sich unser Mittelpunkt. Es ist nur zu verständlich, wenn wir glauben, daß wir genau dann eine Zielscheibe für Negatives werden, wenn wir aus dem Gleichgewicht geraten oder nervös geworden sind. Unser Leben scheint immer dann erschüttert zu werden, wenn wir uns am verletzlichsten fühlen. Schauen wir uns jedoch unsere Gedanken, Gefühle und Handlungsweisen an, die wir kurz vor Beginn der Angriffe hegten, erkennen wir, daß wir durch irgendein unproduktives Verhalten Lebenskraft verloren haben und somit selbst das Ungleichgewicht ausgelöst haben. Im Umkehrschluß bedeutet dies: Weil wir unserer Schattenseite nachgegeben haben, wurden wir in eine Kette von Ereignissen verwickelt, die es dem Kojoten erlaubten, in unserem Leben chaotische Szenarios aufzubauen.

War diese Sackgasse eine vom Geist geschaffene Welt aus Jllusionen?

Auf dem fünften Pfad können Energiegrenzen auch durch verführerische Erleuchtungsfallen zerstört werden. Es kommt gewöhnlich bei einigen Menschen auf dem fünften Pfad vor, daß sie glauben, die Funktionsweise des Universums entdeckt zu haben und der Pfad, dem sie folgen, sei der geeignetste, um zu spirituellem Bewußtsein zu gelangen. Hierbei handelt es sich um eine Erleuchtungsfalle. Der Geist erbaut ein Fundament aus Vorstellungen, die es dem Menschen erlauben, sich bis zu einem gewissen Grade zu entwickeln, aber nicht weiter. Die falschen Vorstellungen basieren auf allem, was sie auf diesem Pfad erlebt haben, und haben die Unfähigkeit zur Weiterentwicklung zur Folge. Irrtümer, feste Regeln, feste Vorstellungen oder Erwartungen dessen, was folgen wird, bilden die Stolpersteine auf diesem Weg. Die Formulierungen des Geistes und Mißverständnisse haben Seitenstraßen erzeugt, die in Sackgassen enden oder so gewunden sind, daß sich die Betroffenen in einem selbstgeschaffenen Netz aus Illusion oder Betrug verheddern.

Ich beobachtete einmal eine Gruppe von sieben Menschen, die glaubten, ihr System der Spiritualität sei so einzigartig, daß andere über Jahre hinweg bei ihnen lernen und viel Geld dafür zahlen sollten. Diese Gruppe tappte in Fallen des dritten Pfades und verteidigte ihre Lehren durch Angriffe auf andere, die gleiche Informationen zu haben schienen. Diese anderen Lehrer waren unerwünschte Konkurrenz. Die Gruppe benutzte billige Hexerei und schamanische Zaubersprüche zur Einschüchterung und Schädigung der anderen Lehrer. Die Gruppe tappte darüber hinaus in eine Erleuchtungsfalle des fünften Pfades, weil sie ihre Kräfte und ihre Erfahrungen aufbauschte. Sie log gegenüber anderen, die guten Willens waren und ihre Seminare unterstützten, und während sie sich in diesem unausgeglichenen Zustand befanden, erforschten sie weiterhin durch außerkörperliche Techniken das Traumgeflecht.

Die durch den Geist geschaffenen Welten, denen sie begegneten und die sie als wirklich empfanden, waren nichts als Ränkespiele ihres Geistes, hervorgerufen durch ihre fehlende Makellosigkeit. Dann brachten sie anderen die Prinzipien dieser geistigen Einbahnstraßen des Bewußtseins bei. Die Katastrophen kamen in Gestalt aufeinanderfolgender Kojote-Lektionen. Die Erleuchtungsfalle schnappte zu, weil sie durch Betrug überlegen oder allwissend erscheinen wollten. Die Günstlinge des Schattens und die negativen Elementarwesen konnten so Zugang zu den gedanklichen Energien in der Gruppe bekommen. Sie sind noch immer mit der von ihnen gerufenen dunklen Energie verbunden, die ein riesiges Chaos und Ängste, die sie noch nicht verstehen, verursacht. Ein derart gewundener Pfad verdeutlicht, wie wir aus unseren Fehlern lernen können. Dieser Umweg kann nicht als schlecht gewertet werden, sollte aber als ein Weg betrachtet werden, wie sich eine Gruppe von Menschen entschlossen hat zu lernen, wie sie auf einem von ihnen gewählten Pfad auf Abwege geraten. Auch das Entwirren ist Teil des Lernens: Lektionen auf Umwegen zeigen uns, warum etwas nicht funktioniert. Auf dieser Ebene des Tanzes bekommen wir zu sehen, wie Menschen das ernten, was sie gesät haben.

Kommen Sie zum Meister des Zwielichts. Er wettet gegen alle Vernunft, daß die anderen verlieren werden

Meine Lehrer Joaquin, Berta und Cisi brachten mir bei, daß der fünfte Pfad seine Tücken haben kann, wenn Menschen das Schattenverhalten nutzen, um Anerkennung zu ernten oder auf einem beliebigen Gebiet die einzige Autorität zu werden. Menschen werden zu Meistern des Zwielichts, indem sie sich der Hilfe der Wesen des dunklen Elementes bedienen und sich ein dunkles Verhalten aneignen. »Meister des Zwielichts« ist die treffendste Übersetzung der von meinen Lehrern gebrauchten Bezeichnung, die ich gefunden habe. Meister des Zwielichts sind Menschen, die sowohl die helle als auch die dunkle Seite des menschlichen Wesens nutzen, um sie zu kontrollieren und Macht über sie auszuüben. Den Willen eines anderen Menschen dem eigenen zu beugen ist das, was die Seher des Südens als SCHLECHTE Medizin bezeichnen. Auf dem fünften Pfad ist die Resonanz verheerend: Der Bumerang aus negativer Energie kommt sehr viel schneller zur aussendenden Person zurück als auf den vorhergehenden Pfaden. Die Intensität der Resonanz hängt von der persönlichen Absicht des Senders und der Energiemenge ab, die er zuerst ins Traumgeflecht und dann in die physische Welt geschickt hat.

In den meisten Fällen wurden Meister des Zwielichts, die dieses Verhalten an den Tag legen, mit übersinnlichen Fähigkeiten geboren und lernten später, wie sie diese Gaben zur Ausübung von Macht über andere einsetzen konnten. Vielleicht haben sie in ihrer Kindheit festgestellt, daß andere durch ein bestimmtes Verhalten dazu gezwungen wurden, ihnen das zu geben, was sie wollten. Möglicherweise sind sie sich dann im späteren Leben überhaupt nicht der Energiemenge bewußt, die sie aufwenden, wenn sie die gleichen Taktiken zur Beeinflussung anderer einsetzen. Unbewußt benutzen diese Individuen Energie und konzentrieren ihren persönlichen Willen darauf, das gewünschte Ergebnis von anderen einzufordern. Ein solches überfallartiges Eindringen in die Heiligen Räume anderer kommt einem Vertrauensbruch und einer Vergewaltigung gleich. Die Verletzung von Gedanken und Gefühlen anderer ist auf jeder Ebene ein Mißbrauch. Wenn ein Mensch aber wissentlich und absichtlich die Gedanken eines anderen beeinflußt oder nur «hineinhört», weil es ihm oder ihr möglich ist, fordert er schwere Konsequenzen heraus.

Seit Jahrhunderten durchqueren unsere indianischen Meister unter den Träumern und Sehern das Energienetz des Traumgeflechtes und entdecken Wege in diese Energiewelten hinein und durch sie hindurch. Diese Welten bestehen aus Bewußtseinsstufen, auf denen man im Laufe der Zeit dem Geist oder der Lebenskraft begegnen kann. Auf dem fünften Pfad der Einweihung kommt noch ein Element dazu, nämlich wie wir diese unsichtbare Energie oder die Lebenskraft auf angemessene Art und Weise nutzen. Meister des Zwielichts sind normalerweise nicht schlau oder begabt genug, um ihre eigenen Energiemuster im Traumgeflecht verfolgen zu können. Sie verfangen sich deshalb in ihren eigenen Täuschungen oder in den Netzen sich widersprechender Absichten. Wird er nicht abgebaut oder zurückgerufen, lockt der Wunsch, andere zu kontrollieren, schließlich die Person in eine Falle, die diese Absicht in das Universum hinausgeschickt hat.

Unaufmerksame Meister des Zwielichts haben normalerweise vergessen, was sie in den nicht sichtbaren Welten geschaffen haben. Diese Energienetze wurden von ihnen selbst durch ihre eigenen festen Vorstellungen, Lügen oder manipulativen Wünsche erzeugt. Wenn die Meister des Zwielichts zu einem späteren Zeitpunkt wieder diesen Netzen begegnen, haben sie unter Umständen vergessen, daß sie falsche Wege durch die eine oder andere Bewußtseinsstufe geschaffen haben, und verfangen sich in diesem selbstgeschaffenen falschen Bewußtsein, wenn sie sich außerhalb ihres Körpers befinden. Diese Erleuchtungsfalle ist sehr gefährlich und kann Wahnsinn oder Katatonie, eine Form der Schizophrenie, auslösen. Deshalb müssen diese Menschen diese Falle zerstören, die von ihnen ursprünglich zur Irreführung anderer geschaffen wurde.

Allein schon aus diesem Grunde sollten wir für den Fall, daß wir unsere Lebenskraft in negatives Schattenverhalten investieren, daran denken, daß wir zur Wiederherstellung unserer persönlichen Makellosigkeit ein hartes Stück Arbeit leisten müssen. Wenn wir so dumm sind, diese negative Energie nicht zurückzurufen, uns nicht selbst zu vergeben und uns danach nicht selbst ändern, indem wir unsere Verhaltensmuster ablegen, werden wir zu einem späteren Zeitpunkt genau diesen Energiefallen begegnen. Bei den Meistern des Zwielichts kommt es vor, daß sie ihre früher vorhandenen übersinnlichen Fähigkeiten zu einem gewissen Zeitpunkt verlieren. Ihre präzise Wahrnehmung des Traumgeflechtes kann dann verschwommen werden oder vollständig verlorengehen.

Den Pfad kartographieren: Machen Sie es auf Ihre Weise

Der fünfte Pfad wurde im Laufe der Zeit von Hunderten von Medizinmenschen, christlichen Heiligen und Mystikern, eingeborenen Schamanen, Visionären, Spiritisten, Buddhisten und Hindu-Heiligen, islamischen Derwischen und heidnischen Erdorakeln durchquert. Im Traumgeflecht sichtbare oder spürbare Energiewelten können durch außerkörperliche Erlebnisse, Traumbegegnungen, Visionen, Meditation, Gebet und durch heilige Tänze während eines Rituals oder einer Zeremonie erfahren und erforscht werden. Wenn sich die betreffende Person aktiv um eine Verbindung zum Großen Geheimnis oder zum Universum bemüht, können diese Augenblicke der Erleuchtung je nach der angewandten Disziplin auf jedem Pfad auftreten. Auf dem fünften Pfad beginnen wir schließlich, diese Fähigkeiten zu meistern und sie bis zu einem ungewöhnlich hohen Niveau zu entwickeln, durch das wir zur Gewißheit kommen, auf eine sichere Art und Weise weitermachen zu können.

Auf dem fünften Pfad müssen wir den Illusionen entgegentreten, denen wir während der Durchquerung der unsichtbaren Welten des Traumgeflechtes in veränderten Bewußtseinszuständen begegnen. Ein veränderter Bewußtseinszustand ist eine Veränderung unserer normalen physischen Wahrnehmung, durch die wir Energiewelten wahrnehmen können. Er tritt dann auf, wenn sich die von uns für die physische Alltagswelt gehaltene Realität verändert und wir in der Lage sind, die Stufen des veränderten Bewußtseins zu sehen, zu fühlen oder zu spüren. Vielleicht spüren wir, daß wir uns in einer anderen Zeit (der Vergangenheit oder der Zukunft) befinden, an anderen Orten als unsere Körper oder auf aus Energie bestehenden Bewußtseinsebenen. Es gibt ganze Welten, die aus Gefühlen, Gedanken, Vorstellungen und gesammelter Lebenskraft bestehen.

Auf dem vierten und fünften Pfad können wir darüber hinaus Erscheinungen in unserem physischen Leben spüren, die in Gestalt der Geister unserer Vorfahren, von Engeln, geistigen Führern, verstorbenen Angehörigen, Krafttieren, Göttinnen oder Naturgeistern auftreten, die keine physische Gestalt besitzen. In einigen spirituellen Traditionen werden diese Erscheinungen als Visionen angesehen. Erscheinungen treten auch auf früheren Pfaden auf, wenn ein Mensch außersinnliche Begabungen oder Fähigkeiten besitzt. In jedem dieser Fälle, ob wir nun Visionen, Erscheinungen, veränderte Zustände oder Augenblicke der göttlichen Führung erleben, müssen wir die Information und die Erfahrung von unserem Heiligen Standpunkt aus aufnehmen. Um festzustellen, ob wir nun einer Täuschung erliegen oder nicht, müssen wir die von uns entwickelte Fähigkeit des kritischen Urteils einsetzen.

Eine einfache Möglichkeit zu erkennen, welche Absicht die uns in unserer Vision erschienenen Geister verfolgen, ist die Überprüfung unserer Gefühle. Empfinden wir Liebe und fühlen uns wohl, ist keine Illusion oder Täuschung im Spiel. Merken wir, daß die Botschaften Macht oder Manipulation ausüben, müssen wir den Geist durch die Anwendung unseres Willens und unserer eigenen geistigen Autorität bannen. Fühlen wir Angst, erniedrigen uns die Botschaften, oder lösen sie wegen unserer fehlenden Perfektion ein Schuldgefühl in uns aus, handelt es sich um das Werk eines Meisters des Zwielichts. Befehlen Sie dem Geist, sofort aus Ihrem Heiligen Raum zu verschwinden, bis er tatsächlich verschwindet. In diesem Falle ist es angemessen, jede spirituelle Hilfe anzurufen, die Sie von Engeln, Geistern der Vorfahren, Führern oder spirituellen Meistern Ihres persönlichen Glaubens benötigen.

Wenn Sie sich in der Weite des Jenseits verlaufen

Ich möchte betonen, daß die Erfahrungen des fünften Pfades nicht den Wahnvorstellungen geistig unausgeglichener Menschen entsprechen, deren Verrücktheit sie in die Irrungen und Wirrungen der Geisteskrankheit getrieben hat. Ein Mensch auf dem fünften Pfad hat diese Störungen ausgemerzt und ist geistig gesund. Es wird jedoch gefährlich, wenn ein Mensch auf dem fünften Pfad nicht die authentische Fähigkeit des Willens, der Konzentration, der Unterscheidungsfähigkeit, des richtigen Einsatzes des Willens, der Disziplin sowie die verfeinerte Fähigkeit, sicher aus dem Körper herauszutreten, entwickelt hat. Für diese Personen wird ist es besser, spirituelles Wachstum während des Schlafes im Traum, in der Meditation und in Visionen oder durch das Gebet sowie in der Zeremonie zu finden. Wird das Reisen aus dem Körper ohne richtige Anleitung und Vorbereitung unternommen, kann es passieren, daß man in einer anderen Wirklichkeit oder einer anderen Bewußtseinsebene hängenbleibt, und dies kann zum Wahnsinn führen.

Auf früheren Pfaden können unvorbereitete Menschen leicht auf eine Ebene der Verzweiflung und Hoffnungslosigkeit abgleiten. Je mehr sie sich dem Schmerz oder dem Leiden sowie Gedanken und Gefühlen der Hilflosigkeit und Hoffnungslosigkeit hingeben, um so leichter können sie in den kollektiven Abgrund der menschlichen Verzweiflung hinabstürzen. Diese nicht eingeweihten Menschen besitzen offensichtlich nicht die Fähigkeit, ihren Geist und ihre Gefühle aus den kollektiven Schichten zu lösen, die aus zerstörerischen Gedanken und Emotionen bestehen, und sie glauben, daß das von ihnen erlebte Unheil und das Leid einzig und allein ihres ist. Dieses Mißverständnis kann zu chronischen Depressionen oder zu Selbstmordgedanken führen. Ein Mensch auf dem fünften Pfad hat sich eine Vielzahl von Fähigkeiten zum Ausgleich erworben und gelernt, sich diesen Ebenen mit dem größten Respekt und größter Vorsicht zu nähern.

Was ist aber, wenn ich andere Erfahrungen gemacht habe?

Es ist wichtig, dieses esoterische Verständnis von einem bodenständigeren Standpunkt aus zu beobachten. Jeder Mensch hat verschiedenen Talente und Begabungen. Nicht jeder wird die Pfade der Einweihung auf die gleiche Art und Weise erleben. Es gibt nicht eine einzig richtige Sichtweise der Dinge. Manche Menschen entdecken verschiedene Bewußtseinsstufen durch Meditation und durchdringen die Schichten des Traumgeflechts, indem sie alles aus der Ferne beobachten. Bestimmte spirituelle Disziplinen erlauben den Menschen, eine gute Karte der ihnen begegnenden Schichten des Bewußtseins anzulegen. Mit viel Übung können diese Eingeweihten einen Zustand der Gelassenheit erreichen, durch den sie ihrem eigenen geistigen Wesen sowie ihrer Verbindung zu Gott begegnen und die Botschaften des Schöpfers empfangen.

Im hinduistischen und buddhistischen Glauben betrachtet man alle Ebenen des Bewußtseins als Täuschung, Maya genannt. In der Tradition der Seher des Südens sind alle Ebenen des Bewußtseins real, weil sie im Universum energetisch existieren. Unsere physische Wirklichkeit ist genauso real, aber nicht wirklicher als die unsichtbaren Energiewelten des Traumgeflechtes. Als menschliche Wesen verkörpern wir im Geiste all diese Gedanken und Bewußtseinsebenen, und wir können allen Gedanken, Vorstellungen, Gefühlen, Orten oder Zeiten begegnen, die jemals geschaffen wurden. Alles, was jemals an einem Ort geschehen ist, existiert immer noch. Während des sechsten und siebten Pfades lernen wir, wie wir die Membrane aus Energie durchgehen, die Vergangenheit, Gegenwart und Zukunft trennt. Im Traumgeflecht existiert kein Bild der Zeit. Wir lernen, unseren Willen und unsere Konzentration auf einen beliebigen Ort oder eine Zeitperiode in ihrer jeweiligen Energieform zu richten.

Unser Bewußtsein ist ein Teil allen Bewußtseins in der Schöpfung des Großen Geheimnisses. Das Universum entwickelt sich ständig in seiner physischen Gestalt und im energetischen Netz des Traumgeflechtes. Jeder Gedanke und jedes Gefühl eines menschlichen Wesens führt dem Universum Energie und Materie zu und schafft so neue Ebenen des Bewußtseins. In diesen Schichten existieren Illusionen, Täuschungen, liebevolle Gefühle, Gedanken und auch Ströme zerstörerischer oder kreativer Energie. Diese Schichten aus unterschiedlichen menschlichen Gedanken liegen aufeinander wie ein Stapel Pfannkuchen, und man begegnet ihnen als Energie während veränderter Bewußtseinszustände. Diese veränderten Zustände kann man in der Meditation, im Schlafe, im Traum oder durch außerkörperliche Erfahrungen erleben. Man kann sie aber auch zu jedem Augenblick erfahren, wenn man eine Vision oder eine mystische Erfahrung hat.

Die Träumer und Seher aus meiner Tradition lernen auszuwählen, welche Wirklichkeit sie erforschen möchten und wie sie die Existenz anderer Ebenen des Bewußtseins als neutrale Beobachter betrachten möchten. Während dieses Auswahlvorganges müssen wir alle Arten von energetisch aufgebauten Ebenen des Bewußtseins vorurteilslos erleben oder anschauen. Diejenigen, die über die für einen neutralen Standpunkt notwendigen Mittel verfügen, können diese Schichten aus Energie wahrnehmen oder erleben und können sich durch diese kollektiven Gedanken und Emotionen hindurchbewegen, ohne dabei ihr Ziel aus den Augen zu verlieren. Solange Menschen auf dem fünften Pfad jedoch nicht über die Fähigkeit zum Errichten von Energiegrenzen verfügen oder nicht die dazu notwendige Konzentration und Sicherheit besitzen, können sie, ohne daß sie verstehen, warum diese Gedanken und Gefühle in ihren Heiligen Raum hineinsickern, auch den kollektiven Ängsten des Unbekannten oder dem kollektiven Leid zum Opfer fallen. Diese einsickernden Gedanken sind Teil der Lektionen des fünften Pfades und bringen uns durch Versuch und Irrtum bei, wie wir unsere spirituellen und energetischen Grenzen stärken. Wenn wir einen unvoreingenommenen, neutralen Standpunkt beziehen und uns der durch uns strömenden Energie bewußt sind, können wir lernen, uns mühelos durch die verschiedenen Schichten von Gedanken und Gefühlen, Vorstellungen und Weltanschauungen hindurch zu bewegen, ohne in das Geflecht aus positivem oder negativem Bewußtsein hineingezogen zu werden, das auf diesen Ebenen geschaffen wird.

Manche Menschen haben transzendente Träume und deuten dann die ihnen in bildlicher Form übermittelten Botschaften. Andere empfangen hellseherische Impressionen, hören die Stimmen ihrer Engel oder spirituellen Führer oder auch die Stimme ihres eigenen geistigen Wesens. Wieder andere fühlen sich einfach nur beflügelt und wissen, was sie tun müssen und wann sie es tun müssen, weil sie ihre

Stimme mit der Makellosigkeit des reinen Geistes und geheilter Gefühle in Einklang gebracht haben. Andere finden ihre Bindung zum Spirituellen in Schweigegelübden, heiligen Zeremonien, im Fasten und im Gebet oder in einem klösterlichen Leben. Dies sind nur einige unter zahllosen Beispielen, wie Menschen sich auf den fünften Pfad begeben können und aus den ihnen gegebenen Lektionen lernen können.

Wie kommt es, daß sich mein Körper anfühlt, als sei er mit mexikanischen Springbohnen gefüllt?

Auf dem fünften Pfad erlebt man oft unerklärbare körperliche Symptome. Manchmal können sie medizinisch diagnostiziert werden, normalerweise sind sie aber die Folge einer Neubildung von Gehirnsynapsen, die gebildet werden, um sich den neuen Bewußtseinsstufen anzupassen, denen man begegnet. Diese neuen Synapsen befinden sich in den 90 Prozent des Gehirns, von denen die Wissenschaft behauptet, daß sie von menschlichen Wesen nicht genutzt würden. Dieser Teil des Gehirns wird dazu gebraucht, um die unsichtbaren Welten der Energie zu spüren, die jenseits der physischen Sinne existieren. Steht ein Eingeweihter des fünften Pfades jeweils mit einem Fuß in einer Welt und hat nicht die Fähigkeiten entwickelt, durch die er diesen Balanceakt mühelos vollbringen kann, ist es möglich, daß die Energie der sich entwickelnden und an das Traumgeflecht angeschlossenen Synapsen in den Gehirnsynapsen, die seit der Geburt mit dem physischen Körper verbunden sind, einen Kurzschluß auslöst. Dieses Phänomen ist elektromagnetischer Natur und kann stechende Schmerzen sowie andere unangenehme körperliche Symptome hervorrufen.

Die in vielen Fällen auf dieser Ebene auftretenden körperlichen Symptome können sehr beunruhigend sein. Die Energie wird im Körper neu verdrahtet, und wenn wir keinen neutralen Standpunkt einnehmen, können uns die aus unserem Geist und dem zellulären Bewußtsein stammenden Ängste unsere Körper aus dem Gleichgewicht bringen. Einige Menschen leiden unter unaufhörlichen Muskelkrämpfen und Schmerzen, die von den Ärzten als Muskelrheumatismus (Fibrositis) diagnostiziert werden. Andere leiden unter Schwindelgefühl,

Benommenheit, Übelkeit oder Kopfschmerzen, die normalerweise auftreten, wenn sie versuchen von einem zu ausgedehnten Aufenthalt in den unsichtbaren Welten zurückzukehren. Diese Symptome können erscheinen, wenn eine tiefe Meditation durch ein lautes Geräusch, einen Traumzustand während des Schlafes oder eine außerkörperliche Erfahrung unterbrochen wird. Die gleichen Formen der Orientierungslosigkeit können im Tagesverlauf auftreten, wenn wir in das abgleiten, was ein Beobachter als einen Tagtraum betrachten könnte, was aber in Wahrheit eine Veränderung der Wahrnehmung ist, die die Energie des Traumgeflechtes für unsere physische Wirklichkeit öffnet, wodurch eine Wahrnehmung beider Welten erzeugt wird.

Wenn uns aus dem Traumgeflecht Botschaften gesandt werden, haben manche Menschen regelmäßig wiederkehrende körperliche Schmerzen oder ein starkes Kribbeln in einem Körperteil. Andere sehen leuchtende Farben vor sich oder erleben ein anderes Phänomen, das ihre Aufmerksamkeit auf das Bedürfnis zieht, sich auf die Mitteilung zu konzentrieren, damit sie das Zeichen empfangen können. Ein immer wiederkehrendes Kribbeln wie von Nadelstichen in einigen Bereichen des Körpers oder im Kopf löst bei manchen Menschen eine Zerstreutheit aus, die in Einzelfällen über Jahre hinweg andauern kann.

Ein hochfrequentes meist einseitiges Ohrgeräusch stellt ein anderes Phänomen dar, das mit dem dritten, vierten, und fünften Pfad aufzutreten beginnt. Dieses Ohrgeräusch wird in einigen hinduistischen oder buddhistischen Glaubensrichtungen als das universelle *Om*-Geräusch bezeichnet und als ein Zustand der Harmonie mit allem Leben angesehen. In der Tradition der Seher des Südens wird dieses hochfrequente Geräusch als der Ruf des Adlers angesehen, der besagt, daß die Tür zwischen den beiden Welten oder die Spalte im Universum sich zu der physischen Ebene hin öffnet. Der Adler kommt dem Großen Geheimnis am nächsten und ruft uns auf, mit dem Geist in Verbindung zu treten, wenn wir zwischen beiden Welten stehen.

Von Zeit zu Zeit erleben wir Energieschübe, die uns am Schlafen hindern. Zu anderen Zeiten kann uns eine bleierne Müdigkeit überkommen, und während sich unsere Körper an den Prozeß der Neuverkabelung gewöhnen, haben wir ein andauerndes Schlafbedürfnis. Diese Zustände treten normalerweise dann auf, wenn es in den Synapsen unseres Gehirns zu Kurzschlüssen kommt. Während sich die Synapsen an die bis dato noch nicht erlebte Energie und die von uns auf diesem Pfad erlebten Bewußtseinsstufen anpassen, werden wir von den Wellen des Bewußtseins überrollt, die wie Ebbe und Flut durch unseren Körper strömen. Manchmal, wenn wir die Signale unseres Körpers mißachten, werden wir durch eine Krankheit zu einer Ruhepause gezwungen. Das chronische Müdigkeitssyndrom, Umweltkrankheiten, Cluster-Kopfschmerz oder Migräne sind weitverbreitete Krankheiten, die Menschen befallen, die immer noch nicht bereit sind, kürzerzutreten und sich während des Neuverkabelungsprozesses auf dem vierten, fünften und sechsten Pfad zu schonen.

Jenseits der bekannten physikalischen Gesetze

Ein übersinnliches Ereignis, das oftmals mit dem Neuverkabelungsprozeß einhergeht, ist die Orientierungslosigkeit, gekoppelt mit einer veränderten Wahrnehmung von Zeit und Raum. So bemerken zum Beispiel Menschen auf dem fünften Pfad beim Autofahren, daß sie kilometerweit von dem Ort entfernt sind, zu dem sie eigentlich fahren wollten. Sie können sich erst dann daran erinnern, wie sie nach Hause zurückkommen, wenn sie anhalten und versuchen, sich in der Gegenwart zu erden und zu konzentrieren. Andere berichten davon, daß sie bei einem Geschäftsessen waren, sich dann in ihren Wagen setzten, zum Büro zurückfuhren und feststellten, daß es zwei Stunden vor dem Mittagessen war, das sie ja bereits beendet hatten. Diese Vorkommnisse können sehr beängstigend sein und manche Leute dazu bringen, ihre Geistesverfassung in Frage zu stellen. Solche Dinge geschehen aber immer dann, wenn wir uns in das Traumgeflecht, in dem die Zeit nicht existiert, hinein- und wieder hinausbewegen. Diese Erfahrungen sind der Anfang zur Entwicklung der Fähigkeiten, durch die wir die bekannten Gesetze der Physik durchbrechen und die Zeit überwinden können.

Einmal hatte ich ein Tagebuch, in das ich Notizen machte, auf meinen Eßzimmertisch gelegt. Als ich mich abwandte, um ein Telefonat entgegenzunehmen, verschwand es. Drei Wochen später, nachdem ich an einem Nachmittag ein Nickerchen gemacht hatte, tauchte das Tagebuch wieder auf. Ich hatte während meines Schlafes einen tiefgründigen Medizintraum gehabt, und als ich auf dem Weg zum Badezimmer, wo ich mich erfrischen wollte, ins Eßzimmer stolperte, war ich sehr benommen. Ich sah das Buch, nahm es an mich und trug es mit mir ins Badezimmer. Als ich wieder ins Eßzimmer zurückkehrte, waren alle Schreibstifte und Papiere verschwunden, die zusammen mit dem Buch auf dem Tisch gelegen hatten, aber das Buch hielt ich noch in der Hand. Es hatte sich in einer anderen Zeit- und Raumzone befunden, und als ich während meines Traumes in diesen veränderten Zustand zurückgekehrt war, hatte ich es an mich genommen. Durch das kalte Wasser kehrte meine Aufmerksamkeit wieder in die normale Realität zurück, während die restlichen Papiere in der anderen Wirklichkeit zurückblieben.

Heutzutage erleben viele Menschen auf allen Pfaden die gleichen unerklärlichen Ereignisse, sie wissen aber nicht, wie oder warum sie passieren. Dies geschieht, weil derart viele Menschen die Spalte zwischen den Welten erlebt haben, daß die Zugangspunkte zu den parallelen Welten des physischen Jetzt zugänglicher geworden sind. Die parallele Welt des Physischen stimmt mit der von uns im täglichen Leben erfahrenen überein. Nur die Zeit verändert sich geringfügig. Die zweite Welt unterscheidet sich um weniger als eine Sekunde von der Zeit, die wir als die korrekte ansehen. Diese zweite Welt oder die parallele Realität wurde von meinen Lehrern als der Regenbogentraum bezeichnet. Diese vereinigende oder kollektive Prophezeiung vieler Stämme ist eine Vision, die eine Vereinigung aller Rassen und Nationen vorhersagt. Das gemeinsame Symbol, das solche Visionen und Träume seit Jahrhunderten begleitet, ist ein wirbelnder Regenbogen. Das wiederkehrende Thema ist das der Einheit, der Harmonie und des Friedens. Ursprünglich begegneten nur die geheimen Gesellschaften der indianischen Seher und Träumer diesem Regenbogen. Als im Verlauf der Jahre mehr begnadete und geheilte menschliche Wesen diese Gedanken innerhalb des Traumgeflechtes entdeckten, wurde durch Visionen das Potential der zukünftigen Welt angesammelt.

Der Traum vom Weltfrieden existiert in Form von Energie und ist eine Wirklichkeit, die schon seit Jahrhunderten von Visionären rund um die Erde genährt wurde. Diese Energiewelt hat Gestalt angenommen und mischt sich physisch mit der unseren. Diejenigen, die fühlen oder spüren, daß sie in diese zweite Welt hineingezogen werden, können beim Ein- oder Austritt in diese Bewußtseinsschichten, wo Disharmonie eine entfernte Erinnerung ist, ein Flattern oder ein flaues Gefühl im Magen spüren oder eine durch Energie verursachte Gänsehaut bzw. ein leichtes Muskelzittern spüren. Über die Jahrhunderte hinweg wurden genügend positive Energie, Gedanken und Gefühle in diese Vorstellung hineingesteckt. Nun wird es möglich, daß der Traum Gestalt annimmt und eine zweite Welt des physischen und des Bewußtseins erschafft. Während auf dem fünften Pfad Menschen mit dem Traumgeflecht verschmelzen, erhalten sie die Gelegenheit zur Erforschung zu dieser zweiten physischen Welt. Manchmal können diese unerklärlichen perspektivischen Verschiebungen Zeit, Orte, Räume oder Mischungen von Sinneseindrücken umfassen, die jene verwirren oder beängstigen, die nicht verstehen, was passiert.

Wenn sie einschlafen, kann es Menschen auf allen Pfaden passieren, daß sie einen beschleunigten Herzschlag oder ein flaues Gefühl in der Magengrube spüren. Dies ist insbesondere ab dem dritten Pfad weit verbreitet. Dies geschieht, wenn sich der Körper entspannt und sich die Gehirnwellen verlangsamen, um eine tiefe Entspannung zu ermöglichen. Der schnelle Herzschlag und das flaue Gefühl im Magen zeigen an, daß die Tür an der Spalte zwischen den Welten sich öffnet und daß in den anderen Welten des Bewußtseins der Traumkörper des schlafenden Individuums geweckt wird.

Obwohl wir den träumenden Körper in früheren Kapiteln erwähnt haben, ist an dieser Stelle eine weitere Erklärung für den fünften Pfad notwendig. Meine Lehrer definierten den träumenden Körper als eine Energie oder geistige Gestalt, in der das unbegrenzte menschliche Bewußtsein enthalten ist. Der träumende Körper kann sich vom physischen Körper trennen, und er ist das Vehikel, das wir für die Reise aus unserem Körper heraus im wachen oder im schlafenden Zustand zur Erforschung anderer Bewußtseinsstufen benutzen. Der Träumende findet die Fähigkeit zur Steuerung des träumenden Körpers, wenn sein geistiges Wesen die Absicht des geistigen Kriegers und den konzentrierten Willen aufbringen, sich der Dinge bewußt zu werden, die in Traumzuständen geschehen und diese Begegnungen durch die persönliche Entscheidung zu verändern. Seher wandten die gleiche Fähigkeit im Wachzustand an. Sie benutzen den träumenden Körper, um aus dem Körper hinauszureisen und auf den Bahnen durch das Traumgeflecht diejenige Energie zu verfolgen, durch die sie gewünschte Information finden. Beide Fähigkeiten stellen lediglich Bewußtseinszustände dar, durch die Seher oder Träumer in der Lage sind, durch die Anwendung verschiedener Methoden zur gleichen Information zu finden.

Symbole und Vorstellungen entwickeln sich zu Wissen

Während der physische Körper schläft, haben Menschen die Möglichkeit zur Erforschung der Ereignisse und der metaphorischen Symbole, denen sie in den riesigen Welten des Traumgeflechtes begegnen. Die Fähigkeit zur genauen Deutung der Traumsymbole ist der erste Schritt zur Entwicklung der hochentwickelten Fähigkeit des transzendenten Träumens, des selektiven Träumens und des prophetischen Träumens. Wenn Träumer diese fortgeschrittenen Traumfähigkeiten entwickelt haben, verbindet sich ihr geistiges Wesen beim Eintritt in das Traumgeflecht mit dem träumenden Körper. Er leistet die notwendige Hilfestellung, die zur Konzentration notwendig ist und stellt den Willen zur Verfügung, durch den man sich nach dem Erwachen bewußt an alles erinnern kann, was geschehen ist. Ein Teil der fortgeschrittenen Lektionen des fünften und sechsten Pfades besteht darin, Autorität über die Traumzustände zu besitzen, denen man im Traumgeflecht begegnet und bei der Auswahl der zur Konzentration benötigten Traumbilder den reinen Willen einzusetzen.

Darüber hinaus benötigen die Seher auch die Stimme der Autorität, des Willens und der Konzentration des geistigen Wesens, damit sie den Unterschied zwischen möglichen und wahrscheinlichen zukünftigen Ereignissen erkennen können. Im Traumgeflecht existieren alle Vorstellungen, Gefühle und Identitäten. Nur durch Disziplin kann die Fähigkeit erworben werden, genau zu erkennen, wo ein vermißtes Kind zu finden ist. Damit ich die notwendigen Fähigkeiten entwickeln konnte, arbeiteten meine Lehrer dreieinhalb Jahre lang täglich acht bis zwölf Stunden mit mir. Ich war zweiundzwanzig Jahre alt, und obwohl ich es lernte, die Fähigkeiten des fünften und sechsten Pfades zu schärfen, wurden viele meiner Lektionen des dritten und vierten Pfades erst sehr viel später angesprochen. Der Grund für dieses scheinbare Durcheinander oder diese wahllosen Lektionen war, daß ich seit meiner frühen Kindheit losgelöste übersinnliche Fähigkeiten zeigte, die nicht unter Kontrolle zu bringen waren. Ich sage deshalb, daß diese Fähigkeiten losgelöst waren, weil ich die Tür zwischen den Welten nicht schließen und den Strom an Information und Energie nicht willentlich anhalten konnte. Ich mußte lernen, die Kontrolle über diese Fähigkeiten zu bekommen, damit ich mein Leben und mein Wohlergehen in der Hand behalten konnte. Das Beispiel aus meinem Leben ist sehr ungewöhnlich, aber es kommt vor. Unglücklicherweise hatten die meisten Menschen, die sich in der Vergangenheit in einer solchen Situation befanden, keinen Zugang zu Lehrern des sechsten und siebten Pfades. In dieser Hinsicht hatte ich sehr viel Glück.

Heute gibt es auf der Welt sehr viele Lehrer des fünften, sechsten und siebten Pfades. Wenn der Schüler bereit ist, kreuzen diese Lehrer seinen Weg. In vielen Fällen kommen die eigentlichen Lehren aus dem eigenen geistigen Wesen. Mutige Entdeckungsreisende auf diesen letzten drei Pfaden finden normalerweise das, was sie brauchen, im eigenen Ich. Zur Vollendung der Lektionen des fünften Pfades und zum Anfang der Lektionen des sechsten Pfades benötigt man Selbständigkeit und muß sich selbst erforschen. Dadurch kommt man zu einem eigenen Verständnis der Wahrheiten, denen man begegnet. Auf diesen Pfaden teilen Gleichgesinnte ihre Erfahrungen und gelangen dadurch zur Klarheit. Weiteres Verständnis kann durch Bücher wie dieses erlangt werden, von dem ich glaube, daß es die Ereignisse verständlicher macht, denen die Menschen begegnen. Die Karte des Bewußtseins, die dieses Buch darstellt, ist ein aus dem Westen stammendes Modell der Ureinwohner. Es erlaubt jedem Menschen, die seinen Bedürfnissen entsprechenden Disziplinen in sich zu vereinen.

Wenn wir Informationen über die unerforschten Gebiete des Bewußtseins erforschen, denen wir begegnen, finden wir erweiterte Ebenen der Akzeptanz nicht greifbarer Wahrheiten. Diese zerstreuen unsere Zweifel und unsere Furcht vor dem, was für uns früher unerklärlich war. Zwischen den menschlichen Wesen, die sich aktiv mit den Lektionen dieser Ebenen auseinandersetzen, entsteht während der letzten drei Pfade eine Art Kameradschaft. Wenn sich ein Mensch in die Spalte im Universum hineinbegibt und sich in diesem Zustand des Bewußtseins stabilisiert, schmiedet ein unsichtbares Band ein im Traumgeflecht vereintes Feld und nährt somit den Wirbelnden Regenbogentraum des Weltfriedens. Während des fünften Pfades bildet dieses von anderen, die uns vorangingen, geschaffene Energiefeld eine unsichtbare, stärkende Kraft in unserem Leben. Dieses Energiefeld besteht aus gutem Willen und Vorsätzen. Aus ihm wächst uns die Ermutigung und Hilfe zu, die wir brauchen, um gefestigt, sicher und mit vollem Bewußtsein in beiden, der sichtbaren und unsichtbaren Welt, gleichzeitig existieren zu können.

Die Ähnlichkeiten sehen und die Trennung vermeiden

Bevor wir den fünften Pfad vollenden und damit wir dem sechsten vollständig folgen können, müssen wir bereit sein, die Vorstellung der Dualität zu überwinden. Wenn wir zum Beispiel schwierigen Menschen oder schwierigen Situationen gegenüberstehen, rutschen wir leicht in alte Vorurteile ab. Wir haben unsere Fähigkeit dann entwickelt, wenn wir dem Verlangen nach Polarisierung ausweichen und uns weigern, eine bestimmte Position zu beziehen. Wir können eine Teilung in unseren Heiligen Räumen vermeiden, indem wir eine neutrale Position einnehmen und erklären, daß wir keinen der beiden Standpunkte beziehen. Wir können uns darüber hinaus auch in das Verhalten der betroffenen Personen hineinversetzen, mitfühlen und die Ähnlichkeiten zwischen dem, was gezeigt wird, und unserem eigenen früheren Verhalten erkennen. Jedes aufkommende Urteil wird im Keim erstickt, wenn wir uns selbst in einer anderen Person erkennen und wissen, daß wir einmal in der gleichen Situation gewesen sind. Die Mayas verstehen dieses Prinzip, indem sie sagen: »Ich bin Dein anderes Selbst«. Schwierige Situationen, durch die unser Fortschritt behindert werden könnte, werden durch eine Vielzahl verwandter Fähigkeiten entschärft, durch deren Fehlen Weckrufe, Tests oder Erleuchtungsfallen notwendig würden.

Auf dem fünften Pfad finden wir zahlreiche Ebenen jener Fähigkeiten, die notwendig sind, um mit jeweils einem Fuß in der physischen und in der nicht physischen Welt stehen zu können. Obwohl auf den früheren Pfaden von uns verlangt wurde, daß wir unsere irdischen Verpflichtungen mit unserer geistigen Entwicklung in Einklang bringen, kann uns die zusätzliche Belastung durch das Phänomen der Orientierungslosigkeit starke Schwierigkeiten bereiten. Die Gedanken und Emotionen, denen wir früher im Traumgeflecht begegneten, waren ein

Kinderspiel im Vergleich zu den übersinnlichen Aktivitäten, denen wir auf dem fünften Pfad begegnen.

Als ich Anfang Zwanzig war, begegnete ich den Lektionen des fünften Pfades, und danach vollendete ich die meisten Lektionen des dritten und vierten Pfades. Anschließend widmete ich meine Aufmerksamkeit hauptsächlich den weiteren Lektionen des fünften Pfades. Als ich neunundzwanzig Jahre alt war, verfügte ich über genügend Aufmerksamkeit und Energie, um mich auf die Lektionen des fünften Pfades zu konzentrieren. Und da begann meine Fahrt in der Achterbahn erst richtig. Als ich einfach nur von der Arbeit aufstehen wollte, überkam mich ohne Vorwarnung das Gefühl, als ob ich eine Berg- und Talbahn hinunterraste. Die darauf folgende Übelkeit war entsetzlich, denn ich wußte nie, wann oder ob sie überhaupt aufhören würde. Ich ging damals ins Freie, legte mich auf die Wiese und versuchte die Erde zu spüren, um mich nicht erbrechen zu müssen. Sogar alle Fähigkeiten meines früheren Trainings versetzten mich nicht in die Lage, die dieser Erfahrung folgenden neuen veränderten Bewußtseinszustände und Erscheinungen in den Griff zu bekommen. Schließlich verkaufte ich mein Restaurant, weil die Belastung wegen der Häufung der unkontrollierbaren übersinnlichen Phänomene zuviel wurde. Diese mit Energieschüben und paranormalen Ereignissen verbundenen körperlichen Symptome dauerten während der nächsten neun Jahre an, in deren Verlauf ich die Lektionen des sechsten und siebten Pfades erlernte.

Wie kann ich denn wie ein Adler schweben, wenn ich mich den lieben langen Tag fühle, als ob ich Blei in den Knochen hätte?

Dieser Balanceakt wird von meinen Lehrer als Auftakt zur Einweihung im Tempel in der Stadt bezeichnet. In der Vorzeit besaßen alle Priester der Tolteken und Maya Tempel, in denen die Eingeweihten vor einer Ablenkung durch die Außenwelt geschützt wurden. Vom fünften Pfad an lebten die Eingeweihten in Abgeschiedenheit und Ruhe. In unserer heutigen Zeit sind wir aufgefordert, das gleiche geistige Erwachen ohne den Schutz eines ruhigen Lebens zu erfahren. Joaquin drückte sich sehr klar aus, als er mir erklärte, daß ich die Integrität von allem, was ich erlernt hatte, während der Hektik des täglichen Lebens beibehalten müsse. Er bezeichnete diese Lektionen als Einweihung im Tempel in der Stadt. Von mir wurde absolute Disziplin gefordert, und diese war zur Aufrechterhaltung der Sensibilität und des Gleichgewichtes notwendig, denn nur so können die Energie des Traumgeflechtes und die Schwierigkeiten des Alltags in einem ungeschützten Umfeld in Einklang gebracht werden. Normalerweise dauert es bis zum siebten Pfad, ehe man diese Lektionen beherrscht.

Während wir uns dem sechsten Pfad nähern, lernen wir immer noch die Lektionen anderer Pfade und beenden den letzten Teil der Lektionen des fünften Pfades. Unsere ureigensten Bedürfnisse bestimmen über die individuell maßgeschneiderten Erfahrungen und den willkürlichen Ablauf der Ereignisse. Wir begegnen auf vielen verschiedenen Pfaden zahlreichen schwierigen Themen gleichzeitig, daher werden wir zu vielschichtigen und vielseitigen Menschen. Auf dem fünften Pfad wird es offensichtlich, daß nichts auf irgendeinem dieser Einweihungspfade geradlinig abläuft. Durch den Versuch, herauszufinden, wo wir uns auf unserem Pfad befinden, wird eine Erleuchtungsfalle aufgebaut, denn dieser Versuch stellt eine Machenschaft des Geistes und eine List des Kojoten dar, die ins Nichts führt.

Der fünfte Pfad lehrt uns, daß wir uns in den unsichtbaren Welten nicht auf das geradlinige Denken verlassen können. Unser Universum ist vielschichtiger, als es uns die Physik lehrt. Materie, Energie, Raum und Zeit mögen die Elemente unserer physischen Welt sein, aber die Wahrheiten, die sich auf das Physische beziehen, gelten nicht für das Traumgeflecht. Während wir entdecken, wie wir uns den unsichtbaren Welten nähern und durch sie reisen, erzeugen wir unsere eigenen Gesetze. Die Regeln, die sich auf die Erhaltung unseres persönlichen Gleichgewichts in diesen Reichen der Energie beziehen, gelten immer nur für den einzelnen Menschen. Der einzige Schutz vor dem totalen Chaos und der Instabilität ist, daß wir weiterhin unsere persönliche Integrität und Reinheit nutzen. Wenn wir uns dem physischen Leben und anderen in Harmonie und mit Liebe zuwenden können und wenn wir präsent genug sind, um alle Themen oder Situationen erfolgreich bewältigen zu können, die im täglichen Leben auftauchen, besitzen wir eine feste Basis, von der aus wir agieren können. Ein Teil des fünften, sechsten und siebten Pfades der Einweihung besteht darin, daß wir Verantwortung übernehmen für die Begegnung mit dem Traumgeflecht und unsere übersinnlichen Erfahrungen.

Geduld, Geduld, ich bin noch nicht bereit!

Der Entschluß weiterzumachen ist eine individuelle Wahl. Ab der Mitte des fünften Pfades, wenn die Türen zum Traumgeflecht vollständig offenstehen und ein hohes Maß an Energie den menschlichen Körper durchströmt, kann die Sache wirklich haarig werden. Manche Menschen kommen zum Entschluß, die folgenden Verwandlungen nicht zulassen zu wollen. Wie dieser Entschluß zustande kommt, ist gleichgültig. Es ist eine persönliche Entscheidung, irgendeinem dieser sieben Pfade zu folgen. Diese letzten drei Pfade sind nichts für schwache Gemüter. Es ist keine Schande, sich niemals einem dieser Einweihungspfade zu nähern. Es trifft niemanden eine Schuld, der es vorzieht, in einem sicheren Bereich auf irgendeinem Pfad zu bleiben oder überhaupt keine Einweihung zu erlangen. Zu allen Zeiten haben menschliche Wesen ihr gesamtes Dasein aus ihren Heiligen Standpunkten heraus verbracht. Kein Mensch sollte jemals dazu gezwungen werden, sich schneller vorwärts zu bewegen, als es seinem Verwandlungsprozeß zuträglich ist. Das Wissen darum, was wir auf uns nehmen können und was nicht, repräsentiert eine Schutzfunktion, die weder von uns selbst noch von anderen verletzt werden sollte.

Wie ich bereits vorher erwähnt habe, ziehen es manche menschlichen Wesen vor, diesen Pfad erst nach dem Tod ihrer menschlichen Körper zu erforschen. Ihre Seelen betrachten das Traumgeflecht aus einem nicht physischen Blickpunkt heraus und beobachten noch einmal, wie sich ihre körperlichen Handlungsweisen in den unsichtbaren Welten widerspiegeln.

Zeit ist eine in der ewigen Gegenwart existierende Illusion, der richtige Zeitpunkt aber ist alles. Einige menschliche Wesen müssen sich im Verlaufe vieler Leben entwickeln. Erst dann sind sie bereit, sich irgendeinem Pfad der Einweihung zu nähern. Jene, die bereits einige Pfade der Einweihung beschritten haben, können zum Entschluß kommen, das Gelernte erst einmal zu verarbeiten, ehe sie weitermachen. Unser Urteilsvermögen und unser eigenes inneres Gespür für den richtigen Zeitpunkt tauchten auf dem dritten Pfad auf, und sie werden auf jeder Erfahrungsstufe aufs neue überprüft. Die Fähigkeit, unserem eigenen inneren Zeitgefühl zu folgen, wird als Nachsicht bezeichnet. Durch sie wird möglich, uns synchronistisch und ohne zu warten oder zu drängen weiterzubewegen.

Auch dürfen wir uns über die Veränderungen, die in unserem Leben vorgehen, keine vorgefaßte Meinung bilden. Womöglich verlieren wir das Interesse am Umgang mit anderen Menschen, an der Teilnahme an gesellschaftlichen Ereignissen oder daran, uns in Menschenmassen aufzuhalten. Manchmal stellen wir fest, daß wir kein sexuelles Verlangen spüren und sogar davor zurückschrecken, von jemand anderem berührt oder umarmt zu werden. Wie auch auf den anderen Pfaden können wir derart empfindsam werden, daß wir keinerlei Art von Gewalt im Fernsehen, im Kino oder auf Papier gedruckt ertragen können. Wir können darüber hinaus feststellen, daß wir vor jeder Art lauten Wortwechsels oder Verstimmungen zwischen anderen Menschen die Flucht ergreifen. All diese Befindlichkeiten stellen während der Einweihungserfahrung normale Wellen der Empfindung dar. Sie kommen und gehen. Während dieser Veränderungen ist es für uns von äußerster Wichtigkeit, daß wir unseren Gefühlen Rechnung tragen.

Auf diesem Pfad lernen wir auch, das »Ich sollte« aus unserem Wortschatz zu streichen. Der physische Körper durchlebt derart tiefgreifende Veränderungen, daß wir es dem Geist nicht mehr erlauben können, sich über die Bedürfnisse des Körpers hinwegzusetzen. Alles was innerhalb des Gehirns, des Körpers und der Emotionen existiert, wird neu mit dem geistigen Wesen verbunden. Wir müssen unsere Energie bewußt schonen, um über die für den Neuverkabelungsprozeß notwendige Energie verfügen zu können. Wenn die Tür zwischen den Welten offensteht, beginnt ein Drittel unserer Lebenskraft in den nicht greifbaren Reichen zu arbeiten, ein Drittel wird für die Entwicklung neuer Gehirnsynapsen gebraucht, das restliche Drittel spüren wir in Form physischer Energie. Wir können uns eine Ablenkung unserer Lebenskraft nicht leisten und es nicht zulassen, daß unser physischer Körper über die Grenze seiner Belastbarkeit hinaus strapaziert wird, denn diese ist viel geringer als zu dem Zeitpunkt, an dem die Tür zum Traumgeflecht noch verschlossen war. Wenn wir zu große Anstrengungen unternehmen und versuchen, die unterschiedlichen physischen, emotionalen und spirituellen Veränderungen zu ignorieren, werden wir uns in der Folge eine Krankheit zuziehen.

Wenn die Lebenskraft wieder ins Lot kommt, betreten wir unerforschtes Gebiet und fangen an, unsere Ängste vor der Fortentwicklung sowie die Angst vor unerklärlichen Symptomen und Empfindungen zu überwinden. Vor uns mögen andere das Traumgeflecht erforscht und diese Teile des Traumgeflechtes kartografiert haben, für uns aber ist diese Erfahrung neu. Wir spüren außergewöhnliche Formen der Energie in unseren physischen Körpern, und plötzlich können diejenigen Empfindungen ein fester Bestandteil unseres Lebens werden, die wir bis jetzt nur unregelmäßig spürten. Das vorher unkontrollierbare Auf und Ab der Energie verändert sich. Wenn wir eine Ausgeglichenheit aufgebaut haben, fühlen wir den ständigen Strom Energie durch unsere Körper fließen, und wir sind gezwungen, uns in jedem Augenblick mit den neuen Empfindungen auseinanderzusetzen, die aus dieser Feuertaufe resultieren. Im tiefsten Inneren beginnen wir zu verstehen, daß wir aufgefordert sind, unsere Wahrnehmung der Abläufe in unserem Universum immer dann zu verändern, wenn wir mit jeder neuen Bewußtseinsstufe, die wir erforschen, der Lebenskraft begegnen.

Gehört es dir, mir oder zu uns?

Eine der letzten Lektionen des fünften Pfades, die in die Lektionen des sechsten Pfades münden, ist die Fähigkeit, zwischen einem gereinigten persönlichen Willen, Emotionen und den kollektiven Emotionen zu unterscheiden, die sich in den Schichten des Traumgeflechtes befinden. Die zu bewältigende Aufgabe besteht im Unterscheiden dessen, was wir persönlich fühlen und was zur Menschheit, nahen Freunden oder Gruppen gehört, mit denen wir in Kontakt stehen. Auf dem zweiten und dritten Pfad haben wir die Wunden geheilt, die einst durch unsere wieder aufgetauchten Emotionen verursacht wurden, aber hierbei handelt es sich um eine andere Lektion. Während wir die Welten der Energie durchqueren und weiterhin mit anderen Menschen in der physischen Welt in Kontakt treten, neigen wir dazu, die Energie unserer Wahrnehmung aufzunehmen. Durch die Neigung des Menschen, Energie aufzunehmen, wird ein durch unsere Gedanken erzeugtes magnetisches Vakuum erzeugt. Wenn wir die zum erfolgreichen Bereisen der aus Energie bestehenden Welten notwendigen Fähigkeiten entwickeln, lernen wir, daß wir uns nicht an beliebigen Schichten aus Energie festhalten, indem wir unsere Standpunkte oder Meinungen hinein interpretieren.

Die meisten noch verbleibenden Lektionen des fünften Pfades bestehen darin, daß wir selbst durch unseren Geist das Universum erforschen. Wir erlernen die Benutzung unseres Träumenden Körpers, damit wir die Bewußtseinsstufen innerhalb des Traumgeflechtes durchreisen können, und wir lernen es, unsere Heiligen Standpunkte so zu erweitern, daß sie andere Bewußtseinsebenen mit einschließen. Viele Menschen erlauben es ihrem Geist, in den mit Sternen übersäten Himmel zu reisen. Sie erleben mit verschiedenen Bereichen der Galaxie verbundene Strahlen aus farbigem Licht, gestaltlose Schichten aus Gefühlen, in denen Farben oder Töne existieren sowie geistige Wesen, die uns mit liebevollen Gefühlen und Segnungen erfüllen. Diese Erfahrungen kann man durch die Meditation, durch das Träumen, durch außerkörperliche Reisen sowie erweiterte Bewußtseinszustände erreichen, die auch durch andere spirituelle Praktiken herbeigeführt werden können. Ja, wir haben bereits auf früheren Pfaden solche Dinge wie diese erlebt, aber auf dem letzten Abschnitt des fünften Pfades beginnen wir damit, unsere Fähigkeiten bis zur Präzision zu verfeinern. Der Einsatz unseres eigenen Willens ermöglicht uns den bewußten Zugang zu denjenigen Bereichen des Traumgeflechtes, die wir noch einmal aufsuchen wollen.

Auf dem fünften Pfad besteht zwischen den beiden Welten des nicht greifbaren geistigen Bewußtseins und der greifbaren Körperlichkeit keine Trennung mehr. Sie existieren sowohl im Inneren unserer Körper als auch in unserem Bewußtsein. Deshalb können wir unseren eigenen Willen dazu nutzen, jeden Ort des Traumgeflechtes zu treiben, zu dessen Besuch wir die Energie haben. Die uns zur Verfügung stehende Energie wird nur bis zu dem Maß gesammelt und genutzt, zu dem wir uns aus den von uns auf den vorhergehenden Pfaden vorgefundenen Lektionen befreit haben.

Der fünfte Pfad geht in den sechsten über, und wir werden uns ernsthaft dessen bewußt, daß wir *den Traum tanzen:* Wir bringen die Energie der bewußten Wahrnehmung, die wir in den unsichtbaren Welten gefunden haben, in unsere täglichen Erfahrungen ein und stellen zwischen beiden ein Gleichgewicht her. Es gibt keine Trennung mehr zwischen dem, was wir im Geiste oder durch Energie erleben, und dem, was wir in der physischen Wirklichkeit erfahren. Einige Menschen nennen diesen Vorgang die Vereinigung von Himmel und Erde. In der Tradition der Seher des Südens heißt das, eine Tür an der Spalte zwischen den Welten ist ständig geöffnet. Der sechste Pfad steht für das Unten. Auf ihm lernen wir, diesen unsichtbaren Energien und neuen

Bewußtseinszuständen eine geerdete Form zu geben und unsere physischen Körper mit der nötigen Lebenskraft zu versorgen. Auf den neuen Bewußtseinsstufen lernen wir, uns dem Traumgeflecht anzuschließen und bewußt zu tanzen, indem wir diese Prinzipien mit äußerster Achtsamkeit in unserem Alltagsleben anzuwenden. Wenden wir diese Prinzipien erfolgreich an, dann führt uns das Prinzip, unseren Worten zu folgen, einen großen Schritt vorwärts und führt dazu, daß wir *den Traum tanzen*.

8

Jenseits der Schwelle des Bewußtseins befindet sich das unermeßliche Herz des auf uns wartenden Traumes. Der Kontakt mit diesem heiligen Bereich des Geheimnisses kommt der Erkenntnis der ewigen Aspekte des Seins gleich.

JOAQUIN MURIEL ESPINOSA

Der Pfad der Verkörperung des Unendlichen

Wenn der letzte Schleier sich lüftet,
Folge ich den Wundern, die SEIN können,
Das Geflecht der göttlichen Schöpfung
Erweitert das Universum in mir.

Die Schichten des Bewußtseins durchstreifend,
Reise ich weit über die Sterne hinaus.
Berühre jede Facette des Einsseins,
Von denen ich früher nur eine entfernte Vorstellung hatte.

Ich lerne, die Einheit zu verkörpern,
Dem Geist eine irdische Form zu geben,
Tanze die Traumenergie des Himmels,
In der Mutter Erde sicheren Armen.

Inmitten des Herzens des Universums
Befindet sich die Leere des ewigen Raumes,
Der heilige unendliche Standpunkt,
Den mein Kriegergeist annimmt.

Dann, weit jenseits auf der anderen Seite,
Berühre ich alles, was die Ewigkeit SEIN kann,
Gebe meinen heiligen Standpunkten eine neue Form,
Vereine die Unendlichkeit in mir.

JAMIE SAMS

Der sechste Pfad der Einweihung
Der untere Teil des Medizinrads

Das Unten auf dem Medizinrad steht für unsere Verbindung zur Erde. Hier lernen wir, das von uns erworbene umfassende Wissen im täglichen Leben zu nutzen, unter anderem die richtige Anwendung der Energie des Traumgeflechtes. Eines der ersten Ziele des Unten ist es, geerdet und leistungsfähig zu bleiben, während unsere Körper Wellen unerklärlicher Energieschübe spüren. Durch die Lektionen des sechsten Pfades erlernen wir die Wahrnehmung der mit dem Traumgeflecht verbundenen nicht physischen Realitäten, das Erkennen ihrer Absicht und die Identifizierung ihrer Herkunft. Erst dann gliedern wir die Symbole, Metaphern und andere Informationen in unser Leben ein.

Die Verbindung der greifbaren und nicht greifbaren Welten auf dem fünften Pfad war etwas Großartiges! Jetzt sind die Flitterwochen vorbei. Also, schwimme ich, oder gehe ich unter? Es ist an der Zeit, die verbleibenden Reste des letzten Schleiers zu heben, uns mit der Erde zu verbinden und mit der Erforschung der unendlichen Reiche im Bewußtsein des Universums weiterzumachen. Auf dem sechsten Pfad lernen wir es, die Unterschiede in den kollektiven Energien aller Bereiche des Universums wahrzunehmen, uns dem Zentrum der Schöpfung zu nähern sowie die Leere zu durchdringen. Wir lernen es, den neutralen Standpunkt von der göttlichen unendlichen Perspektive aus zu verwirklichen, und meistern die Fähigkeit der Nutzung universeller Energie zur Schaffung von Heilungsmöglichkeiten in der materiellen Welt. Die Bewältigung dieser anspruchsvollen Aufgabe kann mehrere Jahre in Anspruch nehmen. Bisweilen werden wir uns fragen, wie wir angesichts der unterschiedlichen Lektionen, vor denen wir stehen, überhaupt funktionieren können. In jedem Fall aber wird von uns verlangt, daß wir unseren Körper mit der Erde verbinden.

War mein Körper von Anfang an mit Erdungsdrähten ausgestattet?

Auf dem sechsten Pfad erforschen wir das Unten. Hier werden alle neuen Informationen geerdet, die wir durch die Erforschung des fünften Pfades gesammelt haben. Darüber hinaus lernen wir, stets geerdet zu bleiben, während wir unsere Reise fortsetzen. Nun rückt all das in den Brennpunkt, was wir während unseres Vorstoßes in die unsichtbaren Bereiche durch Versuch und Irrtum gelernt haben. Wir können beide Welten, die physische und die nicht physische, betrachten und in ihnen verkehren. Funktioniert diese Fähigkeit erst einmal, gewöhnt sich der Körper an die durch ihn strömende universelle Energie. Weil Energie durch unseren Körper fließt und zugleich auch geerdet ist, steht uns ein weiteres Arsenal an Wahrnehmungen zur Verfügung. Bevor wir diese Erdung besaßen, konnten wir möglicherweise kurze Blicke auf den unendlichen Standpunkt werfen, dies war aber kein dauerhafter Seinszustand, und wir konnten ihn nicht innehaben und beibehalten.

Bevor wir uns auf den fünften Pfad begaben, gelang es uns in vielen Fällen, während der auf den vorhergehenden Pfaden auftretenden übersinnlichen Ereignisse eine Erdung beizubehalten. Durch den Anstieg des Energiepegels, den wir auf dem fünften Pfad erlebten, wurden wir jedoch zu einem sehr viel höheren Grad der Beherrschung gezwungen. Wir können es aber nur dann lernen, ein Gleichgewicht zwischen unseren Alltagspflichten und dem ständigen Auf und Ab der Energie herzustellen, von dem unser Körper durchgeschüttelt wird, wenn wir es zulassen, daß der Neuverkabelungsprozeß in unserem physischen Körper zum Abschluß gebracht wird. Ich komme noch einmal auf die Vorgänge des fünften Pfades zurück, denn die Lektionen des sechsten Pfades beginnen inmitten der letzten Wehen des Neuverkabelungsprozesses auf dem fünften Pfad, nämlich dann, wenn Energie vom physischen Körper aufgenommen und wieder mit der Erde verbunden wird, anstatt im Kopf und Oberkörper zu kreisen. Wenn wir Energie vollständig erden, treten Mißgeschicke wie Kurzschlüsse in elektrischen Geräten nicht mehr auf.

Der fünfte Pfad kann so lange dauern, wie der einzelne Mensch braucht, um sich an diese Energie zu gewöhnen und den Körper mit den von ihr erzeugten Veränderungen der Wahrnehmungen vertraut zu machen. Wenn wir versuchen, diesen Vorgang zu beschleunigen, kann unser physischer Körper mit Fieber oder anderen gesundheitlichen Problemen reagieren. Versuchen wir, diesen Vorgang zu verlangsamen, oder gönnen wir uns keine Ruhe, während unser Körper sich an die ihn durchströmende Energie gewöhnt, können wir symptomatische elektrische Schläge erleiden, die in Form stechender Schmerzen auftreten. Unterdrücken wir den Energiefluß, kann es in unserem eigenen Energiefeld zu einem Kurzschluß kommen. Wir werden krank, weil die Energie des Traumgeflechtes sich in der physischen Gestalt aufstaut und nicht fließen kann.

Bevor wir uns auf einen beliebigen Pfad der Einweihung begaben, konnten wir die unsichtbaren Bereiche des physischen Lebens nicht wahrnehmen. Dann lernten wir es, Energie wahrzunehmen. Wir lernten, ein Auge für die materielle Welt offenzuhalten und danach ein Auge für die nicht greifbaren Welten des Traumgeflechtes zu öffnen. Jetzt haben wir diese beiden Ansichten vereint und können mit zwei geöffneten Augen sehen. Der neue, dritte Standpunkt entwickelt sich zu Beginn des sechsten Pfades und tritt gleichzeitig mit den letzten Lektionen des fünften Pfades auf. Während wir uns vorwärts bewegen, entwickeln wir die Fähigkeit, mit der durch unseren Körper strömenden Energie arbeiten zu können. Das soll aber nicht heißen, daß die Symptome der Orientierungslosigkeit nicht mehr vorhanden sein werden, wenn wir uns neuen Bewußtseinsebenen nähern. In der Regel treten sie vor einem Durchbruch noch einmal kurz auf. Diese Wendepunkte oder richtungsweisenden Durchbrüche finden gewöhnlich dann statt, wenn wir den dritten Standpunkt entdecken. Dieser stellt einen authentischen, neutralen, ruhenden Punkt dar, der sich durch die Abwesenheit von Dualität oder das Bedürfnis auszeichnet, unsere Erfahrungen persönlich zu werten.

Der unendliche dritte Standpunkt

Viele Menschen haben mich gefragt, wie sie den dritten Standpunkt finden, den meine Lehrer als die »drei Augen« bezeichneten. Meine Antwort lautete: »Genau und bewußt«. Auf den höheren Stufen der Einweihung, die in vielen Glaubensrichtungen zu finden sind, wurden Hunderte von Techniken angewendet, aber natürlich kann ich nur diejenigen weitergeben, mit denen ich selbst Erfahrung gesammelt habe. Wenn Sie dem Pfad gefolgt sind, können Sie Beispiele aus Ihren persönlichen Erfahrungen und aus ihrer eigenen Beobachtung dessen wiedergeben, was anderen während dieser Einweihungen widerfuhr. Meine Lehrer betonten, daß durch fehlerhafte Informationen Schaden angerichtet werden kann, wenn Sie nur mutmaßen oder die Erfahrungen anderer Personen vom Hörensagen her weitergeben. Um die Stufen eines jeden Pfades der Einweihung auf angemessene Weise teilen zu können, ist ein Höchstmaß an Makellosigkeit und Integrität erforderlich.

Das menschliche Gehirn stellt einen Schutzmechanismus zur Verfügung, nämlich das Abschotten des Geistes. Wenn der Geist die zur Verfügung gestellte Information deshalb nicht verarbeiten kann, weil die dazu benötigten Gehirnsynapsen noch nicht entwickelt sind, kommt es in den normalen Gehirnsynapsen zu einer Überladung, durch die ein Dichtmachen und das Bedürfnis nach Schlaf erzeugt wird. Durch diesen Vorgang wird die betreffende Person dazu gezwungen, die Information dann zu verarbeiten, wenn der Körper schläft und das Bewußtsein ausgeschaltet ist. Die im Bewußtsein des träumenden Körpers gespeicherten Daten und Informationen werden sortiert und erst dann in die bewußte Erinnerung zurückgerufen, wenn der Mensch eine Stufe erreicht hat, auf der er diese nutzen kann. Dieser »Mechanismus des Vergessens« stellt sicher, daß die Person weiterhin aktiv demjenigen Pfad der Einweihung folgt, auf dem die Daten durch eigene Erfahrung angewendet werden können, *bevor* sie sich der Informationen vollständig bewußt wird.

Zum Ende eines jeden Neuverkabelungsprozesses auf dem fünften Pfad und noch einmal auf dem sechsten Pfad werden die Gehirnsynapsen vollständig mit den bereits existierenden verbunden. Zu diesem Zeitpunkt erlebt der Körper eine Reihe von symptomatischen Abschottungen, die das Anspringen der verbundenen Synapsensysteme kennzeichnen. Wenn beide Bereiche der Gehirnsynapsen zur gleichen Zeit anfangen zu funktionieren, erleben wir die vollständige Zerstörung unserer althergebrachten Gedankenstrukturen und angelernten Reaktionsmuster. Sobald unsere ehemaligen Gedankenstrukturen und Weltanschauungen sich auflösen, fängt der dritte Standpunkt an aufzutauchen. Erst auf dem sechsten Pfad findet sich die Fähigkeit, alle drei Standpunkte mit Erfolg vertreten zu können. Gegen Ende des fünften Pfades wurden beide Welten durch die Verbindung der greifbaren und der nicht greifbaren Perspektiven zu einer einzigen, und es entwickelte sich die Fähigkeit, Materie und Energie genau und ohne Trennung wahrzunehmen.

Obwohl wir jetzt mit zwei offenen Augen sehen, betrachten wir immer noch alles, was wir gelernt, gefühlt und gedacht haben, durch einen *Schleier persönlicher Voreingenommenheit*. Während sich der dritte Standpunkt entwickelt und die Lektionen des sechsten Pfades aktiviert werden, beginnen wir mit einem Reinigungsprozeß, der das Anheben der Schleier persönlicher menschlicher Erfahrung sowie deren Ersatz durch eine ungeteilte Sichtweise fordert, die der unendlichen Sichtweise entstammt. Wenn wir über den dritten Standpunkt verfügen, sehen wir aus der Perspektive der ewigen Wahrnehmung; dies ist der Blickwinkel des geistigen Wesens. Aus dieser Perspektive heraus gesehen, stellt unser Leben in der Ewigkeit einen kleiner Faden innerhalb eines ununterbrochenen Bandes dar, in dem unsere Lebenskraft enthalten ist. Meine Lehrer bezeichneten die Fähigkeit zur Betrachtung aus dem ewigen Blickwinkel heraus als »die Zeit bannen«.

Wenn wir zur Auflösung des persönlichen Blickwinkels bereit sind und ihn mit dem universellen, ewigen Blickwinkel verbinden, der in jedem Bewußtsein innerhalb des Großen Geheimnisses enthalten ist, hebt sich der Schleier. Manche Traditionen bezeichnen dies als das Heben des siebenten Schleiers. Jetzt erst beginnt unsere eigentliche Arbeit: Wir müssen geerdet und gegenwärtig genug sein, um alle Energie, die wir durch uns leiten, zu beobachten und ihr Aufmerksamkeit zu schenken. Unser Körper, unser Geist und unsere Emotionen müssen mit unserem geistigen Wesen verbunden sein. Wir werden zum Bindeglied, das Sichtbares, Unsichtbares und Unendliches miteinander verbindet.

Als sich dieser Schleier in meinem Leben hob, hatte ich eine Vision, die einem Filmstreifen ähnelte. Jedes Bild zeigte ein anderes menschliches Gesicht. Einige waren hochmütig und eingebildet, andere schön und bezaubernd, während aus wieder anderen Armut und Verzweiflung sprachen. Ich sah einige von Krankheit entstellte Gesichter und weitere, die Verletzungsnarben trugen. Manche Gesichter waren verschmutzt, andere drückten Qual und Sorge sowie die Last schwerer Lebensumstände aus. Ich sah Menschen aus allen Zeitabschnitten der Erdgeschichte, die aus Hunderten von verschiedenen

Verhältnissen und Kulturen kamen. Alle Rassen waren vertreten, und fasziniert beobachtete ich die einzigartigen Facetten des Individuellen, die eine nach der anderen an mir vorbeizogen.

Als ich darunter auf unserem Planeten unbekannte Gesichter sah, bekam ich es zwischendurch mit der Angst zu tun. Die Stimme der Mutter Erde flüsterte mir zu und sagte, daß die Schönheit im Auge des Betrachters liege und daß auch in diesen außerirdischen Kulturen Schönheit existiere. Ich beruhigte mich, und Mutter Erde fragte, ob ich denn all diese Menschen in meinen Visionen lieben könnte. Bevor ich antwortete, zögerte ich und hörte tief in mein Herz hinein: »Ja, Mutter Erde, ich kann es«. Ich fühlte ein Lächeln und einen sanften Energiestrom, während sie sagte: »Gut, denn all das warst Du. Dies waren die Verkörperungen Deines geistigen Wesens, die Du in physischer Gestalt dargestellt hast«. Da begriff ich schließlich die unendliche Sichtweise.

Struktur inmitten des nicht Greifbaren

Auf den Stufen des sechsten Pfades wird es uns möglich, unser Ziel zu erreichen und ein reiner Kanal für neutrale Energie zu werden. Wir stellen das unvoreingenommenem Bindegewebe dar, das mühelos alle Bewußtseinsebenen umspannt. Der erste Pfad erscheint dann, wenn sich der Schleier persönlicher Erfahrung hebt und wir uns ständig von dem befreien, was uns von der klaren Wahrnehmung abhält. Als einen der letzten Punkte während dieses Reinigungsprozesses lassen wir von unserer strikten persönlichen Meinung ab, durch die die unendlichen Aspekte unseres geistigen Wesens unterdrückt werden. Unsere persönliche Meinung neigt dazu, uns auf einer Erfahrungsebene festzuhalten und an verschiedene Gedanken und Gefühle zu binden, die einen Fortschritt nicht zulassen. In unserer Welt existieren Millionen von gültigen Wahrheiten. Wir bewahren unsere Einzigartigkeit und unsere distanzierte Neutralität und erwerben so schließlich diejenigen Fähigkeiten, die zum Erkennen der in allen menschlichen Standpunkten enthaltenen Wahrheit notwendig sind. Wir entdecken, daß unser Geist viele Veränderungen der Identität und der Gestalt durchgemacht hat und daß er all diese Masken, bestehend aus Gesichtern des menschlichen Ausdrucks, zur Erfahrung der Körperlichkeit nutzte.

Wird der Schleier gehoben, zerreißt er, und die meisten Menschen durchleben eine Krise, weil sie begreifen wollen, was mit ihnen geschieht. Diese Erfahrung sieht in jedem Fall verschieden aus, weil Teile dieses besonderen Trennungsschleiers bereits auf früheren Pfaden zerrissen sind. Aber die letzten Spuren der Beseitigung beziehen sich immer auf das Loslassen des Bedürfnisses, die Erfahrung als solche persönlich zu nehmen, und darauf, sie aus dem Blickwinkel unseres ewigen geistigen Standpunktes zu betrachten. Wir müssen gegenwärtig bleiben und uns nicht in anderen Zeiten, besonderen Identitäten oder Leben verlieren: Wir müssen die Zeit bannen. Wenn wir es nicht schaffen, Ewigkeit und Gegenwart miteinander zu verbinden und unser Verständnis der Zeit vollständig aufzulösen, üben wir Einfluß auf die neutrale Energie und die unvoreingenommenen Wahrnehmungen aus.

Dieser Reinigungsprozeß erfordert von uns, daß wir alle Haltungen, Reaktionen oder Handlungsweisen loslassen, die unseren allumfassenden neutralen Blick auf die Unendlichkeit verschleiert haben. Wir müssen uns von allem befreien, das uns von den unendlichen Eigenschaften unseres geistigen Wesens trennt, so zum Beispiel von der Angst des Menschen vor dem Tod. Der Reinigungsprozeß erfordert ein Ablegen früherer Bezeichnungen, die wir während er Entwicklung unseres geistigen Wesens entwickelt haben können wie zum Beispiel: »Ich bin ein Wesen des Lichts«. Obwohl dies der Wahrheit entsprechen mag und unsere Absicht, der Menschheit zu helfen, rein sein mag, erzeugt schon die Aussage eine Polarität. Wenn wir vollständig aus Licht bestehen, können wir uns nicht selbst in die Augen sehen, heilen und uns der Schattenseite unseres Wesens stellen. Die Polarität verhindert, daß wir den neutralen ewigen Standpunkt unseres geistigen Wesens komplett ausformen. Wenn wir keinen neutralen Standpunkt entwickeln, sind wir bis zu einem gewissen Grade immer noch voreingenommen. Die Fähigkeit zu sagen »Ich bin« umfaßt alles, was eine Person auf allen Bewußtseinsebenen verfolgt und erfährt. »Ich bin« enthält auch die Erfahrungen, die die Seele mit der Integrität respektive deren Fehlen macht, multikulturelle Perspektiven, männliche und weibliche Identitäten, Rollen, die wir in vergangenen oder zukünftigen Leben gespielt haben oder spielen werden sowie den ewige Zustand des Seins.

Scheuklappen sind verboten

Der nächste Teil des sechsten Pfades betrifft die Entwicklung neuer Ebenen der kritischen Wahrnehmung. Von einem neutralen Blickwinkel aus entwickeln wir die Fähigkeiten, die zur Beobachtung von Energie notwendig sind. Wir lernen auch zu erkennen, wie Energien mit Absichten verbunden sind, wie diese Absichten die Energie in den unsichtbaren Welten steuern und wie diese sich nun in uns mischen.

Die Fähigkeit zum Erkennen der mit der Energie verbundenen Absicht bildet einen weiteren Abschnitt aus Lektionen für und über sich selbst. Wieder einmal verlieren wir unsere Scheuklappen und kommen zur Erkenntnis, daß Polarität und Dualität nicht nur innerhalb unserer materiellen Welt existieren, sondern auch in den die nicht greifbaren Reiche des Traumgeflechtes bewohnenden geistigen Wesen. Es wird uns nicht mehr erlaubt, unbekümmert darauf zu bauen, daß wir nur deshalb munter unserer Wege ziehen können, weil wir uns den unsichtbaren Welten aus Energie angeschlossen haben und wir die durch unsere Körper strömende Energie nicht mehr beobachten oder die Absicht der Geister nicht mehr wahrnehmen müssen, denen wir in den nicht physischen Bereichen begegnen.

Dieser Prozeß der kritischen Wahrnehmung unterscheidet sich tiefgreifend von den Lektionen des dritten und vierten Pfades, mit denen wir uns dem Verhalten der Schattenseiten in uns selbst und in wandernden Geistern stellen mußten. Wir urteilen nicht darüber, ob unsere geistigen Führer gut oder schlecht sind. Indem wir einen neutralen Blickwinkel beziehen, können wir die mit jeder Information verbundene Absicht und die Energie erkennen, die wir vom Geist empfangen und auch unsere wohlverdiente persönliche geistige Autorität einzufordern. Wir lernen es, unsere geistige Autorität dazu zu nutzen, unseren eigenen Kurs durch diese letzten Stufen der Einweihung festzulegen. Wenn ein Geist nie einen physischen Körper besessen hat, hat er auch niemals die von uns erreichten Ebenen gemeistert und nicht wie wir durch das Leben auf der physischen Ebene geistigen Inhalt in einen physischen Körper eingebracht.

Was meinst du mit vollkommener Gleichheit?

Wenn wir anerkennen, daß es keine unbedeutenderen oder bedeutenderen Rollen unter den verschiedenen unser Universum bevölkernden Lebenskräften gibt, kommen wir auf dem sechsten Pfad zu einer weiteren Erkenntnis. Der Geist befindet sich in allen Bereichen der Schöpfung, und vom unendlichen Standpunkt unseres geistigen Wesens aus gesehen, spielt er innerhalb des Ganzen eine ebenbürtige Rolle. Menschliche Wesen sind weder besser noch schlechter als Erzengel. Die Rollen von Weisen, Avataren und geistigen Meistern sind gleichbedeutend mit den geistigen Rollen der Naturgewalten. Alles innerhalb des Großen Geheimnisses ist untereinander verbunden und übt eine Wechselwirkung aufeinander aus. Schufen menschliche Wesen Personae und Identitäten zur Verkörperung des Schöpfers? Oder benutzte der Schöpfer all diese Identitäten der Menschheit als seine Verkörperung und verschleierte somit die Gegenwart des Unendlichen? Die Antworten auf diese Fragen hängen vom jeweiligen Standpunkt ab. Ihnen kommt aber keine wirkliche Bedeutung zu, weil alle individuellen Facetten der Schöpfung bei der Anbindung an das Unendliche zu einer verschmelzen.

Nachdem wir zu dieser Erkenntnis gekommen sind, lassen wir die letzten Überreste des Bedürfnisses nach einer Vermittlung los, durch den wir den Kontakt mit dem göttlichen Willens des Großen Geheimnisses oder Gott aufnehmen können. Wir haben unsere Plätze innerhalb des Universums eingenommen und den unendlichen Standpunkt bezogen, das menschliche Bedürfnis nach spirituellen Hierarchien oder Hackordnungen zerstört. Wir bringen jeder Rolle innerhalb des Ganzen den größten Respekt entgegen und treten die Reise zum Hunab K'u, der Bezeichnung der Maya für das Zentrum des Universums, dem Null-, Ruhe- oder Gleichgewichtspunkt, der Leere der göttlichen Neutralität an. Hierin kann der beängstigendste Teil des sechsten Pfades bestehen, weil wir damit anfangen, zum neutralen, ewigen Standpunkt zu werden, ihn zu vervielfältigen und zu verwirklichen. Plötzlich werden persönlicher Wille und Identität bis zu einem Maß untergeordnet, an dem wir die Wahrung einer geerdeten Mitte lernen müssen und eine Identität in der materiellen Welt besitzen müssen. Es tritt ein statischer Zustand auf, der den Erfahrungen des fünften Pfades ähneln kann, wo durch den Dominoeffekt diejenigen Schaltkreise des geistigen Mechanismus zerlegt wurden, durch die unsere Denkweise oder unser Denkprozeß gesteuert wurde. Lassen Sie sich nicht täuschen: Die Einweihung auf dem sechsten Pfad unterscheidet sich wesentlich von der des fünften Pfades.

Wir begegnen dem Zentrum des Universums, treten hinein und sind schockiert, daß im Inneren der Leere keine Zeit existiert und der Raum unendlich ist. Es gibt keine Emotionen, weder in uns selbst noch in unserem Äußeren, weil die Leere zugleich auch in allen Reichen des Bewußtseins existiert. Im Zustand des endgültigen, absoluten Nichts, der eine Weile andauert, könnten wir mit den traumatischsten Situationen konfrontiert werden, die man sich nur denken kann, und wir würden weder emotionell, geistig oder seelisch darauf reagieren. Wir haben einen Schlußstrich gezogen. Dieser Zustand könnte der Katatonie ähneln, wäre da nicht die Tatsache, daß wir, während dieser Prozeß vor sich geht, auch weiter unser tägliches physisches Leben bewältigen. Alles, was wir erlebt haben, alles, was wir zu sein glauben, all unsere Bindungen an die materielle Welt und an die der unsichtbaren Welten des Geistes sind verschwunden. Da gibt es ein riesiges Nichts, das sich in ein noch unermeßlich größeres Nichts hinein ausdehnt. Am Ende dieser Einweihung beginnen Gefühle und Lebenskraft wieder zurückzukehren, und wir lernen, wie wir diese beiden ineinander verschmolzenen Standpunkte der sichtbaren und nicht sichtbaren Welten gemeinsam mit dem dritten Standpunkt, dem der unendlichen Neutralität, nutzen, daher kommt auch die Bezeichnung »drei Augen«.

Auf dem sechsten Pfad entwickeln wir auch weiterhin die Fähigkeit der Telepathie, der Veränderung der Gestalt, des Erscheinens an zwei Orten, der Levitation, des Träumens, der energetischen Heilung sowie andere Fähigkeiten, die den bekannten Gesetzen der Physik widersprechen oder an ihnen rütteln. Nicht jeder Mensch verfügt über die gleichen Fähigkeiten, und allen Aufgaben kommt die gleiche Bedeutung zu. Wenn es *nicht* unsere Aufgabe ist, diese Fähigkeiten auf der materiellen Ebene zu zeigen, dann müssen wir uns kein Bein ausreißen, um die Rolle eines anderen Menschen innerhalb des göttlichen Planes zu übernehmen. Manche Menschen wenden ihre Gaben an, um der Menschheit zu zeigen, daß auf der materiellen Ebene Wunder vollbracht werden können, während wieder andere in den nicht greifbaren Bereichen arbeiten und dort ihre Energie zum Dienst an der Menschheit einsetzen. Zur Vollendung des sechsten Pfades müssen wir diese Talente bewußt und willentlich anwenden.

Wir haben von Zeit zu Zeit auf den vorhergehenden Pfaden ein kurzes Aufflackern dieser Fähigkeiten erlebt, nun aber fassen wir den Entschluß, diese Begabungen meistern zu wollen. Wir haben jetzt die Lektionen des sechsten Pfades im Überblick besprochen, und wollen nun genauer ansehen, was noch alles mit diesen Lektionen auf uns zukommt.

Die Überreste des letzten Trennungsschleiers zerreißen

Zu Anfang des sechsten Pfades wird der Schleier gelüftet, indem die Energie des geistigen Wesens wieder mit dem Körper und der Mutter Erde verbunden wird. Durch die von uns auf dem fünften Pfad erlebte Verbindung der sichtbaren und nicht sichtbaren Welten und die Anwendung des Wissens, das wir durch die Verkörperung dieser Verbindung gewonnen haben, ziehen wir keinen Trennungsstrich mehr zwischen Materie und Energie oder Geist und Form. Nicht in unserem Äußeren, sondern in unserem Inneren sind beide Welten eins. Bis sich der Schleier zu heben beginnt, begegnen wir dem Leben auch zukünftig aus der Perspektive unserer persönlichen menschlichen Erfahrung. Dann wird es notwendig, den neutralen Standpunkt eines unvoreingenommenen Zeugen einzunehmen, der in der Unendlichkeit viele Rollen gespielt hat, denen unser Geist aber keine Bedeutung mehr beimessen sollte. Wenn wir durch eine Identität, die wir zu anderen Zeiten in der Ewigkeit verkörpert haben, immer noch unsere Wahrnehmung dahingehend beeinflußt wird, daß wir glauben, besser oder schlechter als andere zu sein, ist es jetzt an der Zeit für ein Loslassen. Auch müssen wir jeden noch vorhandenen Wunsch nach der Einordnung eines Erlebnisses läutern, ihn einzig und allein unserer derzeitigen menschlichen Identität zuschreiben und lernen, alle Ereignisse vielmehr als einen Teil der fortwährenden unendlichen Erfahrung eines Lebensfunkens inmitten des unendlichen Schöpfungsfeuers zu betrachten.

So, wie ein blinder Mensch eine schärfere Wahrnehmung des Tastsinnes, des Geruchssinnes und des Hörvermögens ausbildet, so entwickelt ein Mensch auf dem sechsten Pfad ein Gespür zur Wahrnehmung der feinen Unterschiede in der universellen Energie und dafür, wie diese Energieströme gesteuert werden. Vom menschlichen Willen gesteuerte Energie fühlen wir sehr viel anders als Energie, die von anderen Lebensformen oder reinem Bewußtsein im Universum gesteuert wird. Zum Ende des fünften Pfades hin haben die meisten Menschen die ausgeprägte Fähigkeit zur Wahrnehmung menschlicher Gedanken, Absichten und Emotionen entwickelt. Die Wahrnehmungsfähigkeit, durch die wir es gelernt haben, die Unterschiede zwischen den kollektiven Gedanken der Menschen oder deren Emotion und unseren eigenen Gedanken oder Gefühlen zu erkennen, funktioniert jetzt normalerweise sehr gut. Wenn sich dieser Schleier hebt, werden unsere Fähigkeiten dahingehend überprüft. Dies gilt nicht nur der Erkennung von Unterschieden zwischen unserer eigenen Energie und kollektiven Energien. Wenn wir die Fähigkeit entwickeln, einen unvoreingenommenen, unendlichen Standpunkt einzunehmen, geht es auch um die Anwendung dieser Fähigkeit und darum, alle Energien, die uns im täglichen Leben und in den unsichtbaren Welten begegnen, durch unseren Körper hindurch in die Mutter Erde und danach wieder zurück in den Körper fließen zu lassen, ohne daß etwas davon haftenbleibt.

Wenn der Schleier sich hebt und wir erfolgreich den dritten neutralen und ewigen Standpunkt in uns aufnehmen, betrachten wir uns selbst, andere Menschen und alle Bewußtseinsformen im Universum als Zellen innerhalb des Körpers des Großen Geheimnisses. Früher verarbeiteten wir alle unsere physischen und geistigen Erfahrungen, indem wir sie hinsichtlich unseres persönlichen Fortschritts betrachteten und durch das Einbeziehen unserer neuen Bewußtseinszustände in das alltägliche menschliche Leben. Um jetzt voranzukommen, müssen wir eben diese Werkzeuge loslassen, mit denen wir die Schleier auf eine sichere Art und Weise heben konnten. Wenn wir den unsterblichen Blick auf das geistige Wesen erlangen wollen, müssen wir uns jetzt dazu entschließen, einfach nur zu beobachten und aus der Perspektive der Unendlichkeit, die den zeitlosen Überblick enthält, es allem erlauben zu sein.

Ab diesem Augenblick beginnen wir in unserem Leben mit dem Balanceakt, der darin besteht, Verbindung mit anderen auf deren Erfahrungsebenen aufzunehmen und ihre Standpunkte zu erkennen. Wir entdecken ihre Einstellung und die damit verbundenen Absichten, nehmen die mit dieser Haltung verbundene Energie wahr, beziehen eine neutrale Position und lassen alles genau das sein, was es ist, ohne in ein anderes Energiefeld, in andere Meinungen oder Ansichten hineingezogen zu werden. Diese Meisterleistung der Neutralität erfordert, daß wir Dualität erkennen, sobald sie in Erscheinung tritt, ohne ihr etwas unserer emotionalen Energie oder unserer Gedankenenergie dadurch zu schenken, daß wir zu erkunden versuchen, warum es geschieht. Nach dem Heben der Schleier stellt dies das erste entscheidende Ziel der Richtung des Unten auf dem sechsten Pfad dar.

Die universelle Lebenskraft durchströmt unser Bewußtsein und unseren physischen Körper nur bis zu dem Maß, an dem wir in der Lage sind, unsere Erdung in Verbindung mit geistiger und emotionaler Distanz beizubehalten. Während dieses Vorganges der Wiederanbindung an die Mutter Erde können manche Menschen womöglich nicht bemerken, daß sie nicht geerdet sind. Um ein Gleichgewicht beibehalten zu können, müssen sie deshalb bestimmte Fähigkeiten der Erdung erlernen. Enorm hilfreich ist es, wenn man sich einen kreisrunden Energiestrom vorstellt, der vorne am Körper hinunterfließt, in die Erde hinein und hinten an den Beinen sowie an der Wirbelsäule nach oben über den Kopf strömt, um dann vorne wieder zur Erde zurückzufließen. Übungen zur Dehnung und Kräftigung der Muskeln sind hierbei auch hilfreich. Ich empfehle hierzu wärmstens die Pilates-Methode, Tai Chi, Walking und Dehnübungen. Ich habe festgestellt, daß anstrengendes Training auf dieser Entwicklungsstufe für Körper und Geist zu schwer ist.

Wenn wir den dritten, neutralen und unendlichen Standpunkt zum Mittelpunkt unseres Lebens machen, ist es sehr leicht, unbewußt in die Energiefelder anderer zu gleiten. Unsere Aufmerksamkeit läßt oft in der Sekunde nach, in der wir glauben, körperliche Symptome überwunden zu haben oder ein wenig Raum zum Atmen zu haben. Wir lernen, wie wir unsere Fähigkeiten dazu nutzen, uns der mit unserem Alltagsleben verbundenen Energie vollständig bewußt zu sein und die Integrität unserer Heiligen Räume beizubehalten. Dabei nehmen wir keine der Energien auf, die durch uns hindurch und in die Mutter Erde strömen. Huch! Hier haben wir auch schon den Test, durch den eine ganze Reihe von Wahrnehmungsfähigkeiten oder eine erneute Überprüfung der Lektionen zu denjenigen Energiegrenzen ausgelöst wird, die wir auf dem fünften Pfad zu errichten gelernt haben.

Wenn der Schleier sich hebt, besteht eine Abneigung, mit anderen zusammenzusein. Oftmals fühlen wir uns wie erschlagen von der Energie, die in alltäglichen Aktivitäten steckt. Auf vielen Einweihungspfaden überkommt uns von Zeit zu Zeit die Neigung, zum Einsiedler zu werden, denn wir entwickeln neue Arten der Sensibilität, die von denen unverstanden bleibt, die nicht die gleichen Bewußtseinsebenen wie wir erkundet haben. Wenn wir damit anfangen, den neutralen, unendlichen Standpunkt einzunehmen, fängt jedes Teilchen aus Gefühlen, Gedanken und Absichten in unserer Umgebung als Energiestrom durch unseren physischen Körper zu schießen. Die überwältigende Flut sinnlicher Wahrnehmung ist unbeschreiblich, und sie wirkt sich auf unsere Emotionen, unseren Geisteszustand, unsere Gesundheit und unser Durchhaltevermögen aus. Wir sind gefangen in einem Rückstrom aus universeller Energie und die meiste Zeit über fühlen wir uns wie ein ausgewrungener Putzlappen. Wenn sich der Körper erst an diese Erscheinungen gewöhnt hat, beruhigt sich die Lage wieder, und allmählich finden wir wieder Haltepunkte, durch die wir die uns durchströmende Energie erden können.

Muß ich aufpassen, wenn ich mich mit dem Strom bewege?

Wenn wir den zweiten Teil des sechsten Pfades erreichen, werden die Fähigkeiten der Wahrnehmung weiter bis zur Schärfe einer Rasierklinge geschliffen, und wir lernen, die universellen Energieströme zu spüren, die nicht durch menschlichen Willen gesteuert werden oder mit ihr verbunden sind. Wir beginnen den sechsten Pfad, indem wir einen Strom der universellen Energie bändigen und ihn mit Erfolg durch unseren Körper, in die Erde und wieder zurück ins Universum steuern, wobei wir den ständigen Kreisfluß beibehalten. In der Beherrschung dieses Stromes liegt eine Möglichkeit, einen fließenden und flexiblen Standpunkt sowie unser persönliches Gleichgewicht beizubehalten. Zugleich sind wir uns intensiv des Traumgeflechtes und der Art und Weise bewußt, wie sich Energie vermischt und die physische Wirklichkeit des Alltags durchströmt.

Als ich Anfang Zwanzig war, bestanden meine Lehrer darauf, daß ich lernte, Energie zu verfolgen. Das bedeutete, daß ich umfassend mit den unterschiedlichen Gefühlen vertraut sein mußte, die im Traumgeflecht von vorhandenen Energieströmen begleitet werden. Als ich den sechsten Pfad erreichte, wurden diese Lektionen fortgesetzt, und die Anforderungen erhöhten sich. Um den nächsten Schwierigkeitsgrad zu erreichen, mußte ich lernen, zwischen den mit Tieren, Pflanzen, Steinen und menschlichen Wesen innerhalb des Traumgeflechtes verbundenen Energien zu unterscheiden, und diese mit dem in Verbindung bringen, was ich in der physischen, natürlichen Welt beobachtet hatte. Dann lernte ich die Wahrnehmung von Energien, die in den kollektiven Schichten der menschlichen Emotion, den kollektiven menschlichen Gedanken, Weltanschauungen und menschlichen Wesen, deren Geist auf die andere Seite übergewechselt ist, enthalten ist. Auch lernte ich, die Energie von Geistern zu erkennen, die verschiedene Ebenen spiritueller Vollendung erreicht haben. Die Lektionen zur Wahrnehmung der Energie und der Funktionsweise von Energie auf verschiedenen Ebenen bilden die Grundlage dafür, daß Energie, wenn sie sich durch unsere Wahrnehmung bewegt, neutral sein kann, aber dennoch erkennbar bleibt.

Wenn wir zu Beginn des sechsten Pfades von dem überall in der Unendlichkeit vorhandenen leuchtenden Licht geblendet werden, bekommen wir auch gezeigt, daß wir die Anwesenheit dunkler Energien in den sichtbaren und nicht sichtbaren Welten registrieren müssen. Wir lernen es, uns nicht nach der einen oder anderen zu richten. Um über Klarheit zu verfügen und fähig zu sein, Energie aus einem unendlichen Standpunkt heraus erkennen zu können, wird es notwendig, ohne sich eine Meinung zu bilden. Was um Himmels Willen soll das nun wieder bedeuten? Wir lernen, nicht nur das zu betrachten, was in der physischen Welt und in den Welten der Energie existiert, sondern es zuzulassen, daß wir einfach nur das wahrnehmen, was ist, ohne uns eine Meinung dafür oder dagegen zu bilden. Hierin besteht eine Reihe schwieriger Lektionen, denn wir können die universellen Energieformen, die da durch unseren Körper strömen nicht genau beobachten, wenn wir sie unbewußt und unbeabsichtigt mit einer Meinung versehen, die wir uns von unserem menschlichen Standpunkt aus gebildet haben.

In jedem veränderten Zustand oder jeder spirituellen Erfahrung ist es notwendig zuzulassen, daß wir uns einfach nur in der Erfahrung befinden, denn jeder einstige Gedanke wirkt sich wie Leim aus und bremst den Prozeß ab. So können wir zum Beispiel die Intensität spüren, aus der die durch unsere Körper strömende Energie beschaffen ist. Sie aber als etwas zu benennen, auf das wir uns beziehen oder dessen Ursache wir durch Subjektivität herauszufinden versuchen, wird den Fluß der Energie zum Stillstand bringen. Wenn wir bemerken, daß Energie deshalb festsitzt, weil wir körperliche Empfindungen oder Unbehagen spüren und uns fragen: »Warum passiert mir das?«, dann bleiben die Empfindungen von Unbehagen und Verwirrung an uns kleben. Wir können uns von der Ansicht lösen, daß Gefühle mit uns selbst verbunden sind, und normalerweise beginnt die Energie dann auch wieder zu fließen. Ein anderes Beispiel dafür kann man beobachten, wenn unsere Herzen bis zum Überlaufen voll sind und eine unglaubliche Freude unsere Sinne erfüllt. In diesen Augenblicken bewegt sich die Energie. Wenn wir den Versuch unternehmen, dies zu ergründen, und uns fragen: »Was soll das bedeuten?« oder »Was macht mich so glücklich?«, bricht der liebevolle Strom der Freude oder des Glücks unvermittelt ab.

Als ich vor ungefähr zwölf Jahren zum ersten Mal mit dieser Lektion in Berührung kam, verstand ich ein für allemal, daß mein Energiefeld durch das Beziehen des neutralen Standpunktes zu einer Art Spielball geworden war. Ich arbeitete mit Süchtigen, mit Leuten, die sich auf dem Weg der Besserung befanden und die schwere Kindheitserlebnisse verarbeiteten. Ich wohnte in einem nahe gelegenen Motel und ging jeden Tag zum Genesungszentrum. Am zweiten Abend bekam ich ohne ersichtlichen Grund Depressionen und bekam unkontrollierbare Weinkrämpfe. Ich fing an, Visionen von Menschen zu haben, die Selbstmord begingen, von rituellem Mißbrauch und anderen schlimmen Dingen, an denen Menschen ohne Gesichter beteiligt waren. Keiner der Seminarteilnehmer hatte je über ein solches Ereignis mit mir gesprochen. Ich brauchte eine ziemlich lange Zeit, um mich wieder zu fangen und meine eigenen Grenzen wieder aufzubauen. Unbeabsichtigt hatte ich die Energie der Teilnehmer aus dem Traumgeflecht geerdet, durch meinen Körper geleitet, um so ihre Unausgeglichenheit in geheilte Energie zu verwandeln.

Auf Wiedersehen, Lüge! Ich mußte mich von einem der Grundprinzipien verabschieden, die ich Jahre zuvor als Heiler praktizierte hatte. Obwohl ich jahrelang keine Patienten angenommen hatte, war ich unbewußt der Meinung, daß nicht geheilte Energie durch den Körper des Heilers umgewandelt werden müsse. Indem ich diese Vorstellung ablegte, eröffneten sich mir völlig neue Perspektiven, und ich erkannte, daß neutrale Energie einen zusätzlichen Treibstoff darstellt, der von Heilung suchenden Menschen gebraucht wird. Die Person, die sich zu einer Veränderung entschließt, kann ihre Heilung vollbringen, weil mehr nutzbare Energie zur Verfügung steht.

Dieses Beispiel beschreibt einen der auf dem sechsten Pfad auftretenden Tests. Es gibt keinen Urlaub. Nie können wir unsere Fähigkeit zur klaren Wahrnehmung ablegen. Wir müssen in jedem Augenblick wachsam bleiben und alle Energie eines Ortes beobachten, die sich an einem uns nicht vertrauten Ort befindet. Im Schlaf können die natürlichen Grenzen unbewußt fallen, deren wir uns im Wachzustand bewußt sind. Dies trifft insbesondere dann zu, wenn wir den neutralen Standpunkt des sechsten Pfades annehmen und unsere eigenen Energiefelder von der Dualität befreit haben. Auf dieser Stufe der Einweihung sind wir zu offenen Kanälen für die Energie des Universums geworden. Das Warnsignal tritt dann auf, wenn wir außergewöhnliche Gefühle wahrnehmen, die nicht natürlich sind oder nicht zu uns zu gehören scheinen. Wenn etwas Derartiges geschieht, macht man uns darauf aufmerksam, daß wir die Energie verfolgen müssen, die wir fühlen, und sie aus einer neutralen Position von außen betrachten müssen, während wir auf jeder Bewußtseinsebene unsere Grenzen aufrechterhalten. Durch diese Art der Wachsamkeit werden wir davor bewahrt, zu anderen gehörende Gedanken oder Gefühle zu übernehmen.

Vor ein paar Jahren erhielt ich noch einmal einen der Tests, mit dem die Energie, unsere Emotionen und unsere Gedanken auf dem sechsten Pfad überprüft wurden. Ich war bereit zum Schlafengehen, lag in meinem Bett und wollte die Lampe ausschalten, als ich eine leise Melodie hörte. Es war Winter, daher waren alle Fenster zu, und ich entschloß mich, meine Augen zu schließen und zuzuhören. Genau in dem Augenblick, als ich zum Entschluß gekommen war zuzuhören, traten andere Instrumente dazu, und es erklang eine überwältigende Symphonie. Ich war so begeistert von der Schönheit dieser erhabenen Musik, daß ich eine Weile brauchte, um festzustellen, wie sich die Musik mit meinen Gefühlen veränderte. Jedesmal, wenn mein Herz einen Freudensprung machte, schwoll die Musik zu einem Crescendo aus prachtvollen Tönen an. Fühlte ich eher Zufriedenheit und Freude, veränderte sich die sehnsuchtsvolle Melodie. Da erkannte ich, daß ich die Musik meines Geistes, meines Körpers, meiner Emotionen und meines

Herzens hörte. Ich dachte kurz: »Wie mache ich das nur?«, und die Musik brach ab. Sofort kehrte ich in meine Gefühle zurück, und die Musik begann wieder zu spielen. Ich hörte die »Sphärenmusik« des Universums, als ich Anfang Zwanzig war während einer Zeit, als ich, in Tiyoweh, in die Stille eingetreten war. Damals begriff ich, daß es sich bei der Sphärenmusik um den mit allen Energien verbundenen Klang handelt und daß dieser deren individuelle Tänze im Traumgeflecht widerspiegelt. Jahre später verstand ich, daß mir ein Einblick in die Art und Weise gegeben wurde, in der mein eigenes ewiges Wesen durch das Universum tanzt, und daß ich die Musik gehört hatte, die gemeinsam von meinem Geistigen Wesen und meinem Körper dirigiert wurde. Ich konnte sie nur dann wahrnehmen, wenn ihr die Gedanken meines Geistes nicht im Wege standen. Der Dirigent dieser Symphonie war mein Lebensfunke, und die Musik spiegelte diejenigen Muster meiner Lebenskraft wider, die in jedem Augenblick durch meinen Lebensfunken strömen. Die göttliche Musik meines unendlichen Geistes war immer vorhanden gewesen. Ich hatte sie nur so lange nicht gehört, bis ich diese Bewußtseinsschicht wieder aus dem unendlichen, neutralen Standpunkt heraus entdeckt hatte.

Unvoreingenommene Zeugen

Wieder einmal werden wir an das indianische Sprichwort erinnert, das besagt, daß alles, was je an einem Ort geschehen ist, immer noch vorhanden ist. Wenn wir die Energie des Unsichtbaren in das Reich des Physischen einbringen, werden wir aufgefordert, die Energie korrekt zu bestimmen, die sich in einer gegebenen Situation oder an einem bestimmten Ort befindet. Das ist möglicherweise gar nicht so einfach, weil wir sie nicht als gut oder schlecht einordnen können. Wir müssen einfach nur das Augenscheinliche beobachten, ohne uns in Gedanken zu verstricken. Indem wir zu unvoreingenommenen Beobachtern werden und einen neutralen Standpunkt beziehen, können wir die vorhandenen Energieströme genau wahrnehmen. In der materiellen Welt enthält die in einer beliebigen Situation vorhandene Energie alle Gedanken und Emotionen, Absichten und Anliegen als auch die grundlegende Energie der Lebenskraft und das Verhalten einer jeden daran beteiligten Person.

Wenn wir den sechsten Pfad fortsetzen wollen, müssen wir es lernen, alle diese Energien wahrzunehmen, ohne irgendeine davon zu übernehmen. Weder können wir uns an unsere Wahrnehmungen binden, noch können wir uns einem Teil unserer Wahrnehmung verschließen. Indem wir auf die Situation in einer bestimmten Art und Weise reagieren, machen wir die unvoreingenommene Neutralität unserer Beobachtungen zunichte. Es wird erforderlich, daß wir diese Energie mühelos durch uns strömen lassen, während wir ständig beobachten, wahrnehmen und alle Standpunkte aller Lebensformen und des Bewußtseins im Universum verstehen. Wir müssen darauf achten, nichts aufzunehmen oder unbeabsichtigt auszuführen, mit dem wir entweder in den Welten der Energie oder durch physische Begegnung in Kontakt kommen. Auf dieser zweiten Entwicklungsstufe beginnen wir, die Beschaffenheit und die Eigenschaft der Energie festzustellen, die mit zu den verschiedenen in den nicht physischen Reichen des Traumgeflechtes existierenden Geistern gehört. Viele unserer bisherigen Erkennungssysteme müssen gestärkt oder zerstört werden. Auf den vorhergehenden Einweihungspfaden wurden uns die Anweisungen in Form von Botschaften, Inspiration oder geistigen Ratschlägen übermittelt. Diese großartigen Geschenke leisteten uns bei Bedarf gute Dienste und halfen uns beim Erklimmen der nächsten Stufe des Tanzes. Nachdem wir die Gaben der akkuraten Wahrnehmung aus dem neutralen, unendlichen Standpunkt entwickelt und die Fähigkeit des Unten angewendet haben, indem wir sie in unserer physischen Realität korrekt angewendet haben, folgt ein Wendepunkt. Das meiste dessen, was wir zu diesem Zeitpunkt auf dem sechsten Pfad bewältigt haben, wurde von Geistern, die noch nie physische Körper angenommen haben, niemals in Angriff genommen, geschweige denn beherrscht. Wenn die Fähigkeiten des Schülers die des Meisters übertreffen, werden neue Methoden erforderlich. Jetzt werden neue Ebenen der Wahrnehmung notwendig, denn wieder einmal werden wir vom Licht geblendet.

Wenn ich über meine Wahrnehmungen verfüge, muß ich dann dafür Verantwortung übernehmen?

Auf dem sechsten Pfad müssen wir das Bedürfnis ablegen, unsere geistige Autorität abzugeben. Wir verfügen dann über die notwendige Autorität, wenn wir den neutralen Standpunkt beziehen und gleichzeitig sowohl mit der greifbaren als auch mit der nicht greifbaren Welt in Verbindung stehen. Dann erleben wir die Anbindung an die Unendlichkeit, durch die unsere Körper zu lebendigen Kanälen für die Energie des Universums werden. Indem ein Mensch zum verbindenden Gewebe zwischen den physischen und den nicht physischen Welten wird, gelangt er zu einem gewissen Grad der Meisterschaft, des Könnens und der geistigen Autorität. Wir können eine harte Lektion erteilt bekommen, wenn wir versuchen, diese schwer verdiente geistige Autorität sofort an irgendeinen geistigen Führer oder einen Engel abzugeben, die uns gerade erscheinen und die vielleicht niemals die Reiche des Physischen erlebt haben.

Wenn wir die Informationen, die wir erhalten, nicht hinterfragen, können wir direkt auf eine Erleuchtungsfalle zusteuern. Ein Geist, der die Tücken des Alltages in der materiellen Welt nicht durchlebt hat, oder ein Engelwesen, das nie einen physischen Körper gehabt hat, kann ein menschliches Wesen, das diesen Grad der Meisterschaft erreicht hat, nicht genau führen oder lehren. Hiermit soll nicht gesagt sein, daß einige Engel oder andere entwickelte Geister, die niemals Körper besessen haben, nicht dennoch über einen hervorragenden Grad der Vollendung verfügen. Sie tun es. Nur haben sie sich auf unterschiedliche Art entwickelt – auf eine Weise, die nicht der eingeschränkten Bewegungsfreiheit der materiellen Welt unterworfen ist –, und deshalb haben sie keine Vorstellung von dem, was wir durchmachen, um diese Stufe der Einweihung zu erlangen. Nicht physische Wesen agieren mit der Geschwindigkeit von Gedanken. Sie werden nicht durch Materie behindert, und wir müssen diesem Prozeß dadurch folgen, daß wir einen Körper als Vehikel benutzen, der uns zum gleichen Ergebnis kommen läßt.

Jedesmal, wenn wir einem geistigen Wesen begegnen, können wir unsere Wahrnehmung einschalten. Sogar wenn uns Jesus, Buddha, die Jungfrau Maria, Kwan Yin oder ein Erzengel erscheint, müssen wir sie zu der Bewußtseinsebene befragen, auf der wir stehen, und wie wir diese Energie im physischen Leben am besten einsetzen. Diesbezügliche Fragen trennen die Spreu vom Weizen. Jeder Geist, der nicht ehrlich und genau antworten kann, wird verschwinden. Jene Geister, die die physischen Reiche gemeistert haben, können mit Leichtigkeit antworten und geben genaue, zutreffende Informationen, die sich direkt auf das beziehen, was wir erleben. Wenn wir unseren Sinn für den Humor bewahren, müssen wir zugeben, daß nicht jeder geistige Ratschlag benutzerfreundlich ist: Er muß erst auf die Tauglichkeit für einen physischen Körper und die Erfahrungen auf dem Planeten Erde getestet werden.

Einige Menschen erlernen die Vorläufer dieser Wahrnehmungslektionen, wenn sie sich auf dem dritten und vierten Pfad befinden. Ein geistiger Führer, Kanal oder ein Hellseher erzählt ihnen, sie sollten sich keine Sorgen machen, daß ihr Haus gekündigt würde, alles was sie tun müßten, sei, öfter zu meditieren, und sie vergessen es, folgenden Rat zu erteilen: »Such dir eine Arbeit und bring Geld nach Haus«. Wenn sie ihr Heim verlieren, weil ihnen das kritische Urteilsvermögen fehlte und sie blindlings törichten Ratschlägen gefolgt sind, kommen sie vielleicht zur Erkenntnis, daß sie zur Lösung der Probleme, denen sie im physischen Leben begegnen, auch in der physischen Welt aktiv werden müssen. Was, wenn der Kontakt aus dem Jenseits aus dem Gleichgewicht geraten ist oder selbst einen schlechten Tag erwischt hat? Wer weiß? Der geistige Führer dieses Kontakts kann Onkel Harry gewesen sein, der damals von Sozialhilfe gelebt hat und vor seinem Tode ein hoffnungsloser, geistig verwirrter Mensch war. Im Endeffekt kann zu diesem Zeitpunkt kein Seher oder Wahrsager, der nicht selbst den sechsten oder siebten Pfad erreicht hat, unseren Zustand genau erkennen, weil er oder sie noch nicht über die notwendigen Erfahrungen verfügt, um unsere gegenwärtige Situation überblicken zu können.

Auf dem sechsten Pfad kommen wir zu der Erkenntnis, daß der Mensch einzigartig ist. Wir erforschen die Universen des Bewußtseins, vereinen sie in unserem Körper, und danach teilen wir dieses Wissen mit der materiellen Welt. Wir erforschen weiterhin die unteren Schichten des Traumgeflechtes, die wir auf dem fünften Pfad durch das Erweitern unseres Bewußtseins für das zu entdecken begannen, was innerhalb dieser Reiche existiert. Nebenbei begegnen wir vielen Bewußtseinsarten und unterschiedlichen Energien, die eine Vielzahl von

Welten widerspiegeln, in denen Gedanken, Lebenskraft, Bewußtsein und Emotionen enthalten sind und die sich grundlegend von unseren eigenen unterscheiden. Wenn wir erfolgreich den neutralen Standpunkt vertreten können, während wir die anderen Arten des Bewußtseins im Universum akzeptieren, erweitern wir unser Verständnis, ohne irgendeinen der Charakterzüge zu übernehmen, durch die sich die uns begegnenden Energien auszeichnen.

Bald kommen wir zu der Erkenntnis, daß uns als menschlichen Wesen die Gelegenheit geschenkt wird, uns auf eine experimentelle und außergewöhnliche Art und Weise weiterzuentwickeln. Einige Teile der Schöpfung ziehen es vor, sich als reiner Geist oder Bewußtsein ohne Materie zu entwickeln. Als menschliche Wesen bekamen wir die Gelegenheit, so viele Bewußtseinsebenen zu erforschen, wie es uns durch unsere Energie und unsere Fähigkeiten nur möglich ist. Indem wir die innerhalb von Hierarchien bestehende Vorstellung geistiger Ungleichheit ausmerzen, wird durch unsere Erfahrungen der unendliche Standpunkt zur Realität. Wir können den Zustand himmlischer Gnade erreichen, in dem wir vorbehaltlos Mitgefühl und Liebe aufbringen, während gleichzeitig unsere geistigen Wesen vollständig mit dem Körper verbunden sind. Täglich bewältigen wir die physischen Reiche, bis wir jeden Bestandteil der Energie unter Kontrolle haben, die in den greifbaren und den nicht greifbaren Reichen des Bewußtseins mit dem Menschsein verbunden sind. Ständig erwerben wir weitere Fähigkeiten, durch die wir ein Gleichgewicht beibehalten können. Dadurch wird es erforderlich, daß wir immer stärker gegenwärtig sind, während ein unermeßliches Ausmaß an universellem Bewußtsein und Energie unsere menschlichen Körper durchströmt. Wenn wir glauben, als Bindeglied zwischen der materiellen Welt und Hunderten Schichten aus Energie und Bewußtsein funktionieren zu können, werden wir augenblicklich in die Leere im Inneren des Universums hineingezogen.

Großer Gott!
Was ist da oben, das ich nicht sehen kann!

Im Unten entdecken und erforschen wir die Energie, von der die natürliche Welt belebt wird, sowie die Art und Weise, wie diese Energie im Universum innerhalb des Ganzen mit anderen Schichten der

Lebenskraft verbunden ist. Während wir inmitten des Traumgeflechtes weitere Ebenen des Bewußtseins, der Energiebahnen und der Schichten des Geistes erforschen, entdecken wir die gleiche Energie in Erdverbindungen, die auch unsere natürliche Welt umspannen.

Während wir uns unserer Fähigkeit und der Wahrnehmung in der Erfahrung des Seins sicherer werden, erleben wir genau diese universelle Energie und geben sie zur Mutter Erde zurück. Indem wir diesen Energieströmen in das Erdinnere folgen, entdecken wir auf unserem Planeten noch mehr Lebensformen und Lebenskraft. Indem wir die Energien des planetarischen Bewußtseins und aller Bewußtseinsschichten im Kosmos erleben, werden in uns immer größere Bewußtseinskreise erzeugt, die sich ständig ausdehnen. Schließlich kommen wir im Zentrum der Leere des Unbekannten und des Unbegreiflichen an.

Im Laufe unseres Lebens sind wir alle ab und zu benommen und erleben Augenblicke der Verwirrung oder der Leere, während deren wir uns Tagträumen hingeben oder nicht geerdet sind. Wenn unser Geist oder unsere Emotionen uns nicht mehr gegenwärtig und aufmerksam sein lassen, fühlen wir uns im Regelfall, als ob wir uns in unseren Gedanken verloren hätten oder gestolpert wären. Vielleicht erinnern wir uns an frühere Pfade, auf denen wir die vollständige Zerstörung unserer Weltanschauungen erlebten oder dem Dominoeffekt begegneten und in deren Verlauf wir aller unserer geistigen Prozesse, emotionalen Reaktionen oder Verhaltensmuster beraubt wurden. Diese Erfahrungen vermittelten uns einen kleinen Eindruck davon, was es heißt, der Leere zu begegnen. Auf dem sechsten Pfad sind wir gegenwärtiger, als wir es jemals in unserem Leben waren. Wir beobachten das Offensichtliche, nehmen dessen Absicht wahr und leiten die neutralen Energien vieler Reiche des Bewußtseins durch unsere Körper, während wir uns alles Materiellen und des nicht Greifbaren vollständig bewußt bleiben. Wenn wir jedoch bewußt dem Zentrum des Universums begegnen, können wir unerwartet vom *Fehlen* der Bewegung, des Lichtes, der Geräusche, der Farben, der Energie, der Emotion, der Gedanken und des Willens verschluckt werden.

Die Maya nennen das Zentrum des Universums das Hunab K'u. Die Seher des Südens nennen diesen Ort das Herz des Großen Geheimnisses. Dieses Herz enthält die dicht gedrängte Leere der Schöpfung, die jenseits desjenigen unglaublich hellen Lichtes existiert, das Menschen im Verlaufe von Nahtoderfahrungen sehen. Jenseits von Chaos und Ordnung befindet sich im Herz des Universums ein derart riesiges Nichts, daß die Erforscher des Traumgeflechtes sich darin verlieren oder von der Leere verschlungen werden können. Das Herz des Großen Geheimnisses ist der *ursprüngliche Heilige Standpunkt*, von dem aus dieses Universum erschaffen wurde. Die Leere kann nicht begriffen und nicht ergründet werden, weil in ihr sich all das befindet, was keine Energie enthält oder keine Gestalt entwickelt hat.

Diese Erfahrung entspricht nicht der Begegnung mit einem schwarzen Loch im Weltall, die wir erleben, wenn wir aus unserem Körper reisen, träumen oder meditieren, weil diese Bereiche Strudel enthalten, die fühlbar sind, und Bewegungen, die wahrnehmbar sind. Wenn wir uns der Leere des Hunab K'u nähern, fühlen wir uns möglicherweise so, als ob wir uns der Tatsache beugen, vom Nichts verschlungen zu werden, oder als ob wir eine Nahtoderfahrung machten. In diesem Falle sehen wir aber das gleißende Licht nicht, das uns auf unserer nächsten Erfahrungsstufe begrüßt.

Schon ein paar Jahre, bevor wir tatsächlich in die Leere eintreten, fühlen wir vage, daß etwas passiert, das uns unverständlich ist, und wir sind mit unserem eigenen Widerstreben konfrontiert, weil wir uns nicht über eine Sicherheitszone hinauswagen wollen, die uns wunderbare Einblicke in eine Vielfalt an wahren Explosionen des Geistes, der Informationen und der Energie geschenkt hat. Auf einer unbewußten Ebene haben wir das Gefühl, daß wir das Recht darauf haben, an diesem Ort des inneren Wissens zu verweilen, weil wir es uns verdient haben. Wir vergessen das Gesetz des Universums, daß alles sich entwickelt und daß wir uns bewegen müssen, wenn wir die nächste Stufe des Tanzes erklimmen wollen. Je mehr wir uns der Leere nähern, um so genauer glauben wir in der Anwendung unserer Integrität und Makellosigkeit zu werden. In Wirklichkeit aber haben wir meist eine Reihe neuer spiritueller Weltanschauungen und Urteile entwickelt, die uns davon abhalten, die Wahrheiten zu sehen, die uns im täglichen Leben begegnen, weil wir genau zu wissen glauben, was die authentischen, universellen spirituellen Wahrheiten sind. Diese Illusion wird von der Neigung des Geistes erzeugt, unsere eigenen Entdeckungen sauber zu verpacken und zu etikettieren. Im Normalfall erkennen wir dadurch andere Möglichkeiten nicht mehr. Weil wir bestimmte Verhaltensweisen und Vorstellungen entwickelt und uns diese auf unseren Pfaden gute Dienste geleistet haben, halten wir uns lieber an das, was für uns funktioniert hat, und lassen andere unangebrachterweise wissen, daß ihre Wahl nicht so treffend wie unsere gewesen ist. Nichts könnte weiter von der Wahrheit entfernt sein als das.

Während wir uns durch die Schichten des universellen Bewußtseins bewegen und immer stärker der Leere im Zentrum des Universums nähern, haben wir normalerweise keine Vorstellung davon, daß wir einen Standpunkt entwickelt haben, und spielen mit unseren spirituellen Denkweisen herum oder tragen unsere schwerverdiente Erkenntnis wie ein Verdienstabzeichen. Da wir uns die meiste Zeit über in erweiterten Bewußtseinszuständen befinden, merken wir nicht, daß wir im Hinblick auf die alles andere als perfekten Verhaltensweisen unserer Zeitgenossen besserwisserisch geworden sind. Es kann passieren, daß wir unsere eigenen spirituellen Grundsätze, die von uns auf unseren Pfaden übernommenen Ansichten oder die moralischen Regeln, aus deren Befolgung wir einst Kraft schöpften, auf andere übertragen. So oder so wird der Große Rauchende Spiegel es zulassen, daß uns Beispiele aufgezeigt werden, wie unsere neugeschaffenen Urteile oder unbewußten Vorstellungen es verhindern, daß wir in jedem Augenblick am neutralen oder unvoreingenommenen Blickwinkel festhalten.

Ab einer bestimmten Stufe fühlt der Geist das Herannahen der Leere und löst Verhaltensweisen aus, die das zum Eintritt in das Nichts notwendige vollständige Loslassen verhindern. In letzter Minute unternimmt der Geist noch den Versuch, unser Bewußtsein mit all unseren früheren Entscheidungen, Meinungen, Ansichten und Entschlußkraft zu überschwemmen und dadurch zu verhindern, daß wir bewußt die Leere spüren, der wir uns nähern. Durch eine selbstgerechte Haltung und indem er unsere Weltanschauungen über geistige Reinheit benutzt, baut der Geist unsere Selbstsicherheit auf und verhindert so, daß wir die letzten Reste der alten Gehirnschaltkreise abbauen, die in manchen Fällen unsere einzigen Haltepunkte für unser Wohl und unser Gleichgewicht darstellen. Die unbewußte Angst des Geistes vor der Auflösung im Nichts, das er wahrnimmt, aber nicht versteht, ist ein natürliches Phänomen. Es tritt auf, weil wir uns in einer geistigen Schutzzone befinden, die uns Sicherheit gibt. Ein erweitertes Verstehen dessen, wie der Geist innerhalb unseres Universums wirkt, kann jedoch auch eine geistige Überheblichkeit auslösen. Immer dann, wenn wir während dieser Entwicklungsphase an einer anderen Person etwas auszusetzen haben, wird uns die Gelegenheit gegeben, zu erkennen, wo der Geist noch an festen Vorstellungen und Meinungen festhält. Unglücklicherweise findet auf dem sechsten Pfad soviel übernatürliche Aktivität statt, daß wir in vielen Fällen nicht über genügend Erdung verfügen, um zu bemerken, was tatsächlich passiert, und deshalb sehen wir nicht, daß wir selbst das Ungleichgewicht auslösen.

Wahrnehmen, wo wir noch Urteile besitzen

Weil wir mit höchster Konzentration das nicht Greifbare erforschen, kann die authentische Wahrnehmung dessen getrübt sein, was in unseren physischen Leben passiert, wenn wir uns in erweiterten Bewußtseinszuständen befinden. Der Geist zeigt die Neigung, sich gegen die bevorstehende Kapitulation aller für uns geltenden selbstgeschaffenen Regeln zu wehren. Diese besteht darin, daß wir den Fehler bei anderen suchen. Wir sind uns sicher, daß diese unseren überlegenen Standpunkt nicht verstehen, machen uns ein Bild davon, wo manche Menschen sich auf ihren Pfaden befinden, und sehen auf sie herab oder wetteifern mit allen, die eine andere Meinung haben. Jedes einzelne Urteil, jede Meinung und jede Überzeugung, die wir noch haben, neigt dazu, während der wenigen Jahre, nachdem der siebte Schleier gehoben wurde und wir uns dem Nichts nähern, in Erscheinung zu treten.

Diese Lektionen sind eine Vorbereitung für den Eintritt in das Nichts. Sie können sehr unangenehm werden, weil die Makellosigkeit, die wir erreicht zu haben glaubten, auf eine Weise auf die Probe gestellt wird, die wir nie erwartet hätten. Wir sind dazu aufgefordert, das zu betrachten, was wir für Makellosigkeit hielten, und festzustellen, ob irgendeine unserer Weltanschauungen von moralischer Strenge oder einem überkommenen Dogma herrührt. Nur für kurze Zeit können wir uns weigern, uns von Überzeugungen zu trennen, an denen wir starr festhalten, oder diesem Vorgang ausweichen. Verhaltensweisen und Ereignisse, die wir vor langem schon vergeben und vergessen hatten, können von der Angst des Geistes vor dem Loslassen wieder zum Leben erweckt werden. Dies aber beschleunigt den Vorgang der Kapitulation vor der Leere nur noch. Hinsichtlich unserer geistigen Reinheit können wir den Einfluß unseres Geistes verleugnen oder uns einbilden, keine weiteren Meinungen mehr zu haben und nicht direkt von unseren eigenen Denkweisen beeinflußt zu werden. Wir können um uns treten und schreien, letztendlich gehen wir aber in das Nichts hinein.

Wenn wir in das Nichts hineingehen, fühlen wir Veränderungen, die alle Gedanken, Emotionen und alle Bewegungen in uns neutralisieren. Das Nichts existiert sowohl in unserem Inneren als auch im Universum. Das Nichts beginnt, sich mit beängstigender Geschwindigkeit in uns auszudehnen und verzehrt alles, dem wir unsere geistige oder emotionale Aufmerksamkeit geschenkt hatten. Alle Techniken, die wir zu irgendeinem Zeitpunkt angewendet hatten, um uns wieder mit unserem eigenen Licht, dem Geist und/oder dem Schöpfer zu verbinden, versagen ihren Dienst. Es kann uns ein Gefühl überkommen, als ob wir niemals wieder Energie spüren würden oder wieder zurück zum Licht fänden. Der winzige Anker, von dem ein Teil unserer bewußten Wahrnehmung im täglichen Leben festgehalten wird, kann alles, was wir erleben, in Frage stellen und sich vor dem Ergebnis fürchten. Aber auch diese Vorstellung wird vom Nichts verschlungen. In unserem Inneren haben sich die Orte aufgelöst, an denen stets Licht und Schatten zu Hause waren. Die Sterne und die gestaltlosen Farben des Traumgeflechtes sind verschwunden, die wir auf dem fünften Pfad im Oben zu erleben begannen.

Wenn wir unsere Aufmerksamkeit oder die willentliche Konzentration nutzen, die wir früher einmal beherrschten, um verschiedene Reiche des Bewußtseins durchreisen zu können, versagen auch diese uns den Dienst. Wenn wir die Techniken einschalten, die wir während des transzendenten Träumens zur Steuerung unseres Bewußtseins nutzen, dann existieren diese Fähigkeiten nicht mehr, und es herrscht ohrenbetäubende Stille. Der statische Raum, in dem sich das Nichts befindet, ist in stetiger Bewegung, und es gibt keine Pläne oder Energielinien, denen wir folgen könnten. Es gibt keine Rettungsanker oder perspektivischen Anhaltspunkte, die einen Anhaltspunkt darauf geben könnten, welche Richtung oben, unten oder seitlich ist. Wir können uns nicht auf unsere intuitiven Gefühle oder unseren Spürsinn verlassen, die darauf schließen lassen, wie wir das Nichts durchqueren sollen, weil auch sie zusammen mit Gegenständen, Zeit, Emotionen und allen Wahrnehmungen der Sinne im alles durchdringenden Nichts verschwunden sind.

Diese Erfahrung findet im Inneren und im Äußeren statt. Wir spüren die Leere im Universum und in unserem Körper. Wie lange dieser Vorgang dauert, hängt von den Fähigkeiten der einzelnen Person ab, das Nichts anzunehmen und im Verlauf des sechsten Pfades gegenwärtig sein zu lassen. Es gleicht keinem jemals von uns erlebten Sterbevorgang. In früheren Fällen des Todes und der Wiedergeburt konnten wir fühlen, wie die Veränderung vor sich ging, während das Alte wegschmolz und Emotionen hochkamen. Durch den Eintritt in das Nichts wird keines dieser Symptome ausgelöst. Tatsächlich gibt es keine Symptome außer dem ewigen Nichts. Es gibt nichts, durch das auf diese Erfahrung Einfluß genommen werden könnte. Das Fehlen der Lebenskraft innerhalb des Nichts beinhaltet nicht die Vorstellung des reinen Seins, die wir uns vielleicht einmal gemacht haben könnten. Die Klarheit des DaSeins umfaßt Gefühle ohne Gedanken. Ansonsten existiert all das nicht, was Energie oder Inhalt besitzt. Schließlich haben wir das gesamte Nichts durchquert und kommen auf der anderen Seite wieder heraus.

Während dieser Vorgang stattfindet, ist es möglich, wenn auch unter Schwierigkeiten, am täglichen Leben teilzunehmen. Der Prozeß wird sicherer und bequemer, wenn sich der Mensch von den chaotischen Alltagsaktivitäten zurückziehen kann. Ruhe und das Fehlen anstrengender körperlicher Aktivitäten ist zu Beginn hilfreich, während wir uns, wenn im späteren Verlauf des Prozesses das Auftauchen bevorsteht, einem leichten Training unterziehen müssen, um in den Muskeln und Zellen unseres Körpers wieder ein Gefühl für die Lebenskraft aufzubauen. Die meiste Zeit, während der wir uns im Inneren des Nichts befinden und uns dessen bewußt sind, daß es sich auch in unserem Körper befindet, haben wir kein Gespür für vorhandene Energie, die geerdet werden muß. Schon lange hat sich jedes Zeitgefühl aufgelöst und wir verlieren unsere einstige Fähigkeit, Nachsicht zu üben.

Wir sind gefordert, uns gleichzeitig des Nichts und der materiellen Welt bewußt zu sein. Dies ist ein Grund dafür, warum die Tests der Wahrnehmungsfähigkeit so wichtig waren, die unmittelbar vor diesem Ereignis stattfanden. Ohne das vollständige Funktionieren dieser Fähigkeiten kann es Menschen, die ihre Hausaufgaben nicht gemacht haben, sehr leicht passieren, daß sie in einen komatösen Zustand verfallen oder den Kontakt mit der materiellen Welt vollständig verlieren. Wenn ein Mensch im Vollbesitz seiner geistigen Autorität ist, verliert er nicht die Konzentration oder bricht dann im Nichts zusammen, wenn die einstigen Führer, Engel und spirituellen Helfer, das Licht Gottes oder des Großen Geheimnisses nicht mehr erscheinen.

Die anderen Welten und Reiche des Bewußtseins

Durch diese Erfahrung werden viele parallele Erfahrungen des Bewußtseins kristallklar. Wir funktionieren in ihnen, während wir zur gleichen Zeit in der materiellen Welt leben, und wir haben bewußten Zugang zu diesen anderen Realitäten. Ja, viele Menschen machten die Erfahrung, daß sie sich beobachten konnten oder daß sie sahen, wie sie sich während ihrer früheren Einweihungspfade auf anderen Bewußtseinsebenen befanden. Diese Erlebnisse waren aber eher zufälliger Art. Eine Beherrschung, wie wir sie auf dem sechsten Pfad entwickeln, entspricht der Fähigkeit, unsere Wahrnehmungsfähigkeit bis zu dem Grade zu entwickeln, an dem wir eine Bewußtseinsebene oder eine besondere Realität innerhalb des Universums erkennen und diese Konzentration und den Willen genau und präzise halten zu können, um alles zu beobachten, was darin enthalten ist. Diese Fähigkeiten erwerben wir, nachdem wir durch das Hunab K'u, durch die Mitte des Universums, gegangen sind. Das soll nicht heißen, daß diese Talente einfach in Erscheinung treten. Ganz im Gegenteil, es wird von uns gefordert, daß wir unsere Fähigkeiten und Fertigkeiten weiterentwickeln, damit wir jeden Bewußtseinszustand gleichzeitig zu halten vermögen und eine starke Bindung zur Erde wahren.

Einer der Nachteile bei der Erfahrung dieser Einweihungsebenen ist, daß es sehr schwer wird, andere zu finden, mit denen man darüber reden kann und die den Vorgang, der da vollendet wurde, aus eigener Erfahrung kennen. Wie kann ein Mensch, der dort nicht gewesen ist, diesen oder den nächsten Schritt verstehen? Der Pfad scheint immer einsamer zu werden. Ein Mensch, der diese Einweihung hinter sich gebracht hat, weiß kaum, wie er sich anderen verständlich machen kann und wie er das Unbeschreibliche beschreiben soll, damit er einen gemeinsamen Nenner finden kann.

Die Person auf dieser Stufe des Könnens, die einen Hofstaat um sich herum aufbaut und Schüler oder Anhänger um sich schart, ist weder mehr noch weniger erleuchtet als der einsame Wolf, der sich zu einem eremitenhaften Dasein entschließt, um in Ruhe seinem Pfad folgen zu können, und der Freunde und Familie nur unregelmäßig trifft. Der Grad des erreichten Könnens und der spirituellen Autorität, den zu nutzen sich ein Mensch erworben hat, wird nicht davon bestimmt, wie er mit anderen menschlichen Wesen in Kontakt tritt.

An diesem Punkt des Einweihungsprozesses wird es sehr leicht, jedes Verlangen nach einer Betätigung zu verlieren, die Energie oder Anstrengung erfordert. Die Schwierigkeit an diesem Punkt, an dem wir gerade aus dem Nichts herauskommen, besteht im Loslösen. Nachdem wir dem Nichts gefolgt sind, wird es unendlich schwer, das Interesse an irgend etwas beizubehalten, was auf früheren Pfaden geschehen ist. Allein die Erinnerung an früher von uns als wahr angesehene Standpunkte kann, nachdem wir die Perspektive der unendlichen Neutralität aufgenommen hatten, große Anstrengungen von uns fordern. Wir können enorme Unterschiede zwischen unserem jetzigen Verständnis und den Standpunkten feststellen, die wir innehatten, bevor sich die Schleier des sechsten Pfades hoben. Es wird schwerer, Gemeinsamkeiten mit anderen zu finden. Wenn wir zu vermitteln suchen, was wir erlebt haben, können wir uns vorkommen wie dumme Schwätzer. Manchmal wird es auch schwer, mit anderen Menschen Kontakt aufzunehmen, die keine Ahnung davon haben, welche Bedeutung irgendeinem der nicht greifbaren Standpunkte zukommt. Diejenigen, die glauben zu verstehen, können uns der schließlich wiederkehrenden Lebenskraft berauben, indem sie von uns fordern, daß wir auf eine Art mit ihnen Kontakt aufnehmen, die uns nicht möglich ist.

Die Funktionen wieder aufbauen

Nach allen Kriegen und Naturkatastrophen muß jeder Lebensbereich wieder neu aufgebaut werden, von den Gebäuden bis zur Wirtschaft, von den Wertsystemen bis zu einem Zusammenhalt der Gemeinschaft. Alles, was verschwunden ist, muß von Grund auf wieder aufgebaut werden. Wenn wir aus dem Nichts auftauchen, muß darüber hinaus alles von innen nach außen wieder rekonstruiert werden und es muß eine Beständigkeit darin enthalten sein, die es erlaubt, daß allen Standpunkten des Bewußtseins in unserem Leben die gleiche Bedeutung zukommt und die alles innerhalb unserer Heiligen Räume gleichermaßen mit Lebenskraft versorgt. Dies hat auch die Umstrukturierung unserer Zeit und unserer Zeiteinteilung, der Stabilität und der Masse, der Gefühle und Emotionen, der Grenzen und der Wahrnehmung, des Zellenbewußtseins des Körpers und der motorischen Fähigkeiten wie auch unserer Bindung an die Erde und an die Schwerkraft zum Inhalt.

Wenn der Unterschied zwischen uns und anderen Menschen noch größer wird, entsteht bisweilen das seltsame Gefühl, daß wir ebensogut im Nichts hätten verschwunden bleiben können. Einmal mehr müssen wir uns mit dem Grund dessen vertraut machen, warum wir den ersten Pfad der Einweihung beschritten hatten. Unser größtes Anliegen ist der Dienst an der Menschheit. Diese Verpflichtung bindet uns an die Erde, stellt eine Wechselwirkung mit Menschen auf der materiellen Ebene her. Nachdem wir aus dem Nichts herauskommen, kann es eine ganze Weile dauern bis wir uns an unsere vielfältigen Perspektiven gewöhnen und wieder damit anfangen, unseren individuellen Pfaden zu folgen. Die erste Lektion des siebten Pfades taucht auf, wenn wir erfolgreich aus der Leere des Nichts herauskommen. Zu diesem Zeitpunkt gehen die Lektionen des sechsten Pfades in die des siebten über. Wir legen noch einmal die Ziele fest, deren Erreichen unser geistiges Wesen von uns fordert. Wir fangen an, unsere Zielvorstellungen, unsere Freude und unsere Rollen im Leben aus einer völlig neuen Perspektive und von einem völlig neuen, ausgewogenen Standpunkt aus zu sehen.

Verbiege dich nicht, wenn das nicht deine Aufgabe ist!

Die Aufbauphase des sechsten Pfades geht in den siebten Pfad über. Sie erfordert Disziplin, Konzentration und das Wiederaufleben einer neuen Art des Verlangens. Wir haben den Wunsch, uns vorwärts zu bewegen, anstatt uns an den statischen Punkt der Bewegungslosigkeit zu binden, dem wir im Nichts begegnet sind. Wenn wir uns im klaren darüber sind, *warum* wir das tun wollen, können wir den Entschluß zur Entwicklung einer oder mehrerer Fähigkeiten fassen, durch die physikalische Gesetze aufgehoben werden. Der Entschluß zur Entwicklung dieser Fähigkeiten erfordert von uns strenge Disziplin, bevor wir diese Fähigkeiten willentlich meistern können. Diese Begabungen können die Telepathie, das Auftauchen an zwei verschiedenen Orten, das freie Schweben, die bewußte Veränderung der Zeit oder die vollständige Beherrschung aller Körperfunktionen einschließlich des Herzschlags beinhalten, sie sind aber nicht darauf beschränkt. Manche Menschen haben gegen Ende der Einweihungspfade bestimmte, nicht steuerbare und unmittelbare Beispiele für eine oder mehrere dieser Begabungen erlebt. Die Fähigkeit zur *willentlichen* Ausführung dieser Meisterleistungen ist eine völlig andere Sache. Sie ist *nicht* notwendig, um weiter dem siebten Pfad zu folgen.

Auf dem dritten Pfad haben manche Menschen die Beherrschung dieser Fähigkeiten zu ihrem Ziel erklärt und fälschlicherweise vermutet, daß alle »echten« geistigen oder erleuchteten Meister diese Fähigkeiten an den Tag legen müßten. Der Wunsch, von anderen geschätzt zu werden, und das Verlangen, geistige Fähigkeiten zu demonstrieren, ließ einige Menschen behaupten, sie besäßen solche Begabungen, obwohl dem nicht so war. Denjenigen, die mit großem Eifer an der Beherrschung dieser Fertigkeiten gearbeitet haben, würde es nicht in den Sinn kommen, über das von ihnen Erreichte zu reden. Wer diese Fähigkeiten besitzt, muß sich nicht darüber auslassen. Nicht alle, die durch das Nichts reisen und wieder zurückkehren, entwickeln notwendigerweise die gleichen Fähigkeiten. Von niemandem wird gefordert, sich einzig und allein auf die Beherrschung der Fähigkeiten zur Überwindung der Schwerkraft zu konzentrieren, ehe er die Lektionen des siebten Pfades vollständig in Angriff nehmen kann. Vergessen Sie dieses Märchen!

Nirgendwo steht geschrieben, »wie es sein soll« oder welche Fähigkeiten alle Menschen auf einer Stufe der Einweihung beherrschen sollten. Manche Menschen sind geistige Heiler, die sich die Bewußtseinsschichten innerhalb des kollektiven Bewußtseins der Menschheit anschließen und mittels dieser Energien exakte Arbeit leisten. Andere Personen konzentrieren sich darauf, der Menschheit dadurch zu helfen, daß sie die benötigte Information zum Wachstum des menschlichen Bewußtseins hervorbringen. Manche geben das von ihnen Gelernte weiter, und wieder andere halten in aller Stille die Türen des Bewußtseins durch Gebete oder Energieaustausch mit der Lebenskraft offen. Andere Menschen durchleben diese Stufen der Einweihung und führen ein ruhiges Leben. Niemand würde jemals den Grad der von ihnen erreichten Meisterschaft vermuten.

Alle Menschen, die auf dieser Stufe der Einweihung angekommen sind, nutzen ihre Gaben auf verschiedene Weise. Sie werden jeweils durch ein inneres Wissen geführt, das die Einzigartigkeit ihrer Aufgabe innerhalb des göttlichen Planes des Großen Geheimnisses gewährleistet. Der einzige Sinn, der in der Fähigkeit des Schwebens oder des Vollbringens physikalischer Wunder liegt, ist es, die Massen zu lehren, daß diese Dinge in der materiellen Welt möglich sind und daß nicht jeder diese Rolle übernehmen kann. Der Sinn liegt darin, ein Beispiel zu geben, und nicht darin, anzugeben oder die eigenen Fähigkeiten über die anderer zu stellen. Geistige Verwirklichung oder Erleuchtung wird nicht durch Macht oder Können bestimmt, die mit der Beherrschung dieser außergewöhnlichen Fähigkeiten verbunden sind.

So sie noch nicht durch die Leere gegangen sind und immer noch glauben, auf der psychischen Ebene bestimmte, von ihnen festgelegte Ziele und übernatürliche Fähigkeiten beherrschen zu müssen, kann für Menschen auf dem sechsten Pfad zu diesem Entwicklungszeitpunkt eine Erleuchtungsfalle auftauchen. Oftmals sind diese Menschen bereits seit ihrer Kindheit begabt gewesen und derart mit ihrer außersinnlichen Antenne beschäftigt, daß sie glauben, von der Weiterentwicklung ihrer persönlichen psychischen Fähigkeiten hänge das Erreichen der nächsten Verwandlungsebene ab. Diese Falle tritt dann zutage, wenn Menschen sich nicht darüber im klaren sind, daß sie durch ein ständiges In-Worte-Fassen oder den Vergleich mit den Pfaden, denen andere folgen, ihre Wahrnehmung einschränken. Hierdurch erzeugen sie eine unpassende Sicht der Realität einer anderen Person, zumal wenn die Person, die sie zu erkennen suchen, bereits die Lektionen des sechsten Pfades hinter sich gebracht hat. Ein Mensch auf dem sechsten Pfad kann seine Meinung zu den übersinnlichen Fähigkeiten einer anderen Person, die durch das Nichts hindurchgegangen ist, äußern. Wenn der Empfänger bereits eine höhere Erfahrungsebene erreicht hat, müssen die im Falle einer solchen Einschätzung erzeugten Gedankenformen zurückgenommen werden, damit der von der Meinung einer anderen Person erzeugte frühere Zustand nicht in der Gegenwart wieder ins Leben gerufen wird.

Eine weitere Erleuchtungsfalle kann dann auftreten, wenn sich eine Person streng an ein von Menschen erzeugtes Raster aus Bewußtseinsschichten im Universum hält, die in den vergangenen Jahrzehnten gelebt haben. Falls diese Systeme im Hinblick auf das Mögliche zu starr sind, kann durch die Anwendung alter Systeme ein eingeschränktes Blickfeld erzeugt werden. Die sich entwickelnden Bewußtseinsstufen können nicht richtig betrachtet werden, wenn Gedankenformen und vorgefaßte Meinungen das göttliche Potential und die immerwährende Entwicklung des Bewußtseins innerhalb des großen Geheimnisses eingeschränkt haben. Seit 1987 hat eine enorme Erweiterung im spirituellen menschlichen Bewußtsein viele frühere geistige Weltanschauungen zunichte gemacht, die zu Beginn des zwanzigsten Jahrhunderts als Wahrheit betrachtet wurden. Wenn wir an unseren früheren Identitäten und an unserer Meinung festhalten, daß andere nicht in der Lage seien, für sich selbst zu sorgen, können wir lange Zeit am Eingang des Nichts in einem Schwebezustand verharren. Nachdem wir das Nichts erlebt haben, können wir krank werden, wenn wir uns an irgendwelchen Abläufen oder Ansichten festhalten, die unser sich erweiterndes Bewußtsein oder das Potential des kollektiven Bewußtseins dadurch einschränken, daß wir jede Möglichkeit in Kategorien einordnen und es anderen nicht erlauben, zu wissen, was für sie selbst richtig ist.

Jeder einzelne Pfad wird sich weiterhin verändern und neue Möglichkeiten des Wachstums entwickeln. Menschliche Wesen, die es geschafft haben, das Nichts zu durchqueren und wieder aus der Mitte des Universums zurückzukehren, sind flexibel genug geworden, die bekannten Gesetze der Physik einfach nur dadurch zu beugen, daß sie den unendlichen neutralen Standpunkt einnehmen. Sie können genau den Sinn des Bewußtseins erkennen und sich der Lebenskraft innerhalb des Universum anschließen, ohne dies kundzutun oder diesen Vorgang anderen gegenüber zu benennen. Allein durch diese Fähigkeit erlangen Individuen die persönliche spirituelle Autorität, die dem authentischen Sein entstammt.

Da wir noch einmal den sechsten Pfad betrachten, würde ich gerne einige der Symptome ansprechen, die dann auftauchen können, wenn die Überreste des letzten Schleiers gehoben werden. Wir können körperliche Symptome erleben, wie zeitweilige Blindheit, farbige Blitze, die unsere Wahrnehmungsfähigkeit der materiellen Welt beeinträchtigen, den Verlust der Festigkeit innerhalb physischer Objekte und die Übertragung von Energiemustern auf all das, was wir in der materiellen Welt sehen. Bis zum Zeitpunkt, an dem wir diese Fähigkeit beherrschen, kann die zur Wahrung eines festen Standpunktes und für unser Funktionieren im Alltag erforderliche Anstrengung eine unglaubliche Erschöpfung nach sich ziehen. Die richtige Anwendung und der richtige Einsatz der uns zur Verfügung stehenden Lebenskraft, mit der wir die materielle Welt aufrechterhalten und durch die wir zur Wahrung unserer Gesundheit unsere Körper mit Energie versorgen, artet in einen Balanceakt aus. Wenn wir einen Teil der uns eigenen Lebenskraft dazu nutzen, alles das wahrzunehmen, dem wir begegnen, haben wir eine weitere Stufe der Lektionen zur Anwendung der Lebenskraft gemeistert. Einen weiteren Strom der Lebenskraft setzen wir zur Nutzung des neutralen, unvoreingenommenen Standpunktes ein, des Standpunktes, der die Unendlichkeit überblickt und den menschlichen, erdverbundenen Standpunkt kräftigt.

Ablenkungsmanöver des Kojoten und Schlaglöcher

Ich habe bereits einige Beispiele für Tests erwähnt, denen wir dann begegnen, wenn wir damit beginnen, den neutralen, unvoreingenommenen Standpunkt zu beziehen und weiterhin damit fortfahren, das nicht greifbare universelle Bewußtsein zu erforschen. Einige Verführungen oder Sackgassen des dritten und vierten Pfades können auch auf dem sechsten Pfad auftauchen. Ich habe selbst einige der Erleuchtungsfallen und Lektionen des Kojoten erlebt, die auftreten, nachdem wir das Nichts des Hunab K'u oder das Herz unseres Universums durchquert haben. Eine, die ich bereits erwähnt habe, ist das fehlende Verlangen nach irgendeiner Art von Beschäftigung. Manchmal können wir in einem regelrechten Schwebezustand verharren, in dem jegliche Regeln oder die Routine zur Bedrohung werden. Es kann den Anschein haben, als ob wir uns in einer neutralen Zone befänden, und der Körper, den wir zum Leben erwecken wollen, kommt sogar dann nicht in die Gänge, wenn wir voll auf das Gaspedal treten. Hält die Antriebslosigkeit weiter an, kann es erforderlich werden, daß wir unser Leben durch einen Blitzstart ankurbeln. Wir müssen etwas finden, das aufregend genug ist, damit wir eine andere Gangart einlegen und in Bewegung kommen. Nachdem wir aus dem Nichts aufgetaucht sind, kann ein weiterer Test darin bestehen, daß wir uns dem Lebensrhythmus anderer, uns nahestehender Personen angleichen. Wenn Sie jemandem nahestehen, kann es leicht passieren, daß Sie, ohne es zu merken, in das Energiefeld des entsprechenden Menschen rutschen. Sie verstehen, was die Person erlebt, weil sie selbst einmal dort waren. Deshalb ist es von größter Bedeutung, sich darüber im klaren zu sein, was zu Ihnen und was zu einer anderen Person gehört. Am Ende des sechsten Pfades haben wir uns derart daran gewöhnt, viele Standpunkte gleichzeitig einzunehmen, daß wir unabsichtlich einen weiteren, zu einer anderen Person gehörenden Standpunkt übernehmen. Wenn wir wieder damit beginnen, am Leben teilzunehmen, und eine Perspektive beziehen, die wir vor langer Zeit verkörperten, müssen wir aufpassen, unsere emotionalen und energetischen Grenzen neu abzustecken, und eine scharfe Wahrnehmung nutzen, damit wir einen Zusammenbruch unserer Zeit verhindern können. Wir müssen verhindern, daß wir die Erfahrungen, die zur gegenwärtigen Situation eines anderen Menschen gehören, mit unseren früheren Erfahrungen verbinden. Nur so bewahren wir uns eine genaue Einschätzung dessen, in welchem Entwicklungsstadium wir uns zu diesem Zeitpunkt befinden.

Eine weitere Falle des Kojoten besteht im Nichterkennen des Zeitpunktes, an dem wir die Leere tatsächlich überwunden haben und wieder auf die Bewegung stoßen, die im Universum und in der materiellen Welt enthalten ist. Wenn wir das Nichts des Hunab K'u vollständig aufgenommen haben und nicht wieder damit beginnen, die Energie zu bestimmen, der wir im Leben begegnen, ist es möglich, daß wir sie annehmen oder sie verkörpern, anstatt sie einfach nur zu betrachten. Wenn wir unsere Wahrnehmung und unsere Grenzen nicht wieder aufgebaut haben, können wir ein ganzes Bündel an unterschiedlichen Standpunkten, Absichten, Energie und Identitäten dadurch übernehmen, daß wir sie über unseren Heiligen Raum hereinbrechen lassen. Geschieht dies, haben wir ein Problem, denn unser Körper kann die Fähigkeit zum Verdauen der Lebenskraft verlieren. Haben wir unbewußt die zu einer anderen Spezies, einem geistigen Wesen und/oder Person gehörende Energie aufgenommen, denen wir uns verbunden fühlen, leiden wir oft an Appetitmangel oder Atemschwierigkeiten.

Vielleicht stellen wir auch fest, daß wir unwillkürlich das Bewußtsein anderer Lebensformen aufgenommen haben. Wenn es sich bei diesen Lebensformen um wilde Tiere handelt, die aus den gleichen Elementen bestehen wie der menschliche Körper, so besteht hierin vielleicht das kleinere Problem. Wenn wir aber die Energie von Bäumen, Felsen, anderen Planeten, Sternen oder anderen Lebensformen aufnehmen, die nicht mit dem Aufbau des menschlichen Körpers übereinstimmen, ist unsere Gesundheit in Gefahr. Letztendlich sind wir dafür verantwortlich, unsere Energie aus diesen zu anderen Lebensformen gehörenden Netzen zu entziehen, um wieder ein Gespür für uns selbst zu bekommen. Auch wenn wir uns selbst wiederfinden, bleiben wir dennoch mit aller Energie und allem Bewußtsein verbunden. Wir sind jedoch in der Lage, zwischen den verschiedenen Arten der Lebenskraft zu unterscheiden und diejenigen abzuweisen, die in einer uns nicht bekömmlichen Weise funktionieren. So verhindern wir ein Eindringen dieser Formen in unseren physischen Körper. Man kann nun einmal einen LKW nicht mit dem Motor eines PKW laufen lassen. Die Fähigkeit zur Unterscheidung veranschaulicht einen anderen Aspekt der Weisheit, die in dem alten indianischen Sprichwort steckt, das da lautet: »Wandle sanft auf der Erde«.

Es ist zum Beispiel auf dieser Stufe der Einweihung möglich, die in einem Stein enthaltenen atomaren Energieteilchen durch Atome aus dem menschlichen Körper zu ersetzen. Wir können die nicht greifbare Lebenskraft eines beliebigen Objektes durch das Beobachten aus der Ferne fühlen. Wir können aber auch seine Energie wahrnehmen, indem wir es gleichzeitig physisch sehen. Wenn wir unsere Erdung verlören und nicht beide Perspektiven des Materiellen und des nicht Greifbaren von einem unvoreingenommenen oder neutralen Standpunkt aus beobachten könnten, nähmen wir unbeabsichtigterweise die träge Energie eines massiven Steines auf, und unsere Körper könnten sehr darunter leiden. Es ist notwendig, gegenwärtig zu sein, damit wir nicht diejenigen Energien und das Bewußtsein aufnehmen oder übernehmen, die nicht in unsere physischen Körper gehören.

Wenn wir aus dem Herzen des Universums, aus der Leere des Nichts, in die Welt mit all unseren verschiedenen Wahrnehmungen zurückkehren und verändert, aber vollständig unversehrt wieder an ihr teilnehmen, beginnen die Lektionen des siebten Pfades sich zu entwickeln. Wir funktionieren wieder auf vielen Bewußtseinsebenen, haben aber einen neuen Blick auf die Art und Weise, wie sich unser Gefühl dessen, was möglich ist, und für das, was für uns keine Bedeutung oder keine Gültigkeit mehr besitzt, verändert hat. Der größte Teil der Arbeit des siebten Pfades kann normalerweise nicht eher in Angriff genommen werden, bis wir uns wieder mit unserem Sinn des DaSeins verbunden und uns neu darauf eingerichtet haben. Diese neue Ausrichtung kann nur aus derjenigen Perspektive erreicht werden, zu deren Verkörperung wir uns entschlossen hatten, als wir die andere Seite des Hunab K'u erreicht hatten und wir uns wieder mit der Mutter Erde verbunden haben.

Um meine persönlichen Erfahrungen auf dem sechsten Pfad zu sammeln, brauchte ich siebzehneinhalb Jahre. Das soll nicht heißen, daß andere so lange brauchen wie ich. Durch die Verringerung des Erdmagnetismus und des Anstiegs der Hertzfrequenz sind heute viele Einweihungserfahrungen leichter zu machen als dies vor achtzehn Jahren der Fall gewesen ist. Das elektromagnetische System des menschlichen Körpers reagiert auf diese Veränderung im elektromagnetischen Energiesystem der Mutter Erde. Im Jahre 1997 erlebten wir 9 bis 9,9 Hertz, und diese Frequenz wird sich bis zum Jahre 2012 auf 13 Hertz erhöhen. Viele Menschen haben nun einen Weg im Hunab K'u markiert, sind wieder zurückgekommen und ermöglichen es anderen, diesen Pfade zu finden und ihnen zu folgen.

Die Kristallschädel und der Traum vom Regenbogen

Die original dreizehn Kristallschädel, die den Menschen der Erde von einer anderen Kultur geschenkt wurde, die von jenseits der Sterne kam, stehen für die Fähigkeit menschlicher Wesen. Die Maya bezeichneten diese Leute als »Himmelsgötter«. Die dreizehn Kristallschädel stehen als Metapher für die dreizehn Hertz, die im Jahre 2012 von allen Menschen auf der Erde spürbar sein werden. Durch den Rückgang der Stärke des Erdmagnetismus und den Anstieg der elektrischen Wellen auf 13 Hertz wird das kollektive Menschheitsbewußtsein zu einer neuen Ebene gelangen, auf der alle Kenntnisse enthalten sind, die durch die Erfahrung einer jeden Lektion auf allen sieben Pfaden der Weisheit gesammelt wurden. Durch die Integration dieses Verständnisses wird der Traum vom Wirbelnden Regenbogen des Weltfriedens in wirkliche Erscheinung treten.

9

Um ein vollständiges Bewußtsein zu erlangen, müssen wir Täuschungen überlisten, jeden Trennungsschleier überwinden und alle Trugbilder vernichten, die uns eine Ungleichheit vorgaukeln. Nachdem wir dies erreicht haben, erwachen im menschlichen Körper sämtliche in der Schöpfung enthaltenen Lebensfunken, und wir tanzen im wahrsten Sinne des Wortes den lebendigen Traum.

JOAQUIN MURIEL ESPINOSA

Der allgegenwärtige Pfad

Dort in den mit Sternen übersäten Himmeln
Befinden sich die Möglichkeiten all dessen, was SEIN kann,
Unsichtbar in der natürlichen Welt,
Weil unsere menschlichen Augen es nicht erblicken konnten.

Und dennoch befindet sich die allgegenwärtige Gegenwart
Im Heiligen Raum des Geistes
Als unendliches Geschenk des Schöpfers
An die menschliche Rasse der Mutter Erde.

Wenn wir in das JETZT reisen,
Tanzen wir wieder den Traum
Rund um das Feuer im Herzen der Schöpfung,
Lassen den Lebensfunken hoch aufsteigen.

Der erwachende Traum verkörpert
Unsere menschliche Gestalt auf Erden,
Und innerhalb der heiligen Strukturen
Wandelt sich ein bewußtes Universum.

JAMIE SAMS

Der siebte Pfad der Einweihung
Der innere Teil oder das JETZT
des Medizinrads

Meine Vorfahren von den Stämmen der Cherokee und der Seneca benutzten für die siebte Richtung auf dem Medizinrad zwei verschiedene Bezeichnungen. In der Tradition der Seneca wird die siebte Richtung als das Innen bezeichnet, und die Cherokee nennen es die Richtung des JETZT. Beide Bezeichnungen beschreiben treffend die zwei charakteristischen Aspekte des siebten Pfades. Im Verständnis der Seneca müssen wir alles, was wir gelernt haben, mit unserem innersten Wesen vereinen und die Weisheit aller Richtungen in unseren physischen Körpern leben. Die Sichtweise der Cherokee besagt, daß das JETZT auch die auf allen Pfaden zu findende Weisheit in den Körper einbringt und daß wir durch unser vollständiges Gegenwärtigsein diese Schönheit in jedem Augenblick leben. Wir verfügen auf dem siebten Pfad über die Fähigkeit, *bewußt* in die Vergangenheit und in die Zukunft zu sehen, und wenn wir der allgegenwärtigen Gegenwart in der Richtung des JETZT folgen, bekommt der Begriff des vollständig Gegenwärtigseins eine völlig neue Bedeutung.

Wenn wir vollständig in der Gegenwart leben, stellen wir die Gesamtsumme aller Stärken dar, die in unserem Stammbaum enthalten sind, und wir haben die Schwächen der letzten sieben Generationen überwunden. Wenn wir uns im Gleichgewicht befinden, werden wir zum Brennpunkt all dessen, was in der Zukunft sein kann, weil wir mit allem in Verbindung stehen, das im JETZT vorhanden ist. Wir öffnen die Pfade des Bewußtseins für die nachfolgenden sieben Generationen. Die Zeit fließt durch uns hindurch, wir sind aber nicht an sie gebunden, weil wir die unendlichen Aspekte der Menschheit verkörpern und zu lebendigen Erweiterungen der ewigen Flamme der Liebe geworden sind. Wir respektieren die Lebenskraft sowie die überall in der Schöpfung vorhandenen Funken des Bewußtseins und lassen es zu, daß wir selbst ein vollkommener Teil des Ganzen sind.

Die Seher des Südens betrachten die Dinge etwas anders. Sie lehren uns, daß wir auf dem siebten Pfad zur lebendigen Erweiterung des

Schöpfungsfeuers werden. Sie glauben, daß ein jedes innerhalb des Universums existierende Atom mit dem menschlichen Körper verbunden ist und diese wiederum innerhalb des unsterblichen Bewußtseins unserer geistigen Wesen leben. Wenn wir unseren eigenen Lektionen des siebten Pfades begegnen, können wir die Lebendigkeit jeder Zelle unseres Körpers und des Bewußtseins unserer geistigen Wesen erleben, die dem biologischen Anteil unseres menschlichen Wesens angehören. Die Gestalt, der Körper aus Fleisch und Blut, ist der dichteste Teil des menschlichen Wesens. Während wir uns auf dem siebten Pfad bewegen, wird der menschliche Geist in diesem heiligen Gefäß auf eine erstaunliche Art und Weise aktiviert.

Wenn wir den siebten Pfad erreichen, sind wir uns der Tatsache vollauf bewußt, daß in diesen nicht greifbaren Teilen des menschlichen Wesens Energie enthalten ist. Diese aus Energie bestehenden Anteile der Menschheit enthalten die Funken des Großen Schöpfungsfeuers, also die schöpferische Lebenskraft des Großen Geheimnisses. Sind sie erst einmal aktiviert, werden diese Funken des Lebens zu lebendigen Signalfeuern, die die Energie der Lebenskraft aussenden und empfangen, alle anderen Lebensformen verbinden und ein lebendiges, atmendes Netz des Lebens bilden. Das nicht Greifbare steigt herab und ist in der greifbaren Zellstruktur im Inneren des menschlichen Körpers allgegenwärtig. Wenn wir zu diesem neuen Heiligen Standpunkt gelangen, wird das Medizintuch der festen Körperlichkeit lebendig. Die Muster des Medizintuches, einst scheinbar reglos oder massiv, fangen an, sich zu bewegen und zu verändern. Jeder lebendige Gegenstand oder jedes physische Objekt, das wir sehen, scheint in Schichten aus Mustern und Farben zu schweben, und es will scheinen, als ob alles, was wir sehen, sich vor Lebendigkeit bewegt und atmet.

Manche Menschen beginnen, einen kurzen Blick auf diese Muster zu nehmen, wenn sie es ihrer Phantasie erlauben, in Baumästen oder in einem aus dem Bach gezogenen Stein Gestalten oder Gesichter zu sehen. Auf früheren Pfaden entwickelte sich diese Fähigkeit dann, wenn wir unsere Wahrnehmung leicht veränderten und es den Geistern der Natur erlaubten, den Lebensfunken und die Muster innerhalb fester Gegenstände in unser Bewußtsein zu rücken. Andere Menschen erlebten diese sich bewegenden Muster während veränderter Bewußtseinszustände und/oder in der Meditation. Viele Kulturen benutzen bei ihren Zeremonien heilige Pflanzen, um so die Schleier zwischen menschlichen Wesen und dem Medizintuch für eine kurze Weile heben zu können. Das Medizintuch umhüllt alles Leben und besteht aus sich verändernden Mustern oder sich bewegenden Energiepartikeln, die in den festen Gegenständen der physischen Realität enthalten sind. Einige Menschen, die seit ihrer Kindheit übersinnliche Fähigkeiten besitzen, werden eine kleine Veränderung in den Farben der Gegenstände umgebende Energie bemerken und eine neue Leuchtkraft im Spektrum der Farben feststellen. Das Medizintuch aus den Energiemustern des Lebens macht die Festigkeit des täglichen Lebens aus. Auf dieser Erfahrungsebene sehen wir nicht nur die durchsichtigen Energiemuster, sondern auch die Energie, die durch die Moleküle fester Materie strömt und mit anderen Lebensformen in Wechselwirkung tritt. Bisweilen müssen Menschen auf dem siebten Pfad lernen, wie man Gegenstände wieder verfestigt und sie dadurch in Unfallgefahr geraten, daß sie an Gegenstände stoßen, durch die sie hindurchsehen können.

Du kannst es nicht mitnehmen – nur in symbolischer Form

Als ich mit meinen Lektionen des siebten Pfades begann, hatte ich einen Traum, den ich noch Jahre später nicht vollständig verstand. In diesem Traum flog ich. Ich schaute hinunter auf meinen Körper und bemerkte, daß er sich in den einer Eule verwandelt hatte. Ich flog durch den ersten von sieben Torbögen, auf denen Symbole abgebildet waren, wie man sie auf alten Stelen der Maya findet. Ich konnte die darauf befindlichen Botschaften nur an den Symbolen erkennen. Ich flog am ersten Boden vorbei, direkt in eine kleine Sonne hinein und durch sie hindurch. Die Sonne explodierte und verwandelte sich in einen Regenbogen aus wirbelndem Licht, und wie bei einem Feuerwerk schossen regenbogenfarbige Lichter in den Himmel. Der zweite Bogen enthielt eher geschnitzte Symbole. Nachdem ich diesen Bogen passiert hatte, flog ich durch eine weitere kleine Sonne, die als wirbelnder Regenbogen explodierte. Dieser Vorgang wiederholte sich so lange, bis ich am siebten Bogen vorbeigeflogen war. Als ich in die letzte Sonne hineinflog, war ich sehr viel größer, und mein Eulenkörper geriet in Brand. Ich verwandelte mich in einen Phoenix. In diesem Augenblick ging ich in Flammen auf und wurde dann zu Asche. Die Asche löste sich auf und verwandelte sich in einen herrlichen Regenbogen aus Licht, der Strahlen aus majestätischen leuchtenden Farben auf die von mir passierten Bögen zurückwarf. Die bunten Strahlen regneten herab, stiegen wie ein flüssiger Regenbogen aus Licht hinab und bedeckten die Erde. Unser schöner Planet begann zu zittern, und dann erschien an beiden Polen ein Wirbelnder Regenbogen. Mutter Erde drehte sich auf ihrer Umlaufbahn um die Sonne um ihre eigene Achse, gleichzeitig fluteten Regenbogen aus Licht zurück in das Universum und breiteten sich in alle Richtungen aus.

Als ich nachgedacht hatte, verstand ich die Botschaft des Traumes, nämlich daß ich die Trennungsschleier überwunden hatte und anfing, den Lektionen des siebten Pfades zu folgen. Man hatte mich aufgefordert, bei jedem Einweihungsvorgang während der Reise die Medizin der Eule anzuwenden, damit ich so durch die Bögen der Maya fliegen konnte, in denen alle Symbole enthalten waren, die ich verstehen mußte. Ich erkannte, daß die Symbole, die wir während aller Einweihungen mit uns nehmen, die kodierten Moleküle der Doppelhelix der DNA sind. Diese verändern sich dann, wenn der Zusammenhang der biologischen, emotionalen, intellektuellen und geistigen Aspekte des menschlichen Potentials sich entwickelt. Die Symbole bestanden aus geometrischen Mustern, die Kornkreisen oder Felsmalereien ähnelten, und sie entstanden durch die Veränderung der DNA, die bei jedem Neuverkabelungsprozeß an jedem Tor des Bewußtseins ausgelöst wurden. Ich durfte in diesem Traum einen kurzen Blick auf meine Zukunft werfen und bekam die codierten Botschaften der mit den menschlichen Gehirnsynapsen und der DNA verbundenen geometrischen Moleküle gezeigt, die eines Tages von Wissenschaftlern entdeckt werden. Der Menschheit wird ein Plan des sich entwickelnden menschlichen Bewußtsein zur Verfügung gestellt werden.

In diesem Traum wurde mir bei jeder Sonne weitere Klarheit geschenkt, und ich bekam jeweils eine Stufe des Ganzseins gezeigt, die durch alle Farben des Regenbogens symbolisiert wurde. Als mein Körper sich erst in den Phönix und danach in Asche verwandelte, wurde alles vernichtet, an das ich zuvor geglaubt hatte. Mein geistiges Wesen trat in Erscheinung, die vielfarbigen Aspekte meines Bewußtseins wurden durch die Bögen der Maya in meinen eigenen physischen Körper zurückgestrahlt und breiteten sich über alles Leben auf unserem wunderschönen Planeten aus. Die Trennung zwischen meinem Körper, meinem Geist, anderen Lebensformen, meinem Bewußtsein, dem Universum, dem Großen Geheimnis und der Mutter Erde existierte nicht mehr. Der Traum und dieser persönliche Einweihungsprozeß fanden im März 1989 statt. Die komplizierten Vorgänge und die feinen Nuancen enthüllen sich mir bis auf den heutigen Tag weiter, und ich beobachte, wie sich meine früheren Verstehensweisen in der Schönheit des Verwandlungsprozesses anderer Menschen widerspiegeln.

Der siebte Pfad enthält viele Ebenen und Schichten. Diese enthüllen sich uns Schritt um Schritt, wenn wir mit wachem Gespür vorwärts gehen, die von uns entwickelten vielschichtigen Wahrnehmungen im täglichen Leben anwenden und nutzen. Auf diesem Pfad kommen wir an einen Punkt, an dem wir unsere frühere hohe Sensitivität durch ein erneutes Eingliedern in das Zellbewußtsein unseres Körpers wieder ins Gleichgewicht bringen müssen. Dieser Vorgang beginnt dann, wenn ein Mensch erfolgreich das Nichts, das Herz des Großen Geheimnisses, das Zentrum unseres Universums durchquert hat. Danach wird von ihm eine aktive Rückkehr gefordert und erwartet, daß er die menschliche Gestalt als Antenne einsetzt, durch die alle Signale des universellen Bewußtseins empfangen werden. Dieser Prozeß mißt dem Körper die gleiche Bedeutung zu wie den spirituellen Aspekten des Seins. Ich möchte jetzt über die Dinge sprechen, die ich im Verlauf meiner Reise entdeckte. Damit sich alle Leser einen Überblick verschaffen können, wenn sie ihre eigenen Schritte auf zahllose verschiedene individuelle Arten erleben werden, gehe ich Schritt um Schritt vor.

Nach dem Nichts nur Leere?

Nachdem wir aus dem Nichts zurückgekehrt sind, müssen wir unsere Heiligen Standpunkte wieder neu aufbauen und unsere Wünsche wieder aufleben lassen. Wenn wir zum Beispiel das Nichts vollkommen in uns aufgenommen haben, müssen wir unter Umständen den Wunsch leben, den Wunsch nach Geselligkeit, den Wunsch, etwas zu leisten, sexuelles Verlangen, sowie den Wunsch wiederbeleben, uns erneut mit dem Sinn unseres Daseins zu verbinden. Das riesige Nichts des Hunab K'u kann alle Mechanismen zerstören, die mit dem »tun« verbunden sind und einen derart gelassenen Seinszustand erzeugen, daß es großer Anstrengungen bedarf, wieder einen Anfang zu finden, sich erneut den Herausforderungen zu stellen und sich mit unserem spirituellen Sinn zu verbinden, dessentwegen wir uns auf der Erde befinden. Es herrscht die Illusion der Vollständigkeit, und einige Menschen können nur sehr schwer erkennen, daß ihre Arbeit gerade jetzt erst beginnt. Worin besteht diese Arbeit? Darin, vollständig gegenwärtig zu sein und alle Ebenen des Bewußtseins wiederzuerobern, die wir einst durch die Integration des unbegrenzten Bewußtseins in die Zellstrukturen unseres physischen Körpers bewältigt hatten. Wir beginnen, die 357 sensorischen Wahrnehmungen innerhalb des Zellengedächtnisses wieder zu aktivieren und das Bewußtsein für die physische Gestalt und den Körper wieder mit der Erde zu verbinden. Es fließt soviel Energie durch den Körper, daß wir andauernd in Bewegung bleiben und trainieren müssen, damit die Ströme der Lebenskraft weiterfließen und die Energie, die uns an die Erde bindet, wieder in einen kreisenden Strom mündet.

Nachdem wir den Sinn für unser Dasein wiedergefunden haben, müssen wir die Fähigkeit entwickeln, willentlich das Gleichgewicht unserer Aufmerksamkeit auf verschiedene Schichten unserer Wahrnehmung zu verlagern. Das soll heißen, daß wir in unserem Alltag eine feste Meinung vertreten sollen, um auch weiterhin in der physischen Welt etwas leisten zu können. Wir können auch lernen, wie wir unsere Aufmerksamkeit bewußt in die Reiche der Energie und in die mit den Gedanken verbundenen Energien verlagern können. Wenn wir diese Fähigkeiten entwickeln, müssen wir Genauigkeit walten lassen. Nur so sind wir in der Lage, in einer jeden Situation, in der viele Energien und Bewußtseinsebenen anwesend sind, sofort deren Vorhaben und Pläne wahrnehmen zu können. Einer der Verdrängungsmechanismen, denen einige Menschen auf dem siebten Pfad begegnen, besteht darin, daß es am Anfang sehr ermüdend sein kann, an all diesen Standpunkten festzuhalten, und einige Menschen entschließen sich dazu, sich auf ein Gebiet zu konzentrieren und andere nur zu überfliegen, ohne vollständig gegenwärtig und wachsam zu bleiben. Jedesmal wenn das passiert, bekommen wir mittels Tests Weckrufe erteilt.

So können zum Beispiel in dem Augenblick, in dem wir in unserer Aufmerksamkeit nachlassen oder uns zu sehr gehen lassen, alle unsere Lektionen der früheren Pfade überprüft werden. Wenn wir erkennen müssen, daß wir von einer anderen Person gerade dann hintergangen wurden, als wir uns darum bemühten, geistiges Mitgefühl zu zeigen, kann dies ein enormer Schock für uns sein. Wenn wir nicht in jeder vorhandenen Situation das beobachten, was offensichtlich ist, keinen Widerspruch leisten oder keine angemessenen Grenzen aufrechterhalten, können wir zu gutherzig sein und unbeabsichtigt in unangenehme Situationen hineingezogen werden.

Wir müssen daran denken, im Alltag vollständig geerdet zu bleiben und zu unseren Worten stehen, unsere Wahrnehmung des nicht Greifbaren beibehalten, ihnen aber keine größere Aufmerksamkeit als dem physischen JETZT zu schenken. Es kann verheerende Folgen haben, wenn wir unsere Konzentration nicht sofort von einer Sache zur anderen lenken können, sobald unsere Aufmerksamkeit in einer lebensbedrohlichen Situation oder bei einem konkreten medizinischen Notfall gebraucht wird.

Obwohl wir unsere Fähigkeiten des vollständig Gegenwärtigseins verstärken, während wir die sieben Stufen der Verwandlung durchlaufen, ist es auf jeder Ebene notwendig, daß wir während dieses Prozesses unser Gleichgewicht finden. Wenn Menschen in der Illusion leben, sie seien schließlich am Ziel angekommen, vergessen sie oft die Fähigkeit zur Herstellung eines Gleichgewichts. *Der siebte Pfad ist nicht das Ziel.* Eine der uns angebotenen Entscheidungen besteht darin, das physische Leben mit grenzloser Anmut, gesteigertem Bewußtsein, geerdeter Gegenwärtigkeit und Mitgefühl zu leben, uns gleichzeitig weiterzuentwickeln und zu dienen. Die jeweiligen Entscheidungen sind unterschiedlich. Sogar auf dieser Entwicklungsstufe gibt es Umwege und Erleuchtungsfallen, die schon viele Reisende in Versuchung geführt haben.

Das Leben in Schlichtheit und Weisheit verankern

Der Kojote wird dadurch in Schach gehalten, daß wir mit anderen auf deren Ebene des Verstehens in Verbindung treten, anstatt anzunehmen, daß alle gleicherweise an ihrem Inneren gearbeitet haben und eine makellose Integrität besitzen. Auch müssen wir Mitgefühl anderen gegenüber entwickeln, die ihre Lektionen lernen und verständnisvoll reagieren, wenn sie unsensibel sind oder einfach nur keinen Bezug zur Gegenwart haben. Meine Ungeduld mit anderen und meine fehlende Nachsicht gegenüber mir selbst war eines meiner Hauptthemen auf dem siebten Pfad. Ein Freund, mit dem ich über diese Themen sprach, erinnerte mich daran, daß Mitgefühl und innerer Friede sich mit der Zeit einstellen und aufbauen. Wie schon während der früheren Lektionen erlernen wir Würde und die Geduld, zu deren Verkörperung wir uns auf dem siebten Pfad entschlossen haben, durch Erfahrung. Unser Mitgefühl gegenüber uns selbst und anderen ist eine Methode, wie wir lernen können, unsere Lebenskraft zu investieren und Gewinn aus unerschütterlichem Mitgefühl und innerem Frieden zu ziehen. Wenn wir für unsere Worte einstehen, können wir erkennen, daß zur Beibehaltung unseres Gleichgewichts, uns selbst und anderen gegenüber, eine Reihe völlig neuer Disziplinen erforderlich wird. Es sind dies grenzenlose Energie, Erdung, Mitgefühl, konzentrierter Wille und Barmherzigkeit.

Die Erkenntnisse, zu denen wir durch die Erforschung der nicht greifbaren Reiche kamen, sind nur insofern nützlich, als wir sie im täglichen Leben auf einer angemessenen Art und Weise anwenden. Um diese Stufe meistern zu können, müssen wir es lernen, einen gewissen Teil unserer Aufmerksamkeit auf einen beliebigen Teil der greifbaren oder nicht greifbaren Bereiche des Universums zu richten, zu denen wir Zugang haben wollen. Einer davon bestand darin, daß damals, als wir völlig in der Leere des Nichts aufgegangen sind, wir authentisch das Verlangen aufgegeben haben, uns auf irgend etwas zu konzentrieren, geschweige denn den Wunsch hatten, uns auf verschiedene Dinge gleichzeitig zu konzentrieren. Der Wunsch, uns überhaupt auf etwas zu konzentrieren, muß gemeinsam mit unseren neuen Heiligen Standpunkten und jedem anderem Bereich unseres Lebens wieder aufgebaut werden, dem wir noch Bedeutung beimessen. Es kann schwierig werden, genügend Haltegriffe zur Weiterführung des Lebens auf der physischen Ebene zu finden. Manche Menschen entziehen sich auf dieser Stufe der Verwandlung dem täglichen Leben und führen ein Eremitendasein, weil sie den unmittelbar bevorstehenden Einweihungsprozeß nicht wahrnehmen. Eine schwere Entscheidung liegt darin, weiterhin mit der Welt in Kontakt zu bleiben und den Wunsch zum Dienen beizubehalten. Dieser Entschluß fordert größten Mut und äußerste Entschlossenheit von uns.

Die zweite Herausforderung begegnet uns dann, wenn wir anfangen, zu spüren, wie die uns zur Verfügung stehenden riesigen Mengen an Lebenskraft zurückkehren und durch unseren physischen Körper donnern. Die vor uns stehende Aufgabe besteht darin, wie wir uns diese ungeheure Menge an Energie zunutze machen und gleichzeitig die Verbindung zur Erde und zu allen anderen Bewußtseinsebenen aufrechterhalten. Wir lernen, wie stark wir uns auf verschiedene Bereiche unseres Lebens konzentrieren müssen und wieviel Aufmerksamkeit in jedem Gebiet zur Herstellung einer Harmonie notwendig ist. Erinnern Sie sich an das frühere Beispiel des Zirkusartisten, der erfolgreich viele Teller auf Stöcken balancierte? Nun stellen Sie sich die bisherigen Fähigkeiten und Balanceakte vor. Diese müssen vollständig neu erlernt werden, weil die Fähigkeiten zusammen mit allem anderen und jeder erlernten Reaktion bei Antritt der Reise ins Nichts verlorengingen.

Anders als beim Aufstiegsvorgang, der uns in die Richtung des Oben führte und uns dazu brachte, das Obere mit dem Unteren zu verbinden, besteht die dritte Herausforderung im Vorgang des Abstiegs. Während wir hinuntersteigen, müssen wir durch alle früher vorhandenen oder nicht vorhandenen Ebenen des Bewußtseins hindurchgehen und jedem Thema noch einmal begegnen, ohne daß wir dessen Verhaltensweisen wieder annehmen. Ähnlich einem kolossalen Test zeigt uns das Leben alle Emotionen, feste Vorstellungen und Verhaltensweisen auf, die sich in jedem Aspekt unserer Reise durch die Handlungen anderer widerspiegeln. Während unsere Energie weiter durch alle Bewußtseinsschichten kreist und durch die Erde und wieder nach oben in den Körper zurückkehrt, erleben wir all jene Kräfte in unserem Inneren, die sich einst widersprüchlich gegenüberstanden. Diese erneuten Tests nehmen dann ihren Lauf, wenn wir unseren persönlichen inneren Frieden wieder herstellen müssen, uns aber nicht an irgendeiner Schicht unserer Aufstiegsthemen oder der Neuanbindung festhalten können.

Noch einmal werden wir daran erinnert, daß alles, was je an einem Ort vorhanden war, noch immer existiert! Oh Schreck! Das trifft auch für uns zu, die wir authentisch die Zeit gebannt haben. Jedes Thema, dem wir uns irgendwann im Leben gestellt und das wir gemeistert haben, kann im JETZT vorhanden sein. Wir können lernen, uns auf den gegenwärtigen Augenblick dadurch zu konzentrieren, daß wir all das annehmen, was wir in der Vergangenheit überwinden mußten, und den Körper vollständig erden, damit wir nicht in unsere früheren Erfahrungen oder unsere eigene Vergangenheit abgleiten. Die Erkenntnis, daß alle unserer früheren Wunden und Themen noch in unserem Bewußtsein und in anderen Schichten der Zeit existieren, stellt eine echte Herausforderung dar, die uns dazu zwingt, in jedem Augenblick vollständig gegenwärtig zu sein. Es sei denn, wir wollen unbewußt alles noch einmal erleben, was hinter uns liegt. Es kann hilfreich sein, wenn wir uns eine Technik zulegen, mit der wir die Zeit in den Reichen des Physischen betrachten können und die uns davor bewahrt, dann unsere früheren Themen zu wiederholen oder zu verkörpern, wenn wir Menschen begegnen, die unsere vergangenen Lektionen lernen.

Das Projektionsspiel des Kojoten

Wenn unsere Energie nach unserem Auftauchen aus der Leere schließlich wieder zurückkehrt und wir auf eine Situation reagieren, der wir begegnen, sind wir über das plötzliche Wiederauftauchen unserer Emotionen völlig schockiert. Wir müssen bestimmen, wie wir sie fühlen, und sie auf eine kreative Weise wieder loslassen. Die ist ein Teil des Abstiegs, bei dem wir unsere persönliche Medizin im Tempel in der Stadt leben. Durch eine solche Herausforderung werden wir daran erinnert, daß wir noch immer sehr menschlich sind und daß nichts von allem, was wir erlebt haben, auch nur die geringste Bedeutung hat, wenn dann, wenn wir unter direktem Beschuß stehen, wir das Leben nicht in den Griff bekommen. Aua! Das ist wieder einer der Fälle, wo wir uns gegenüber Milde walten lassen müssen. Auf dem siebten Pfad erreichen wir einen Zustand der Gnade. Wenn wir uns selbst gegenüber hart sind, weil wir noch über das Wasser laufen können, ist es möglich, daß uns die nachfolgenden Lektionen so lange demütigen, bis wir lernen, uns so bedingungslos zu lieben, wie wir andere lieben.

Eine der möglichen Herausforderungen wird gutgemeinter Rat von anderen sein, die keine Ahnung haben, jedoch zu verstehen glauben, was wirklich in unserem Leben vor sich geht. Willkommen beim Projektionsspiel des Kojoten! Alles spiegelt sich, und alle Spiegelungen sind gleich. Wenn wir nicht dort gewesen sind und alles erlebt haben, werden wir es irgendwann einmal tun. Wenn aber wir dort gewesen sind und nicht mehr dorthin zurückwollen, sollten wir besser unsere persönliche Autorität dazu nutzen, im JETZT geerdet zu bleiben. Mit ein wenig Humor läßt sich der Vorgang besser bewältigen, wir können dann die Projektionen umleiten, ohne uns ein Urteil zu bilden.

Wenn wir nach unserer Rückkehr aus dem Nichts unser Gleichgewicht nicht wieder auf eine sanfte Weise wiederherstellen, könnten wir tatsächlich wieder in die Abgründe menschlicher Schwächen und Verwirrungen gezogen werden. Die Sache kann haarig werden, wenn wir uns in der Leere des Nichts aufgegeben haben und uns nach unserer Rückkehr fühlen, als verkörperten wir ein schwarzes Loch. Das schwarze Loch der von uns aufgenommenen Leere saugt das Universum und alles Bewußtsein auf, und wir sind noch damit beschäftigt herauszufinden, wie wir es in unseren menschlichen Körper schleusen und dann alles von der Mitte aus neu strukturieren, um so zu einer Art neuer, facettenreicher persönlicher Identität zu finden. Wenn wir keine Ahnung haben, wie wir SEIN sollen, und immer noch den Wunsch nach einem Vorwärtskommen in unserem eigenen Leben erzeugen wollen, können wir durch den Prozeß der Neustrukturierung völlig aus dem Lot geraten.

Die kosmischen Aspekte des Körpers erforschen

Indem wir wieder die Lebenskraft durch unsere Körper schleusen und diese Energie auf der physischen Ebene nutzen, aktivieren wir innerhalb der Zellstruktur die Lebensfunken der physischen Gestalt. Die Landkarte des Universums taucht in unserem Körper auf, und wenn wir unsere Aufmerksamkeit auf einen gegebenen Gegenstand richten, beginnt in demselben Moment jegliches Bewußtsein auf allen Bewußtseinsebenen zu reagieren. Der springende Punkt ist der, daß wir uns auf das JETZT konzentrieren müssen, uns dem gegenwärtigen Augenblick anschließen und nicht der Vergangenheit oder der Zukunft. Die Fähigkeit, irgend etwas im Universum auszuwählen, es sofort durch unser Bewußtsein ausfindig zu machen und dieses Bewußtsein innerhalb der Zellstruktur unseres physischen Körpers zu verbinden, stellt die Vollendung des Erdungsprozesses dar. Der vollständigen Erdung und dem Sein in der authentischen Gegenwart kommt ab diesem Zeitpunkt eine völlig neue Bedeutung zu. Wir können zum Beispiel wahrnehmen, wie sich, während wir trainieren, die Stränge unseres Muskelgewebes anspannen und entspannen, und wir fühlen jeden Energiestrom, der durch uns fließt oder der in bestimmten Bereichen unseres Körpers ins Stocken gerät. Beherrschen wir diese Fähigkeit, verfügen wir über eine vollkommene Erdung und sind uns der Zellstruktur unseres Körpers und des riesigen geistigen Bewußtseins genau bewußt, das sich da in unserem Inneren verankert. Jede Zelle unserer Haut scheint in Bewegung zu sein und Muster zu bilden, die Symbolen oder Landkarten ähneln. Sie zeigen unterschiedliche Schichten des Universums oder Gebiete der Mutter Erde, an denen die Türen zu anderen Dimensionen physisch offenstehen. So überraschend es klingen mag, aber wenn wir vollständig geerdet sind, können wir leicht über diese außersinnlichen Fähigkeiten verfügen.

Mit der Zeit erkennen wir, daß die Entdeckung der Universen des Bewußtseins innerhalb jeder Zelle des Körpers genausoviel Spaß machen kann wie das Entdecken der im Universum enthaltenen Bewußtseinsschichten. Dann lernen wir es, die Energieströme in den Organen und Zellen zu beobachten, und wir fangen an, verschiedene Regenerationsprozesse zu verstehen, für die die Wissenschaft noch keine Erklärung bereithält. Wir können die in den Körper hineinströmenden leuchtenden Energiemuster erkennen und sehen, wie sie durch die Erde wiederaufgenommen werden. Diese untereinander verbundenen Bewußtseinspunkte bieten uns ein völlig neues Farbspektrum. Wir stellen fest, daß das Lichtspektrum in der physischen Welt vom Farbspektrum Magenta bis zu Chartreusegrün reicht, während das neue Spektrum mit einem Apricotgelb beginnt und bis zu einem lebhaften Türkis reicht, das keinem Blaugrün ähnelt, das wir je mit den Augen wahrgenommen haben. Durch das Verfolgen dieser Muster, Farben und Gefühle können wir die Energie innerhalb der Erde beobachten und erleben, wie sie sich auf das menschliche Herz auswirken. Wir können beobachten, wie der Körper auf Energie reagiert und feststellen, wie die molekulare Energie in unseren Zellen ins Stocken gerät, wenn wir unsere Konzentration verlieren, aus dem Gleichgewicht geraten oder wenn wir ihn nicht durch Training in Bewegung halten. Wir können uns genau bewußt werden, wie sich negative Gedanken und Urteile auf die Zellstruktur unseres Körpers auswirken. Dies geht soweit, daß entartete oder degenerierte Zellen entstehen, wenn wir zulassen, daß das Negative seine Macht über uns ausübt. Wenn wir wieder die Fähigkeit zur vollständigen Nutzung unseres Zellbewußtseins entwickeln und ein Gefühl für die Vorgänge innerhalb unseres Körpers entfalten, haben wir unser geistiges Wesen wieder mit unserer physischen Gestalt vereint.

An diesem Punkt unserer Entwicklung können wir die unterschiedlichen Veränderungen in der Erdenergie so einfach spüren wie unsere eigenen Emotionen, müssen aber die Fähigkeit entwickeln, eigenständige Menschen zu werden, damit wir einen klaren Überblick behalten. Findet in der Karibik ein Vulkanausbruch statt, spüren wir, wie diese Störung der Lebenskraft durch unseren Körper flutet. Wir können dies als sanfte Woge im Energiefluß wahrnehmen, den wir physisch oder emotional fühlen. Wie bei allem anderen auch, besteht eine entwickelte Fähigkeit darin, ein Bewußtsein für die Feinheiten der verschiedenen Energien zu entwickeln. Ein Mensch auf dem siebten Pfad kann den Entschluß fassen, sich auf die physische Sensibilität zu konzentrieren und sie zu entwickeln. Er kann aber auch die Position des distanzierten Beobachters einnehmen und den Ort, an dem die Energie spürbar wird, aus der Entfernung betrachten. Dadurch verhindert er eine Störung in der Harmonie des Körpers. Schließlich lernen wir, diese Fähigkeiten und körperlichen Gefühle anzunehmen, denn sie sind lediglich ein Teil des SEINS. Welche Bedeutung kommt dem SEIN auf dem siebten Pfad zu? Zu SEIN heißt, das Bewußtsein, alle Lebensformen, alle Lebensfunken, alle Bewußtseinsstufen und alle physischen Wahrnehmungen innerhalb des eigenen Körpers anzunehmen. Es gibt keine Trennung, weil wir uns fest dazu entschlossen haben, innerhalb der gesamten Schöpfung ein in Wechselwirkung stehender und vollständig gegenwärtiger Bewußtseinspunkt zu sein.

Obwohl viele Menschen im Verlauf der früheren Pfade kurze Blicke in diese geologisch sensiblen Fähigkeiten oder Begabungen zur Vorhersage der Zukunft erleben konnten, löscht die Reise durch das Nichts das Bedürfnis aus, an diesen Fähigkeiten festzuhalten, die für einen Teil unserer geistigen Identität stehen. Wollen wir diese Talente nutzen, weil sie sich direkt auf unsere spirituelle Rolle beziehen, so können wir uns zu ihrer Weiterentwicklung entschließen. Entsprechen diese Gaben nicht unserem authentischen geistigen Ziel, dann lösen sich nach unserer Rückkehr aus dem Nichts alle unsere früheren Illusionen darüber auf, daß wir bestimmte hellseherische Leistungen vollbringen oder das alleswissende Orakel werden müßten. Mit einem Lachen erinnert uns der Kojote daran, daß, wenn unsere geistigen Wesen noch nicht ihren Auftrag ausgeführt und der Menschheit gezeigt haben, daß diese Fähigkeiten allen offenstehen, wir selbst es sind, die lernen müssen, diesen Talenten die gleiche Bedeutung zukommen zu lassen wie dem Auswechseln eines platten Reifens an unserem Auto.

Keine Ungleichheit mehr

Im Jahr 1989 wurde mir im Traum gezeigt, wie sich die Vorstellung der Ungleichheit in Einssein verwandeln kann. Es wurde mir mitgeteilt, daß es kein Rot und kein Violett mehr geben würde. Weil ich es nicht verstand, fragte ich, was das bedeuten sollte. Man zeigte mir, daß der Regenbogen als ein flaches Band am Himmel betrachtet wird, bei dem sich die Farbe Rot unten und die Farbe Lila oben befindet. Menschliche Wesen betrachten die Reiche des physischen als Rot wie das Blut des Lebens und die spirituellen Aspekte unseres Wesens am oberen Rand des Regenbogens als Fliederfarben oder Lila. Auf dem ersten bis zum vierten Pfad, wenn der Wunsch nach spiritueller Entwicklung in Erscheinung tritt, übernehmen manche Menschen die Ansicht, daß die Spiritualität erstrebenswert und dem Körperlichen nicht die gleiche Bedeutung zukäme wie dem Geistigen. Der siebte Pfad stellt den Gipfel der Verschmelzung von Körper und Seele dar. Hier kommen wir wieder an den Ausgangspunkt zurück. In diesem Verwandlungsprozeß blicken wir über den zweidimensionalen Regenbogen hinaus. Es handelt sich beileibe nicht um ein flaches Band, sondern um einen dreidimensionalen Reifen, dessen unterer roter Rand sich kreisförmig an den obere Lilarand anschließt. Hierin drückt sich das Symbol der indianischen Prophezeiung, nämlich die des Wirbelnden Regenbogens des Weltfriedens, aus. Rot und Lila vermischen sich und bilden die Farbe Magenta. Sie ist das Symbol für die Verbindung von Himmel und Erde, des Geistigen und des Physischen als gleiche Teile des SEINS. Wenn im Inneren eines jeden menschlichen Wesens Ganzheit besteht, gibt es keinen Platz mehr für eine Aufteilung in Gedanken, in Gefühle, in Taten oder in die Verwirklichung unseres DaSeins. Wir bringen dieses ewige DaSein in unsere menschlichen Gestalten und beginnen mit der Entwicklung eines Verständnis für die Richtung des Innen. Indem wir unsere Fähigkeit, Nachsicht zu üben, ohne zu Warten oder zu Drängen anwenden, folgen wir in jedem Augenblick dem Pfad und unserer eigenen Entwicklung. Der Einweihungsprozeß, in dessen Verlauf wir zu einem umfassenden Verständnis für die Richtung des JETZT gekommen sind, erlaubte es uns, den Wert der von uns entwickelten Fähigkeiten zu schätzen, und er hat uns gezeigt, welchen Nutzen diese Fähigkeiten für uns haben, wenn wir sie einsetzen.

Spuren der Zeit und das Sein in der Gegenwart

Nachdem wir aus dem Nichts auftauchen und uns wieder vollständig mit unserem Körper und dem universellen Bewußtsein verbinden, wird die Harmonie zu einem dauerhaften Seinszustand. Mit ihrer Hilfe ist der menschliche Körper fähig, zu einer Antenne für die Energie des Universums zu werden. Der Körper wird zu einem im Einklang mit sich selbst befindlichen aktivierten Bewußtseinspunkt. Dieser steht mit der Erde in Verbindung und leitet die Energie des Universums in alle anderen Bereiche der Schöpfung weiter. Wenn wir aufmerksam sind, können wir darüber hinaus feststellen, daß wir mitten auf einer Kreuzung stehen, an der die Zeit, alle Lebenserfahrungen und alle von uns empfundenen Gefühle mühelos durch uns hindurchströmen. Wir können uns dazu entschließen, von einen ausgeglichenen Standpunkt, von dem aus die Zeit als eine Täuschung gesehen wird, in Vergangenheit und Zukunft hineinzuhören. Wir haben gelernt, daß die einzige Aufgabe der Zeit darin besteht, daß Menschen in ihrer physischen Gestalt Erfahrungen sammeln und diese dann schrittweise verarbeiten können. Da wir den Standpunkt des Ewigen verinnerlicht haben, sehen wir den Ablauf der Zeit aus einem viel breiteren Blickwinkel. Aus dem Standpunkt des Ewigen heraus sehen wir auf dem siebten Pfad alles, was unser Geist erlebt hat, und wir betrachten unser gegenwärtiges Leben lediglich als ein kurzes Aufblitzen in der Ewigkeit. Obwohl wir schon auf dem vierten bis sechsten Pfad kurz zu dieser Erkenntnis gekommen sind, stellen wir fest, daß wir sie erst zu diesem Zeitpunkt des Tanzes in unserem Körper verwirklichen. Wir können uns auch dazu entschließen, mehrere Realitäten und Zeitperioden zu erleben und unsere Fähigkeit der Erdung zu verbessern. Durch diese Beobachtung können wir zu historischen Begebenheiten und gegenwärtigen Ereignissen mehrere Ansichten gleichzeitig vertreten.

Im Verlaufe dieser Lektionen des siebten Pfades können wir auch erkennen, wie unser Geist von bestimmten Standpunkten in der Zukunft aus in der Lage ist, auf das zurückzuschauen, was wir im JETZT unternehmen. Er beeinflußt uns dadurch, daß er uns alle zur Verfügung stehenden Möglichkeiten für das aufzeigt, was wir für den gegenwärtigen Augenblick halten. Auf dem fünften und sechsten Pfad können wir entdeckt haben, daß die Zeit nicht existiert, und dadurch wurde uns die Möglichkeit gegeben, die menschliche Evolution zu erforschen. Diese zukünftigen Verkörperungen, also die höherentwickelten Aspekte unserer zukünftigen Identitäten, können uns benötigte Informationen übermitteln oder uns ebensoleicht Ratschläge erteilen wie Engelwesen oder Geister, die uns auf unseren früheren Pfaden geführt haben. Schließlich erlernen wir das Geerdetsein im JETZT und vertrauen authentisch auf alle Möglichkeiten, die die Zukunft für uns bereithalten kann. Es gibt keinen Grund, das Pendel der Zeit in Schwingung zu versetzen, zukünftige Ereignisse zu schildern oder in frühere Leben einzutauchen, denn alle Zeit ist im JETZT vorhanden. Nachdem wir aus der Leere zurückgekehrt sind, verschwindet das Verlangen, einen Blick in die Zukunft zu werfen. Alles, was uns jetzt noch interessiert, ist die Realität des gegenwärtigen Augenblicks.

Entspannen? Verlaß dich nicht darauf! Alles wird widergespiegelt!

Für mich bestand der schwierigste Teil des siebten Pfades darin, zu lernen, aus einer anderen Perspektive heraus wieder zu einem klaren See zu werden. Wir haben schon im Zusammenhang mit dem fünften Pfad über den klaren See gesprochen. Er stellt den Lernvorgang dar, durch den es uns möglich wird, all unsere Gedanken und Gefühle sowie die Worte anderer mit Leichtigkeit durch uns strömen zu lassen. Bei Menschen auf dem vierten bis sechsten Pfad kommt es häufig vor, daß sie bezüglich ihrer Wahrnehmungen eine Gewißheit entwickelt haben und zu wissen glauben, was anderen widerfährt. In einigen Fällen passiert es, daß die Menschen, die da etikettiert oder in Schubladen eingeordnet werden, Erfahrungen gemacht haben, die weit über denen stehen, die diejenigen Menschen gemacht haben, über die sie ein Urteil fällen. Jedesmal wenn wir auf dem siebten Pfad einer solchen Situation begegnen, ist äußerste Geduld von uns gefrast. Wenn wir den Standpunkt eines anderen Menschen widerspiegeln, müssen wir vollständig gegenwärtig sein und authentisch erkennen können, von welcher Stufe aus ein Mensch handelt, ohne selbst zur Spiegelung zu werden. In solchen Augenblicken wird unsere Fähigkeit, Geduld aufzubringen, auf eine Probe gestellt. Die Tests des siebten Pfades treten in vielerlei Gestalt auf und fordern die unbedingte, makellose und angemessene Anwendung aller von uns gemeisterten Fähigkeiten.

Eine andere Art der Erleuchtungsfalle tritt auf, wenn eine gerade aus der Leere zurückgekehrte Person des siebten Pfades sich darauf verlegt, die Ansichten eines anderen Menschen zu übernehmen, der das Bedürfnis hat, eine erleuchtete Autorität oder die Koryphäe zu sein. Hat ein Mensch noch nicht die Leere durchquert, dann ist es unmöglich, in sie hinein oder über das Nichts hinaus und auf die andere Seite zu sehen. Eine Person, die kürzlich aus dem Nichts zurückgekehrt ist, erlebt soviel »leeren Raum« und soviel Unsicherheit, daß sie unbewußt die Projektionen anderer Menschen darüber, was »wirklich geschieht«, aufnehmen kann, weil die Fähigkeit zur Erdung und des vielschichtigen Heiligen Standpunkts noch nicht verwirklicht worden ist.

Eine Person des siebten Pfades, die das Nichts vollständig durchreist und sich wieder stabilisiert hat, erlebte die völlige Auslöschung der Bindung an die Fähigkeiten des Geistes und der hellseherischen Wahrnehmung, durch die sich spirituelle Vollkommenheit kennzeichnet. Diese Person hat die fehlenden Grenzen ersetzt, die in der Leere losgelassen wurden, und durch ein geerdetes Bewußtsein ersetzt, das mit einem spiegelähnlichen Ableitungsmechanismus ausgestattet ist. Wenn wir unsere Gewißheit wiederherstellen, können wir normalerweise alle in die falsche Richtung gelenkten Ratschläge von Menschen früherer Pfade ableiten. Offen gesagt, kümmern sich stabilisierte Menschen auf dem siebten Pfad nicht im geringsten um das Verhalten einer anderen Person, es sei denn, diese trampelt geradewegs ihre Grenzen nieder. Sie betrachten es einfach nur als das, was in diesem Augenblick mit einer anderen Person geschieht. Um die Eigenschaften der Gnade, des inneren Friedens und der Ausgeglichenheit aufrechtzuerhalten, müssen wir uns selbst und anderen Erbarmen und Mitgefühl entgegenbringen.

Die unvoreingenommene Spiegelung des klaren Sees stellt schlicht und einfach eine Reflektion dar. Die Lektionen des siebten Pfades, die notwendig sind, um ein illusionsfreier Spiegel zu werden, sind schwer. Es ist sehr leicht, in die Situation eines anderen Menschen zu schlüpfen, weil wir der Spiegel SIND, der alle Muster im Medizintuch des physischen Lebens widerspiegelt. Wie bei allen anderen Pfaden auch, müssen wir hier aufpassen, daß wir nicht die Einstellungen und die Energie der anderen um uns herum aufzunehmen, sondern unsere persönliche Klarheit, Individualität und liebevolle Haltung aufrechterhalten.

Es gibt Zeiten, zu denen wir einfach nur die Ebenen reflektieren, auf denen sich andere befinden, damit diese sich bei uns aufgehoben fühlen können. Diese Fähigkeit macht es erforderlich, daß wir unsere Sensibilität und unsere Wahrnehmungen der nicht greifbaren Reiche mit präziser Konzentration in Einklang bringen und in jeder Situation das Offensichtliche beobachten. Wir werden daran erinnert, andere anzunehmen, wo immer sie sich auch in ihrem menschlichen Reifeprozeß befinden mögen. Wenn wir Informationen vermitteln, um die wir gebeten wurden, sind ungefragte Ratschläge und gönnerhaftes Verhalten nicht angebracht. Eine der wirkungsvollsten Reflektionen, die wir lernen können, ist es, zuzuhören und wohlgezielte Fragen zu stellen, durch die andere in die Lage versetzt werden, ihre eigenen Wahrheiten auszusprechen. Die Kunst der Spiegelung all dessen, was gegenwärtig ist, benötigt ein hohes Maß an Fertigkeit und kann nicht ausgeübt werden, wenn wir nicht vollständig gegenwärtig sind. Wir sind aufgefordert, uns der Situationen oder des Dilemmas anderer Menschen bewußt zu sein, interessiertes Mitgefühl aufzubringen und authentisch mit der Erde verbunden zu bleiben.

Aufruhr oder Theatralik können einen Menschen des siebten Pfades aus dem Gleichgewicht bringen und genauso leicht verheerenden Schaden anrichten wie bei einer Person des dritten Pfades. Vielleicht braucht es ein höheres Maß an Chaos, um das Gleichgewicht eines Menschen des siebten Pfades aus dem Lot zu bringen, aber jeder muß lernen, wie er sich in diesen Fällen zukünftig seine Ausgeglichenheit bewahrt, wenn das Leben ruppig mit unserer Klarheit umgeht. Wenn wir uns auch nur eine kurze Weile einer emotionalen Situation anschließen, gefährden wir unsere Klarheit. Wenn wir auch nur für einen Augenblick nicht geerdet sind, kann unserer Blick für die von uns gemachten Wahrnehmungen getrübt werden. Wenn wir unser Gefühl für uns selbst verlieren, können wir unbewußt die Energie anderer aufnehmen oder in Verhaltensweisen zurückfallen, die wir vor langer Zeit geheilt hatten. Die Kunst besteht darin, zu wissen, wie man auf in sich zusammenbrechenden Wellen reitet.

Wir lassen andere ihrem eigenen Lernprozeß folgen

Es wird von uns gefordert, ein unglaubliches Maß an Nachsicht zu üben, anderen zuzugestehen, daß sie ihrem eigenen Prozeß des Entdeckens folgen, und ihre Illusionen nicht zu zerstören. Seien Sie auf der Hut, wenn sich andere sicher sind, daß ihre augenblickliche Erfahrung das größte Unglück im Universum ist und daß niemand sie verstehen wird! Die Person, die dieses Drama erlebt, wird nur in der Lage sein, die unmittelbare kosmische Bedeutung ihrer persönlichen Bedürfnisse und Wünsche zu sehen. Sich auch nur in die Nähe einer solchen Person zu begeben, kann jedem Menschen Energie entziehen, der sich nicht darüber im klaren ist, daß die Mechanismen des Vakuums vorhanden sind. Dramatische Erlebnisse können ein strudelartiges Vakuum erzeugen, das die Lebenskraft des Beobachters in das Energiefeld des bedürftigen und sich in der Krise befindlichen Menschen ziehen. Wenn Menschen des siebten Pfades nicht vollständig aufmerksam sind, ist das Resultat möglicherweise verheerend, denn dadurch kann der Effekt der Destabilisierung noch einmal hervorgerufen werden, den wir nach unserer Rückkehr aus dem Nichts erlebt haben.

Vielleicht ließen wir einen Augenblick lang in unserer Aufmerksamkeit nach, weil wir uns daran gewöhnten, einfach nur zu SEIN. Während dieses Abschnitts des siebten Pfades erleben wir eine Flaute übersinnlicher Aktivitäten, die uns durch die früheren Pfade zu verfolgen schien. Kurz bevor wir in das Nichts eintraten und während dieses Prozesses hatte es den Anschein, als ob nichts Aufregendes mehr geschähe, und keine weltbewegenden Enthüllungen schenkten uns einen Adrenalinschub. Nachdem wir aus dem Nichts zurückgekehrt sind und uns schließlich wieder an das Leben gewöhnt hatten, gibt es so etwas wie eine Ruheperiode, in der uns neue Tests geschickt werden. Wir werden auf unsere früheren Fähigkeiten hin überprüft, die wir während der Reise durch das Nichts im Herzen des Universums aufgegeben hatten. Es kann absolut lästig sein, wenn wir feststellen, daß wir auch diejenigen unserer Fähigkeiten wieder schärfen müssen, die uns einst eine zweite Natur waren. Wenn wir nicht wachsam sind, werden wir leicht faul und nehmen die Gewohnheit an, in die Traumräume oder Lektionen anderer abzugleiten, mit denen wir unser Leben teilen. Dies passiert einfach nur deshalb, weil wir auf den größten Teil unseres Gespürs für uns selbst verzichtet hatten.

Egal, was wir auf den sieben Pfaden erlebt haben, das wichtigste Thema bleibt die Herausforderung, inmitten der Unsicherheit, die durch das Auftauchen aus dem Nichts verursacht wurde, Mitgefühl aufzubringen. Die Zweifel, die zu dieser Phase des siebten Pfades möglicherweise auftauchen, sind eventuell dann hinderlich, wenn wir ihnen die Benutzung unserer Lebenskraft erlauben. Wir werden daran erinnert, daß wir zum Ausgangspunkt zurückgekehrt sind und mit einem riesigen Maß an Wissen im Gepäck wieder neu beginnen. Die Aufgabe, der wir gegenüberstehen, ist die, daß wir all dieses Wissen in jedem Augenblick *auf angemessene Weise nutzen*. Indem wir diese Fähigkeiten genau einsetzen, bleiben wir vollständig im JETZT. Der Schlüssel zu einem würdevollen Wiederauftauchen liegt in einem flexiblen Gleichgewicht des Tempels in der Stadt oder dem modernen Leben und darin, daß wir sehr sanft mit uns selbst umgehen. Dies ist nicht der Zeitpunkt, uns mit einem riesigen Publikum an Dramatik und mit Menschen zu umgeben, die fürchterlich auf unseren Nerven herumtrampeln. Es ist sehr empfehlenswert, das Gleichgewicht wieder dadurch herzustellen, daß man die Verbindung mit dem Leben und anderen langsam aufnimmt und allmählich steigert.

Wollen Sie es sich wirklich schwermachen?

Als ich nach meinem Auftauchen aus der Leere wieder versuchte, mein Leben neu zu strukturieren, fühlte ich mich empfindlich und sehr verletzlich. Ich war zu Hause geblieben, hatte ein halbes Jahr lang nur fünf enge Freunde gesehen und war immer noch nicht bereit, mich in das geschäftige Treiben im Tempel der Stadt zu begeben. Plötzlich schrie das Leben: »Licht, Kamera, Action!«, und der Tempel in der Stadt kam zu mir. Ich wurde von einem Spanner verfolgt, und mein

Leben war in Gefahr. Als ich nach dieser Reihe von Vorfällen mein Gleichgewicht wiedergefunden hatte, wurde ich von einer weiteren Situation überrollt, die mich in die Knie zwang. Ein alter Freund rief an und bat darum, mich mit einigen mir unbekannten Menschen zu treffen. Plötzlich war ich von Menschen und Situationen umgeben, die jede nur mögliche Art an Dramatik widerspiegelten, die Spiele des Rauchenden Spiegels mit eingeschlossen.

Wie üblich erledigte ich es auf die schwierige Weise. Ich versuchte, inmitten dieses chaotischen Spektakels, das da seinen Weg bis zu meiner Tür gefunden hatte, aus der Leere aufzutauchen. Und ich verbrannte mir gewaltig die Finger. Grinsend schickte mir der Kojote die übelsten Fälle aus den meisten Teilen meiner Lebenslektionen, damit ich lernen konnte, wie man wirklich große Wellen reitet. Ein paarmal hintereinander kam ich ins Straucheln, aber es sieht so aus, als ob ich immer weiter surfe. Zumindest kann ich darüber lachen. Ich mußte lernen, meinen Humor zu bewahren, denn der Kojote ist eines meiner wichtigsten Krafttiere. Der Kojote ist die Medizin, die über meine Lebenserfahrungen bestimmt und darüber, wie ich das Wachstum lerne. Letztendlich habe ich gelernt, daß ich mich nicht für den Ablauf meines Lebens entschuldigen muß und ich mich bei niemandem für die verrückten Kapriolen und das Auf und Ab meines Tanzes entschuldigen muß.

Habe ich die Pointe vergessen?

Der größte kosmische Witz ist es, wenn wir erkennen, daß wir an den Ausgangspunkt zurückgekehrt sind und sehen, daß unsere gesamte Reise den Reisen anderer ebenbürtig ist, die einen anderen Tanz getanzt haben. Sie besitzt sogar gegenüber denjenigen Leben von Menschen den gleichen Stellenwert, die überhaupt nie einem dieser Pfade gefolgt sind. Schließlich erkannte ich, daß meine gesamte Reise einer kosmischen Seifenoper entsprach. Verflixt noch mal! Der Kojote kann aber auch die urkomischsten Lektionen erteilen. Durch sie wird es möglich, daß wir unsere individuellen Tänze aus der Entfernung und durch die gleichmachende Linse eines unendlichen Scheinwerfers beobachten können. Wenn wir erkennen, daß wir an den Ausgangspunkt zurückgekehrt sind, kann das dazu führen, daß wir uns fragen, ob wir lachen oder weinen sollen. Aus persönlicher Erfahrung empfehle ich wärmstens, zu lachen, bis uns die Bauchmuskeln weh tun!

Ja, die Reise war großartig, ich habe viel gelernt, und wir können uns der Energie, der Lebenskraft und dem Bewußtsein von Felsen, Tieren, anderen menschlichen Wesen, Sternen, Planeten, anderen Lebensformen, Geistern, Engeln, der Dualität und des Einsseins, der Festigkeit und des nicht Greifbaren anschließen. Ist das die Bedeutung des SEINS? Können wir vollständig gegenwärtig sein und hier leben? Können wir denjenigen Geist als den unseren ebenbürtig ehren, der in Körper eines abgewrackten, in der Gosse lebenden Penners wohnt? Ja, besonders dann, wenn wir vom Standpunkt der Unendlichkeit her wissen, daß er eines Tages der Messias einer Welt sein kann, die noch in unserem Universum entdeckt werden wird. Diese unbegrenzte Facette des SEINS enthält die Kunst des absoluten Mitgefühls und die authentische Verkörperung der zeitlosen Gleichheit. Der Standpunkt der Ewigkeit liegt in der immer gegenwärtigen Gegenwart, und er ist das Geschenk des Großen Geheimnisses an diejenigen Menschen, die am Vorgang des SEINS teilnehmen. Das Schöne daran ist, daß der Prozeß der geistigen Entwicklung so unendlich ist wie der Geist.

Wenn wir authentisch die Zeit bannen und auf dem letzten Teil des siebten Pfades den Standpunkt der Unendlichkeit annehmen können, kommen wir zu der Erkenntnis, daß wir immer gewesen sind und nichts, was wir je sein werden, wichtiger ist als unser momentanes Leben. Als menschliche Wesen wurden wir gemeinsam beauftragt, die unbegrenzten Möglichkeiten des Großen Geheimnisses in die menschliche Gestalt einzubringen und die Verbindung von Himmel und Erde durch das Vehikel des physischen Körpers zu leben. Millionen geistiger Wesen, die niemals eine menschliche Gestalt angenommen haben, beobachten uns, um zu sehen, ob wir unserem Menschsein und unserem geistigen Potential gerecht werden. Unvorstellbar große Zahlen an geistigen Wesen warten auf die einzigartige Gelegenheit, die uns gegebene menschliche Gestalt anzunehmen, und dennoch sehen wir diese großartige körperliche Erfahrung in unserem Bewußtsein als selbstverständlich an. Diese Engelwesen wissen um die Schwierigkeiten des von uns gewählten menschlichen Weges und schätzen den Mut, den wir gezeigt haben, indem wir das Vergessen unserer eigenen göttlichen Identität ertragen. Das Ausmaß dieses Verständnisses stellt für uns eine Herausforderung dar, zu deren Einforderung wir uns nach dem Auftauchen aus der Leere entschließen können und durch das wir den Sinn unseres Daseins neu bestimmen müssen.

Wenn wir wieder einmal die Herausforderung annehmen, verstehen wir, daß wir unseren unendlichen Geist in der Haut, im Fleisch und in den Knochen beherbergen. Als Menschen haben wir Freude und Leid erlebt. Ihnen kommt aber keine Bedeutung mehr zu, weil wir erkannt haben, daß alles, dem wir begegnet sind, der ungezügelten Glückseligkeit der geistigen Gegenwart gleichgestellt ist, die keine Trennung kennt. Einen Körper zu besitzen, der Kummer erleidet, der altert und schmerzt, der krank wird und stirbt, ist ein Privileg, das uns die Gelegenheit gibt, eine Leistung von unschätzbarem Wert zu vollbringen. Letztlich entschließen wir uns dazu, die Abgründe menschlichen Schmerzes und Leides dadurch zu ertragen, indem wir, wenn es nötig wird, immer wieder menschliche Körper annehmen, denn wir bringen dem Einssein der Menschheit Achtung entgegen. Wir begreifen, daß alle menschlichen Wesen das Einssein für sich selbst entdecken müssen. Wir sind bereit, uns selbst zu dieser ewigen Suche zu verpflichten, und anderen durch eine umfassende Barmherzigkeit und durch Mitgefühl zu helfen.

Tanze weiter, die Party geht nie zu Ende!

In der letzten Phase des siebten Pfades können wir erkennen, daß die Vermischung und die Verschmelzung jeglicher Lebenskraft und aller Bewußtseinspunkte in die Unendlichkeit hinauswirbeln und individuelle Tänze bilden, die wir alle gemeinsam derart verschlungen weben, daß nur ein paar mutige Seelen sich dazu entschließen, jeden Lebensfaden im Traumgeflecht durch das Objektiv im Mikroskop des Heiligen Standpunktes der Menschheit zu betrachten. Der Kojote kichert hinterhältig und erinnert uns daran, daß unsere eigenen Tänze im Universum, bekannt als »die in der Entwicklung befindliche Bewußtseinsparty«, niemals endet. Der Kojote flüstert uns zu, daß wir nur ein paarmal die Kostüme wechseln, wir aber alle zwischen den Tänzen unsere Masken herunterreißen und eifrig darum bemüht sind, nicht vom strahlenden Licht eines anderen geblendet zu werden. Wenn die Musik wieder zu spielen beginnt, ziehen wir erneut unsere Kostüme an, kichern einander zu und kehren zum menschlichen Leben auf der Erde zurück. Dort vergessen wir sofort, wer wir sind, warum wir hier sind und daß wir nur das ewige Erleuchtungsspiel spielen. Lachend nennt der Kojote diese Art des menschlichen Vergessens »einen riesigen spirituellen Kater«! Der Schelmengott erinnert uns daran, daß wir uns am Liebestrank des Großen Geheimnisses berauscht haben und vor Glückseligkeit blind waren, als wir uns freiwillig zum Dienst an den Menschen auf dem Planeten Erde gemeldet haben!

Wir können darauf bauen, daß der Schelmengott Kojote schon weiß, was es heißt, die einmaligen Freuden des Einsseins und die kurzen Augenblicke der menschlichen Verzweiflung als gleichbedeutend anzusehen. Es sind die menschlichen Tragödien, die zu ertragen wir alle freiwillig zurückkehren. Wir wollen uns jenen gegenüber gütig zeigen, die unglücklich sind und vergessen haben, daß auch sie unendliche geistige Wesen und somit nicht allein sind. Wir kehren zu einem Leben auf der Erde zurück, um eine Vielzahl an heiligen Pfaden aufzuzeigen, die jedem menschlichen Wesen dabei helfen, sich dem Erinnern anzuschließen und ihm zu folgen.

Schließlich machen wir wieder die Entdeckung, daß wir uns jenseits dieser Zeit und dieses Raumes weiter entwickeln werden. Da wir alle ewige Wesen sind, ist unser Bewußtsein letztendlich mit dem Großen Geheimnis verbunden, und eines Tages wird es mit Sternen, Planeten, Galaxien und anderen Nebeln in der Galaxie verschmelzen, während wir weiter den Pfaden des Bewußtseins folgen, die Identitäten annehmen, die in der Harmonie des Universums zur Verfügung stehen. Dieser Vorgang setzt sich bereits in Bewegung, wenn wir uns das in uns existierende Bewußtsein erschließen. Wir üben für das sich ständig weiterentwickelnde Abenteuer des SEINS, das sich jenseits von Materie und Zeit, jenseits der Dualität bis hin zum absoluten Einssein ausbreitet.

Die menschliche Wandlung ist ein an Materie gebundener, bunt gemusterter Pfad, der durch Zeit und Raum führt und dessen Herausforderung darin besteht, während des Lebens in einem menschlichen Körper unsere Schwächen zu erleben. Jeder Teil des Entdeckungsprozesses kann weit über unsere gewagtesten Vorstellungen hinausgehen. Wenn wir authentisch alle Fähigkeiten meistern, die uns durch alle Lektionen auf allen sieben Pfaden präsentiert werden, beginnt die Reise von vorne. Der ewige Standpunkt des unendlichen Geistes läßt sich in der menschlichen Gestalt nieder und bewältigt die Herausforderungen des Lebens auf dem Planeten Erde, während jede Sekunde Barmherzigkeit und Mitgefühl aufbaut. Währenddessen ist es Mutter Erde, die bei unserer Heimkehr eine Freudenträne vergießt, ihre stattlichen Arme ausbreitet und »Willkommen zu Hause« flüstert.

Während der letzen Lektionen des siebten Pfades sehen wir den unendlichen Zustand des SEINS, und wir wissen, daß die Reise niemals endet. Wir lernen, daß wir in jedem gegebenen Augenblick das sind, was wir sind, und daß wir eine Reflektion des sich ständig entwickelnden Universums sind, ein göttlicher Ausdruck der Liebe des Großen Geheimnisses. Die physischen Reiche gleichen den nicht physischen Reichen, und jeder Mensch ist ein Teil des göttlichen Ausdrucks. Kein Mensch ist besser als ein anderer. Wir alle tragen eine Reihe von Masken, die die Gegenwart des Göttlichen und der ewigen Identität unseres geistigen Wesens verbergen. Auf der Reise des Lebens über den siebten Pfad hinaus gibt es keine endgültigen Grenzen. Für einige Menschen können mit der Vollendung des siebten Pfades vergangene Einweihungen wie weit entfernte Träume erscheinen, geradeso als ob alles in einem anderen Leben passiert wäre. Während wir jedoch nach Ganzheit streben, machen wir weiter und sehen vielen neuen Horizonten entgegen. Wir lernen, uns wieder der Gegenwart des Göttlichen zu versichern, mitfühlende Barmherzigkeit in uns selbst zu üben und fest verankert in dieser Gegenwart zu sein. Die Vollendung des siebten Pfades bedeutet lediglich, daß wir ein Gespür für die unbegrenzten Möglichkeiten entwickelt haben, zu deren Entwicklung wir uns innerhalb unseres Universums und in anderen Universen der Töne, des Lichtes, der Bewegung und des Inhaltes entschlossen haben. Wir sind wieder am Anfang angekommen, zu unserem Inneren zurückgekehrt und fassen den Entschluß, die Weisheit, der wir begegnet sind, zu leben, einen physischen Körper zu benutzen und den Traum des unendlichen Einsseins im Hier und Jetzt zu verwirklichen.

Glossar

Oben. (1) Die fünfte Richtung des Medizinrades. Sie lehrt uns gemäß der Tradition die Erforschung der Geheimnisse des Himmels, des nicht Greifbaren, der Himmelsnation, der Sterne, des Weltalls, anderer Planeten, des geistigen Bewußtseins und des Großen Geheimnisses. (2) Auf dem fünften Pfad der Verwandlung entdecken wir die Wunder der Energie in den einzelnen Schöpfungsbereichen und erforschen die riesigen Reiche des Bewußtseins, deren Zugang uns im Universum offensteht. Wir lassen die physischen Aspekte des Lebens hinter uns und bereisen diejenigen Reiche des Bewußtseins und anderer Realitäten, die gleichzeitig im Universum existieren.

Veränderte Bewußtseinszustände. (1) Eine Veränderung unserer normalen sinnlichen Wahrnehmung, die uns in die Lage versetzt, nicht greifbare oder aus Energie bestehende Ebenbilder unserer Alltagswelt wahrzunehmen. (2) Die Fähigkeit, jede Art der Wahrnehmung zu nutzen, die von uns zum Zweck der Entwicklung erweiterter Bewußtseinszustände entfaltet wurde.

Die Zeit bannen. Die Fähigkeit, vollständig und ohne Dualität, ohne Meinung und ohne das innere Plappern des Geistes im Jetzt zu existieren. In diesem Bewußtseinszustand haben wir kein Bedürfnis nach einer Veränderung der Zeit, kein Bedürfnis, uns die Zeit zu eigen zu machen, kein Bedürfnis danach, die Uhr zurückzudrehen oder ihren Ablauf zu beschleunigen, denn im gegenwärtigen Augenblick haben wir Zugang zu allen Zeitperioden. Das Trugbild eines geradlinigen Zeitablaufes wurde von uns authentisch gebannt, und wir betrachten den gegenwärtigen Augenblick von einem unendlichen Standpunkt aus. In ihm ist all das vorhanden ist, was war und was sein wird.

Das Unten. (1) Die sechste Richtung auf dem Medizinrad. Hier lernen wir, die Erde und die Wunder der natürlichen Welt miteinander zu verbinden und unseren Geist in unserem physischen Körper zu erden. (2) Der sechste Pfad der Verwandlung, der uns lehrt, den Inhalt unserer persönlichen Fähigkeiten, authentischen Fähigkeiten und unsere enge Verbindung zum Universum zu akzeptieren und diese Aspekte des Selbst gleichzeitig in Einklang mit der Mutter Erde und dem Großen Geheimnis zu bringen sowie den physischen Körper als das Bindeglied zwischen den beiden zu sehen.

Dunkle Nacht der Seele. Ein Zeitraum im Leben eines Menschen, in dem unablässig Chaos und Verwirrung herrschen. Das Leben schickt uns eine Herausforderung und einen Kummer nach dem anderen oder unaufhörliche niederschmetternde Erlebnisse, ohne daß eine Besserung absehbar ist. Diese Zeiten zwingen uns zu einer Neubewertung unserer Ansichten, unserer Gefühle und dessen, was tatsächlich wichtig ist. Sie lassen uns erkennen, aus welchen Werten wir Kraft schöpfen, welche Dinge wir loslassen müssen, weil sie uns nicht mehr förderlich sind. Diese dunklen Nächte erzeugen weitreichende Anpassungen an die Realität und zwingen uns zu einer Neubewertung unserer Prioritäten.

Göttliche Fügung. (1) Ein unerklärliches Ereignis, das in den Lauf der Dinge eingreift und das Ergebnis verändert. (2) Wunder oder magische Veränderung, die sich im Laufe eines beliebigen Pfades ereignen und zu einem vorteilhaften und völlig unerwarteten Ergebnis führen. (3) Wenn die göttliche Gegenwart des Schöpfers, des Großen Geheimnisses, Gottes, im Leben eines Menschen spürbar wird. (4) Wenn der Geist Hindernisse aus dem Weg räumt und ein unsichtbares und liebevoll schützendes Sicherheitsnetz erzeugt.

Dominoeffekt. (1) Der einebnende Effekt, der den Geist vollständig seiner Weltanschauungen beraubt und wie eine Reihe aufgestellter Dominosteine funktioniert. Kippt der erste Irrglaube, fällt auch der Rest um, bis hin zum letzten Steinchen. (2) Die radikale Veränderung der Wahrnehmung, die auftritt, wenn wir uns falscher Vorstellungen entledigen. Im Geiste aufgebaute Weltanschauungen werden zerstört und innere Schaltkreise stillgelegt, die früher mittels festgefügten Vorstellungen über die Realität unsere Reaktionsweise auf das Leben angetrieben haben.

Träumer. Im Verständnis der Indianer sind Träumer talentierte Stammesmitglieder, die während des Schlafes in der Lage sind, Zugang zu genauen Informationen zu erlangen. Die von Träumern erworbenen Informationen können in Gestalt prophetischer Träume auftreten. Sie träumen von den Orten, an denen sich vermißte Menschen oder verlorene Gegenstände befinden. Traumbegegnungen enthalten geistige Anweisungen und/oder Botschaften aus der geistigen Welt.

Träumen. Der Inhalt aller Arten des Träumens sind Bilder. Ein Zugang zu ihnen kommt nur zustande, wenn das Geklapper des Geistes ausgeschaltet wird und der Eintritt in die Stille, die Ruhe oder Tiyoweh erreicht wird. (1) Menschen schlafen und träumen. Dadurch schalten sie das Bewußtsein aus, und ein akkurater Zugang zu den nicht greifbaren Reichen des Bewußtseins wird möglich. (2) Die Wachformen des Träumens werden manchmal als Visionen, Erscheinungen und/oder übernatürliche Wahrnehmungen betrachtet. (3) Das Träumen beinhaltet darüber hinaus im Inneren oder im Äußeren gesehene Bilder, die während der Meditation, der Rückführung unter Hypnose oder tiefer Entspannung erlebt werden.

Träumender Körper. (1) Die energetische oder spirituelle Gestalt, in der das grenzenlose menschliche Bewußtsein enthalten ist. Der träumende Körper kann sich vom physischen Körper trennen und ist das Vehikel, das für außerkörperliche Erfahrungen und zur Erforschung anderer Bewußtseinsebenen benutzt wird. (2) Der träumende Körper stellt darüber hinaus den nicht physischen Doppelgänger der physischen Gestalt dar, den wir nutzen, um Zugang zu den nicht greifbaren Reichen zu bekommen, die von allen anderen innerhalb unseres Universums existierenden Bewußtseinsformen und Bewußtseinsschichten geschaffen werden.

Traumraum. Alle Bewußtseinsebenen, mit denen man während des Traumes, der Meditation oder an einem inneren Ort der Ruhe in Verbindung treten kann. In Wachzuständen und in Traumzuständen verschafft man sich Zugang zum Traumgeflecht, und der Traumraum wird von den Grenzen des Bewußtseins der einzelnen Person aufrechterhalten. Das Überschreiten des Traumraumes eines anderen Menschen ohne dessen Einwilligung kann körperlichen Schaden oder Löcher im Energiefeld derjenigen Person erzeugen, die den veränderten Bewußtseinszustand erlebt.

Traumgeflecht. Das unsichtbare Netz des Lebens, das aus Energiefäden, Gedanken, Emotionen, Absichten, Vorstellungen und Lebenskraft besteht; das verbindende Gewebe, das in unserem Universum als unsichtbare Energiebahnen existiert und ein Netz bildet, das mit jeglicher festen Materie, allen Bewußtseinsebenen und allen belebten und unbelebten Lebensformen verbunden ist.

Auf der Erde gehen. (1) Ein physisches, menschliches Leben. (2) Das Leben auf der Mutter Erde von der Geburt an bis zum Tode, an dem alle menschlichen Wesen teilnehmen. (3) Ihr Leben und Ihre Erfahrungen auf unserem Planeten.

Osten. (1) Die Richtung, mit der das Medizinrad beginnt. Sie steht für die Morgendämmerung des Lebens; der Ort, an dem die Sonne aufgeht, unser physischer und geistiger Geburtsort. Traditionsgemäß ist der Osten der Ort im Leben, an dem wir die Erleuchtung, die Klarheit und erhebende Durchbrüche erleben. Der Osten ist auch der Ort bedingungsloser Liebe und die Stätte der Erleuchtung, an der sich uns die nicht greifbaren Welten des Traumgeflechts öffnen. (2) Der erste Pfad der Wandlung, auf dem wir plötzlich zu der Erkenntnis kommen, daß wir im Leben eine Aufgabe haben und wir uns zum Dienst an der Menschheit entschlossen haben.

Energetische Grenzen. (1) Die Grenzen, die wir mittels des Einsatzes unseres Willens in der Alltagswelt ziehen und so eine möglicherweise gefährliche oder negative Situation verändern, indem wir den Ablauf mildern. Dies erreichen wir durch genaue Beobachtung und indem wir unsere Aufmerksamkeit auf Negatives richten und es durch Wort und Tat in Positives verwandeln. (2) Die

Grenzen, die wir im Traumgeflecht durch das Einschalten von Intuition und präziser Beobachtung setzen. Um dies erreichen zu können, müssen wir vollständig gegenwärtig sein und der Energie, von der wir spüren, daß sie in unseren Heiligen Raum strömt, völlige Aufmerksamkeit schenken. Die Beherrschung dieser Fähigkeit wird davon bestimmt, wieviel wir uns zu fühlen erlauben, ohne daß wir von den noch nicht geheilten Einflüssen in unserem Inneren beeinflußt werden. Die Genauigkeit hängt völlig von der eigenen Fähigkeit ab, den Standpunkt des neutralen Zeugen einzunehmen, und davon, wie wir verhindern, daß fremdgesteuerte Energie oder die Absichten anderer unser Wohlergehen und unsere Ausgeglichenheit beeinflussen.

Erleuchtungsfalle. (1) Jede verhaltensbedingte Ablenkung und jeder verlockende Umweg, die die persönliche Integrität mindern oder verhindern, daß ein Mensch seine falsche Handlungsweise nicht erkennt. (2) Ein Test, der vom Geistigen Wesen eines Menschen ausgelöst wird und seine persönliche Integrität bis zu dem Grad herab, an dem er sich der Einbahnstraße bewußt wird, die durch den Entschluß, das Naheliegende zu übersehen, verursacht wurde.

Ewige Flamme der Liebe. (1) Das Prinzip der Liebe, die als einzigartige Flamme oder Funke der Lebenskraft innerhalb des Geistes betrachtet wird. (2) Das göttliche Wesen der bedingungslosen Liebe des Schöpfers. Sie wohnt im Zentrum jeder Lebensform. (3) Das allem Leben in unserem Universum gemeinsame einzigartige Wesen, das die Grenzen der Täuschung überwindet (siehe auch *Lebensfunke*).

Schöpfungsfeuer. (1) Die zentrale Schaffenskraft innerhalb dieses Universums, die als blendendes Licht oder loderndes Feuer in Erscheinung tritt. (2) Der ewige Born der Schöpfungskraft, der vom Schöpfer aller Dinge, Gott, ausgeht. (3) Das grundlegende kreative Prinzip des Großen Geheimnisses, das alle Lebenskraft in alle Bereiche der Schöpfung strömen läßt und allen lebendigen Dingen den Lebensfunken oder die ewige Flamme des Lebens einflößt. Mit dem Auftauchen aus diesem Schöpfungsfeuer beginnt die Reise unseres Geistes. Nach dem Tod des Körpers kehren wir zu ebendieser Lichtquelle zurück und werden vom gleichen Feuer verzehrt, aus dem wir kamen. Wenn wir in menschlicher Gestalt den Pfaden der Verwandlung folgen, begegnen wir diesem Licht wieder, und unser Geist wird aktiviert, erinnert sich an unsere Aufgabe und verwirklicht unser göttliches Potential.

Mechanismus des Vergessens. (1) Jeder Schleier, der verhindert, daß wir unsere Aufgabe oder unsere authentische geistige Identität, unser Verbundensein mit allen anderen Lebensformen oder unsere göttliche Verbindung zum Schöpfer erkennen. (2) Jede Aktivität – wie zum Beispiel Verdrängung, Verweigerung, Sucht oder die Weigerung, zur Ruhe zu kommen –, die uns betäubt und uns von der gesteigerten sinnlichen Wahrnehmungen abhält. (3) Der

Mechanismus, der dann ausgelöst wird, wenn wir nicht zuhören oder nicht geerdet sind. Es handelt sich dabei um die Weigerung, im Hier und Jetzt zu sein und das Offensichtliche des Augenblickes zu verarbeiten. Wir können uns nicht daran erinnern, was bei einer bestimmten Gelegenheit geschehen ist oder was gesagt wurde, weil wir geistig abwesend waren. Wenn wir achtsam sind, begleiten Emotionen unsere Erfahrungen, und wir können die Ereignisse vollständig und genau rekonstruieren.

Zukünftiges Selbst. (1) Die in der Zukunft existierenden Bereiche unserer persönlichen Identität. Wer wir in einem Jahr, in zehn Jahren, nachdem unser Körper gestorben ist, oder in einem zukünftigen Leben sein werden. (2) Der Bereich unseres menschlichen Geistes, der sich über das hinauswagt, was wir bewußt in der Gegenwart verkörpern.

Generationsmuster. Arten des Fühlens, des Denkens, feste Vorstellungen oder aus unserem Familienkreis übernommene Reaktionen. Diese Muster werden unbewußt oder bewußt von Generation zu Generation weitergegeben, weil wir das Leben durch den Filter akzeptierter Verhaltensweisen, Wahrnehmungen oder gesellschaftlicher Standards sehen, die wir im Verlauf unserer Jugend übernehmen.

Großes Geheimnis. Einer der indianischen Namen für den Schöpfer, Gott, den Initiator aller Dinge, den Großen Geist. Das Große Geheimnis verkörpert dieses Universum. Alle greifbaren und nicht greifbaren Teile der Schöpfung stellen ständig sich weiterentwickelnde Aspekte des Großen Geheimnisses dar. Wir wie auch alle anderen Lebensformen und Bewußtseinsebenen innerhalb dieses Universums sind Zellen im Körper des Schöpfers. Aus diesem Grund schreiben die Indianer das Wort Schöpfung als den Heiligen Raum und/oder den göttlichen Körper des Großen Geheimnisses in Großbuchstaben.

Großer Rauchender Spiegel. (1) Die Vorstellung der Maya vom Spiegel, den uns das Leben vorhält und durch den wir im Verhalten anderer eine Spiegelung von uns selbst sehen. (2) Die Rauchschwaden, die den Spiegel des Lebens verhüllen und das Trugbild der Trennung erzeugen, durch das menschliche Wesen daran gehindert werden, sich in den Gesichtern anderer selbst zu erkennen. Wenn wir diese Illusion durchschauen, entdecken wir, daß wir alle eins sind.

Geheilte Heiler. (1) Jede Person, die erkannt hat, daß sie ein Opfer alter Wunden oder der eigenen Vergangenheit ist und frühere Erfahrungen, Themen, Gefühle und Ängste geheilt hat. Ein geheilter Heiler lebt sein Leben nicht mehr aus der Perspektive alter Verletzungen und begegnet ihm mit der Klarheit des gegenwärtigen Augenblickes. Wird durch eine vorhandene Situation früheres Leid wieder zum Leben erweckt, so kann der geheilte Heiler es fühlen und sich im JETZT davon befreien. (2) Jeder Mensch, der sein Leben geheilt hat und anderen auf jede ihm nur mögliche Art und Weise liebevolle Unterstützung anbietet. Andere während ihres Wachstumsprozesses zu unterstützen macht jede Person, die zuhört, Güte und Ermunterung geben kann, zu einem Heiler.

Einweihung. (1) Ein Ritus, der die Fähigkeiten und den Sachverstand eines Menschen auf einem beliebigen Gebiet einer Prüfung unterzieht. (2) Eine Zeremonie, die in den alten Mysterienschulen zur Bestimmung der Ebene der spirituellen Fähigkeiten des Schülers angewendet wurde. (3) In modernen Worten ausgedrückt, heißt das, das Leben ist die Einweihung, und die Herausforderungen, denen wir täglich begegnen, stellen die Einweihung dar. Sie zeigen uns unsere Stärken und unsere Schwächen und geben uns die Gelegenheit zu erkennen, wo wir wachsen und wie wir uns verändern müssen.

Unsichtbare Welt. Sie wird auch als die nicht sichtbare oder nicht greifbare Welt, die geistige Welt, das Universum der Gedanken, die andere Wirklichkeit oder andere Dimensionen des Bewußtseins bezeichnet. All dies sind verschiedene Namen für die im Universum befindlichen Schichten des Bewußtseins. Die unsichtbaren energetischen Elemente des Traumgeflechtes enthalten jeden Gedanken, jedes Gefühl und alles im Universum vorhandene Bewußtsein. Die unsichtbare Welt enthält auch die Lebenskraft und den Geist, die energetisch mit unserer physischen Welt verbunden ist. Der von den australischen Ureinwohnern benutzte Begriff »Traumzeit« hat die gleiche Bedeutung wie unsere indianischen Bezeichnungen: ungesehene Welt, unsichtbare Welt, die andere Seite, die geistige Welt und das Traumgeflecht.

Medizintuch. Ein indianisches Sinnbild für Struktur oder Festigkeit im menschlichen Alltagsleben. Das Medizintuch ist die physische Erscheinungsform unserer inneren Gedanken und Emotionen, Ansichten und Urteile. Wie wir das wahrnehmen, was in unserem Leben geschieht, wird durch unsere Handlungsweise und durch all das bestimmt, was wir einen beliebigen Augenblick denken und fühlen. Auf bestimmten Ebenen des erweiterten Bewußtseins können wir die Bewegung der Energie wahrnehmen, aus der die Muster des Medizintuches gewebt sind, die sich um feste Objekte herumbewegen, denen wir in unserer täglichen Realität begegnen.

Medizinschüssel. (1) Eine Schüssel, die von Medizinleuten zum Zermahlen von Kräutern benutzt wird. (2) Eine geschwärzte und mit Wasser gefüllte Schüssel, die Seher benutzen, um in die Zukunft schauen zu können. (3) Ein indianisches Sinnbild für den menschlichen Körper als das den Geist beherbergende Gefäß. (4) Das Symbol für die Heilung, zu der die Menschheit gelangen kann.

Medizinrad. (1) Das indianische Symbol für das Rad des Lebens, das keinen Anfang und kein Ende hat. Das Medizinrad besteht aus den vier Hauptrichtungen Osten, Süden, Westen und Norden. Sie stehen für die Phasen des menschlichen Wachstums, die durch das Erlernen der Lektionen einer jeden Richtung vollendet werden können. (2) Eine physische Darstellung des Medizinrades aus 13 auf der Erde plazierten Steinen. Die zwölf Richtungen sind im Uhrzeigersinn angeordnet und um einen Stein im Zentrum herumgruppiert. Das Kreissymbol des Medizinrades zeigt uns, daß wir die Herausforderungen des Lebens als Gelegenheit zum Wachstum und alle Lebenserfahrungen als Wachstumsmöglichkeit betrachten sollen. (3) Das Symbol des Lebensrades, durch das wir unsere Wachstums- und Veränderungszyklen zählen können, die wir im Verlauf unseres Lebens durchmachen. Das Medizinrad lehrt uns auch, daß alles Leben untereinander verbunden ist, daß alles Lebendige einem göttlichen Plan folgt und daß innerhalb des Kreises allem die gleiche Bedeutung zukommt.

Norden. (1) Der vierte Teil des Medizinrads, der für Weisheit, die Vorfahren, den Winter des menschlichen Lebens oder die durch Erfahrung erworbene emotionale und spirituelle Reife steht. (2) Der vierte Pfad der Verwandlung, der uns Mitgefühl, das Teilen mit anderen und wie wir unsere Leben offenen Herzens verbringen und noch mehr lernen beibringt. (3) Der authentische Beginn des Pfades der Weisheit. Wir erkennen, daß jedes lebendige Wesen ein Bote ist und daß jedes Ereignis im Leben eine Einweihung sowie einen wichtigen Schritt zur Verwandlung darstellt.

JETZT. (1) In der siebten Richtung des Medizinrades der Cherokee lernen wir, vollständig gegenwärtig und uns allem bewußt zu sein, was in jedem einzelnen Augenblick im Leben geschieht. Wir lernen die Kunst, unsere Weisheit, Integrität und unsere Makellosigkeit gleichzeitig aufrechtzuerhalten und diese Teile der Weisheit im gegenwärtigen Augenblick anzuwenden, ohne dabei in die Vergangenheit oder in die Zukunft gezogen zu werden. (2) Das JETZT stellt auch den siebten Pfad der Verwandlung dar. Auf ihm sind wir wieder aus der Leere im Zentrum des Universums aufgetaucht und müssen unser Leben neu aufbauen. Wir verbinden alles, was wir erlebt haben, und gelangen durch diese Standpunkte innerhalb des Körpers zur Ganzheit. Somit existieren wir mit all unseren uneingeschränkt funktionierenden Sinnen völlig in der Gegenwart (siehe auch *Innen*).

Frühere Leben. (1) Die Vorstellung, daß unsere Seelen viele Leben gelebt haben, wir immer wieder neue Körper annehmen und geboren werden, um so zu seinem Verständnis des menschlichen Zustandes gelangen zu können. (2) Die geistigen Lehren einiger, aber nicht aller indianischen Stämme, daß menschliche Wesen während vieler Zeitalter auf der Mutter Erde wandeln und daß unser Geist zurückkehrt, um menschliche Erfahrungen zu teilen und er dadurch den vom Schöpfer für uns vorgesehenen Kreis der Lektionen schließt. (3) Jedes frühere Leben, das die eigene Seele in physischer Gestalt erlebt hat.

Test. (1) Die Fähigkeit des Lebens, unerwartet all das zu überprüfen, was wir gelernt haben. Das Wiederauftauchen von Situationen und/oder Themen, von denen wir glaubten, sie bereits bewältigt und daraus gelernt zu haben. (3) Unwillkommene und überraschende Begegnungen, in denen wir noch einmal unangenehme Situationen aus der Vergangenheit treffen. Uns wird die Gelegenheit gegeben, aus der Kampfarena zu entrinnen, indem wir die Situation bewältigen und nicht noch einmal unsere frühere Reaktion wiederholen, durch die Polarität erzeugt wurde.

Erinnern. (1) Der Prozeß des geistigen Erwachens, bei dem die Menschen damit beginnen, alle Bruchteile des menschlichen Potentials wieder zusammenzubauen. (2) Der Heilungsprozeß, mit dem wir unsere früheren Wunden, unsere unsinnigen Verhaltensweisen und Gefühle teilen. Dadurch können sich die Trennungsschleier heben, denen wir früher erlaubten, unser Bewußtsein zu umhüllen. Wir fangen an, ein Bewußtsein für unsere Rolle innerhalb der Schöpfung sowie für unseren göttlichen Auftrag zu entwickeln, dessentwegen wir zu göttlichen Wesen wurden, und uns unserer Verbindung zu unserem geistigen Wesen bewußt zu werden.

Heiliger Standpunkt. (1) Der eigene Standpunkt zur Realität, gebildet aus all dem, was ein Mensch glaubt, fühlt, weiß und erlebt hat. (2) Der Standpunkt, der einer einzelnen Person heilig und absolut einzigartig ist, weil kein anderes menschliches Wesen über dieselbe Datenbank an Erfahrungen, Gedanken, Talenten, Fähigkeiten und Gefühlen verfügt. Von diesem persönlichen Heiligen Standpunkt aus können menschliche Wesen die Energie und die Materie innerhalb unseres Universums wahrnehmen. Basierend auf ihren individuellen Ansichten und Lebenserfahrungen entscheiden sie, wie sie mit ihnen in Verbindung treten.

Heiliger Raum. Das ein Individuum umgebende Energiefeld, in dem alle Gedanken, Gefühle, Themen, Wahrnehmungen, einschließlich den körperlichen, enthalten sind, die seinen Besitz, sein Werk und seine Träume umgeben. Die indianische Definition besagt, daß sich der Heilige Raum zwischen dem Einatmen und dem Ausatmen befindet, im Raum zwischen zwei Herzschlägen.

Seher. Die indianische Bezeichnung für eine Person, die die Gabe außersinnlicher Wahrnehmung besitzt und im Wachzustand über Zugang zu den nicht greifbaren Reichen verfügt. Durch das Eintauchen in erweiterte Bewußtseinszustände stellt der Seher genaue Informationen zur Verfügung, unter anderem durch Fühlen, Sehen, Heilfähigkeiten, Prophezeiung, Hören von Geisterstimmen oder die begrifflich ausgedrückte Wahrnehmung im Traumgeflecht befindlicher, nicht greifbarer Energie.

Lebensfunke. Der in jedem Atem des Universums befindliche schöpferische Funke. Das ewige Wesen oder der geistige Teil des Schöpfers, des Großen Geheimnisses, Gottes, der in jedem Teil der Schöpfung innerhalb des Universums enthalten ist. (Auch ewige Flamme der Liebe genannt.) Durch diesen Lebensfunken in unserem Wesen sind wir in der Lage, lebendige Erweiterungen der grenzenlosen kreativen Kraft zu werden, die das Große Geheimnis durchströmt. Die sieben Pfade der Verwandlung ermöglichen den Menschen die Wiederentdeckung ihrer individuellen Lebensfunken und die Verkörperung dieser kreativen Kraft durch eine persönliche Verbindung zum Göttlichen.

Geistiges Wesen. (1) In der Sprache der Seneca wird das geistige Wesen *Orenda* genannt. Das Geistige Wesen enthält das göttliche Wesen oder den Lebensfunken, den der Schöpfer in jedes ewige Wesen, jede Seele oder jeden Geist hineingegeben hat. Das Geistige Wesen kann in einem menschlichen Körper wohnen. Stirbt dieser Körper ab, so ist es ewig und voll bewußt, ob mit oder ohne physische Gestalt. (2) Die unendliche, vielschichtige Identität des Geistes eines Menschen, eine lebendige, ewige Erweiterung des Schöpfers, des Großen Geheimnisses, Gottes. (3) Der ewige Aspekt menschlicher Wesen, in vielen Traditionen als Seele oder Geist bezeichnet.

Süden. (1) Der zweite Teil des Medizinrads. Nach der Tradition der Ort kindlichen Staunens, der Unschuld und der Demut. (2) Der zweite Pfad der Verwandlung. Hier lernen wir, Gefühle, Verhaltensweisen und vom Ego unterstützte Aktivitäten abzulegen, die uns daran hindern, in Demut zu leben. Wir lernen, die Magie kindlicher Unschuld wieder anzunehmen, und heilen unser Verlangen nach auf Rache gegründeten Verhaltensweisen. Auf dem zweiten Pfad beginnen wir, uns von der Steuerung durch Neid, Eifersucht und Bitterkeit zu lösen.

Tempel der Stadt. (1) Ein Begriff, der von meinem Lehrer Joaquin Muriel Espinosa geprägt wurde und die Aufgabe der Aufrechterhaltung der Integrität und der Spiritualität umschreibt, die wir meistern müssen, während wir mit dem Leben in unserer modernen Welt in Beziehung stehen. (2) Joaquins Vorstellung von den schwierigen Lektionen, durch die wir lernen, mit allen Erscheinungsformen des Chaos in unserem Leben fertig zu werden. Gleichzeitig entschließen wir uns, den unsichtbaren Aspekten des Universums zu folgen, und stellen Gleichgewicht zwischen chaotischer Hektik und würdevoller Stille her. Er sagte, daß es für Menschen in Klöstern ein leichtes sei, ihre Spiritualität zu leben. Dem modernen Eingeweihten aber, der den Pfaden der Verwandlung folgt, wird keine Erholung oder Ruhe gegönnt. Sie wäre der Verwandlung dienlich, und ihr Fehlen erhöht den Schwierigkeitsgrad um das Hundertfache.

Tiyoweh. (1) Ein Wort aus der Sprache der Seneca für innere Ruhe oder für die Stille, der wir begegnen, wenn von den Gedanken unseres Geistes kein Plappern mehr kommt. (2) Die Beschäftigung mit der spirituellen Disziplin, die aus der Sprache der Indianer als »Eintritt in die Stille« übersetzt werden kann.

Meister des Zwielichts. Einzelpersonen, die die hellen und die dunklen Seiten des menschlichen Wesens zur Steuerung oder Manipulation anderer nutzen. Anstatt beide Seiten zu integrieren und ein Gleichgewicht herzustellen, benutzen sie ihr Verständnis des Lichtes, um arglose Menschen zum Narren zu halten, und nutzen ihre Beherrschung der dunklen Mächte, um den Menschen zu schaden, die sie als Gegner betrachten. Meister des Zwielichts benutzen die Behauptung, spirituell erleuchtet zu sein, als Köder, um andere guten Willens von ihrer Art des Denkens zu überzeugen. Indem sie sich als spirituelle, warmherzige Individuen tarnen, beeinflussen oder beugen Meister des Zwielichts die Entscheidungen anderer spirituell engagierter Individuen, um ihren eigenen geheimen Plänen oder eigennützigen Zielen zu dienen.

Bürger des Universums. Ein menschliches Wesen, das Mitgefühl besitzt und die ganze Menschheit liebt – ohne Ansehen von Religion, politischem Standpunkt, Nationalität, sexueller Neigung, Rasse, Geschlecht, Glaubensbekenntnissen, sozialer Herkunft oder Hautfarbe. Der Bürger des Universums bringt allen Religionen und spirituellen Praktiken Respekt entgegen und sieht keine davon als den einzig möglichen Weg zur Erleuchtung an.

Trennungsschleier. (1) Schichten aus Illusion, die es notwendig machen, daß Menschen durch Dualität oder Polarität lernen. (2) Die sieben Mechanismen des Vergessens, durch die menschliche Wesen davon abgehalten werden, sich an den im geistigen Wesen wohnenden unendlichen Standpunkt der Harmonie zu erinnern. (3) Die sieben Schleier des Unbewußten. Sie werden auf der physischen Ebene aktiviert, wenn ein Geist einen menschlichen Körper annimmt.

Erscheinung. Das sichtbare Erscheinen von Geistern unserer Ahnen, Engeln, geistigen Führern, Krafttieren, verstorbenen Verwandten oder Naturgeistern, die keine physische Gestalt besitzen. In einigen spirituellen Glaubensrichtungen werden diese Erscheinungen als Visionen und/oder göttliche Fügung angesehen.

Wesen des Unheimlichen. Die Vorstellung der Nordmänner oder der Wikinger von göttlicher Fügung. Wenn sich im Altertum der Lauf der Dinge auf unerklärliche Art und Weise veränderte, schrieb man diese plötzliche Veränderung den Göttern zu, also der Hand der göttlichen Fügung. (2) Heute benutzen wir das Wort »unheimlich«, um etwas zu beschreiben, das ungewöhnlich, seltsam oder unerwünscht ist. In seiner ursprünglichen Form aber bezog es sich auf die Gegenwart des Göttlichen, das den Kurs des eigenen Lebens auf eine das menschliche Verständnis übersteigende Weise beeinflußte.

Westen: (1) Der dritte Teil des Medizinrads, der Ort, an dem die Sonne untergeht. Eine Zeit, nach innen zu schauen, Zeit der Heilung und des Zuhörens. (2) Der dritte Pfad der Verwandlung, wo wir die Heilung unserer Körper, unserer Urteile, unserer Beziehungen, unseres Selbstwertgefühls und unserer schlechten Angewohnheiten lernen. Der Pfad, auf dem wir mit der Entwicklung unserer Intuition und unserer Fähigkeit zum Zuhören beginnen. Hier lernen wir darüber hinaus, wie wir im Leben geschickt unsere persönlichen Fähigkeiten entwickeln können.

Wille. Der emotionale Körper, der alle Gefühle, Emotionen, Wünsche, Intuitionen und gesteigerten Sinne enthält. Um diese verfeinerten Anteile des Bewußtseins erreichen zu können, müssen wir den Willen reinigen. Zur Überwindung all dessen, was dem authentischen persönlichen Willen im Wege steht, müssen wir sämtliche wiederauftauchende Emotionen heilen, in denen das Verlangen nach Rache, Grausamkeit und zerstörerische Impulse enthalten sind. Wenn diese grundlegenden Emotionen gereinigt sind, können wir Zugang zu authentischem persönlichem Willen und zur Intuition erlangen. Dann vermögen wir, jedes auftauchende Gefühl zu spüren, es wertfrei zur Kenntnis zu nehmen und mühelos durch uns hindurchströmen lassen. Wir müssen nicht mehr auf die zerstörerischen Impulse reagieren, die früher von diesen Gefühlen ausgelöst wurden.

Innen. (1) Der siebte Teil des Medizinrads der Seneca. Hier lernen wir, alle Bereiche unserer Erfahrungen und unserer Weisheit in den menschlichen Körper einzubringen und mit der Schönheit und der Ausgeglichenheit zu wandeln, die das Leben solch hoher Ideale mit sich bringt. (2) Der siebte Pfad der Verwandlung, wo wir die Fähigkeit, wachsam und in allen Situationen bewußt zu sein, entwickeln. Wir haben unsere Wahrnehmungen sowohl aus der physischen als auch aus der unendlichen spirituellen Perspektive des *Orenda*, des geistigen Wesens, unter Kontrolle (siehe auch JETZT).

Register

Adler, Vision von 119
Ägypter: Einweihung 49
Allen, Terry 61
Atmung 121
Außerkörperliche Erfahrungen 235

Beziehungen 94ff., 172, 299ff.
Blackout 121
Bradden, Gregg 84
Broken Bow, Berta 39, 171
Buddhistischer Glaube: Einweihungen 49

Carson, David 150
Cattaraugas Reservation 118, 134
Cherokee 292

Déjà-vu-Erfahrungen 74f.
Die Richtung des Nordens auf dem Medizinrad: vierter Pfad 161ff.
Die Richtung des Oben. Siehe fünfter Pfad 205ff.
Die Richtung des Ostens auf dem Medizinrad. Siehe erster Pfad 57ff.
Die Richtung des Unten. Siehe sechster Pfad 251ff.
Domino-Effekt 274
Dreizehn, als heilige Zahl 117f.
Dritter Pfad oder die Richtung des Westens auf dem Medizinrad 113ff.
Dualität 114

Einweihungsriten: in das Erwachsenenalter 58

Energiewelten 230f.
Engel 214, 217, 232, 260, 271, 280
Erleuchtungsfallen 120ff., 124, 176, 195
Erster Pfad oder Richtung des Ostens auf dem Medizinrad 57ff.
Espinosa, Joaquin Muriel 39, 140, 168

Familie 60ff., 65, 69
Farben: Energie und; Veränderung des Spektrums 303
Ford, Neela 185, 187
Fuller, Buckminster 138
Fünfter Pfad oder die Richtung des Oben 205ff.

Generationsmuster 65
Gesundheitliche Probleme/körperliche Symptome 237, 254
Gleichgewicht: Kreis des Geben und Nehmen 69
Gluonen 19
Griechen: Einweihung 493
Großer Rauchender Spiegel 101ff., 276

Heiliger Raum 115
Heiliger Standpunkt 163, 246, 275
Hertzfrequenz der Erde 289
Hinduistischer Glaube: Einweihungen; Maya; sieben Chakren 49
Hunab K'u 260, 274f., 280, 286f.

Jüdische Religion: Zahlen 13

Kaplan Connie 185ff.
Katholischer Glauben: Einweihungen; sieben Sakramente 49
Klarer See 13, 219, 307
Körperliche Veränderungen: Fünfter Pfad; vierter Pfad; geistige Abschottung, Neuverkabelungsprozeß 180, 197, 286
Kristallschädel 289f.

Laughing Crow, Cisi 39, 55, 171

Maya (buddhistische Tradition) 234
Medizin der Eule 153, 295
Medizin der Fledermaus 117
Medizin der Krähe 152f.
Medizin des Elchs 129
Medizin des Frosches 116
Medizin des Gürteltiers 154
Medizin des Otters 144
Medizinische Eidechse 211
Medizinkarten: Nur für heute (Just for Today) (Sams) 150
Medizinkarten (Sams und Carson) 150
Medizinrad: Cherokee und Seneca, Glauben, als Basis für den Wachstumsprozeß 53ff.
Menschen mit einer Seele 194
Menschen mit zwei Seelen 194
Möbiusband 140

Nitsch, Twylah 103, 118, 123f., 136

Opferhaltung 66, 90, 103f.

Parallele Welt 239

Realität: Verlust, Wahnsinn 231, 261
Regenbogentraum des Weltfriedens 239

Sams, Granny 33
Schöpfungsgeschichte, Große Mutter Spinne 19
Sechster Pfad oder die Richtung des Unten 251ff.
Seneca Tradition 292
Sexualität 296
Spirituelle Krieger 76ff.
Sufis: Einweihung 49
Synchronizität: Anfang; Erdenergie und; Rauhfußhuhn; Verlust von; Verhindern 73ff., 76ff., 84ff., 93, 107, 123, 146, 149

Tesla, Nikola 226
Tjyoweh (»Eintritt in die Stille«) 27, 269
Tod des Schamanen und seine Wiedergeburt 159
Transzendentes/Visionäres 235, 278

Verrücktheit und Katatonie 231, 261
Vierter Pfad oder die nördliche Richtung auf dem Medizinrad 161ff.
Visionen; Erscheinungen 134, 232

Wata, Evening Star 118
Weckrufe: Hingabe; Veränderung und; Vierter Pfad und; Materialismus und ; physisch; Gründe dafür; Lektionen von Sams 60, 63ff., 133, 297

Danksagung

Ich möchte meiner Agentin, Katinka Matson, dafür danken, daß sie während meines eigenen Einweihungsprozesses die Güte besaß, mir mit ihrem Herzen zuzuhören. Ich kann es nicht in Worte fassen, wieviel ihr Beistand mir bedeutet hatte. Auch möchte ich meinen Schwestern vom Stamm der Cherokee, Rita Coolidge, Priscilla Coolidge und Pauline Satterfield, dafür danken, daß sie mein Leben durch die Musik ihres Walela-Albums bereichert haben. Ihre Lieder zeigten mir, wohin ich gehöre, erfüllten mich wieder mit dem Stolz der Cherokee und geben mir die Kraft, mein Herz wieder singen zu lassen. Ich möchte allen Lesern für die Unterstützung meiner Arbeit sowie allen menschlichen Wesen danken, die entdecken, daß sie Gefäße der schöpferischen Kraft und der unendlichen Liebe des Großen Geheimnisses sind.

Danke, daß es Euch gibt!

Das erste umfassende Buch zum Thema sexuelle Energie und Schamanismus

Eine faszinierende alte Frau weiht Merilyn Tunneshende in geheime toltekische Praktiken ein. In langen Nächten, erleuchtet nur vom Schein einer Kerze, erfährt Merilyn die Kraft der sexuellen Energie, die über das Körperliche weit hinausgeht. Schamanische Weisheiten führen Merilyn zu ihrer wahren Weiblichkeit. Die wundervoll beschriebenen Lektionen zeigen uns eine wirksame Möglichkeit, männliche und weibliche Kräfte in uns auszugleichen und unsere sexuelle Energie auf schamanischem Wege zu transformieren.

Merilyn Tunneshende

Der Geist der Regenbogenschlange
Entdecken Sie die schamanische Kraft der sexuellen Energie

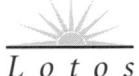

Lotos

Econ | **Ullstein** | List

Das Arbeitsbuch – die Übungen der Workshops

Mit Ihren Bestsellern *Die inneren Fesseln sprengen* und *Frei von Angst und Ablehnung* wies Phyllis Krystal unzähligen Menschen den Weg, ihre inneren Blockaden zu lösen. Ihr praktisches Arbeitsbuch enthält alle Übungen ihrer begehrten Workshops. Einprägsam beschrieben und sinnbildlich illustriert, eignen sich diese Anleitungen für Laien ebenso wie für die therapeutische Arbeit. Sie vermitteln einen wirklich gangbaren Weg zur Befreiung von alten Mustern und störenden Konditionierungen.

Phyllis Krystal

Die inneren Fesseln sprengen

Arbeitsbuch

Ebenfalls in unserem Hause erschienen:

Die inneren Fesseln sprengen – Befreiung von falschen Sicherheiten

Frei von Angst und Ablehnung – Lösung aus kollektiven Bindungen

$Lotos$

Econ | **Ullstein** | List

Traumatische Erlebnisse führen aus schamanischer Sicht zum Verlust von Teilen der Seele. Ob es sich um Trennungsschmerz handelt oder um sexuellen Mißbrauch – ein Stück des Menschen entfernt sich, als könne es den Schock nur so überstehen. Der Zurückbleibende aber leidet, er fühlt sich seltsam unvollständig.

Einfühlsam berichtet Sandra Ingerman aus ihrer schamanisch-therapeutischen Praxis. Sie schildert, wie sie mit der Seele des Patienten kommuniziert und sie dazu bewegt, zurückzukehren.

»*Ich kann keine bessere Hilfe auf dem Weg zu innerer Ganzheit empfehlen.*«
Professor Michael Harrer

Sandra Ingerman

Auf der Suche nach der verlorenen Seele
Der schamanische Weg zur inneren Ganzheit

Mit zahlreichen Abbildungen

$L\ o\ t\ o\ s$

Econ | **Ullstein** | List

Die mehr als 5000 Jahre alte Lebenskunst des Chi-Gung, einst als strenges Geheimnis gehütet, hat sich den westlichen Kulturen geöffnet. Auch in Europa finden heute immer mehr Menschen im Chi-Gung Ruhe und Kraft für den oft hektischen Alltag.

Daniel Reid, dem exzellenten Kenner traditioneller chinesischer Heilmethoden, gelingt es wunderbar, das Chi-Gung für Nichtasiaten verständlich zu machen. Anfänger und langjährig Praktizierende profitieren gleichermaßen von seinen Ausführungen.

Mit zahlreichen, leicht nachvollziehbaren Übungsanleitungen.

Der Weg zu wahrer Gesundheit

Daniel Reid
Chi-Gung
Nutzen Sie die Kraft des Universums

Lotos

Econ | ULLSTEIN | List

Die Geheimnisse des Jaguars ist eine Liebeserklärung an ein Maya-Dorf, seine magische Schönheit, sein Lachen und seine Farben, seinen unermeßlichen geistigen Reichtum im Angesicht großer materieller Armut. Vor vielen Jahren wählte Martin Prechtel dieses Dorf als seine Heimat. Die Bewohner nahmen den Fremden in ihrer Mitte auf, und ein alter, weiser Schamane führte Prechtel schließlich in die zuvor streng gehüteten Geheimnisse der Maya-Tradition ein.

Das spirituelle und philosophische Universum der Maya

Martín Prechtel

Die Geheimnisse des Jaguars
Eine Entdeckungsreise in die Welt der Maya

Econ | **ULLSTEIN** | List

Persönliches Glück, finanzieller Erfolg, innere Zuversicht – jeder von uns kann diese Ziele erreichen. Wir müssen dazu nur die richtigen Fragen formulieren. Das ist der Aladin-Faktor, der Schlüssel zum Glück. Die Bestsellerautoren Jack Canfield und Mark Victor Hansen zeigen anhand inspirierender Geschichten und einfach nachvollziehbarer Techniken, wie auch Sie Ihre Zielsetzungen anderen gegenüber klar formulieren können. So werden Ihnen – ganz ohne Wunderlampe – die wahren Schätze im Leben zuteil.

Äußern Sie Ihre Wünsche – und sie werden erfüllt!

Jack Canfield/
Mark Victor Hansen

Der Aladin-Faktor
Das mentale Erfolgsprogramm für Privatleben und Beruf

Lotos

Econ | **Ullstein** | List